에듀테크와 가정과교육

수업·평가·지도법의 실제

저자 소개

대표저자

김은정 경북대학교 사범대학 가정교육과 교수

집필진

고재윤 서울 상명중학교 교사

곽선정 인천 고잔고등학교 교사

김윤정 인천 관교중학교 교사

김지슬 인천 인천온라인학교 교사

이다윤 천안 청수고등학교 교사

이지영 서울 신연중학교 교사

최고은 경북 상주여자고등학교 교사

최성연 전남대학교 사범대학 가정교육과 교수

에듀테크와 가정과교육

수업·평가·지도법의 실제

초판 발행 2026년 2월 27일

지은이 김은정, 고재윤, 곽선정, 김윤정, 김지슬, 이다윤, 이지영, 최고은, 최성연
펴낸이 류원식
펴낸곳 교문사

편집팀장 성혜진 | **책임진행** 전보배 | **디자인** 신나리 | **본문편집** 파워기획

주소 10881, 경기도 파주시 문발로 116
대표전화 031-955-6111 | **팩스** 031-955-0955
홈페이지 www.gyomoon.com | **이메일** genie@gyomoon.com
등록번호 1968.10.28. 제406-2006-000035호

ISBN 978-89-363-2715-6 (93370)
정가 25,000원

저자와의 협의하에 인지를 생략합니다.
잘못된 책은 바꿔 드립니다.

에듀테크와 가정과교육

수업·평가·지도법의 실제

Educational Technology
in Home Economics Education

대표저자 김은정
고재윤 · 곽선정 · 김윤정 · 김지슬
이다윤 · 이지영 · 최고은 · 최성연 지음

교문사

현대 사회는 급격한 사회적·기술적 변화로 인해 교육 목표와 방법 전반에 걸쳐 근본적인 전환을 요구받고 있다. 인공지능(AI), 빅데이터, 사물인터넷(IoT), 클라우드 기술을 중심으로 한 디지털 환경은 개인의 삶의 방식과 학습 양상을 빠르게 변화시키고 있으며, 학교 교육 역시 이러한 변화에 능동적으로 대처해야 하는 상황에 놓여 있다. 지식의 축적과 전달을 중심으로 한 전통적 교육 방식에서 벗어나, 학습자가 실제 삶의 문제를 인식하고 해결하며 스스로 학습을 설계할 수 있는 역량을 기르는 교육으로의 전환이 강조되고 있다. 이러한 맥락에서 에듀테크는 단순한 교수·학습 보조 수단을 넘어, 학습 경험을 재구성하고 교육의 질을 제고하는 핵심 요소로 자리매김하고 있다.

에듀테크는 디지털 기술을 활용하여 학습자의 수준과 특성에 맞는 맞춤형 학습을 가능하게 하고, 시공간의 제약을 넘어 다양한 학습 자원과 경험을 제공한다. 또한 교수·학습 과정과 평가의 전 과정에서 데이터 기반 분석을 통해 교육의 효과성을 점검하고 개선할 수 있는 가능성을 제시한다. 이는 학습자 중심, 과정 중심, 역량 중심 교육을 지향하는 미래교육의 흐름과 밀접하게 연결되며, 가정과 교육 전반에서 에듀테크 활용의 필요성을 더욱 부각시키고 있다.

이 책은 이러한 교육 패러다임의 변화에 적응함과 동시에 창의적 교육의 발판을 마련하고자, 에듀테크 기반 중·고등학교 가정과 수업 연구 및 지도법에 초점을 맞추어 다음과 같이 구성하였다.

제1장에서는 4차 산업혁명의 특징과 이에 따른 교육의 변화, 에듀테크의 개념과 발달 과정을 톺아보았다. 이를 토대로 2022 개정 가정과 교육과정에 나타난 에듀테크를 분석하고, 에듀테크가 상수가 되는 미래교육 환경에서 에듀테크 자체를 가르치는 것이 아닌 에듀테크를 활용하는 가정과 교육의 지향점을 제시하였다.

제2장에서는 2022 개정 가정과 교육과정에서 추구하는 평가 내용을 분석하고, 에듀테크를 활용한 가정과교육 평가의 특징과 고려 사항 등을 다루었다. 평가 도구 개발부터 시행 및 채점, 피드백 제공, 평가 증거 자료의 수집과 관리에 이르기까지 에듀테크를 효과적으로 활용할 수 있는 구체적인 내용을 담았다.

제3장과 제4장에서는 각각 중학교와 고등학교 가정과교육에 적용할 수 있는 에듀테크 기반 수업 사례를 제시하였다. 교육과정 분석을 바탕으로 교수·학습 방향 및 평가 방법을 설정하고, 이를 토대로 실제 차시별 수업 과정에서 활용할 수 있는 교수·학습 지도안과 에듀테크 도구를 구성하였다. 아울러 수업의 효과 분석과 평가 예시안을 함께 제시하여 현장 활용도를 높였다.

이 책의 흐름은 가정과교육을 담당하는 현직 교사와 예비 교사들이 에듀테크를 무조건적인 거부감이나 무분별한 수용이 아닌, 교육의 질을 높이기 위한 유용한 도구로서 활용할 수 있도록 하는 데 주안점을 두었다. 에듀테크 기반의 교육과정 분석부터 교수·학습-평가, 교사 피드백까지 일목요연하게 구성된 본서가 (예비)가정과 교사들의 수업 연구에 실질적인 도움이 되기를 기대한다.

2026년 2월

저자 일동

차례

에듀테크 기반 가정과교육의 이해

CHAPTER

1

❶ 4차 산업혁명과 에듀테크

❷ 가정과교육과 에듀테크

❸ 미래교육과 에듀테크

4차 산업혁명은 인공지능(AI), 빅데이터, 가상현실(VR/AR), 생성형 AI 등과 같은 첨단기술로 인간 삶의 급격한 변화를 요구하고 있다. 이는 기존의 삶의 양식과는 다른 종류의 삶의 궤적을 살아가도록 하고 있으며, 미래 세대를 양성하는 교육현장에서도 디지털 대전환에 따른 변화가 일어나고 있다.

이러한 변화는 최근 2022 개정 교육과정 문서의 '디지털·AI 소양 함양 교육'이라는 주제가 가정과 교과의 교육 목표, 핵심 역량, 교사와 학생의 역할, 교수·학습 및 평가 방법에 명시된 것에서도 확인할 수 있다. 이를 위한 교육 방법으로 에듀테크(EduTech)를 효과적으로 활용하는 것이 중요해지고 있다.

에듀테크 활용은 단순히 디지털 기기를 사용하는 데 그치지 않고, 다양한 에듀테크를 활용하여 학생들이 학습에 흥미를 가질 수 있도록 돕고, 학생 개개인의 학습 성취수준을 진단하여 개인 맞춤형 학습 콘텐츠와 피드백을 제공함으로써 교육 효과를 극대화하는 것을 의미한다. 특히, '삶과 연계한 학습', '학습 과정에 대한 성찰'을 지향하며 '생태전환교육', '민주시민교육', '디지털·AI 소양 함양 교육'에 초점을 두는 가정과교육은, 새로운 생활문화를 창의적으로 구축해 나갈 미래 사회 인재를 양성하기 위해 보다 다양한 에듀테크를 활용한 교육을 전개할 필요가 있을 것이다.

따라서 이 장에서는 4차 산업혁명과 에듀테크, 가정과교육과 에듀테크, 미래교육과 에듀테크라는 내용으로 구성하여, '에듀테크 자체에 초점을 둔 교육'이 아니라 '에듀테크를 활용한 교육'의 중요성을 제시하고자 하였다.

1. 4차 산업혁명과 에듀테크

1) 4차 산업혁명의 특징

4차 산업혁명(Fourth Industrial Revolution)이라는 용어는 클라우스 슈밥(Klaus Schwab, 2016)이 2016년 다보스 세계경제포럼(World Economic Forum)에서 '4차 산업혁명의 이해(Mastering the Fourth Industrial Revolution)'를 글로벌 의제로 제시하면서 본격적으로 사용되었다. 이 포럼에서는 물리적 세계, 디지털 세계, 생물학적 세계의 경계가 사라지고 과학기술이 융합되는 새로운 산업 시대를 의미하는 4차 산업혁명이 인류에게 미칠 수 있는 영향을 공유하고, 이에 대한 대처 방안에 대해 활발하게 논의하였다.

1차 산업혁명은 근대 역학, 열역학, 전자기학, 화학 등의 기초 학문이 발전하면서 증기기관이 발명된 1700년대 말에 촉발되었다. 증기기관은 사람의 힘에 의존하던 생산 방식에서 벗어나 동력 기반의 기계식 생산 설비를 구축하게 하였고, 석유나 광물 등을 채굴하고 다양한 제품의 생산량을 급증시키는 데 기여하였다.

이후 1800년대 말 전기의 발명으로 자동화·분업화에 의한 대량생산이 가능해지면서 2차 산업혁명이 일어났다. 전기 에너지를 활용한 전등과 전력 공급은 시간의 제약을 넘어선 활동을 가능하게 하였다. 이어 20세기 후반에는 인터넷과 컴퓨터의 결합을 통한 정보통신기술 발전으로, '디지털 산업혁명'이라고 불리는 3차 산업혁명이 전개되었다.

클라우스 슈밥은 4차 산업혁명에 대해 유비쿼터스(ubiquitous), 모바일, 슈퍼컴퓨팅, 인공지능(AI), 사물인터넷(IoT), 로봇(robotics), VR(가상현실), AR(증강현실), XR(확장현실), 생명공학, 3D 프린팅, 자율주행 운송수단, 드론, 빅데이터, 나노기술 등 다양한 학문과 기술이 경계 없이 연결되고 상호작용하는 특징을 가진다고 제시하였다(Schwab, 2016).

특히, 다양한 과학기술의 융합으로 탄생한 생체기술, 인공지능, 로봇 등의 발전은 기계와 생명의 경계, 가상과 현실의 경계를 희미하게 만들고 있으며, 이러한 기술은 인간의 인지적·신체적·사회적 능력을 보완 및 강화하여 어느 시대보다 강력한 인류의 등장을 예고하고 있다(조한국, 2017).

ICT(Information and Communication Technology) 기반 기술을 토대로 거대한 네트워크가 형성되었으며, 이 안에서 SNS와 다양한 플랫폼을 통해 일상 경험을 공유하며 인간 관계망을 구축하며, 다양한 정보와 지식을 획득할 수 있게 되었다. 이러한 공간은 현실과 비현실, 시간과 공간이 연결되는 전혀 새로운 특징을 가진다. 경제학자 제레미 리프킨(Jeremy Rifkin, 2020)은 2001년 저서『소유의 종말』에서 미래는 소유의 시대가 아닌 접속의 시대로 변화할 것이라고 예견하였다. 이는 인터넷을 통한 단순한 접속이 아니라 '소유의 반대 개념으로서의 접속'으로, 필요한 순간 접속하여 빌려 사용하는 방식의 사회로 변화한다는 의미이다(박재환·안지영, 2018).

1991년 8월 6일 인터넷 서비스가 시작된 이후 수많은 사람들은 사이버 공간에서 경험을 공유하는 거대 전자 네트워크 속에서 생활하고 있다. 이로 인해 제조업이나 서비스 영역에서 사람의 직접적인

표 1-1 산업혁명 시기의 특징과 주요 변화

분류	제1차 산업혁명 (18세기)	제2차 산업혁명 (19~20세기 초)	제3차 산업혁명 (20세기 후반)	제4차 산업혁명 (2015년~현재)
혁명 분류	기계혁명 (offline)	대량생산 혁명 (offline)	정보혁명 (online)	융합혁명 및 지상혁명 (on/offline)
변혁 동력	증기기관	전기	컴퓨터, 인터넷	인공지능(AI), 빅데이터 등 디지털 기반 기술
생산 방식	기계화	대량생산(질적 확산)	부분 자동화(플랫폼 기반)	시뮬레이션 기반 전면 자동화
생산 통제	인간	인간	인간, 솔루션	인공지능(AI)
의사소통	서적, 신문	전화, 텔레비전	인터넷	사물인터넷(IoT)
변화	기계화	산업화	정보화	지능화

출처: 김규현, 한인섭(2022), p.517

노동력이 필요하던 노동시장에 새로운 형태의 직업이 등장하고 있으며, 인간의 노동력에 의존하던 노동현장은 로봇과 인공지능을 탑재한 기계로 대체되고 있다. 이러한 디지털 대전환 시대에는 이를 활용하여 인간의 삶을 풍요롭게 영위할 수 있도록 하는 교육에 대한 새로운 요구가 제기되고 있다.

이러한 산업혁명 시기의 특징과 주요 변화는 표 1-1과 같다.

2) 4차 산업혁명 시대의 교육

산업 발달에 따른 사회적 변화는 인간의 삶뿐만 아니라 교육의 변화를 요구하고 있다. 즉, 학생들이 변화하는 복잡한 사회문제를 해결할 수 있도록 필요한 지식과 역량을 갖추게 하기 위해 교육 모델과 학습이론은 끊임없이 발전해 왔다.

(1) 교육 모델의 진화

George 외(2025)는 산업 발달에 따른 기술 혁신, 지식 기반 경제로의 전환, 기존 패러다임에 대한 비판, 다양한 학습이론 등을 바탕으로 교육 모델을 다섯 단계(Education 1.0~Education 5.0)로 구분하여 그림 1-1과 같이 제시하였다.

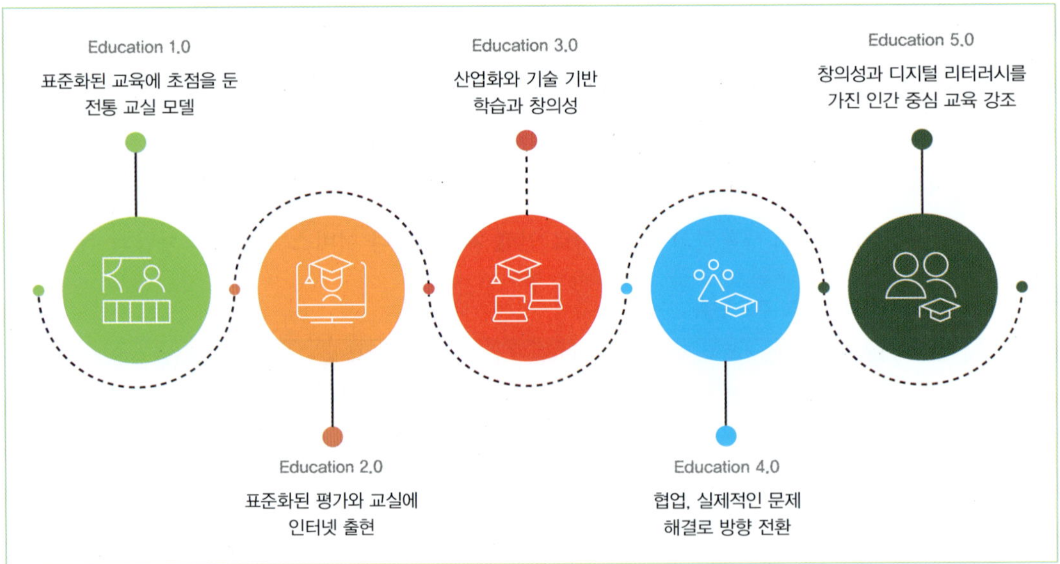

그림 1-1 교육 모델의 진화

출처: George et al.,(2025), pp.19-20

전통적인 교육 시스템은 숙련된 노동력을 산업현장에 제공하기 위해 표준화된 교과서 학습, 교사 중심 교육, 지필평가(종이와 연필 사용)가 산업혁명기에 처음 등장하였다(Education 1.0). Education 2.0은 표준화된 평가와 과제, 교실 내 인터넷의 등장을 의미하며, Education 3.0은 산업화와 기술 기반 학습, 창의성을 강조하였다. Education 4.0은 협업과 실제적인 문제해결에 초점을 둔 교육으로의 전환을 보여준다. Education 5.0은 새로운 지식과 능력을 요구하는 사회적·경제적 진화, 개인 맞춤화와 실제 세계 적용의 부족이라는 기존 교육 모델의 한계 그리고 교사 중심이 아닌 학생 주도 교육으로의 전환을 가능하게 하는 기술 등을 바탕으로 창의성과 인간 중심 교육으로의 전환 필요성을 보여준다.

이러한 교육 모델의 변화는 복잡한 미래 노동환경에 필요한 인간적 기술을 배양하는 데 초점을 두고 있다. 그러나 지나친 기술 의존으로 인해 '교육 그 자체를 위한 교육'이라는 개념의 중요성을 간과할 수 있음을 고려할 필요가 있다.

(2) 산업혁명 시대 교육의 주요 변화

성태제(2017)는 산업혁명과 교육의 주요 변화를 설명하면서, 1차 산업혁명기에는 행동주의에 초점을 둔 고전적 개념의 교육이 이루어졌고, 2차 산업혁명기에는 제도적 교육의 강화와 고등교육기관 설립이 이루어지며 교육과정에 의한 교육이 전개되는 과정에서 인지이론이 등장했다고 하였다. 이후 3차 산업혁명기에는 국민이 알아야 할 지식에 중점을 두며 국가 간 경쟁적인 고등교육의 질적 향상이 고조되었고, 컴퓨터를 이용한 교육으로 발전하게 되었다. 이 시기에는 대학 간 공통 교육과정 운영과 국가 간 학생 교류 등이 활발하였다.

4차 산업혁명 시기의 시공을 초월한 교육으로서 MOOC(Massive Open Online Course)는 교육의 혁명뿐만 아니라 산업 발전에도 기여하고 있다. MOOC의 기본 개념은 지식의 개방과 공유에 초점을 두고 있으나, 이로 인해 각 지역 대학의 교육 프로그램이 경쟁력을 잃을 수 있다는 우려가 있다. 이는 기존 학교교육의 변화는 물론 교육과정 운영의 유연화를 요구한다.

기존 초·중등교육과 고등교육을 받은 뒤 안정적인 직업을 유지할 수 있었던 시대와 달리, 새로운 과학기술과 변화에 적응하기 위해서는 끊임없는 학습이 필요하다. 교과서나 인터넷 자료를 단순히 암기하는 형태의 교육에서 벗어나, 상상력과 협동력을 키워 변화하는 사회에 적응할 수 있도록 하는 교육이 요구되는 시기이다. 이와 같은 산업혁명기의 교육적 변화 양상에 따른 각 시기의 주요 교육 내용을 표 1-2에 정리하였다.

이러한 사회적 변화에 맞추어 OECD(2015, 2019)는 '교육 2030: 미래교육과 역량(The Future of Education and Skills: The OECD Education 2030 Project)'을 통해, 미래 사회의 핵심 교육 역량과 이를 육성하기 위한 교육환경, 교육과정, 교수·학습 방법, 평가 방법 등을 제안하고 있다.

이 프로젝트는 21세기 성공적인 삶을 위한 핵심 역량(key competencies)을 정의하고 교육정책

표 1-2 산업혁명 시기별 주요 교육 내용

분류	제1차 산업혁명	제2차 산업혁명	제3차 산업혁명	제4차 산업혁명
주요 교육 내용	행동주의 교육	고등교육기관 설립, 인지이론	컴퓨터 기반 교육	MOOC

출처: 성태제(2017), p.4 재구성

에 반영하기 위해, 1997년부터 2003년까지 진행된 OECD의 DeSeCo(Definition and Selection of Key Competences) 프로젝트의 성과를 계승하고 있다(조성민·이미경, 2019).

이 프로젝트에서 제시하고 있는 '학습 나침반 2030(Learning Compass 2030, OECD, 2019)'은 2030년대를 살아갈 학생들의 '개인과 공동체의 웰빙(individual and collective wellbeing)'을 교육 목표로 설정하고 있다. 그림 1-2는 학습 나침반 2030을 나타낸 것이다.

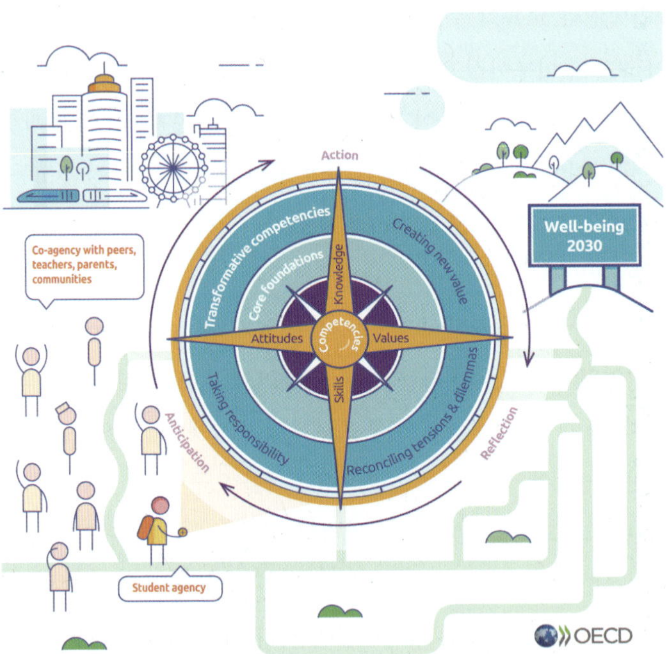

그림 1-2 OECD 학습 나침반 2030

출처: OECD Future of Education and Skills 2030 Concept Note(2019), p.2

학습 나침반 2030에는 변혁적 역량(transformative competencies), 지식·태도·가치·기능(knowledge·attitudes·values·skills), 예측-행동-반성(anticipation-action-reflection), 학생 주도성(student agency) 등이 도식화되어 있다.

Ryan과 Martela(2016)는 변혁적 역량을 '복잡하고 다양한 요구를 충족시키기 위해 지식·태도·가치·기능을 동원하는 능력'으로 정의하였다. 이들은 변혁적 역량이 학습자가 주도성을 가진 주체가 되어 새로운 가치를 창조하고, 긴장과 딜레마를 조정하며, 스스로 설정한 목적에 책임의식을 갖고 보다 나은 세계로 나아갈 수 있는 역량이라고 설명하였다. 또한 변혁적 역량은 학습자가 '예측-행동-반성'의 전 과정에 걸쳐 주도성을 가지고 방향을 찾아 나가는 '행위 주체성(agency)'을 필요로 한다(박윤주, 2024).

이는 세계경제포럼(WEF)의 Education 4.0(WEF, 2020, 2023)이 미래 학습자에게 필수적인 기술·능력·태도·가치를 갖추도록 하기 위해 제안한 혁신적 교수·학습법을 설명한 것이다. 즉, 미래교육으로의 전환을 위해 무엇을 가르치고 어떻게 가르쳐야 하는지를 표 1-3과 같이 제시하고 있다.

표 1-3 미래교육이 제공해야 하는 교육 내용과 교육 경험

구분	내용
교육 내용 (content: built-in mechanisms for skills adaptation)	• 디지털 기술 역량(technology skills) • 혁신과 창의성 역량(innovation and creativity skills) • 세계 시민 역량(global citizenship skills) • 대인관계 역량(interpersonal skills)
교육 경험 (experiences: leveraging innovative pedagogies)	• 맞춤형 학습(personalized and self-paced learning) • 포용적 학습(accessible and inclusive learning) • 문제 중심 학습과 협력적 학습(problem-based and collaborative learning) • 평생학습과 학생 중심 학습(lifelong and student-driven learning)

출처: 세계경제포럼(WEF, 2020, 2023); 홍선주 외(2024), pp.7-8 재구성

미래 세대를 위한 교육 내용으로는 디지털 기술 역량, 혁신과 창의성 역량, 세계 시민 역량, 대인관계 역량 등이 제시되고 있다. 디지털 기술 역량은 디지털 기술과 프로그래밍에 관한 지식과 기능은 물론, 디지털 윤리와 책임의식을 갖추도록 하는 역량을 개발하는 것을 의미한다. 혁신과 창의성 역량은 복잡한 문제를 해결할 수 있는 능력, 분석적 사고, 시스템 사고 등을 함양하는 데 초점을 둔다.

또한 세계적 이슈들이 서로 연결되어 있음을 이해하고 국제사회에 적극 참여할 수 있는 세계 시민 역량, 공감·협력·리더십·사회·정서 지능 등을 포괄하는 대인관계 역량을 기를 수 있도록 하는 교육 내용이 필요함을 제시하고 있다.

이를 위한 교육 방법으로는 맞춤형 학습, 포용적 학습, 문제 중심 학습·협력적 학습, 평생학습, 학생 중심 학습 등이 강조된다. 즉, 학습자의 다양한 요구와 역량 수준에 따라 개인 맞춤형 학습을 제공하고, 교육 접근성을 높이기 위해 정보통신기술과 디지털 교육 자원을 활용한 포용적 학습을 실현해야 한다는 것이다. 아울러 문제 중심 학습과 협력적 학습을 강화하고, 평생학습과 학생 중심 학습에

초점을 두어 개인의 요구에 따라 지속적으로 역량을 개발하고 필요한 새로운 기능(skill)을 습득할 수 있도록 지원하는 교육이 제공되어야 한다고 제시하였다(홍선주 외, 2024).

이처럼 산업의 혁신적 발달 속에서 미래를 살아가는 학생들에게는 디지털을 포함한 리터러시 역량과 예측하기 어려운 상황에 대응할 수 있는 창의력과 비판적 사고력, 이를 행동으로 발휘할 수 있는 시민의식 및 관계성 관련 역량을 함양할 수 있는 교육이 요구되고 있다(권순정, 2022).

이러한 교육적 요구는 4차 산업혁명으로 인한 교육 패러다임의 변화에서 촉발되었고, 이어서 2020년 3월 코로나19(COVID-19) 팬데믹이 발생하면서 이전의 일상생활뿐만 아니라 교육 전반의 변화가 가속화되었다. 기존의 삶을 지탱하던 시스템과 정책들이 수정·재구성되었고, 사람들은 빠르게 변화하는 기술을 적극적으로 수용해야 하였다.

특히, 학교라는 교육 공간과 교육과정 운영 방식 역시 변화를 요구받았다. 즉, 학교나 교실이라는 물리적 공간뿐만 아니라 디지털 공간에서의 학습, 형식 학습과 비형식 학습을 연계할 수 있는 이음새 없는(seamless) 교육(Wong, 2013)에 대한 요구가 커지고 있다.

이러한 변화 요구는 기존 학교교육체제를 혁신함으로써 모든 학생이 자신의 필요에 맞는 질 높은 교육을 균등하게 받을 수 있도록 하며, 개인의 적성과 자질을 개발할 수 있는 개인 맞춤형 교육의 실현에 초점을 두게 한다(김현미 외, 2022; 홍선주 외, 2023). 이를 지원하는 기술로서 에듀테크의 중요성도 점차 커지고 있다.

3) 에듀테크의 개념과 특징

에듀테크(edutech)는 교육(education) 분야에 정보통신기술(ICT, Information and Communication Technology)을 융합한 새로운 기술(technology)을 적용하는 것을 의미하며(김경리, 2023), 4차 산업혁명과 함께 부상한 기술을 활용한 교육의 현상학적 개념으로 산업계·학계·매체 등에서 폭넓게 사용되고 있다.

ICT는 1990년대 개인용 컴퓨터의 급속한 보급과 1991년 월드와이드웹(World Wide Web)의 등장으로 전 세계 정보 접근이 가능해지면서 발전이 가속화되었고(Berners-Lee, 2019), 그 결과 교육 시스템과 사회적 상호작용 전반에 근본적 변화가 일어났다(Fabunmi et al., 2025). 컴퓨터와 인터넷에서 시작하여 AI, 빅데이터(Big data), VR·AR·XR, 생성형 AI 등의 첨단기술이 잇달아 등장하면서 교육적 활용에 대한 관심도 증가하였고, 이에 따라 e-러닝(e-learning), 스마트러닝(smart learning), 에듀테크 등의 용어가 등장하게 되었다.

Weller(2018)가 기술한 에듀테크 20년 역사를 바탕으로 주요 내용을 정리하면 다음과 같다.

(1) e-러닝

e-러닝(e-learning)은 장소와 공간의 제약 없이 컴퓨터를 활용하여 교육이 이루어지는 것을 의미한다. 1999년 이후 웹(Web)의 부상과 함께 여러 분야에서 'e'를 접두사로 붙이던 흐름 속에서 e-러닝이라는 용어가 본격적으로 주목받기 시작하였다. 당시 대학들은 기존 원격교육과정보다 낮은 비용으로 운영할 수 있다는 점에서 e-러닝 프로그램을 적극 도입하였다.

그러나 학습자료의 재활용 측면에서는 제작비용을 줄일 수 있었지만, 빠른 콘텐츠 업데이트로 인해 운영비용이 증가하는 문제가 발생하였다 이를 해결하기 위한 방안 중 하나가 2012년 등장한 MOOC(대규모 온라인 공개강좌)의 확산이었다. e-러닝은 기술, 표준, 접근 방식 등에서 이후 교육기술 발전의 토대를 마련하였다

(2) 스마트러닝

2007년 7월 아이폰 출시를 계기로 스마트 기기가 빠르게 확산되면서, 스마트 기기를 활용한 교육을 뜻하는 스마트러닝(smart learning)이라는 용어가 등장하였다. 초기에는 스마트 기기를 보조 도구로 활용하는 학습에 초점을 두었으나, 이후에는 학습 도구와 방식의 변화로 인해 새로운 학습 패러다임으로 인식되기 시작하였다.

2010년대 이후 국내 연구에서는 스마트러닝을 다양한 스마트 기기와 e-러닝 신기술이 결합된 교육 시스템으로 정의하고, 자기주도학습을 지원하는 상시 학습 체계, 상호작용 기반 협력학습, 학습성과 관리 가능성 등을 강조하였다.

또한 교육과학기술부(2011)가 '스마트교육 추진전략'과 '스마트교육 도입을 위한 실행계획'을 발표하면서 '스마트교육'이라는 용어가 공식적으로 사용되었다. 21세기 학습자 역량 강화를 위한 지능형 맞춤 학습 체제로서 스마트교육은 교육환경, 교육 내용, 교육 방법 및 평가 등을 혁신하는 동력으로 제시되었다. SMART는 S(Self-directed, 자기주도적), M(Motivated, 흥미), A(Adaptive, 수준과 적성 기반), R(Resource free, 풍부한 자료), T(Technology embedded, 정보기술 활용)을 의미한다(김수향 외, 2024; 교육과학기술부, 2011). 이러한 특징을 종합적으로 정리한 내용이 그림 1-3에 제시되어 있다.

이와 관련하여 김미용과 배영권(2012)은 연구자에 따른 스마트러닝의 개념 정의를 표 1-4와 같이 정리하였다. 이 내용을 종합하면, 스마트러닝은 다양한 스마트 기기와 이러닝 신기술이 융합된 새로운 서비스 기반에서 교육을 받을 수 있는 교육 시스템을 의미한다. 동시에 학습자가 자기주도적으로 학습할 수 있는 상시 학습 체계이자, 상호작용을 통한 협력학습 그리고 학습자가 스스로 학습성과를 관리할 수 있는 지능형 학습환경을 포괄하는 개념이다.

S　Self-directed(자기주도적)

- (지식 생산자) 지식 수용자에서 지식의 주요 생산자로 학생의 역할 변화, 교사는 지식 전달자에서 학습의 조력자(멘토)로 변화
- (지능화) 온라인 성취도 진단 및 처방을 통해 스스로 학습하는 체제

M　Motivated(흥미)

- (체험 중심) 정형화된 교과 지식 중심에서 체험을 기반으로 지식을 재구성할 수 있는 교수·학습 방법 강조
- (문제해결 중심) 창의적 문제해결과 과정 중심의 개별화된 평가 지향

A　Adaptive(수준과 적성 기반)

- (유연화) 교육체제의 유연성이 강화되고 개인의 선호 및 미래의 직업과 연계된 맞춤형 학습 구현
- (개별화) 학교가 지식을 대량으로 전달하는 장소에서, 수준과 적성에 맞는 개별화된 학습을 지원하는 장소로 진화

R　Resource free(풍부한 자료)

- (오픈마켓) 클라우드 교육 서비스를 기반으로 공공기관, 민간 및 개인이 개발한 풍부한 콘텐츠를 교육에 자유롭게 활용
- (소셜 네트워킹) 집단지성, 소셜러닝 등을 활용한 국내외 학습자원의 공동 활용과 협력학습 확대

T　Technology embedded(정보기술 활용)

- (개방화) 정보기술을 통해 언제, 어디서나 원하는 학습을 할 수 있고, 수업 방식이 다양해져 학습 선택권이 최대한 보장되는 교육환경

그림 1-3　스마트교육

표 1-4　스마트러닝의 개념 정의에 관한 연구

연구자	개념 및 특성
곽덕훈(2010)	정보통신기술 기반, 학습자 중심, 지능형 맞춤 학습
노규성 외(2011)	정보통신기술 기반, 상호협력, 자기주도적 학습 설계, 학습자 주도형, 인간 중심적인 학습 방법
임걸(2011)	풍부한 학습자원 활용, 상호작용을 통한 참여적 환경, 실제적 맥락과 경험
김용, 손진곤(2011)	모바일 디지털 기기 기반, 이동 경향성 수용, 실시간 상호작용, 학습자 중심, 지능형 맞춤 학습
강인애 외(2012)	상호작용의 극대화, 비형식적 학습과 형식적 학습의 융합, 즉각적인 피드백, 개방적·참여적 학습환경, 앱을 활용한 학습

출처: 김미용, 배영권(2012), p.79 재구성

(3) 인공지능(AI) 교육

① 인공지능의 개념과 교육적 특징

교육 분야에서 인공지능(AI, Artificial Intelligence)은 기존 학습 방법을 크게 변화시키는 가장 혁신적인 에듀테크 기술이다. AI는 인간이 지닌 지각, 학습, 추론, 자연어 처리 등의 능력을 컴퓨터가 수행할 수 있도록 구현하는 기술로, 대규모 학습 데이터를 기반으로 한 기계학습(ML, Machine Learning) 및 딥러닝(DL, Deep Learning) 그리고 학습된 모델을 기반으로 자연어 처리, 음성 인식, 시각 인식 등 첨단기술을 활용하여 데이터를 분석하는 능력을 포함한다.

AI를 활용한 교육(AIED, AI in Education)은 학습자의 성취도와 학습 만족도를 향상하기 위해 AI 기술을 교육과정에 적용하는 것을 의미한다(서경원 외, 2022). AI 연구는 1943년부터 본격적으로 시작되었으며, 1956년 존 매카시(John McCarthy)가 다트머스(Dartmouth) 회의에서 'Artificial Intelligence(인공지능)'라는 용어를 공식적으로 제안하였다.

백희정(2023)은 인공지능, 머신러닝, 딥러닝의 관계를 그림 1-4와 같이 위계적으로 제시하였다. 인공지능, 머신러닝, 딥러닝은 이처럼 학문적 연구 대상으로 지속적으로 발전해 왔으며, 다양한 분야에서 활용 범위를 확대하고 있다(한국교육학술정보원, 2023).

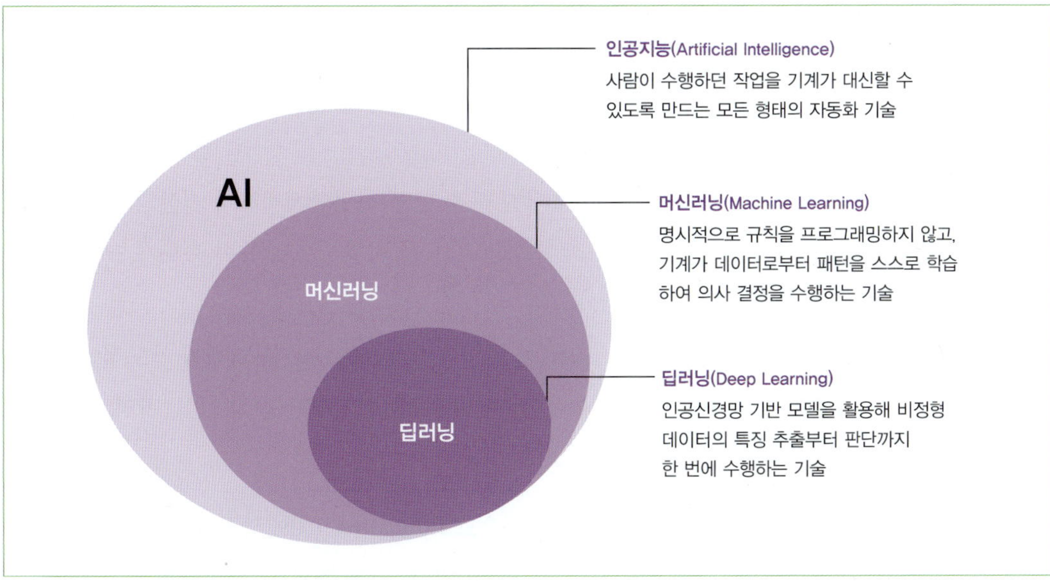

그림 1-4 인공지능·머신러닝·딥러닝의 관계

출처: LGCNS AI 빅데이터연구소

② 인공지능기술의 발전 단계

㉠ 태동기(1950~1960년대)

- 앨런 튜링(Alan Turing, 1950)은 컴퓨터가 사람처럼 신체 동작을 모방하는 것이 지능과 무관하다는 전제 아래, 사람이 사용하는 자연어를 이용해 컴퓨터의 지능 여부를 판별하는 튜링 테스트(Turing test)를 제안하였다. 컴퓨터가 실제로 지능을 가질 수 있는지에 대해서는 논란이 많았다.
- 다트머스 회의(1956)에서 'Artificial Intelligence'라는 용어가 공식적으로 사용되기 시작하였다.

㉡ 전문가 시스템의 출현(1970~1980년대)

- 특정 영역의 전문 지식을 활용하여 문제를 해결하는 방식인 전문가 시스템(Expert System)이 연구되었다.

  예 화학제품 분석용 DENDRAL, 감염 질환 진단 및 항생제 처방 지원 시스템 MYCIN
- 1980년대에는 개인용 컴퓨터와 전문가 시스템의 등장으로 다양한 분야에서 연구와 활용이 활발해졌다.

㉢ 인공 신경망의 도약(1990~2000년대)

- 컴퓨터 성능과 신경과학의 발전으로 인공 신경망 연구가 본격화되었다.
- 1997년 IBM의 딥 블루(Deep Blue)가 체스 챔피언 카스파로프를 이기고, 2011년 IBM의 Watson이 퀴즈 챔피언을 이기면서 규칙 기반 인공지능의 발전이 두드러졌다.

㉣ 딥러닝 혁명(2010년대 이후)

- 딥러닝은 입력층-은닉층-출력층으로 이루어진 다층 인공 신경망에서 3개 이상의 은닉층을 활용한 학습 기법을 의미한다. 컴퓨터 하드웨어의 급속한 성능 향상으로 학습 속도가 크게 개선되었다.
- 2012년 인공지능 모델인 알렉스넷(AlexNet)이 이미지넷(ImageNet) 대회에서 압도적인 성능을 보이며 딥러닝 기술의 잠재력을 전 세계에 입증하였다. 이후 딥러닝은 음성 인식, 번역, 자율주행, 의료 AI 등 다양한 분야에서 상용화가 확대되고 있다.

또한 Chakraborty(2024)는 AI(인공지능)를 중심으로 Education 1.0에서 Education 5.0에 이르는 교육의 변화를 그림 1-5와 표 1-5로 정리하여 제시하고 있다. 이를 통해 AI가 교육의 발전 과정에서 그 활용 범위를 점차 확장해 왔음을 확인할 수 있다.

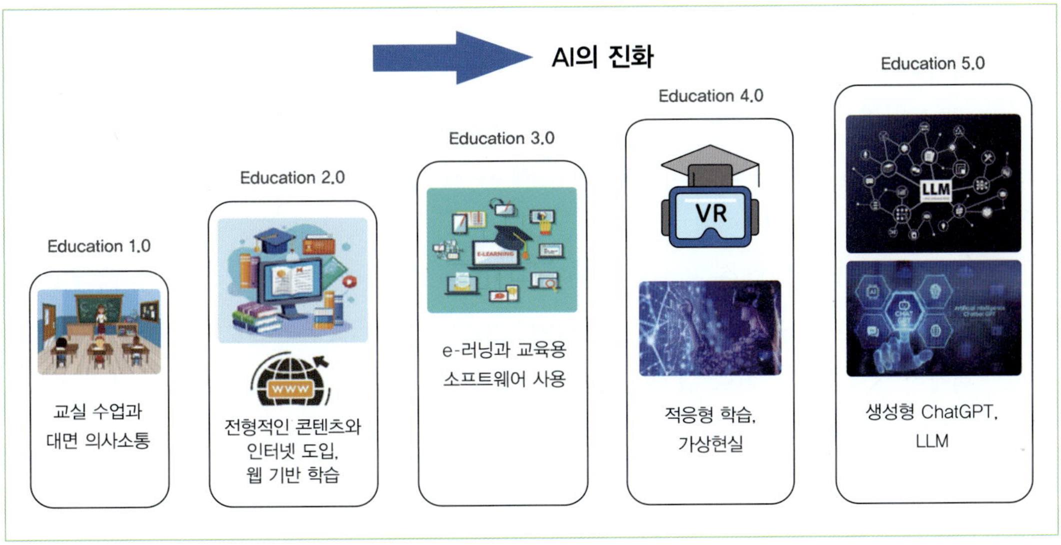

그림 1-5 AI 관점에서 본 Education 1.0~5.0의 진화

표 1-5 AI 관점에서 본 Education 1.0~5.0 단계별 변화

교육 단계	연도	특징
Education 1.0	1990년대 이전	교사 중심의 칠판 학습, 최소한의 기술을 활용한 표준화된 교육
Education 2.0	1990~2000년대	고전적인 기계와 인터넷 도입, 협력학습, 기본적인 온라인 자료
Education 3.0	2000~2010년대	개인화된 학습 경로, 하이브리드 학습(대면 + 온라인), 교육용 소프트웨어 사용 증가
Education 4.0	2010~2020년대	적응형 기계학습, 실시간 데이터 분석, 체험학습(가상현실, 시뮬레이션)
Education 5.0	2020~현재	스마트학습 및 평생학습, 포괄적이고 접근 가능한 학습, AI 기반 자율학습 플랫폼, 대규모 언어 모델(LLM), 설명 가능한 AI

③ 대규모 언어 모델(LLM) 기반 대화형 AI와 교육

생성형 AI(Generative AI)는 기존 데이터를 기반으로 사용자의 명령에 따라 텍스트, 이미지, 음성, 영상, 코드 등 새로운 콘텐츠를 생성하는 인공지능기술을 의미한다. 기존의 에듀테크가 주로 콘텐츠 제공·학습 관리·자동 채점 기능에 집중했다면, 생성형 AI 기반 교육은 학습자료를 즉시 생성하고 학습자 맞춤형 피드백을 제공할 수 있다는 점에서 차별성을 가진다.

대규모 언어 모델(LLM, Large Language Model)을 기반으로 하는 대화형 인공지능(Conversational AI)으로는 OpenAI의 ChatGPT(Chat Generative Pre-trained Transformer), Google의

Gemini, Meta의 LLaMA 등이 있으며, 이를 통해 텍스트 분류, 요약, 번역, 문서·이미지 생성 등의 다양한 작업 수행이 가능해졌다.

즉, LLM에 인간 피드백 기반 강화학습(RLHF, Reinforcement Learning with Human Feedback)을 적용한 생성형 AI는 대화의 맥락을 이해해 자연스러운 문장으로 응답하고 요약·설명할 수 있는 기능을 갖추게 되었다(임천일 외, 2024).

특히, 2022년 11월 출시된 OpenAI의 ChatGPT 3.5는 교육계에 큰 영향을 미쳤다. 이후 GPT-4(2023년 3월), GPT-4 Turbo(2023년 11월), GPTs(2024년 1월), GPT-5(2025년 8월)의 공개로 사용자는 복잡한 코딩 과정 없이도 AI 애플리케이션 제작 및 디버깅 능력을 강화할 수 있게 되었으며, 텍스트·이미지 등 다양한 데이터 처리와 멀티모달(multimodal) 작업수행능력이 향상되었다.

2026년 2월 현재, ChatGPT는 GPT-5 계열의 최신 대규모 언어 모델을 중심으로 운영되며, 대화형 지능을 넘어 문제 해결, 코딩 및 디버깅, 자료 분석, 콘텐츠 생성 등 폭넓은 AI 애플리케이션 활용을 지원하는 범용 인공지능 도구로 발전하고 있다. 특히, 고질적인 문제였던 환각(hallucination, 할루시네이션) 현상이 줄고 정확성이 높아짐에 따라 활용도는 더욱 가속화되고 있다. 이러한 기술적 진보는 스마트 기기에 익숙한 청소년들의 AI 활용률을 높였으며, 결과적으로 교육현장에서 교사와 학습자의 근본적인 역할 변화를 요구하고 있다.

이러한 흐름은 한국의 2022 개정 국가수준 교육과정에도 반영되어 인공지능 소양 역량이 제시되었다. 생성형 AI 활용 교육의 특징은 교수자와 학습자 측면에서 다음과 같이 구분할 수 있다.

- 교수자(교사) 측면
  - **교수 설계 지원**: 수업안, 평가 문항, 학습자료 자동 생성
  - **다양한 학습자료 제공**: 수준별 맞춤 텍스트, 퀴즈, 시뮬레이션 과제 생성
  - **다언어 지원**: 외국어 자료 번역 및 대화형 피드백 제공
- 학습자(학생) 측면
  - **개인 맞춤형 튜터**: 질문에 대한 실시간 답변, 이해 수준별 설명
  - **창의적 산출 지원**: 글쓰기 초안, 아이디어 브레인스토밍, 코드 작성 보조
  - **시뮬레이션 학습**: 가상 대화, 역사 인물 역할극, 과학 실험 모의체험

생성형 AI의 도입은 학습자가 스스로 궁금증을 해결하며 학습을 이끌어가는 학습자 주도성(student agency), 자기인식학습(self-awareness learning), 자기발견학습(self-discovery learning) 등을 강조한다. 이러한 상황에서 교사는 학습자가 주체적으로 학습하는 과정에서 필요로 하는 부분을 적절히 안내하고 상담하는 조력자로서의 역할이 이전보다 더욱 강조된다고 할 수 있다(성태제 외, 2024).

표 1-6 교육 영역에서 AI 교사의 역할과 이점

교육 영역	AI 교사의 역할	AI의 이점
수업	학습 조력자, 교수자, 학습 지도자	• 개인별 맞춤 학습 제공 • 자신의 속도에 맞춘 학습 • 자기조절학습 가능 • 다양한 학습 상황 제공
지식 제공	지식 자원, 학습 과정 설계자	• 딥러닝을 통한 다양한 지식 산출 • 지식 불평등 해소
평가	평가자	• 다양한 평가 방법 활용 • 개인별 평가를 바탕으로 한 피드백 제공
상담	훈육자 및 불안 제거자, 상담자, 생활 지도 및 상담의 역할, 상담 및 치유의 역할	• 특정한 목표를 지닌 상담 가능(우울증·자살 예방 등) • 개인 맞춤 상담 • 사회성 개발

출처: 김홍겸 외(2018), p.197 재구성

김홍겸 외(2018)는 다양한 학자의 의견을 종합하여 교육 영역에서 교사와 AI의 역할 및 이점을 표 1-6과 같이 제시하였다. 이는 수업, 지식 제공, 평가, 상담이라는 교육의 영역에서 전통적인 교사가 해오던 역할과 비교하여 을 AI 교사를 활용했을 때의 이점을 제시하고 있다. 이에 따라 교사에게는 AI를 교육의 도구로 적절히 활용하여 학생들의 학습이 원활하게 이루어질 수 있도록 지원하는 역량이 중요해지고 있다. 즉, AI·디지털 역량에 대해 황영식 외(2023)는 다음과 같이 정의하고, 교사에게 요구되던 역량의 변화가 필요함을 제시하였다.

> AI·디지털 역량이란 '교육의 영역에서 AI를 포함한 디지털 기술을 효과적·비판적·창조적·합목적적·상호소통적·윤리적·협력적으로 활용하여 가르치는 데 필요한 지식, 기술, 태도 및 문제해결능력'이다.

④ AI의 교육적 활용 및 특징

Holmes(2019)는 교육 분야의 AI에 대해 'AI에 대해 학습하기(learn about AI)'와 'AI로 학습하기(AIED, AI in Education)'로 제시하였다. 이는 교육에서 AI를 '내용으로서의 AI'와 '도구로서의 AI'로 구분할 필요가 있음을 보여준다.

우선 '내용으로서의 AI'는 AI의 개념과 기술, 사회적 영향 등을 학습하는 것으로, 독립된 교육과정에 근거하여 AI를 하나의 독립된 교과로 운영하는 것을 의미한다.

'도구로서의 AI'는 교육 전반이나 교과에서 교수·학습 도구나 교수 매체로 AI를 활용하는 교육을 의미하며, 'AI 활용 교육' 또는 'AI 기반 교육'이라는 표현으로 사용된다. 국가 수준 교육과정에 기반하여 운영되는 교과에서는 AI를 도구로 활용한 교육을 진행하고 있다(임철인 외, 2024).

지현경과 홍현미(2023)는 AI의 교육적 활용 특징을 다음과 같이 제시하였다.

㉠ 개별 맞춤형 학습환경 제공

AI는 학생들의 학습 패턴, 학습 결과물, 관심사 등을 분석하여 학습자의 수준을 판단하고, 각 수준에 맞는 맞춤형 콘텐츠를 제공할 수 있다. AI는 자연어 처리(NLP, Natural Language Processing)와 머신러닝 기술을 활용하여 교수자와 학습자 간 상호작용을 강화하고 학습 지원을 제공할 수 있다.

㉡ AI 기반 평가 시스템을 통한 효율적 관리

AI 기반 평가 시스템은 학습자가 교수·학습 과정에서 산출한 결과물을 실시간으로 평가하고, 그 결과를 바탕으로 즉각적인 피드백을 제공할 수 있다. 영국에서 개발된 인공지능 기반 학습 시스템인 Century Tech는 빅데이터와 인공지능을 활용해 학습자의 수준, 학습 패턴, 학습 이력에 맞춘 개인화된 교육 경로(personalized pathway)를 제공하여 학습이 필요한 부분을 쉽게 확인할 수 있게 하고, 교수자의 개입을 수월하게 한다.

특히, 학습자 개개인의 평가 결과와 학습 상태를 시각화하여 교수자에게 제공함으로써, 보다 효율적으로 수업계획을 세울 수 있도록 지원할 수 있다.

㉢ 학습자의 진로 및 학사 정보 추천 서비스 제공

학습자의 전공, 수강 이력, 흥미 등의 데이터를 기반으로 학습자에게 필요한 교과목이나 진로 등을 추천하는 AI 기반 추천 서비스가 다양하게 개발·활용되고 있다. 빅데이터를 토대로 직업 정보를 제공하거나 맞춤형 로드맵을 설계하여 제시할 수도 있다.

또한 대학의 경우 맞춤 교과목 추천, 전공·복수전공 선택 지원, 교내·교외 프로그램 추천 등이 가능하다. 이를 통해 개인별 맞춤 정보 제공과 정보 탐색의 효율성을 높일 수 있다는 점에서 긍정적인 측면이 있다.

⑤ AI의 교육적 활용에 따른 도전과제

교육에서 AI 기술의 활용은 긍정적인 측면이 있으나, 예측하지 못한 영역에서 해결해야 할 과제들이 발생하고 있다. 교육 분야의 AI 적용과 관련된 도전과제는 다음과 같다.

㉠ 윤리적 문제

교육 분야에서 AI를 사용할 때 정보의 편향성이나 데이터 프라이버시 문제와 같은 윤리적 문제가 나타날 수 있다. AI를 활용하는 과정에서 AI 시스템에 의해 학생들의 개인 데이터가 무분별하게 수집·처리되는 경우 정보 유출이나 오용의 문제가 발생할 수 있다. 따라서 교육현장에서는 개인정보 관련 데이터 관리 정책을 체계적으로 수립하고, 개인정보 보호를 최우선으로 해야 한다.

ⓛ AI에 대한 이해 부족

교육자들은 AI 기술을 충분히 이해하여 활용할 필요가 있다. 빠르게 변화하는 AI 기술에 대한 이해도를 높이기 위한 개인과 기관의 노력이 있어야 교육을 효율적으로 운영할 수 있다.

특히, 생성형 AI를 활용하는 경우 AI가 제시하는 편향된 정보가 학생들에게 불평등한 학습을 초래할 수 있다. 이를 예방하기 위해 교육자는 AI의 결과를 비판적으로 검토할 수 있는 시각을 갖추고, 학생들이 AI를 무분별하게 맹신하지 않도록 지도해야 한다.

ⓒ 비용 문제

AI 기반 문제를 해결하기 위해서는 초기 투자비용뿐만 아니라 유지·관리 비용이 필요하다. 또한 기술 발달과 교육현장에서의 활용을 위해 현장의 관심과 함께 꾸준한 재정적 지원이 뒷받침되어야 한다.

(4) 에듀테크의 개념 이해와 발달 과정

① 에듀테크의 정의 및 관련 개념의 변천

클라우스 슈밥(2016)은 4차 산업혁명과 더불어 디지털 혁명이 도래했음을 알렸다. 기존의 PC나 스마트폰 등의 디바이스 또는 하드웨어 장치가 아닌 소프트웨어를 기반으로 인공지능, 빅데이터, 클라우드 컴퓨팅과 같은 첨단 디지털 기술이 4차 산업혁명의 핵심이라는 것이다. 이러한 디지털 기술이 학교현장에서 교육의 도구로 활용되면서 '에듀테크'라는 용어가 상용화되기 시작하였다.

공영일(2020)은 에듀테크를 교육에 ICT 기술을 접목해 기존의 서비스를 개선하거나 새로운 서비스를 제공하는 것으로 정의하였고, 이재규와 김의창(2020)은 가상현실·증강현실·인공지능·빅데이터 등 ICT 기술과 교육 서비스가 융합해 새로운 학습경험을 제공하는 것으로 정의하였다. 또한 구영덕(2022)은 에듀테크를 인공지능(AI), 빅데이터(Big Data), 가상현실(VR), 증강현실(AR) 등 정보통신기술(ICT)을 활용한 차세대 교육이라고 정의하였다.

이를 종합하면, 에듀테크는 과거의 이러닝·스마트러닝에서 사용하는 기술을 넘어, 최신 기술을 콘텐츠, 솔루션, 시스템 등에 접목하여 기존과 다른 새로운 학습경험을 제공하는 서비스와 교육 패러다임을 창출하는 현상을 지칭하는 것으로 정의할 수 있다.

표 1-7은 공영일(2020)의 에듀테크의 유사 개념 정리와, 박아람과 이찬(2023)의 개념별 등장 시점 및 관련 기술 분석을 종합한 것이다. 이러닝, 스마트러닝, 에듀테크의 개념은 인터넷의 출현, 스마트폰의 보급, 4차 산업혁명 등을 중심으로 설명할 수 있다.

표 1-7 에듀테크의 개념과 변화

범주	정의	특징	새로운 기술과 시기
e-러닝	전기·정보 기술을 통해 제공되는 학습	인터넷과 컴퓨터 사용에 초점	1990년대 후반 인터넷 익스플로러
스마트러닝	스마트폰, 태블릿, 전자책(e-book) 등 새로운 기술을 활용한 학습	스마트 기기 사용에 초점	2007년 아이폰
에듀테크	ICT와 결합하여 학습 프로그램을 개선하거나 제공하는 기술	소프트웨어와 데이터 사용에 초점	2016년 산업 4.0

출처: 박아람, 이찬(2023), p.73 재구성

② 기술환경의 변화에 따른 에듀테크 사조의 변화

표 1-8은 Weller(2018)가 제시한 에듀테크의 연대별 흐름을 바탕으로, 박아람과 이찬(2023)이 분석한 정보기술과 서비스의 출현 시기 및 주요 교육 사조를 종합하여 정리한 것이다.

우선 1990년대 후반, 인터넷 익스플로러(Internet Explorer)의 등장과 함께 월드와이드웹(WWW, World Wide Web), 이메일 등 전자 시스템과 서비스가 본격화되면서 인터넷 기반의 e-러닝이 출현하였다. 같은 시기 학습관리시스템(LMS, Learning Management System)을 기반으로 온라인 학습 표준화와 코스 관리를 수행하는 교육 시스템 기업인 블랙보드(1997), 코너스톤(1998)이 설립되었다. 우리나라에서는 기업교육을 위해 이러닝 서비스를 지원하는 휴넷(1999), 크레듀(2000)가 운영되었다.

2000년대 초 인터넷 확산은 온라인 교육이 학교교육에 정착하는 계기가 되었다. 2001년 사이버대학 개교, 2004년 EBS 인터넷 강의 지원 등으로 점차 e-러닝이 활성화되었다. 이후 2004년 페이스북 웹사이트 개설로 소셜 네트워크 서비스(SNS)가 시작되고, 2005년 유튜브 서비스가 출시되면서 실시간 영상 콘텐츠를 시간과 공간의 제약 없이 공유할 수 있는 개방형 플랫폼 시대로 전환되기 시작하였다.

이어 2007년 아이폰(iPhone)의 출시로 스마트 기기를 활용한 스마트러닝이 부상하였다. 이는 단순한 도구적 활용을 넘어 새로운 학습 패러다임으로 인식되었으며, 학습자가 스스로 목표를 설정하고 필요한 역량을 자기주도적으로 개발하는 무형식 교육을 가능하게 하였다.

2008년 전후에는 교육자원의 개방을 표방하는 OER(Open Educational Resources)이 확산되었고, 단순한 자료 공개 수준에서 점차 양방향 교류가 가능한 MOOC 플랫폼 개발로 이어졌다. 유데미(Udemy), 코세라(Coursera) 등 다양한 온라인 교육 플랫폼이 잇따라 등장하자, 2012년 뉴욕 타임즈는 그 해를 'MOOC의 해'라고 명명하였다.

이후 알파고와 이세돌의 바둑 대국을 계기로 인공지능기술 발전에 대한 관심이 확산되었고, 학교교육에 AI를 적용하려는 에듀테크 산업이 활성화되기 시작하였다. 에듀테크는 실제 체험의 위험성을 줄이면서 다양한 체험학습을 가능하게 하고, 교육 매체의 한계를 극복한다는 점에서 주목받고 있다.

표 1-8 인터넷 혁명 이후 신기술·ICT 서비스 및 에듀테크 사조 변화

연도	새로운 기술 출현과 ICT 서비스	에듀테크 교육 사조
1990년대	• 인터넷 익스플로러(Internet Explorer, 1995)	• e-러닝 • OCW(Open CourseWare, 1999) • SCORM(Shareable Content Object Reference Model, 2001)
2000년대	• 위키피디아(Wikipedia, 2001) • 세컨드라이프(Second Life, 2003) • 페이스북(Facebook, 2004) • 유튜브(Youtube, 2005) • 트위터(Twitter, 2006) • 아이폰(iPhone, 2007) • 킨들(Kindle, 2007) • 아이패드(iPad, 2010)	• 소셜러닝(social learning) • 스마트러닝(smart learning)
2010년대	–	• OER(Open Educational Resources, 2012) • MOOC(Massive Open Online Course, 2012) • xAPI(Experience API, 2013)
	• 마인크래프트(Minecraft, 2011) • 오큘러스(Oculus Rift, 2012) • 구글 글래스(Google Glass, 2014) • MS 홀로렌즈(Microsoft HoloLens, 2015) • 포트나이트(Fortnite, 2017) • 제페토(ZEPETO, 2018)	• 게이미피케이션(Gamification) • 시뮬레이션(Simulation) • 가상학습(Virtual Learning)
	• 산업 4.0(2016) • 알파고 vs 이세돌(2016) • 한국 5G(2019)	• LXP(Learning Experience Platform) • AI 튜터(AI Tutor)
	• NFT(Non-Fungible Token, 2014) • 크립토키티(CryptoKitties, 2017) • 크립토펑크(CryptoPunks, 2017)	–
2020년대	• 메타버스(Metaverse, 2020) • AIO(All In On, 2020) • 헤드셋(HeadSet, 2021)	• 가상학습(Virtual Learning) • 디지털 학습(Digital Learning)

출처: 박아람, 이찬(2023), p.75 재구성

③ 에듀테크의 교육적 가치와 역할

에듀테크의 가치는 사회적 약자의 교육적 불평등을 해소하고, 팬데믹 상황에서 적은 비용으로 시간과 공간을 연결해 다양한 지식에 접근할 수 있게 한 교육적 대응에서 찾을 수 있다(OECD, 2022).

팬데믹 이전에도 학교 수업에서 소프트웨어 기초, STEM(Science, Technology, Engineering, Mathematics) 등 과학기술 분야의 기초 역량 강화나 첨단기술 활용에 대한 논의가 이루어졌다. 고정

된 학교 시스템에서의 획일적·표준화 교육이 지닌 문제를 해결하기 위해 실제 세계와 생활 영역까지 확장할 수 있는 교육 혁신이 에듀테크를 통해 실현될 것으로 기대되고 있다. 이에 따라 더 다양하고 실감나는 학습을 제공하는 디지털 교육 생태계를 조성하기 위한 방안이 필요하다는 논의가 이루어지고 있다.

이처럼 다양한 디지털 정보기술과 서비스들은 상호 개연성을 갖고 발전하면서 에듀테크의 진화를 이끌고 있다. 교육과 기술의 접목은 오랜 역사 속에서 교육 혁신과 문제해결의 과정과 함께 에듀테크의 성장과 발전을 보여준다.

수업현장에서 에듀테크는 학습을 돕는 편리한 도구로 활용되거나, 기술 구현을 통해 학습 방법론을 혁신하거나, 나아가 교육의 흐름까지 변화시키는 역할을 한다. 이러한 에듀테크의 역할에 대해 박아람과 이찬(2023)은 세 가지로 제시하고 있다.

- 에듀테크의 시간·공간 한계 초월

학교라는 공간과 제한된 시간에 이루어지던 교수·학습은 인터넷 기반 e-러닝 플랫폼을 통해 시간과 공간의 제약에서 벗어나고 있다. 현재는 초고속 통신망을 활용한 가상세계에서 다양한 학습이 이루어진다.

또한 에듀테크는 공간·환경의 물리적 제약뿐만 아니라 교수자와 학습자의 신체적 장애를 극복하는 데에도 기여한다. 채팅, 챗봇, 번역기, 자막 등을 통해 의사소통의 장애를 해소하거나, AR/VR/XR 기술을 활용하여 가상세계에서 다양한 체험학습을 제공함으로써 공평한 학습 기회를 제공한다.

- 에듀테크의 사고 및 경험 확장

에듀테크를 통해 교수자와 학습자는 현존하지 않거나 소멸된 사물이나 사람을 복원해 실제 일어나지 않은 상황을 구현하고 경험할 수 있다. 이를 통해 기존 인식의 틀을 확장하고 상상력을 현실로 구현하는 과정에서 사고의 전환이 가능해진다.

에듀테크에서 활용되는 기기는 컴퓨터, 스마트폰, 태블릿 PC, HMD(Head Mounted Display), 웨어러블 디바이스(wearable device) 등으로 점차 확대되고 있다. 다양한 플랫폼에서 제공되는 디지털 미디어 콘텐츠도 증가함에 따라 학습자료로 활용할 수 있는 범위가 넓어지고 있다. 다만, 무분별한 자료의 도입은 학생들의 학업 성취도에 부정적 영향을 줄 수 있으므로 주의가 필요하다.

- 에듀테크의 교수자·학습자 이상적 교육 구현 지원

에듀테크를 활용하면 학습자는 자기주도적으로 필요한 정보를 탐색해 학습할 수 있다. 특히, 생성형 인공지능(AI)의 출현으로 학습자가 스스로 질문하고 답을 찾는 과정에서 학습 효율성이 크게 향상되었다.

교수자는 학습자의 다양한 학업 성취수준과 특성을 고려해 개인 맞춤형 지도가 가능해졌다. 반면,

에듀테크에 지나치게 의존할 경우 교수자와 학습자 간의 상호작용 형성에 소홀해질 수 있으므로 균형 있는 활용이 필요하다.

2. 가정과교육과 에듀테크

1) 중학교 2022 개정 실과(기술·가정)의 가정과교육과정의 에듀테크 요소

2022 개정 교육과정 총론에서는 여러 교과 학습의 기반이 되는 언어, 수리, 디지털 소양 등을 기초 소양으로 강조하여 모든 교과과정에 반영하도록 하고 있다. 또한 생태전환교육, 민주시민교육, 일과 노동의 의미와 가치 등을 교육 목표에 반영해 수업을 설계하도록 제시하고 있다(교육부, 2022a).

이를 반영하여 중학교 가정과교육과정은 '삶과 연계한 학습', '학습 과정에 대한 성찰'을 지향하여 설계되었다. 실과(기술·가정)의 목표, 내용 체계, 성취기준에는 생태전환교육, 민주시민교육, 디지털·AI 소양 함양 교육을 각 내용에서 다루도록 하였다(교육부, 2022b).

그림 1-6은 실과(기술·가정) 교육과정의 영역별 핵심 개념 및 교과 역량을 제시하고 있다. 이어서 그림 1-7은 가정과교육 영역에 나타난 총론 방향, 교과 주제, 핵심 개념, 이를 반영한 영역과 핵심 역량

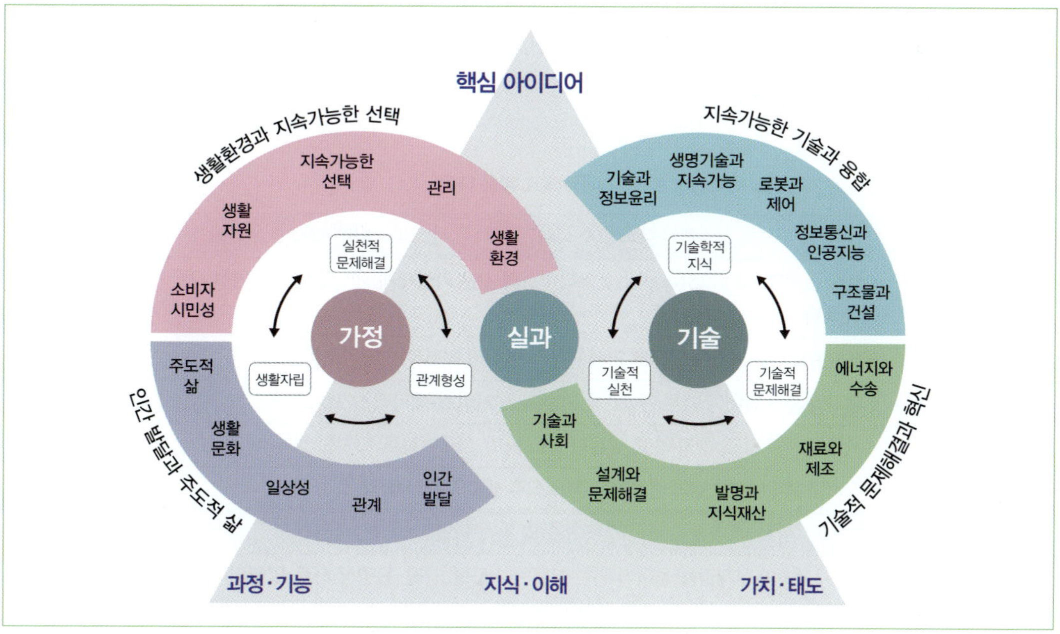

그림 1-6 중학교 실과(기술·가정) 교육과정의 영역별 핵심 개념 및 교과 역량

출처: 교육부(2022a), p.246

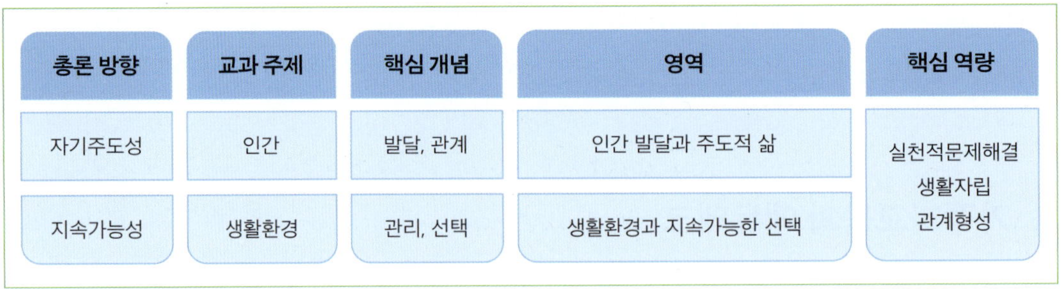

그림 1-7 중학교 실과(기술·가정) 교육과정의 총론 및 핵심 요소

을 정리하여 제시한 것이다.

즉, 가정과교육은 총론의 '자기주도성'과 '지속가능성'이라는 방향성을 고려하고, 교과 주제인 '인간'과 '생활환경'을 반영하여 구성되었다. '발달'과 '관계'라는 핵심 개념은 '인간 발달과 주도적 삶' 영역에, '관리'와 '선택'은 '생활환경과 지속가능한 선택' 영역에 포함된다.

이를 근거로 가정과교육과정은 학습자가 자신의 일상생활을 성찰하고, 주도적 삶을 위한 행동 체계를 구축하는 데 중점을 두어 설계되었다(교육부, 2022).

가정과교육과정 문서를 살펴보면, Holmes(2019)가 교육 분야의 AI를 'AI에 대해 학습하기'와 'AI로 학습하기'로 구분한 관점을 기준으로 할 때, 가정교과는 '에듀테크로 학습하기'에 초점을 두어 교육하도록 구성되어 있음을 확인할 수 있다.

표 1-9는 중학교 가정과교육과정의 성취기준 해설, 성취기준 적용 시 고려사항, 교수·학습 및 평가에 반영된 에듀테크 활용 내용을 재구성한 것이다.

표 1-9 2022 개정 중학교 가정과교육과정에 반영된 에듀테크 활용 내용

성취기준	성취기준 해설과 성취기준 적용 시 고려사항에 나타난 에듀테크
[9기가01-09]	• 사회 관계망 서비스(SNS), 게임, 메타버스와 같은 가상세계, 인터넷상의 익명성, 인터넷 언어폭력, 사이버 폭력의 심각성
[9기가01-10]	• 테크놀로지와 미디어 발달로 인해 발생한 변화에 적합한 새로운 가족문화
[9기가02-08]	• 디지털 환경 확대에 따른 인공지능 기반 주거 서비스, 메타버스, 3D 프린팅
[9기가02-11]	• 사회 관계망 광고, 추적 광고, 맞춤형 광고 등의 소비자 정보, 디지털 캠페인
[9기가02-14]	• 디지털 생활환경으로의 변화에 따른 의식주 생활의 변화 탐색
	교수·학습 및 평가 방법에 나타난 에듀테크
교수·학습	• 교수·학습의 실재감을 높이기 위한 실물이나 모형, 사진·동영상 자료, 멀티미디어 자료, 가상현실(VR), 증강현실(AR), 빅데이터 자료 등과 같은 여러 가지 유형의 아날로그·디지털 자료 활용
평가	• 디지털·AI 도구를 활용한 영상 및 제작물 만들기 • 학습자의 디지털 격차로 인한 영향을 고려하여 평가

이는 기술의 급격한 변화에 따라 가정과 교사들의 에듀테크 활용 요구가 높아지고 있음을 의미하며, 교육과정 문서에서도 이를 명시하고 있다. 따라서 관련 자료 개발과 에듀테크 연수 확대가 필요함을 확인할 수 있다(이효림·김은정, 2022).

2) 고등학교 2022 개정 실과(기술·가정)의 가정과교육과정의 에듀테크 요소

고등학교 2022 개정 실과(기술·가정)의 생활과학 분야는 그림 1-8과 같이 일반 선택 과목인 '기술·가정', 진로 선택 과목인 '생활과학 탐구', 융합 선택 과목인 '아동발달과 부모', '생애 설계와 자립'으로 구성된다.

우선 일반 선택 과목인 '기술·가정'의 생활과학 분야는 개인과 가족의 생활양식 구축과 생활문화 확장을 통해 전 생애 관점에서 자립 역량을 기르고, 학습자의 요구와 흥미에 따른 진로 설계 역량을 함양하는 데 초점을 둔다. 표 1-10은 2022 개정 고등학교 선택 과목 기술·가정의 내용 체계를 재구성하여 제시한 것이다.

고등학교 가정과교육과정은 2022 개정 교육과정 총론에서 제시한 개발 방향 중 디지털·AI 소양 함양 교육을 반영하여 '생활문화와 디지털 환경'을 고등학교 영역과 내용 요소에 포함하고 있음을 확인할 수 있다(왕석순, 2023).

이와 같은 내용 체계는 디지털·AI 환경을 반영한 학습경험을 강조하고 있으며, 이러한 흐름은 성취기준에서도 구체적으로 나타난다. 이에 따라 표 1-11에서는 기술·가정 선택 과목에 반영된 에듀테

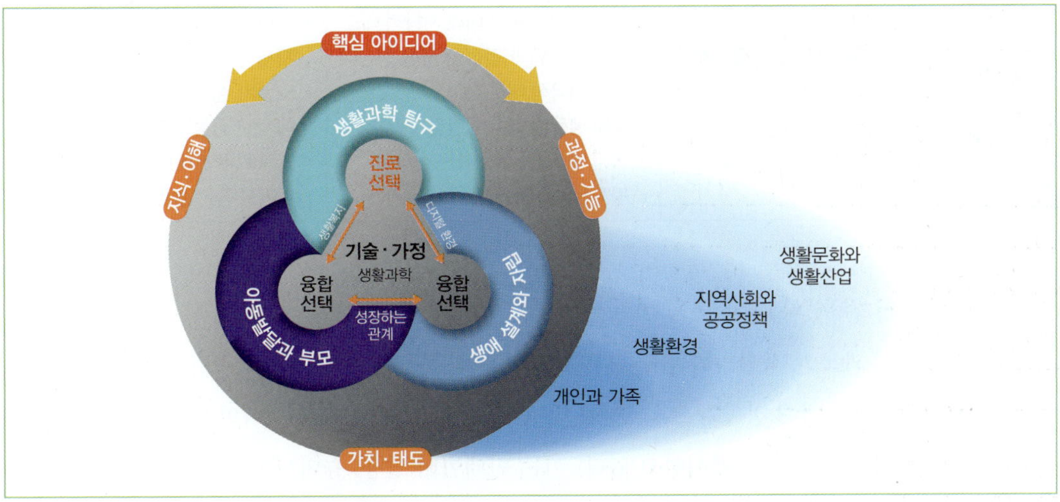

그림 1-8 고등학교 실과(기술·가정) 생활과학 분야 선택 과목의 교육과정 설계 원리

출처: 교육부(2022b), p.37

표 1-10 2022 개정 고등학교 선택 과목 기술·가정의 내용 체계

범주 \ 영역	(1) 생활문화와 디지털 환경	(2) 소비자와 생활복지	(3) 인간과 성장하는 관계
	내용 요소		
지식·이해	• 일상생활과 생활문화의 형성 • 한국 의식주 생활문화의 독창성 • 의식주 생활과 문화다양성 • **미래 식생활과 푸드테크** • **스마트 의류와 메타패션** • **유비쿼터스 주거와 가상공간**	• 저출생 고령사회에서의 생애 설계 • 자산 형성과 가계 재무 • 소비자 안전과 소비자 시민성 • **생활복지와 빅데이터** • **맞춤형 스마트복지**	• 성과 사랑 • 성년기의 독립과 결혼 • 부모됨의 선택과 역할 • 중년기 부모와 청소년기 자녀 • 노년기 생활과 유니버설 디자인 • **디지털 시대의 관계형성** • 회복탄력성과 성장
과정·기능	• 일상생활 속 문화적 요소 발견하기 • 일상생활의 생활문화로의 확장성 파악하기 • 생활문화의 독창적 요소 탐색하기 • 생활문화의 다양성 비교·분석하기 • 생활문화에 반영된 미래 변화의 요소 발견하기 • 생활문화의 새로운 아이디어 적용하기 • 미래지향적 생활문화 창안하기	• 기대하는 목표 설정하기 • 일과 생활의 불균형이 삶에 미치는 영향 분석하기 • 생애주기에 따른 생활 디자인하기 • 가계 재무 설계 및 평가하기 • **생활복지와 맞춤형 스마트복지** 현황 파악하기 • 새로운 아이디어 창출하기 • 자신의 행동이 미치는 영향을 성찰하기 • 결과를 고려한 최선의 방안 선택하기 • 시민 참여형 정책 제안하기	• 성인의 발달에 대한 배경과 맥락 파악하기 • 인간의 발달 특징을 자신과 가족에게 적용하기 • 관계에서의 문제해결을 위한 최선의 방안 결정하기 • 가족 상호돌봄의 방안 탐색하기 • 회복탄력성 키우기 • 위기의 배경과 맥락을 이해하고 긍정적으로 해석하기 • 역할기대를 고려하여 문제해결 방안 탐색하기
가치·태도	• 지속되는 일상생활의 가치 존중 • 한국의 생활문화에 대한 자긍심 • 생활문화에 대한 문화감수성 • **아날로그와 디지털 생활문화의 균형과 상호 존중** • 생활문화 답습에 대한 비판적 태도 • 생활문화의 새로운 가치 창조	• 일과 생활의 균형과 조화를 존중하는 태도 • 일과 노동이 가지고 있는 의미와 가치 • 생활 설계를 위한 미래 지향적 태도 • 경제적 자립과 건전한 자산 형성에 대한 적극적 태도 • 소비 행동에 대한 책임감 • 복지서비스를 활용하는 적극성 • 복지서비스 공유 및 확산의 가치	• **디지털 공간까지 확장된 인간**에 대한 보호와 존중 • 가족 내 소통과 협력적 태도 • 노년기 생활 안전에 대처하려는 자세 • 노년기 삶에 대한 존중과 나이듦에 대한 긍정적 태도 • 관계로부터의 안전을 생각하는 태도 • 위기를 통한 성장의 의미 수용

크 활용 내용을 정리하였다.

또한 진로 선택 과목인 '생활과학 탐구'는 생활과학 관련 문제해결 방안을 탐구하여 생활과학과 관련한 진로를 설계하는 데 초점을 두고, '디지털 및 AI를 중심으로 한 미래 사회의 변화와 생활의 요구 분석'을 과목의 목표 중 하나로 제시하고 있다. 이는 빅데이터 활용, 뉴미디어, 인공지능 등을 포함한 디지털 기술의 발달로 인한 패션산업의 변화를 이해하고, 생활공간에 맞는 디자인을 기획한 후 앱이나 메타버스 등 가상공간에서 입체적으로 공간을 구성하여 3D로 표현하는 등의 활동을 의미한다.

표 1-11 2022 개정 고등학교 선택 과목 기술·가정에 반영된 에듀테크 활용 내용

성취기준	성취기준 해설과 성취기준 적용 시 고려사항에 반영된 에듀테크
[12기가01-03]	• 푸드테크의 식품산업에 ICT 기술과 AI 기반 식생활 관리 등의 변화
[12기가01-04]	• 다양한 지능형 의류의 유형 탐색 • 지속가능한 의생활문화로 개선할 수 있는 디지털 기술을 이용한 이미지나 동영상으로 제작한 디지털 패션산업인 메타패션 활용 • 사회 변화와 디지털 환경의 확대에 따라 의식주 생활문화에 대한 숙고
[12기가01-05]	• 주생활에 적용된 다양한 기술(유비쿼터스 주거, 주거와 사물인터넷 등) 탐색 • 푸드테크, 메타패션, 가상공간 등과 관련된 생활적 변화 요소 분석
[12기가02-04]	• 생활과 복지 분야에 활용되는 빅데이터 현황 분석
[12기가02-05]	• 빅데이터(워드클라우드 등의 도구)를 활용한 복지 사각지대 파악
[12기가03-04]	• 유니버설 디자인과 디지털 기기 및 서비스 이용을 통해 노년기의 생활자립과 생활의 질을 향상시키는 요소 분석
	교수·학습 및 평가 방법에 반영된 에듀테크
교수·학습	• 교수·학습의 실재감을 높이기 위한 실물이나 모형, 사진·동영상 자료, 멀티미디어 • 자료, 가상현실(VR), 증강현실(AR), 빅데이터 자료 등과 같은 여러 가지 유형의 아날로그·디지털 자료 활용
평가	• 학습자의 디지털 격차로 인한 영향을 고려하여 평가

이러한 내용들은 성취기준과 성취기준 해설에 구체적으로 포함되어 있으며, 이를 통해 에듀테크를 활용한 교육이 실제 교육과정 구성 내에서 체계적으로 이루어지도록 설계되어 있다.

융합 선택 과목인 '아동발달과 부모'는 아동의 안전 강화 및 학대 예방, 부모됨과 돌봄의 가치 인식, 사회적 돌봄 및 정책적 이슈 등을 중심으로 설계되어 있다. '생애 설계와 자립'은 청소년기 학습자의 사회적·정서적 자립, 경제적 자립, 일상생활 자립의 의미를 성찰하고 이를 실생활에 적용할 수 있도록 구성되어 있다.

고등학교 생활과학 분야 선택 과목의 목표에는 급변하는 디지털 사회 환경에서 의식주 및 소비·재무 환경에서 스마트한 삶을 영위할 수 있도록 생활문화의 창의적 방안을 탐구하는 것이 포함되어 있다. 이러한 목표는 성취기준 해설과 성취기준 적용 시 고려사항, 교수·학습 및 평가에 반영되어 에듀테크 활용 내용을 포함하고 있다.

이와 같이 중·고등학교 가정과교육과정에는 총론에서 제시하고 있는 디지털 소양 교육을 각 학교급 내용 체계와 성취기준, 성취기준 해설, 성취기준 적용 시 고려사항, 교수·학습 및 평가 등에 제시하고 있음을 확인할 수 있다. 또한 한국교육과정평가원(2024)에서는 디지털 시대 수업 혁신 요소를 교육과정 및 교육 주체(교사·학생) 영역별로 구분하고, 이를 교수·학습 영역을 중심으로 구조화

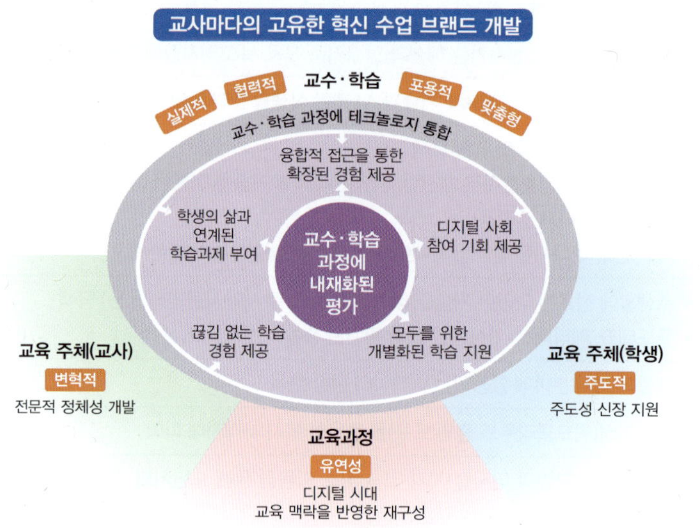

그림 1-9 디지털 기반 수업 혁신 요소

출처: 한국교육과정평가원(2024), p.40

하여 그림 1-9와 같이 제시하였다.

그림은 디지털 시대 수업 혁신이 교육 맥락을 반영한 유연한 교육과정 재구성을 토대로 실천될 수 있음을 나타낸다. 이는 전문적 정체성을 개발하기 위해 노력하는 변혁적 교사가 학생의 주도적 역량을 신장할 수 있도록 지원하며, 실제적·협력적·포용적·맞춤형 교수·학습을 지향하는 과정을 의미한다.

나아가 이러한 노력은 '교사마다의 고유한 혁신 수업 브랜드 개발'로 이어지는 총체적 과정을 통해 실천된다는 점을 시사한다(한국교육과정평가원, 2024). 여기에는 가정과 교사들이 디지털 환경으로 변화하는 교육현장에서 디지털 기반 가정과 수업을 적용할 때 고려해야 할 내용이 포함되어 있다. 즉, 가정과교육과정과 가정과 교수·학습을 진행할 때 교사와 학생들이 에듀테크를 활용하는 과정에서 무엇에 초점을 두어야 하는지를 고민할 필요가 있음을 보여준다.

미래는 AI의 발달과 이로 인해 나타날 초연결사회, 나노사회로의 전환으로 예측할 수 없는 상황이 펼쳐질 수 있으므로, 21세기 교육에서 요구되는 역량을 탐구하는 것이 무엇보다 중요하다. '교과란 시대와 사회의 필요성에 대한 대답'이라는 교과의 정의(곽병선, 1987)에 근거할 때, 가정과교육은 청소년들이 급변하는 미래 사회에서 지속가능한 좋은 삶을 영위하며 '삶의 전문가'로 성장할 수 있는 역량을 함양할 수 있는 교과임을 확인할 수 있을 것이다.

3. 미래교육과 에듀테크

새로운 기술의 등장은 기술과 사회의 상호작용 또는 다양한 분야가 함께 발전해 나가는 공진화 현상을 일으킨다. 이를 설명하는 것으로는 기술수용주기(technology adoption life cycle), 캐즘이론(chasm theory), 하이프 사이클(hype cycle) 등이 있다.

기술수용주기는 **그림 1-10**과 같이 마케팅 분야에서 소비자가 새로운 기술을 얼마나 빠르게 수용하는지를 혁신가(innovators), 초기 수용자(early adopters), 초기 다수자(early majority), 후기 다수자(late majority), 혁신 지체자(laggards)의 5개 그룹으로 구분하여 분석한 것을 의미한다.

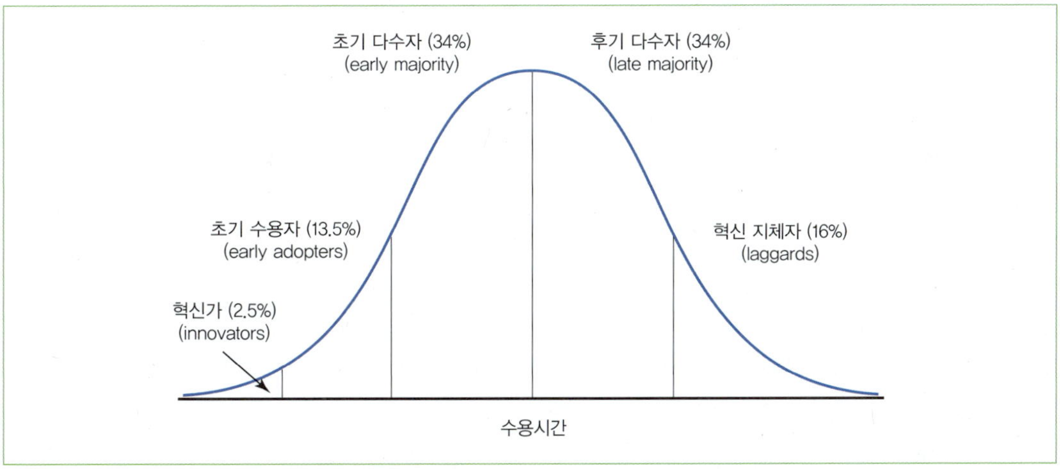

그림 1-10 기술수용주기 곡선

캐즘이론(chasm theory)은 첨단기술제품이나 서비스가 혁신적 성향의 초기 시장(얼리 어답터)에서 실용성을 중시하는 주류 시장으로 넘어가기 전에 발생하는 일시적 수요 침체를 설명하는 개념이다. 이 이론은 개인의 혁신 수용 성향에 따라 시장을 혁신가(innovators), 초기 수용자(early adopters), 초기 다수자(early majority), 후기 다수자(late majority), 최후 수용자(laggards)의 다섯 집단으로 구분하며, 이러한 흐름은 **그림 1-11**에 시각적으로 제시하였다

이때 특정제품이 시장에 도입된 후 초기 시장의 소수 초기 수용자에게 수용된 뒤, 다수 초기 다수자로 전달되는 과정을 가로막는 간극을 '캐즘(chasm)'이라고 한다. 이는 초기 수용자와 초기 다수자의 새로운 기술제품에 대한 성향 차이에서 비롯된다.

즉, 혁신적인 에듀테크의 도입은 혁신가와 초기 수용자에 의해 활용되더라도, 더 많은 교사들이 학교교육에 적용하는 과정에서는 캐즘이라는 요소가 등장할 수 있다. 따라서 변화의 확산 여부는 교사

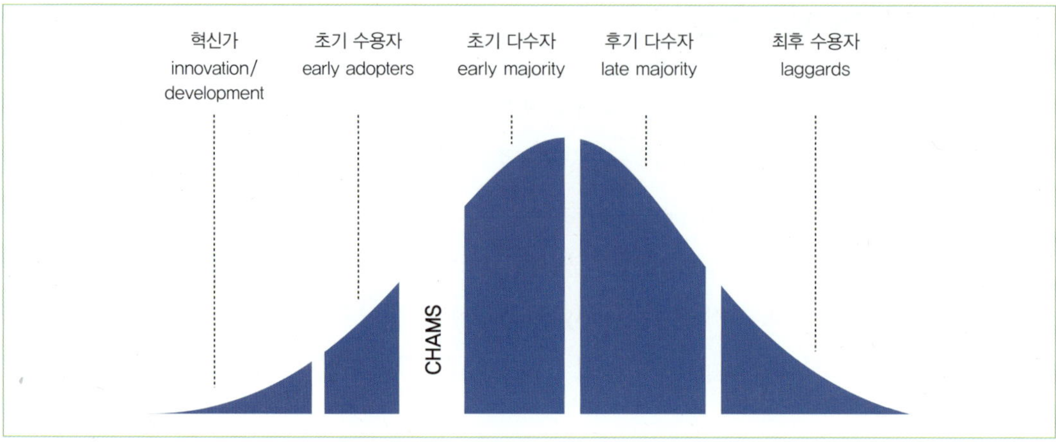

그림 1-11 소비자 수용 곡선

의 개인적 특성(서순식·윤한식, 2011)뿐만 아니라, 학교 혁신에 대한 집단적 인식을 공유해 나가는 커뮤니케이션을 통한 끊임없는 재구조화가 수반될 필요가 있다(윤혜원, 2023).

하이프 사이클(hype cycle)은 미국의 정보기술 연구 및 자문 회사인 가트너(Gartner)가 매년 발표하는 지표로, 새로운 기술의 성숙도를 시각적으로 나타낸 것이다. 이 모델은 새로운 기술이 일반 대중의 기대와 시간의 흐름에 따라 일정한 단계적 패턴을 보이며 진보하는 과정을 설명한다. 대중의 기대치를 나타내는 하이프 레벨(hype level)과 기술 성숙도를 표현하는 S-커브를 결합하여 설명하고 있다(그림 1-12). 하이프 사이클은 초기 단계에서 혁신적 기술에 대한 관심과 기대가 급격히 높아졌다가, 이후 기술 성숙도와의 조화에 따라 다시 한 번 상승하는 형태로 나타난다.

최신 기술의 하이프 사이클은 새롭게 등장한 기술이 시장의 기대와 수용에서 어떻게 변화하는지를 그림 1-13의 단계에 따라 보여준다. 새롭게 출현한 기술은 개념적 관심을 받는 1단계 기술 발생(technology innovation trigger)에서 시작해, 2단계 대중적 관심으로 인한 과장된 기대의 정점(peak

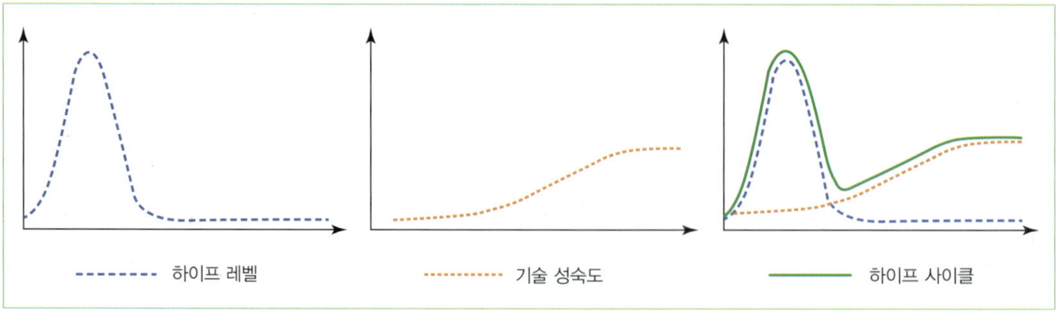

그림 1-12 하이프 사이클의 구성 요소
출처: Gartner(2018)

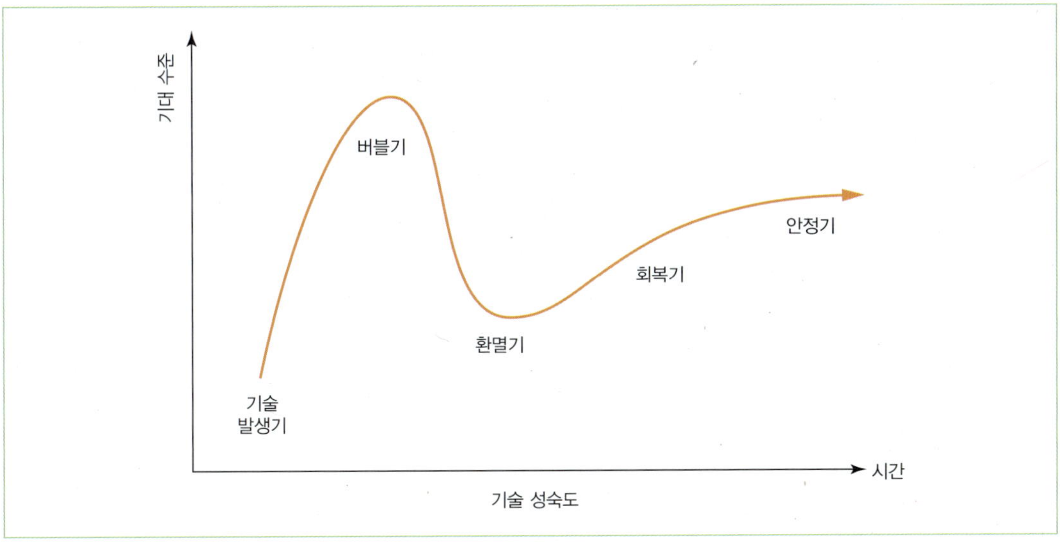

그림 1-13 하이프 사이클 5단계

of inflated expectations, 버블기)을 거친다. 이후 시장에서의 실험이나 구현 실패가 증가함에 따라 관심이 시들해지는 3단계 환멸의 골짜기(trough of disillusionment)를 지나, 기술의 산업화와 수익 모델이 구축되고 새로운 제품들이 제시되는 4단계 기술 성숙 단계(slope of enlightenment, 깨우침의 비탈길)와 5단계 생산성의 안정기(plateau of productivity)에 도달하는 과정을 보인다. 마지막 단계에서는 기술의 안정으로 생산성이 안정될 뿐만 아니라, 새로운 시장이 형성되기도 한다.

이와 같은 하이프 사이클을 바탕으로 학교현장의 화두인 생성형 AI에 대한 Gartner(2025)의 예측을 살펴보면 그림 1-14와 같다. 그림에서 볼 수 있듯이 생성형 AI는 '환멸의 골짜기(trough of disillusionment)' 단계로 진입 중인 것으로 나타난다. 반면, 모델 운영(ModelOps), AI 지원 데이터, AI 엔지니어링 등과 같은 핵심 기술들은 '깨우침의 비탈길(slope of enlightenment)' 단계로 전환되는 양상을 보인다.

이러한 변화는 'AI가 무엇을 할 수 있는가'라는 단순한 기대감에서 벗어나, 'AI를 어떻게 효율적이고 안전하게 대규모로 작동시킬 것인가'라는 실무적인 관점으로 중심축이 이동하고 있음을 의미한다. 기술의 발달과 새로운 추세는 학교현장에도 영향을 미친다. 앞서 설명한 에듀테크는 기술 발달에 따라 새로운 교육 방법론과 교육 매체가 소개되고, 각 교육 도구의 효과성을 검증해 상용화되는 과정에서 의미 있는 쇠퇴와 도약을 반복한다.

현재 많은 이들이 수용하고 활용하는 에듀테크는 '부풀려진 기대의 정점'에 도달할 때까지 국가 교육과정과 교육 정책, 다양한 교육산업 전략에 반영되기도 한다. 대표적인 사례로, 팬데믹 기간 동안

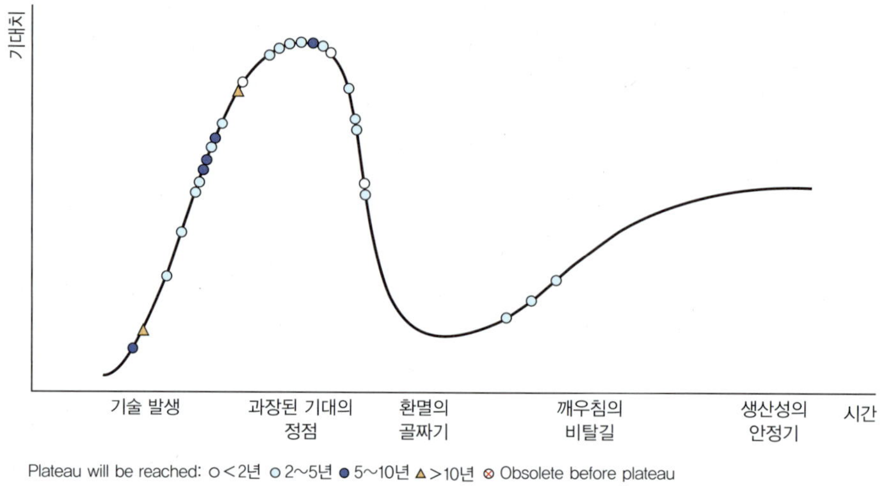

그림 1-14 AI 성숙도 전망

출처: Gartner(2025)

메타버스가 학교와 기업에서 폭발적으로 활용되었으나, 일상이 회복되면서 활용도가 급격히 감소하였다. 이는 교육 도구로서 에듀테크 사용 시 교육적 함의를 깊이 숙고해야 함을 보여준다.

이상의 혁신적 기술 발달로 인해, 에듀테크의 기능적 편리성이나 효율성에 대해 교육 당사자들이 동의하더라도 과거와는 다른 교수 역량이 요구되고 있다. 기존에는 구현하기 어려웠던 실재감을 디지털 기기를 활용해 가능하게 되었으며, 대규모 언어 모델 기반 생성형 AI는 학생들의 학습을 실시간으로 도와주는 보조 튜터로 활용할 수 있게 되었다. 그러나 이러한 급속한 기술 변화는 교사들의 에듀테크 활용능력이 새로운 기술이 등장하더라도 지속될 수 있을지에 대한 의구심을 갖게 한다. 에듀테크 수용능력은 개인의 상황이나 특성의 영향을 받기 때문이다.

따라서 에듀테크를 교육현장에서 수용할 때는 모든 교사들의 기술 수용도를 고려해야 하며, 교육 대상·목표·내용에 장기적이고 최적화된 학습 시나리오와 로드맵을 설계하기 위한 에듀테크 활용 기준과 준거 개발 연구가 필요할 것이다.

최신 기술의 발달로 교사들은 '교육'과 '교사됨'을 성찰하게 되었다. 에듀테크는 교사를 돕는 보조적 장치로 활용되어야 하며, 기술의 활용능력이 교사의 역량 전체를 규정해서는 안 된다. 교육은 교육 본연의 목적과 대상을 고려한 교육 중심의 관점에서 에듀테크를 수용할 필요가 있다. 이는 교사가 기술을 적용할 때, 그것이 어떤 목적을 갖고 활용되는지에 대해 반드시 고민해야 함을 의미한다.

에듀테크와 가정과교육의 평가

CHAPTER

2

❶ 2022 개정 가정과교육과정에서의 평가

❷ 에듀테크를 활용한 가정과교육 평가

평가는 사전적 의미로 '사물의 가치나 수준 따위를 평하거나 또는 그 가치나 수준'을 말한다(표준국어대사전). 또한 학술적으로 평가는 어떤 대상이나 활동의 가치를 판단하기 위해 다각도로 자료를 수집하고 분석하여 종합적으로 결론을 도출하는 과정 전반을 말한다(유진은, 2025). 평가의 목적은 평가 대상이나 활동이 목표에 얼마나 부합했는지, 개선이 필요한 부분은 없는지 아는 데 있다.

교육평가는 평가 중에서도 교육 분야에 대한 평가로, 교육과 관련한 현상이나 활동 등의 제반 사항에 대해 가치를 판단하는 것이다(유진은, 2025). 즉, 교수 프로그램에 관한 결정을 하기 위해 학습자의 행동 변화 및 학습 과정에 관한 정보를 수집하고, 교육적 의사 결정을 내리는 데 도움을 주거나 의사 결정을 하는 과정으로 볼 수 있다(김이영 외, 2023).

교육평가는 학습자의 성취도를 평가하여 교육의 목표가 성취되었는지 확인하는 기본적인 목적에 더하여, 학습자를 진단함으로써 학습자의 정보를 수집하고 현재 상태를 판단하며, 학습 결과를 확인하여 심화학습 또는 보충학습의 기준을 마련하기 위해 실시한다. 이 외에도 교육 프로그램을 평가하거나 교수·학습활동을 개선하는 목적으로 실시한다(김이영 외, 2023).

교육평가의 목적을 달성하기 위해 2022 개정 교육과정에서는 평가활동이 단순히 학업 성취 결과를 확인하는 것을 넘어, 학습자의 성장을 지원하는 교육활동이라는 기본 철학에 기반하여 평가 원칙을 제시하고 있다. 즉, 교육과정-수업-평가-기록의 일체화, 성장 중심 평가, 과정 중심 평가, 학습자의 학습을 지원하는 평가로의 전환을 제시하고 있다(교육부, 2021).

에듀테크는 성취기준에 기반하여 개별 학습자의 성장에 초점을 맞추는 평가 그리고 교육과정 속에 내재된 과정 중심 평가가 가능하도록 지원한다. 에듀테크를 활용하여 학습자의 수행 과정을 관찰하고 산출물을 만드는 과정과 결과물을 종합적으로 평가함으로써 실시간 평가 및 피드백이 가능하도록 지원할 수 있다.

이 장에서는 2022 개정 가정과교육과정에서 평가 방향과 방법을 이해하고, 가정교과에서 에듀테크를 활용한 평가 방법을 탐색해 보고자 한다.

1. 2022 개정 가정과교육과정에서의 평가

학습자의 다양한 특성을 반영한 맞춤형 평가를 통해 성장과 학습을 돕기 위해서는 가정과교육과정의 평가 원칙과 방향을 이해하고, 이를 바탕으로 평가를 계획·실행하는 것이 필요하다. 또한 디지털 교육환경 등 변화된 교육환경에 맞추어 에듀테크를 활용한 다양한 평가 방법을 적용할 수 있어야 한다.

2022 개정 가정과교육과정은 학습자의 실천적문제해결역량, 관계형성역량, 생활자립역량을 함양하는 것을 목표로 교육과정을 구성하고, 이를 평가하기 위한 평가 방향과 평가 방법을 제안하고 있다.

가정교과에서 학습자를 어떻게 평가할 것인지 이해하기 위해 평가 원칙과 방향, 평가 방법을 먼저 살펴보고자 한다.

1) 2022 개정 교육과정의 평가 원칙

점점 높아지는 사회의 불확실성과 확대되는 복잡성·다양성에 대비하기 위해 학습자 간 상호존중과 공동체 의식을 기르고, 개인의 특성과 진로에 맞춘 맞춤형 교육에 대한 요구가 커지고 있다.

이러한 변화 속에서 미래 사회를 살아갈 학생들이 스스로 삶을 설계하고 이끌어갈 역량을 기를 수 있도록 2022 개정 교육과정이 마련되었다(교육부, 2022a). 이에 따라 2022 개정 교육과정에서 강조하는 평가의 원칙은 다음과 같다.

(1) 학습자의 성장을 위한 피드백 강화 및 수업의 질 개선

평가는 학습자 개개인의 교육 목표 도달 정도를 확인하고, 부족한 학습 부분을 보충하며, 교수·학습의 질을 지속적으로 개선하는 데 핵심적인 주안점을 둔다. 학교는 학생에게 평가 결과를 적절히 제공하고 추수 지도를 실시하여 학생이 자신의 학습 과정을 스스로 성찰하고 개선할 수 있도록 지원해야 하며, 학교와 교사는 평가 결과를 적극 활용하여 수업의 질을 개선하기 위해 노력해야 한다.

(2) 성취기준에 근거한 학습 과정 중심의 일관성 있는 평가

학교와 교사는 성취기준에 근거하여 교수·학습활동과 평가활동이 서로 일관성 있게 연계되도록 운영해야 한다. 평가 시에는 단순히 학습 결과뿐만 아니라 그 결과에 이르기까지의 학습 과정을 확인하고 환류하여 학습자의 성공적인 학습과 사고능력 함양을 지원한다.

또한 학생의 인지적·정의적 측면에 대한 평가가 균형 있게 이루어지도록 하고, 학생이 스스로 자신의 학습 과정과 결과를 평가할 수 있는 기회를 제공한다. 교과목별 성취기준과 평가기준에 따라 성취수준을 설정하고 교수·학습 및 평가 계획에 반영해야 하며, 학생에게 배울 기회를 제공하지 않은 내용과 기능은 평가하지 않도록 유의한다.

(3) 교과 특성과 학습자 특성을 고려한 학생 맞춤형 평가

학교는 교과목의 성격과 학습자 개개인의 특성을 고려하여 적합한 평가 방법을 활용해야 한다. 학교 여건과 교육활동의 특성을 고려하여 다양한 지능정보기술을 활용해 학생 맞춤형 평가를 활성화한다. 또한 수행평가를 내실화하고 서술형 및 논술형 평가의 비중을 확대하여 학생들의 사고 과정을 측정하는 데 중점을 둔다.

정의적·기능적 측면이나 실험·실습이 중요한 교과목의 평가에서는 교과의 성격을 고려한 타당하고 합리적인 기준과 척도를 마련하여 평가를 실시해야 한다.

2) 2022 개정 가정과교육과정의 평가 방향 및 평가 방법

2022 개정 가정과교육과정은 총론의 평가 원칙을 공유하며, 학습자의 성장과 발달을 지원하는 데 중점을 둔다. 평가 방향과 방법은 교육과정의 성격, 목표, 내용 체계와 일관성을 가지도록 다음과 같이 설계되었다.

(1) 가정과교육과정의 평가 방향

가정교과의 평가는 학습자의 실천적문제해결역량과 디지털 소양을 함양하는 데 초점을 맞추며, 학교급별 교육과정에 따라 평가의 심화 정도와 초점이 달라진다. 중학교 공통 교육과정은 가정생활 영역 전반에서 실천적 소양과 문제해결의 기초를 다지는 데 중점을 두고, 고등학교 일반 선택 교육과정은 학습자의 진로를 심화하고 융합적 사고를 촉진하는 데 중점을 둔다.

중학교와 고등학교 가정교과에서 공통적으로 제시한 평가 방향과 학교급별 평가 방향은 다음과 같다.

① 평가의 정합성과 과정 중시

평가는 연간 또는 학기 기준으로 사전에 계획하여 '교육과정 – 교수·학습 – 평가 – 기록'의 모든 절차가 정합성을 갖도록 실시해야 한다. 평가는 학습자 성취에 대한 판단의 근거 자료 수집, 학습 수행 과정 및 결과를 평가하는 과정 중심 평가를 지향한다. 또한 평가 결과는 학생의 변화와 성장뿐만 아니라 교사의 수업 개선에도 도움이 되도록 한다.

② 교과 역량 평가 및 평가 방법 다양화

내용 체계의 세 가지 범주, 즉 지식·이해, 과정·기능, 가치·태도를 고르게 평가하여 학습 목표 도달 여부를 종합적으로 파악한다. 단편적인 사실보다 개념, 사고 과정 및 기능, 가치 및 태도 등에 대한 평가자료를 다양하게 수집하여 실천적문제해결역량, 관계형성역량, 생활자립역량을 종합적으로 평가한다.

③ 중학교 가정과교육과정: 교과 역량의 종합적 평가 강조

개념, 사고 과정 및 기능, 가치 및 태도 등에 대한 평가자료를 다양하게 수집하여 기록하고, 학습자의 지식·기능·태도가 통합적으로 발달하고 있는지 종합적으로 평가한다.

④ 고등학교 가정과교육과정: 최소 성취수준 보장 및 성장 지원

학습자의 개별 특성을 고려하여 성취기준 달성을 지원하며, 최소 성취수준에 도달하지 못한 학습자를 예방하기 위해 적극적 피드백을 제공하여 학습자가 스스로 성장할 수 있도록 한다.

(2) 가정과교육과정에서의 평가 방법

2022 개정 가정과교육과정에서 평가는 평가 목표와 내용에 따라 다양한 방법을 적절히 활용하여 실시하도록 되어 있다. 또한 단순한 지식·이해 평가뿐만 아니라 과정·기능의 수행, 가치·태도의 내면화를 확인하여 평가에 반영하도록 되어 있다.

주요 평가 방법은 그림 2-1과 같다.

서술형 및 논술형 평가	학습자가 직접 답안을 구성하는 개념지도, 서술형 및 논술형 평가를 활용한다.
특정 산출물 평가	연구보고서, 실험·실습보고서, 학습 노트, 포트폴리오 등 산출물을 평가하며, 디지털·AI 도구 활용 영상·제작물 평가도 포함한다.
활동 및 과정 평가	구두 발표, 시연·실습, 토의·토론 등 활동과, 관찰·면담·학습일지 등을 통한 과정 평가를 활용한다.
고등사고능력 측정	단순 사실·지식 측정을 넘어, 적용력·분석력·종합력·평가력 등 고등정신기능을 측정할 수 있는 문항을 개발한다.
채점기준 공동 작성	평가항목을 구체화한 채점기준을 학생과 함께 작성하여 참여의식을 높이고 학습 동기를 유발한다.
학습 격차 완화 및 디지털 격차 대비	성취기준 근거 평가기준과 채점기준을 마련하여 학습 격차를 완화하며, 평가 과정에서 디지털 격차가 영향을 미치지 않도록 계획한다.
피드백 제공	교사 피드백과 학생 상호 간 피드백을 활용하여 학습자의 자기주도학습을 지원한다.

그림 2-1 2022 개정 가정과교육과정에 따른 평가 방법

고등학교 가정과교육과정은 이와 더불어 '평가기준'의 '채점기준'에 평가의 형평성을 고려하는 조치를 포함하고, 최소 성취수준에 도달하지 못한 경우 보충학습의 기회를 제공할 것을 강조한다.

(3) 가정과교육과정에 따른 평가 운영

과정 중심 평가를 통해 교수·학습의 질을 높이고 학생의 깊이 있는 학습을 지원하기 위해, 평가 운영은 그림 2-2와 같은 절차로 이루어진다. 즉, '평가 계획 수립을 위한 사전 준비 → 교수·학습 및 평가 운영 계획 수립 및 공지 → 출제 계획 수립 → 평가 도구 개발 → 분할점수 산출 → 평가 시행 및 채점

절차	내용	
평가 계획 수립을 위한 사전 준비	• 2022 개정 교육과정 및 성취평가제에 대한 이해 • 시·도 교육청의 학업성적관리 시행지침, 단위 학교의 학업성적관리규정 등 평가 관련 지침과 규정 확인	
⬇		
교수·학습 및 평가 운영 계획 수립 및 공지	• 교육과정의 성취기준 및 평가 요소 선정 • 과목 평가 계획 수립(학기 단위 성취수준 및 최소 성취수준 설정 포함) • 평가 계획 공지	
⬇		
출제 계획 수립	지필평가 문항정보표 작성	수행평가 출제 계획표 작성
⬇		
평가 도구 개발	**지필평가** • 선택형 문항 개발 • 서답형 문항 및 채점기준 개발	**수행평가** • 수행평가 시행 계획 수립 • 수행평가 과제 및 채점기준 개발
⬇		
분할점수 산출	성취수준별 고정 분할점수/성취수준별 추정 분할점수	
⬇		
평가 시행 및 채점	• 교과별 성취기준, 성취기준별 성취수준에 따른 학생 개개인의 성취도와 학습 수행 과정 평가 • 모든 수행평가는 수업 중 실시하는 것을 원칙으로 하며, 수업시간 외 가정 등에서 이루어지는 '과제형 수행평가'는 금지	
⬇		
평가 결과 분석 및 피드백	• 평가 결과를 분석하여 학생별 성취수준에 따른 피드백 제공 • 수행평가의 경우 수행 과정에 대한 피드백 제공 • 학생의 교육 목표 도달도를 확인하고, 교수·학습 개선에 활용	
⬇		
평가 결과 처리	• 수시 기록 • 학기 말 성적처리 및 학교생활기록부 '교과학습발달상황'에 기재	

그림 2-2 학습자 평가 운영 절차

출처: 한국교육과정평가원(2025), p.4

→ 평가 결과 분석 및 피드백 → 평가 결과 처리'의 순서로 진행된다.

학습자에 대한 평가는 교육과정의 성취기준을 분석하여 평가 계획을 수립하는 것에서 시작된다. 이후 수업 및 평가 목표에 따라 다양한 평가 방법을 적용한 평가활동을 결정하고, 평가 계획을 바탕으로 평가문항·평가과제·채점기준을 개발한다. 채점기준과 평가 계획은 사전에 공지해야 한다.

또한 평가를 시행할 때는 객관성·공정성·투명성·신뢰도를 확보해야 하며, 평가 결과를 분석하여 학생별 성취수준에 따른 피드백을 제공함으로써 학습 개선을 지원한다.

평가 관련 주요 용어

- **성취평가제**: 국가 교육과정을 바탕으로 개발된 교과목별 성취기준에 도달한 정도로 학생의 성취수준을 평가하는 제도이다. 미리 설정한 준거(성취기준, 성취수준 등)에 비추어 '학생이 무엇을 어느 정도 성취했는지'를 판단하는 준거참조평가(절대평가) 방식이다.
- **성취기준**: 각 교과(목)에서 학생들이 학습을 통해 성취하기를 기대하는 지식·이해, 과정·기능, 가치·태도 등의 능력과 특성을 진술한 것이다. 학생이 배워야 할 내용과 학습 후 할 수 있거나 할 수 있기를 기대하는 능력을 결합하여 제시한 학습활동의 기준이다.
- **성취수준**: 학습 정도를 판단하기 위해 학생이 성취기준에 도달한 정도를 3~5단계로 구분한 것이다. 각 단계에서 학생들이 무엇을 알고 무엇을 할 수 있는지를 기술하며, 성취기준별·영역별·학기 단위 성취수준으로 구성된다.
- **최소 성취수준**: 각 과목의 교수·학습 후 학생이 기본적으로 도달하기를 기대하는 지식·이해, 과정·기능, 가치·태도 수준으로, 학업 성취율 40% 이상 60% 미만에 해당한다.
- **지필평가**: 중간·기말고사(1회, 2회고사 등)와 같은 일제식 정기고사를 의미한다. '문항정보표' 구성에 따라 선택형, 서답형으로 구분한다. 다만, 시·도교육청 공동 영어듣기평가는 수행평가로 볼 수 있으며, 형성평가·수행평가의 일환으로 실시하는 선택형·서답형 평가는 지필평가에 포함되지 않는다.
- **수행평가**: 교과 담당교사가 수업시간에 학습자의 **과제 수행** 과정과 결과를 직접 **관찰**하고 전문적으로 **판단**하는 평가 방법이다.
  - **학습과제**: 교육과정에서 각 교과의 교육 목표와 관련하여 학습자가 성취하기를 기대하는 것으로, 실제 생활에서 가치 있고 중요하며 유용한 과제를 의미한다.
  - **수행**: 학생이 단순히 답을 선택하는 것이 아니라 스스로 답을 구성하고, 산출물이나 작품을 만들어내며, 태도나 가치관을 행동으로 드러내는 활동 등을 모두 포함한다.
  - **관찰**: 학습자의 수행 과정이나 그 결과를 평가자가 읽고, 듣고, 보고, 느끼는 등 다양한 방식으로 파악하는 활동을 모두 포함한다.
  - **판단**: 평가자가 관찰한 내용을 객관성·합리성·타당성·신뢰성 있는 기준으로 점수화하거나 문장화하는 과정이다.

(계속)

- **평가 요소**: 성취기준 도달의 증거로, 학생이 보여주기를 기대하는 핵심 내용을 구체적으로 표현한 평가 내용을 말한다. 채점기준 개발을 위해 선정하며, 성취기준에서 도출된 지식·이해, 과정·기능, 가치·태도 등의 구체적 요소로 기술한다.
- **평가 영역**: 평가에서 측정하고자 하는 영역으로, 교육과정의 '영역·핵심 개념·기능' 등을 활용하여 교과와 학교의 특성에 맞게 설정할 수 있다.
- **피드백**: 학생의 학습 상태에 관한 정보를 제공하여 학습과 성장을 지원하는 전반적인 과정으로, 단순히 점수나 성취도를 알려주거나 정답 여부를 제시하는 것부터 개별적인 강점·약점, 향후 학습 방향, 성장 정도 등을 안내하는 것까지 다양한 형태가 있다.

출처: 한국교육과정평가원(2025)

(4) 교수·학습 및 평가 운영 계획 수립

교수·학습 및 평가 운영 계획 수립은 2022 개정 교육과정 및 성취평가제에 대한 이해를 바탕으로, 시·도 교육청의 학업성적관리 시행 지침과 단위 학교의 학업성적관리규정 등 평가 관련 지침과 규정을 확인하는 것을 기반으로 한다. 이를 토대로 교육과정 성취기준을 분석하고 평가 요소를 선정하여 가정교과 평가 계획을 수립한다.

① 교육과정 성취기준 분석 및 평가 요소 선정

성취기준을 분석하여, 성취기준에 도달하기 위한 과정에서 필요한 능력을 평가 요소의 형태로 구체화하고, 그 평가 요소를 가장 적합하게 평가할 수 있는 평가 방법을 선정한다.

표 2-1 성취기준 및 성취수준 분석을 통한 평가 요소·평가 방법 선정 예시

<table>
<tr><th>성취기준</th><th colspan="2">성취기준별 성취수준</th><th>평가 요소</th><th>평가 방법</th></tr>
<tr><td rowspan="5">[12기가01-01] 지속되는 일상생활에서 가치 존중을 바탕으로 일상생활의 축적이 생활양식과 생활문화로 확장됨을 이해하고 새로운 생활문화를 제안한다.</td><td>A</td><td>지속되는 일상생활 속에서 가치 존중을 바탕으로 생활의 축적이 생활양식과 생활문화로 확장되는 과정을 심층적으로 분석하고, 창의적인 생활문화를 제안하여 이를 실천하는 태도를 갖는다.</td><td rowspan="2">일상과 생활문화의 관계 파악하기</td><td rowspan="2">지필평가
- 선택형 문항
- 서답형 문항</td></tr>
<tr><td>B</td><td>일상생활에 대한 가치 존중을 바탕으로 생활양식과 생활문화로 확장되는 과정을 이해하고, 이를 반영한 구체적인 새로운 생활문화를 제안할 수 있다.</td></tr>
<tr><td>C</td><td>일상생활의 축적이 생활양식과 생활문화로 확장되는 과정을 이해하고, 일상생활에서 새로운 생활문화를 탐색할 수 있다.</td><td rowspan="3">미래지향적 생활문화의 가치 창조하기</td><td rowspan="3">수행평가</td></tr>
<tr><td>D</td><td>일상생활의 축적이 생활양식과 생활문화로 확장되는 과정을 파악할 수 있다.</td></tr>
<tr><td>E</td><td>일상생활의 축적이 생활양식과 생활문화로 확장됨을 안다.</td></tr>
</table>

성취기준을 통합하거나 일부 내용을 압축하여 재구조화할 경우, 성취기준의 내용 요소 일부가 임의로 삭제되지 않도록 주의해야 한다. 또한 내용 요소를 추가할 경우에는 학생의 학습 및 평가 부담이 가중되지 않도록 학년·학교급·교과 간 연계성을 충분히 고려해야 한다.

② 가정교과 평가 계획 수립

성취기준을 분석하여 평가 방법을 선택한 다음에는 평가 계획서를 작성한다. 평가 계획서에는 일반적으로 다음 내용이 포함되도록 한다.

- 평가의 목적
- 평가의 방향과 방침
- 평가 유의사항
- 평가(지필평가·수행평가)의 영역·요소·방법·시기·횟수·반영 비율
- 기준 성취율과 성취도
- 학기 단위 성취수준 설정(최소 성취수준 설정 포함)
- 분할점수 설정 방법
- 수행평가의 세부 기준(영역별 배점·채점기준)
- 결시자 및 학적 변동자 처리 기준
- 성적 처리 방법 및 결과 활용 방안

표 2-2 가정과 평가 계획서 작성 예시

2026학년도 1학년 1학기 기술·가정과 평가 계획

[평가 개요]

<table>
<tr><th>평가 방법</th><th colspan="2">지필평가</th><th colspan="3">수행평가</th></tr>
<tr><td>반영 비율</td><td colspan="2">40%</td><td colspan="3">60%</td></tr>
<tr><td rowspan="2">횟수/영역</td><td colspan="2">기말고사</td><td rowspan="2">미래 지향적
생활문화 창조</td><td rowspan="2">복지서비스 정책
제안</td><td rowspan="2">회복탄력성
프로그램 만들기</td></tr>
<tr><td>선택형</td><td>서답형</td></tr>
<tr><td>반영 비율
(만점)</td><td>30%
(75점)</td><td>10%
(25점)</td><td>20%</td><td>20%</td><td>20%</td></tr>
<tr><td>시기</td><td colspan="2">6월 4주</td><td>4월</td><td>5월</td><td>6월</td></tr>
<tr><td>관련
성취기준</td><td colspan="2">• 생활문화와 디지털 환경
[12기가01-02]~[12기가01-05]
• 소비자와 생활복지
[12기가02-01]~[12기가02-03]
• 인간과 성장하는 관계
[12기가03-01]~[12기가03-04]</td><td>• 생활문화와 디지털 환경
[12기가01-01]</td><td>• 소비자와 생활복지
[12기가02-04]~
[12기가02-05]</td><td>• 인간과 성장하는 관계
[12기가03-05]</td></tr>
</table>

③ 가정교과 평가 계획 공지

교과별·학년별 평가 계획은 정보공시 등을 통해 학기 초에 학생과 학부모에게 공지한다. 평가 실시 전에 평가 방법 및 채점기준 등 평가 운영과 관련된 세부 사항을 학생에게 안내하여, 학생들이 평가 방법과 평가 요소를 충분히 인지하도록 해야 한다. 다만, 세부적인 채점기준을 모두 공개하기 어려운 경우에는 채점기준에 포함된 평가 요소만을 공개한다.

(5) 피드백 제공

학습자 평가에서 평가 시행 후에는 평가 결과를 분석하고 그에 따른 피드백을 제공해야 한다. 피드백은 학생의 학습 상태를 파악하게 하고 학습과 성장을 지원하는 전체적인 과정을 의미한다. 피드백의 유형, 제공 방법, 전달 방식 등을 살펴보면 다음과 같다(한국교육과정평가원, 2025).

피드백은 단순히 점수나 성취도, 정답 여부를 알려주는 것뿐만 아니라, 학생 개개인의 강점·약점, 추후 학습 방향, 성장 정도 등을 안내하는 다양한 형태로 제공될 수 있다. 또한 피드백은 활용 주체에 따라 '교사 주도의 피드백'과 '학습자 주도의 피드백'으로 구분된다. 보다 전문적이고 총괄적인 피드백 제공에는 교사 주도의 피드백이 효과적이다. 그러나 학습자 스스로 학습을 성찰하고 개선하는 역량을 기르기 위해서는 자기평가와 동료평가를 통한 학습자 주도의 피드백도 함께 이루어져야 한다.

이 외에도 피드백은 학습자의 도달도에 따라 '목표 지향 피드백', '자기 참조 피드백'으로, 제공 목적에 따라 '가치 판단 피드백', '교정적 피드백', '비계 설정 피드백', '동기유발 피드백' 등으로 구분할 수 있

표 2-3 피드백의 유형

피드백의 유형	특징
교사 주도의 피드백	• 성취기준에 근거한 학생의 현재 도달 수준에 대한 정보 제공 • 학습자의 오개념, 오류에 대한 전문적인 정보 제공 • 학습자의 보충학습 및 심화학습 방향에 대한 정보 제공 • 이전 학습 대비 학습자의 향상도에 대한 정보 제공
학습자 주도의 피드백	• 교재와 비교·대조하면서 학생이 스스로 자신의 오류를 찾은 후 수정 • 자기평가 및 동료평가를 통해 학습자 자신의 수행 점검 • 학습자가 개별 목표를 수립하고 해당 목표의 달성 여부를 스스로 점검 • 학습이나 수행에서 학습자가 스스로 잘한 점, 개선점 등 파악
목표 지향 피드백	• 학습 목표와 학습자의 현 상태 간의 차이 비교
자기 참조 피드백	• 학습자의 과거 수행과 현재 수행을 비교하여 성장 여부를 판단할 수 있는 정보 제공
가치 판단 피드백	• 학습자의 수행에 대해 총합적인 수준을 요약적으로 제시
교정적 피드백	• 학습자의 학습을 수정하고 개선하기 위해 필요한 구체적 정보 제공
비계 설정 피드백	• 학습자가 과제를 수행하는 도중에 학습을 지원하기 위해 제공
동기유발 피드백	• 학습자의 학습을 격려하여 학습이 성공적으로 유지되도록 도움

출처: 한국교육과정평가원(2025), p.54 재구성

다(표 2-3).

학습자의 성장을 지원하기 위해 피드백을 효과적으로 제공하는 방법은 다음과 같다(한국과학창의재단, 2021).

- 첫째, 교수·학습 과정 중 지속적으로 학습 목표, 현재 상태, 개선 방향을 생각하게 하여 목표와 현재 사이의 간극을 줄이는 과정 중심 피드백을 제공한다.
- 둘째, 평가적 피드백보다는 조언적 피드백을 제공한다. 조언적 피드백은 수업 목표와 관련해 학생이 성취한 점과 향후 개선에 필요한 정보를 제시하는 형태로, '상기', '비계', '예시' 등을 활용할 수 있다. '상기'는 학습 목표를 분명하게 다시 말해주는 것이고, '비계'는 학습 목표를 다시 말해주는 것으로 충분하지 않을 때, 학습자를 지원하기 위해 도움이나 힌트를 제공해 주는 것을 말하며, '예시'는 학습자에게 해야 할 것에 대한 예시를 제시함으로써 학습자가 예시를 사용하거나 스스로 만들어 보도록 하는 것이다.
- 셋째, 피드백의 내용은 학생이 이해할 수 있도록 구체적이고 명확하게 제시하되, 학생이 해야 할 일을 대신해 줄 정도로 지나치게 구체적이어서는 안 된다.
- 넷째, 학생의 피드백 수용도를 높이기 위해 가능한 한 1인칭 또는 3인칭으로 표현하고, 두세 가지의 잘된 점과 한 가지의 개선점을 제안하는 방식이 효과적이다. 예를 들어, '너는 왜'보다는 '이 결과물에는'과 같은 3인칭 표현 또는 '나는'으로 시작하는 1인칭 표현이 적절하다.
- 다섯째, 피드백은 시의적절하게 제공해야 한다. 일반적으로 즉시 제공하는 것이 효과적이지만, 학생이 받아들일 준비가 되어 있지 않다면 충분히 기다린 후 제공해야 한다.
- 여섯째, 학습자가 피드백을 실제 수행 개선에 활용하도록 하여, 피드백의 유용성을 경험하게 하는 것이 바람직하다.

효과적인 피드백 제공 방법

- 평가적 피드백보다 조언적 피드백 제공하기
- 학생이 이해할 수 있도록 구체적이고 명확하게 제시하기
- 가능한 한 1인칭·3인칭으로 표현하기
- 학생을 존중하고 지원하는 어조 사용하기
- 두세 가지 잘된 점과 한 가지 개선점 제시하기
- 시의적절하게 제공하기
- 학생이 활용할 수 있을 만큼의 양과 횟수로 제공하기
- 학생에게 피드백을 적용해 볼 기회 제공하기

출처: 한국과학창의재단(2021), pp.4-7 재구성

피드백 전달 방법은 학습 맥락과 학습자 특성에 따라 달라질 수 있으며, 구두, 글, 시연 등 다양한 방식으로 이루어진다. 최근에는 에듀테크 활용이 확대되면서 디지털 기반 피드백 제공도 활발해지고 있다. 이러한 내용을 표 2-4에 정리하였다.

표 2-4 피드백 전달 방법

<table>
<tr><th colspan="3">전달 방법</th><th>특징</th></tr>
<tr><td rowspan="4">구두 피드백</td><td rowspan="2">면대면</td><td>1대 1 개별</td><td>• 가장 효과적인 피드백 방법으로, 교사는 개별 구두 피드백의 기회를 충분히 마련하려고 노력해야 하며, 도움이 필요한 학생 중심의 집중 제공</td></tr>
<tr><td>집단</td><td>• 수업 중 교수 발화를 통한 이전 학습 상기 및 학습활동 개선점·오개념 설명</td></tr>
<tr><td rowspan="2">디지털</td><td>음성 메시지</td><td>• 학습 개선에 대한 정보 제공
• 글 작성량이 많거나, 교사가 직접 설명할 시간이 부족한 경우, 글보다는 음성을 통한 피드백이 효과적일 때 사용</td></tr>
<tr><td>동영상 촬영</td><td>• 교사가 학습자의 학습활동의 흐름을 끊지 않아야 할 때(역할극, 연설 등) 활용
• 학습자 스스로 자신의 모습을 관찰하여 피드백하는 데 활용할 때는 교사가 관찰기준표를 제공해야 함</td></tr>
<tr><td colspan="3">글 피드백</td><td>• 공식적 피드백을 제공하는 기본적 형태이자 가장 널리 사용하는 방법
• 수행활동지 코멘트와 분석적 채점기준표 활용을 기반으로 한 공식적 글 피드백 제공 및 디지털 도구 활용 전달</td></tr>
<tr><td colspan="3">시연을 통한 피드백</td><td>• 학습자에게 예시 제시가 필요한 상황에서의 시연 기반 피드백 제공
• 좋은/나쁜 예시 모델의 학습자를 다른 학생들 앞에 공개적으로 세우지 않도록 주의</td></tr>
</table>

출처: 한국과학창의재단(2021), pp.8-9 재구성

2. 에듀테크를 활용한 가정과교육 평가

에듀테크 환경에서 교육평가는 단순한 지식 재생을 넘어 학습자의 고차적 사고력, 문제해결력, 창의적 사고력, 협력적 문제해결력 등 미래 핵심 역량 함양에 초점을 두고 있다(백민경·박찬홍, 2025; 성태제 외, 2024).

이러한 맥락에서 2022 개정 가정과교육과정은 학습자의 미래 핵심 역량 함양을 위해 각종 디지털·AI 도구를 활용한 다양한 평가 방법을 권고하고 있다(교육부, 2022b). 에듀테크를 활용한 가정과 교육 평가의 필요성과 특징, 평가 방법은 다음과 같다.

1) 에듀테크를 활용한 가정과교육 평가의 필요성

가정교과가 지향하는 실천적문제해결역량, 관계형성역량, 생활자립역량을 종합적으로 평가하기 위해서는 평가 체제의 근본적인 변화가 요구된다. 교육과정과 평가에 에듀테크를 활용하는 것은 미래

사회가 요구하는 역량 향상을 지원하고(이주현·이철현, 2024), 평가의 질과 효율성을 극대화하기 위한 필수 전략이다(한국교육과정평가원, 2025; 장유정·현은령, 2023; 최성연, 2023).

가정교과에서 학습자의 역량 강화를 목표로 하는 과정 중심 평가를 실현하려면 학생 개개인의 활동 과정, 태도 변화, 의사소통 등을 지속적이고 객관적으로 관찰하여 기록해야 한다. 그러나 실제 학교현장에서 교사가 이러한 과정을 수행하기에는 어려움이 따른다. 에듀테크는 학습자의 수행 과정과 산출물을 지속적으로 관찰하고 기록할 수 있어 학습자의 성장을 지원하고, 교사의 업무 과중 문제도 완화할 수 있다(고은미 외, 2021; 최성연, 2023).

또한 학교 여건과 교육활동의 특성을 고려한 학생 맞춤형 평가를 위해서도 지능정보기술 기반의 에듀테크가 필요하다. 에듀테크를 통해 수집된 학습 데이터를 실시간으로 정밀 분석하고, 학생 개개인의 취약점과 성취수준에 근거한 맞춤형 피드백을 제공함으로써 학습 효과를 극대화할 수 있다(한국교육개발원, 2025). 인공지능기술을 활용하면 학생의 학습 진도와 패턴을 실시간으로 분석하여 적시에 개별화된 피드백을 제공할 수 있어, 과정 중심 평가의 효율성을 높이는 데에도 기여한다.

가정교과 수행과제의 평가에서는 평가자가 평가기준을 일률적으로 적용하기 어려워 교사의 전문적 판단이 평가 결과에 크게 영향을 미치는 문제가 있다(배현주·진미석, 2024). 그러나 에듀테크를 활용하면 사전에 정의된 루브릭을 일관성 있게 적용하고, 영상·텍스트 등 평가 근거자료를 투명하게 관리할 수 있어 평가의 객관성과 공정성을 높일 수 있다(장유정·현은령, 2023).

2) 에듀테크를 활용한 평가의 특징

에듀테크를 교육평가에 활용했을 때의 특징은 다음과 같다.

- 첫째, 에듀테크는 가정교과 평가를 단순한 결과 확인 수준에서 벗어나 학습자의 총체적 실천 과정을 측정하는 도구로 진화시킨다.
- 둘째, 가상·증강현실(VR/AR)을 활용한 교육은 실제 상황과 유사한 환경 및 높은 몰입감을 제공한다(정지훈·이영선, 2022; 변태진·박정우, 2023). 가정교과 평가를 실제 생활과 유사한 시뮬레이션 환경에서 수행하면 학습자가 실제 문제해결능력을 발휘할 기회가 확대되고, 평가 과정 자체가 학습경험으로 기능하게 된다.
- 셋째, 복합적 데이터 기반의 진단 및 성찰 기능이 강화된다. 평가 과정에서 수집된 활동 기록(수정 이력, 협업 기록, 토론 참여도 등)을 단순 점수화하는 것을 넘어, AI 학습 분석 시스템을 통해 학습자의 습관, 태도, 문제해결 방식 등 복합적 요소를 진단하고, 학습자가 자신의 학습 과정을 성찰할 수 있도록 지원한다(한국교육개발원, 2025).

- 넷째, 평가 주체와 범위의 확장성이다. 에듀테크 플랫폼은 교사평가뿐만 아니라 자기 성찰 평가, 동료평가 등 다양한 평가 주체의 참여를 가능하게 하며, 평가 대상을 학교 수업활동은 물론 디지털 포트폴리오를 활용해 학교 밖 실생활 실천 결과까지 평가 영역에 포함할 수 있다.

3) 에듀테크를 활용한 가정과교육 평가에서의 고려사항

에듀테크를 활용한 가정교과 평가는 기술 도입 자체에 집중하기보다 교육 목표 달성이라는 본래의 목적에 충실해야 한다. 또한 평가해야 할 역량을 명확히 규정하고, 에듀테크 사용으로 인해 발생할 수 있는 문제점을 사전에 파악하여 예방해야 한다. 에듀테크를 평가에 활용할 때는 다음과 같은 사항을 고려해야 한다.

- 첫째, 에듀테크는 평가의 효율성을 높이고 질을 제고하는 수단일 뿐 그 자체가 목적이 될 수 없다는 점을 명심해야 한다. 따라서 최신 기술을 무분별하게 도입하기보다, 해당 기술이 가정교과 교육과정에서 제시된 목표 역량을 측정하는 데 적합한지를 우선 검토해야 한다.

  평가 역량의 초점은 기술적으로 구현 가능한 요소가 아니라 교과가 추구하는 핵심 역량을 얼마나 정확하게 측정할 수 있는지에 두어야 한다(이형빈, 2023). 에듀테크의 기술적 지원을 활용해 신뢰도 높은 디지털 루브릭을 개발하고, 모든 평가 과정에서 이 기준이 일관되게 적용되도록 체계적으로 관리해야 한다.
- 둘째, 에듀테크 기반 평가는 단순한 성적 산출에 머무르지 않고 학습자의 자기주도적 성장을 지원하는 도구로 기능하도록 그 목적을 명확히 해야 한다. 이는 평가 결과를 학습 피드백, 진로 설계, 자기 성찰 등으로 환류하는 과정이 중요하기 때문이다(하유라·손원숙, 2021).

  이를 위해 수집된 평가 분석 데이터를 시각화 형태로 제공하여 학생이 자신의 강점·약점, 성취 과정을 명확히 인식할 수 있도록 도와야 한다(한국교육과정평가원, 2024). 특히, 가정교과의 실천적 특성에 부합하도록, 평가 보고서가 미래 진로 설계나 실생활 문제해결 방식 개선을 위한 구체적 근거로 활용되도록 평가 체계를 설계해야 한다.
- 셋째, 교사와 학습자의 디지털 리터러시 함양은 필수적이다. 에듀테크 기반 평가를 성공적으로 운영하기 위해서는 교사와 학습자 모두 해당 기술 도구를 효율적이고 윤리적으로 활용할 수 있는 능력을 갖추어야 한다(한국교육학술정보원, 2020). 특히, 교사는 새로운 평가 도구의 선정, 활용 방법 그리고 수집된 학습 데이터의 분석 및 해석 능력을 지속적인 연수를 통해 강화해야 한다(이효림·김은정, 2022).
- 넷째, 데이터 보호 및 윤리적 고려에 대한 철저한 준비가 필요하다. '윤리적 고려'란 학습자의 사생

활 및 개인정보 보호, 신체적·정신적 건강 보호를 포함하는데, 에듀테크 기반 평가는 학습자의 민감한 학습 과정 데이터와 개인 정보를 대량으로 수집하게 된다.

따라서 수집·저장·활용 단계에서 개인정보보호법(GDPR, General Data Protection Regulation) 및 관련 규정을 준수해야 하며, 교육 분야 인공지능 윤리원칙에서 제시하는 적법성, 안전성, 투명성, 참여성, 책임성, 공정성, 개인정보 보호 관련 정책적 가이드라인을 철저히 지켜야 한다(한찬희·변호석, 2024).

- 다섯째, 에듀테크 기반 평가는 다양한 데이터를 수집·분석하여 학습자의 성취를 지원하지만, 그 결과를 절대적으로 받아들이는 것은 위험할 수 있다. AI가 특정 패턴을 강화하는 과정에서 발생할 수 있는 알고리즘의 편향, 데이터 입력 과정의 오류, 기술적 한계 등으로 인해 결과가 왜곡되거나 불완전하게 제시될 가능성이 존재하기 때문이다(방준성·이상민, 2024).

따라서 교사는 에듀테크가 제공하는 평가 결과를 참고자료로 활용하되, 이를 전적으로 신뢰하기보다는 비판적 관점에서 검토해야 한다. 특히, 학생의 실제 수행 과정, 맥락적 요인, 개별적 특성을 함께 고려하여 종합적으로 판단하는 태도가 필수적이다(방담이·윤회정, 2022). 이러한 비판적 태도는 에듀테크 기반 평가가 단순한 기술적 산출물이 아니라 교육적 의미를 지닌 진정한 평가 지원 도구로 기능하도록 만드는 핵심 조건이다.

4) 에듀테크를 활용한 가정과교육 평가 방법

에듀테크는 가정과교육 평가 운영의 전 과정에 활용할 수 있다. 평가 도구 개발, 평가 시행 및 채점, 피드백 제공뿐만 아니라 평가 증거자료의 수집·관리에도 활용된다.

(1) 평가 도구 개발

지필평가 문항으로 선택형 문항과 서답형 문항 그리고 채점기준을 개발하고, 수행평가 과제와 채점기준을 개발하는 데 활용할 수 있다. 에듀테크를 활용하여 지필평가 문항을 개발하는 방법은 다음과 같다.

생성형 AI 도구(ChatGPT, Gemini 등)에 구체적인 명령 프롬프트를 입력하면 가정교과 지필평가 문항과 채점기준을 효율적으로 설계할 수 있다. 명령 프롬프트는 구체적으로 서술해야 하며, 한 번의 질문으로 결과를 얻기보다는 만족할 만한 결과가 도출될 때까지 반복적으로 질문하는 것이 필요하다.

최종 결과가 도출되면 교사는 내용을 검토하여 평가문항과 채점기준으로 사용할 수 있다. 생성형 AI에서 품질 높은 결과를 얻기 위해서는, AI가 수행해야 할 역할을 명확히 부여하고 문맥과 구체적인 지시문, 출력 형식을 제시해야 한다. 또한 예시가 있을 경우 링크, 파일, 텍스트 등의 형식으로 예시를 함께 제공하는 것이 좋다.

품질 높은 결과를 얻기 위한 명령 프롬프트 작성 방법은 표 2-5와 같다.

표 2-5 명령 프롬프트 작성 방법

항목	내용
① 역할 부여	문제를 해결하기 위해 수행해야 할 역할 또는 직무를 명확하게 부여한다. 예 당신은 중학교 2학년 가정 과목을 담당하고 있는 교사입니다.
② 문맥 설명	과제가 이루어지는 상황, 목표, 지켜야 할 규칙과 주의사항 등을 상세하게 제시한다. 예 '생활자원 관리' 단원의 기말고사 평가문항을 작성하려고 합니다. 이 단원의 성취기준과 학습 목표는 다음과 같습니다. (→ 성취기준 및 학습 목표 제시)
③ 지시문	수행해야 할 업무를 구체적이고 명확하게 지시한다. 예 성취기준과 학습 목표에 맞는 형성평가 문항 5문항을 개발하고, 각 문항의 평가기준과 채점기준을 제공해 주세요.
④ 예시	원하는 답변에 참고가 될 예시가 있다면 링크, 파일, 텍스트 등으로 제공한다. 예 중간고사 평가문항 예시를 제공합니다.
⑤ 출력 형식	답변이 따라야 할 형식, 글 길이, 구성 방식을 구체적으로 제시한다. 예 선택형(합답형) 2문항, 서술형 2문항, 논술형 1문항으로 작성하고, 〈보기〉는 박스 안에 넣어 표현해 주세요. 평가문항에는 부정 표현은 사용하지 말고, 서술형 문항은 지시형 문장, 선택형 문항은 의문형 문장으로 정확하게 서술해 주세요.

표 2-5의 절차에 따라 중학교 가정과 '생활자원 관리' 단원의 지필평가 문항을 개발하기 위한 명령 프롬프트는 다음과 같이 구성할 수 있다.

평가문항 생성 명령 프롬프트 작성 예시

당신은 지금부터 중학교 2학년 가정과 교사로서 '생활자원 관리' 단원의 형성평가를 위해 선택형(합답형 5지선다형) 2문항, 서술형 2문항, 논술형 1문항을 개발하는 역할을 수행해야 합니다.
다음의 성취기준과 학습 목표에 적합한 평가문항과 채점기준을 생성하되, 선택형 2문항, 서술형 2문항, 논술형 1문항을 작성해 주세요.

- '보기'는 박스 형태로 제시할 것
- 선택형 문항의 정답 번호는 한 영역에 집중되지 않도록 분산할 것
- 평가문항에는 부정 표현을 사용하지 않을 것
- 서술형 문항은 지시형, 선택형 문항은 의문형 문장으로 작성할 것
- 모든 문항에는 정답을 제시할 것(서술형·논술형은 모범답안 제시)
- 논술형 문항에는 반드시 '조건'과 답안의 글자 수를 제시할 것

■ 성취기준

[9기가02-01] 생활자원의 종류와 특성 및 순환 과정을 이해하고, 의식주 자원관리의 중요성을 인식한다.

(계속)

[9기가02-10] 의식주 생활자원의 생산과 폐기 과정을 탐색하고, 일상생활에서 의식주 생활자원을 선택한 과정과 그 결과를 성찰한다.

■ **학습 목표**

1. 생활자원의 종류와 특성을 설명할 수 있다.
2. 생활자원의 순환 과정을 설명할 수 있다.
3. 의식주 자원 관리의 중요성을 설명할 수 있다.
4. 의식주 생활자원의 생산과 폐기 과정을 탐색할 수 있다.
5. 의식주 생활자원 선택이 환경에 미치는 영향을 설명할 수 있다.
6. 순환 가능성을 고려하여 의식주 생활자원을 선택할 수 있다.

위 명령 프롬프트를 생성형 AI(Gemini)에 입력하면, 그림 2-3과 같이 평가문항과 채점기준을 도출할 수 있다.

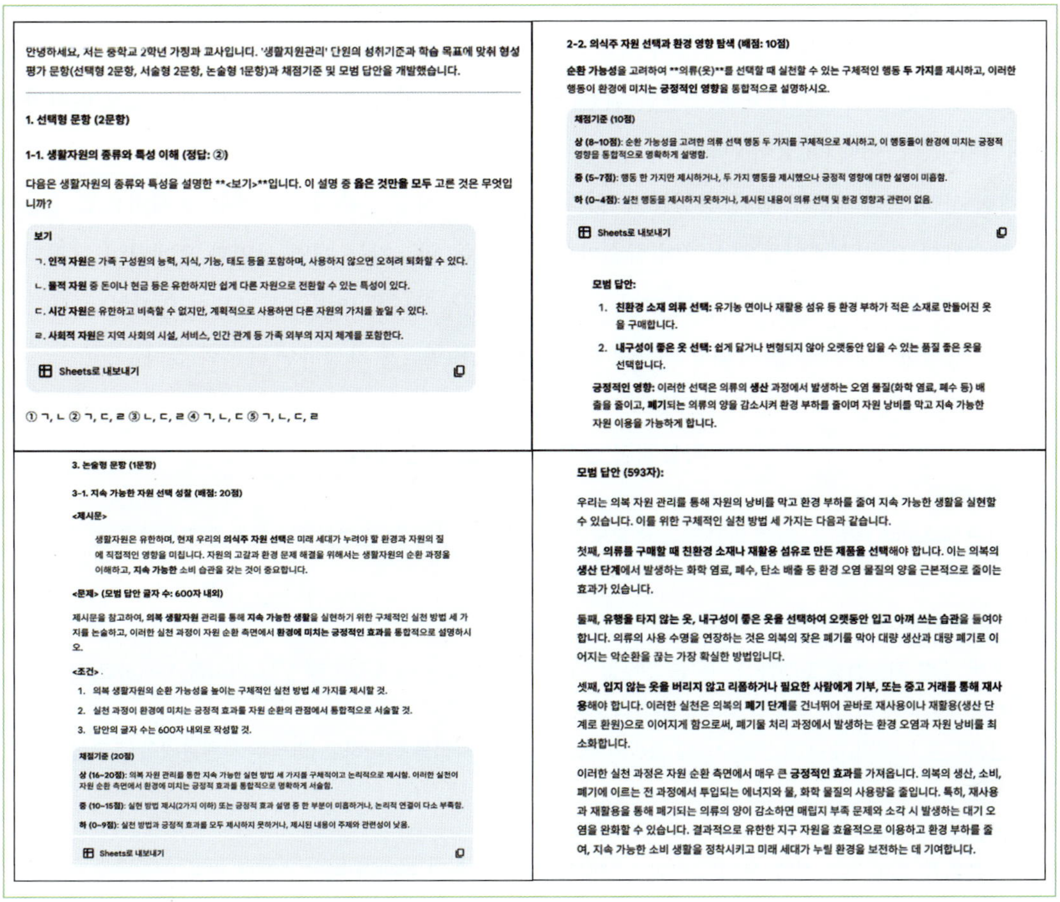

안녕하세요, 저는 중학교 2학년 가정과 교사입니다. '생활자원관리' 단원의 성취기준과 학습 목표에 맞춰 형성 평가 문항(선택형 2문항, 서술형 2문항, 논술형 1문항)과 채점기준 및 모범 답안을 개발했습니다.

1. 선택형 문항 (2문항)

1-1. 생활자원의 종류와 특성 이해 (정답: ②)

다음은 생활자원의 종류와 특성을 설명한 **<보기>**입니다. 이 설명 중 **옳은 것만을 모두** 고른 것은 무엇입니까?

보기

ㄱ. **인적 자원**은 가족 구성원의 능력, 지식, 기능, 태도 등을 포함하며, 사용하지 않으면 오히려 퇴화할 수 있다.

ㄴ. **물적 자원** 중 돈이나 현금 등은 유한하지만 쉽게 다른 자원으로 전환할 수 있는 특성이 있다.

ㄷ. **시간 자원**은 유한하고 비축할 수 없지만, 계획적으로 사용하면 다른 자원의 가치를 높일 수 있다.

ㄹ. **사회적 자원**은 지역 사회의 시설, 서비스, 인간 관계 등 가족 외부의 지지 체계를 포함한다.

Sheets로 내보내기

① ㄱ, ㄴ ② ㄱ, ㄷ, ㄹ ③ ㄴ, ㄷ, ㄹ ④ ㄱ, ㄴ, ㄷ ⑤ ㄱ, ㄴ, ㄷ, ㄹ

2-2. 의식주 자원 선택과 환경 영향 탐색 (배점: 10점)

순환 가능성을 고려하여 **의류(옷)**를 선택할 때 실천할 수 있는 구체적인 행동 **두 가지**를 제시하고, 이러한 행동이 환경에 미치는 **긍정적인 영향**을 통합적으로 설명하시오.

채점기준 (10점)

상 (8~10점): 순환 가능성을 고려한 의류 선택 행동 두 가지를 구체적으로 제시하고, 이 행동들이 환경에 미치는 긍정적 영향을 통합적으로 명확하게 설명함.

중 (5~7점): 행동 한 가지만 제시하거나, 두 가지 행동을 제시했으나 긍정적 영향에 대한 설명이 미흡함.

하 (0~4점): 실천 행동을 제시하지 못하거나, 제시된 내용이 의류 선택 및 환경 영향과 관련이 없음.

Sheets로 내보내기

모범 답안:

1. **친환경 소재 의류 선택:** 유기농 면이나 재활용 섬유 등 환경 부하가 적은 소재로 만들어진 옷을 구매합니다.
2. **내구성이 좋은 옷 선택:** 쉽게 닳거나 변형되지 않아 오랫동안 입을 수 있는 품질 좋은 옷을 선택합니다.

긍정적인 영향: 이러한 선택은 의류의 **생산** 과정에서 발생하는 오염 물질(화학 염료, 폐수 등) 배출을 줄이고, **폐기**되는 의류의 양을 감소시켜 환경 부하를 줄이며 자원 낭비를 막고 지속 가능한 자원 이용을 가능하게 합니다.

3. 논술형 문항 (1문항)

3-1. 지속 가능한 자원 선택 성찰 (배점: 20점)

<제시문>

생활자원은 유한하며, 현재 우리의 **의식주 자원 선택**은 미래 세대가 누려야 할 환경과 자원의 질에 직접적인 영향을 미칩니다. 자원의 고갈과 환경 문제 해결을 위해서는 생활자원의 순환 과정을 이해하고, **지속 가능한** 소비 습관을 갖는 것이 중요합니다.

<문제> (모범 답안 글자 수: 600자 내외)

제시문을 참고하여, **의복 생활자원** 관리를 통해 **지속 가능한 생활**을 실현하기 위한 구체적인 실천 방법 세 가지를 논술하고, 이러한 실천 과정이 자원 순환 측면에서 **환경에 미치는 긍정적인 효과**를 통합적으로 설명하시오.

<조건>.

1. 의복 생활자원의 순환 가능성을 높이는 구체적인 실천 방법 세 가지를 제시할 것.
2. 실천 과정이 환경에 미치는 긍정적 효과를 자원 순환의 관점에서 통합적으로 서술할 것.
3. 답안의 글자 수는 600자 내외로 작성할 것.

채점기준 (20점)

상 (16~20점): 의복 자원 관리를 통한 지속 가능한 실현 방법 세 가지를 구체적이고 논리적으로 제시함. 이러한 실천이 자원 순환 측면에서 환경에 미치는 긍정적 효과를 통합적으로 명확하게 서술함.

중 (10~15점): 실천 방법 제시(2가지 이하) 또는 긍정적 효과 설명 중 한 부분이 미흡하거나, 논리적 연결이 다소 부족함.

하 (0~9점): 실천 방법과 긍정적 효과를 모두 제시하지 못하거나, 제시된 내용이 주제와 관련성이 낮음.

Sheets로 내보내기

모범 답안 (593자):

우리는 의복 자원 관리를 통해 자원의 낭비를 막고 환경 부하를 줄여 지속 가능한 생활을 실현할 수 있습니다. 이를 위한 구체적인 실천 방법 세 가지는 다음과 같습니다.

첫째, **의류를 구매할 때 친환경 소재나 재활용 섬유로 만든 제품을 선택**해야 합니다. 이는 의복의 **생산 단계**에서 발생하는 화학 염료, 폐수, 탄소 배출 등 환경 오염 물질의 양을 근본적으로 줄이는 효과가 있습니다.

둘째, **유행을 타지 않는 옷, 내구성이 좋은 옷을 선택하여 오랫동안 입고 아껴 쓰는 습관**을 들여야 합니다. 의류의 사용 수명을 연장하는 것은 의복의 잦은 폐기를 막아 대량 생산과 대량 폐기로 이어지는 악순환을 끊는 가장 확실한 방법입니다.

셋째, **입지 않는 옷을 버리지 않고 리폼하거나 필요한 사람에게 기부, 또는 중고 거래를 통해 재사용**해야 합니다. 이러한 실천은 의복의 **폐기 단계**를 건너뛰어 곧바로 재사용이나 재활용(생산 단계로 환원)으로 이어지게 함으로써, 폐기물 처리 과정에서 발생하는 환경 오염과 자원 낭비를 최소화합니다.

이러한 실천 과정은 자원 순환 측면에서 매우 큰 **긍정적인 효과**를 가져옵니다. 의복의 생산, 소비, 폐기에 이르는 전 과정에서 투입되는 에너지와 물, 화학 물질의 사용량을 줄입니다. 특히, 재사용과 재활용을 통해 폐기되는 의류의 양이 감소하면 매립지 부족 문제와 소각 시 발생하는 대기 오염을 완화할 수 있습니다. 결과적으로 유한한 지구 자원을 효율적으로 이용하고 환경 부하를 줄여, 지속 가능한 소비 생활을 정착시키고 미래 세대가 누릴 환경을 보전하는 데 기여합니다.

그림 2-3 평가문항 및 채점기준 생성 결과(Gemini)

(2) 평가 시행, 자동채점 및 피드백

다양한 에듀테크 도구를 활용하면 실시간으로 형성평가를 시행할 수 있다.

카훗(Kahoot!), 퀴지즈(Quizizz), 멘티미터(Mentimeter)와 같은 평가 도구를 활용하면 선택형 문항뿐만 아니라 간단한 단답형 문제, O/X 문제 등을 통해 학습자의 이해도를 실시간으로 확인할 수 있으며, 그 결과를 바탕으로 보충설명이나 심화학습을 즉시 진행할 수 있다. 평가 결과는 자동으로 데이터화되어 교사가 학습자의 성취수준을 기록하고 추적하는 데 용이하다.

Google Forms, Microsoft Forms 등을 활용하면 서술형·논술형 문항의 평가도 실시할 수 있다. 이러한 평가를 시행하기 위해서는 학습자가 PC, 태블릿, 스마트폰 등 디지털 기기를 보유하고 활용할 수 있는 환경이 구축되어야 한다.

생성형 AI 또는 AI 기반 플랫폼을 활용하면 서술형·논술형 평가 및 수행과제에 대한 자동채점이 가능하다. 이를 위해 생성형 AI의 명령 프롬프트에 평가문항, 채점기준, 모범답안, 채점 결과의 출력 형식 등을 구체적으로 작성하여 채점을 실행한다. 학습자의 서술형 답안은 명령 프롬프트에 텍스트로 직접 입력하거나 엑셀, CSV 등의 파일로 작성하여 생성형 AI에 업로드할 수 있다.

수기로 작성한 답안은 PDF로 스캔한 뒤 OCR(광학 문자 인식) 기술을 이용해 텍스트로 변환하여 채점할 수 있다. 이때 OCR이 인식하지 못한 부분은 별도로 수정해야 한다.

채점 시 피드백 자료도 함께 생성할 수 있다. 피드백은 개별 맞춤형 피드백을 구체적으로 작성하고, 학습자의 오개념 패턴을 분석하여 학습자의 오개념을 바로잡는 개념 설명과 오개념이 교정되었는지 여부를 검증하는 문항을 포함한 교정 학습자료를 생성하도록 명령 프롬프트에 명시한다.

앞서 생성한 평가문항 중 서술형 문항에 대한 명령 프롬프트를 작성하면 다음과 같다.

자동채점 명령 프롬프트 작성 예시

[역할 부여]

당신은 지금부터 중학교 2학년 가정과 담당 교사이며, 학생들의 서술형 답안을 채점하는 평가자 역할을 수행해야 합니다.

[문맥 설명]

- **문제**: 순환 가능성을 고려하여 의류를 선택할 때 실천할 수 있는 구체적인 행동 두 가지를 제시하고, 이러한 행동이 환경에 미치는 긍정적 영향을 통합적으로 설명하시오.
- **성취기준**: [9기가02-01] 생활자원의 종류와 특성 및 순환 과정을 이해하고, 의식주 자원관리의 중요성을 인식한다.
- **모범답안**
  1. **친환경 소재 의류 선택**: 유기농 면이나 재활용 섬유 등 환경 부하가 적은 소재로 만들어진 옷을 구매합니다.

(계속)

2. **내구성이 좋은 옷 선택:** 쉽게 닳거나 변형되지 않아 오랫동안 입을 수 있는 품질 좋은 옷을 선택합니다.

긍정적인 영향: 이러한 선택은 의류 생산 과정에서 발생하는 오염물질(화학 염료, 폐수 등) 배출을 줄이고, 폐기되는 의류의 양을 감소시켜 환경 부하를 줄이며, 자원 낭비를 방지하고 지속가능한 자원 이용을 가능하게 합니다.

- **채점기준(10점)**
  - 상(8~10점): 순환 가능성을 고려한 의류 선택 행동 두 가지를 구체적으로 제시하고, 이 행동이 환경에 미치는 긍정적 영향을 통합적으로 명확히 설명함
  - 중(5~7점): 행동을 한 가지만 제시하거나, 두 가지 행동을 제시했으나 긍정적 영향 설명이 미흡함
  - 하(0~4점): 실천 행동을 제시하지 못했거나 의류 선택 및 환경 영향과 관련 없는 내용임

[피드백]

채점 결과를 바탕으로 잘된 점과 보완할 점을 구분하고, 보완할 점에 대한 구체적 학습 가이드를 포함하여 150자 이내의 피드백 메시지를 작성하시오. 또한 학생들의 오답을 분석하여 오개념을 바로잡는 개념 설명과 오개념이 교정되었는지 검증하는 문항(연습 문제)을 포함한 교정 학습자료를 작성하시오.

[지시문]

CSV 파일(또는 아래)의 학생 답안을 성취기준, 채점기준, 모범답안을 근거로 채점하시오.

[출력 형식]

채점 결과는 다음의 형식에 맞춰서 출력하시오.

1. 최종 점수(10점 만점):
2. 평가(루브릭 항목별 평가 및 점수에 근거하여 서술):
3. 종합 피드백(잘된 점과 보완할 점, 핵심 오개념, 정확한 개념을 구분하여 구체적으로 서술):
4. 교정 학습자료: 개념 설명, 연습 문제

생성형 AI는 학생 정보를 저장·활용할 수 있으므로 학생의 답안을 생성형 AI에 입력할 경우 이름, 학번, 생년월일, 주소, 연락처 등 개인 식별 정보를 입력하지 않도록 주의해야 하며, 학생의 답안에 개인 식별 정보 포함 여부를 사전에 꼼꼼히 확인하고 발견 즉시 삭제 처리해야 한다(교육부, 2025).

[학생 답안 목록]

〈학생 1〉 답안: 저는 옷을 사기 전에 꼭 필요한지 신중하게 생각해서 충동구매를 하지 않으려고 합니다. 그리고...

〈학생 2〉 답안: 옷을 백화점에서 사서 깨끗하게 관리하는 것이 좋습니다. 옷을 아껴 입어야 하는 이유는 옷이...

〈학생 3〉 답안: 저는 옷을 살 때 단일 소재로 만들어져 재활용이 쉬운 옷을 선택하고, 수선이나...

〈학생 4〉 답안: 순환을 고려해서 유행에 상관없이 오래 입을 수 있는 품질 좋은 옷을 선택해야 합니다. 그리고...

〈학생 5〉 답안: 옷을 살 때는 그냥 마음에 드는 옷을 사면 됩니다...

〈학생 6〉 답안: 잘 입지 않는 옷은 버리지 않고 리폼하는 방법을 배워서...

(계속)

〈학생 7〉 답안: 옷을 살 때는 가격이 비싸더라도 품질이 좋은 옷을…
〈학생 8〉 답안: 순환 가능성을 높이려면, 재활용 소재나 친환경 인증을 받은 옷을 선택해야 합니다. 또한…

[출력 형식]에 다음 내용을 추가한다.
'각 학생의 답안별로 1~8번의 채점 결과를 순차적으로 작성하시오.'

생성형 AI에 일괄채점을 요청할 경우, 답안의 길이가 지나치게 길거나 학생 수가 많을 때는 여러 번에 나누어 채점하도록 한다. 생성형 AI의 기술적 제약이나 요금제 등으로 인해 업로드에 제한이 있으며, 너무 많은 답안을 한 번에 입력할 경우 답변 속도가 느려지거나 오류가 발생할 수 있다.

또한 생성형 AI가 각 학생의 답안을 혼동하지 않도록 구분선을 명확하게 표기하여 입력해야 한다. 채점이 완료된 후에는 생성형 AI가 제시한 점수와 피드백이 교사의 기준과 일치하는지 반드시 검토하는 절차를 거쳐야 한다.

그림 2-4는 생성형 AI(Gemini)를 활용하여 채점과 피드백을 제공한 사례를 보여준다.

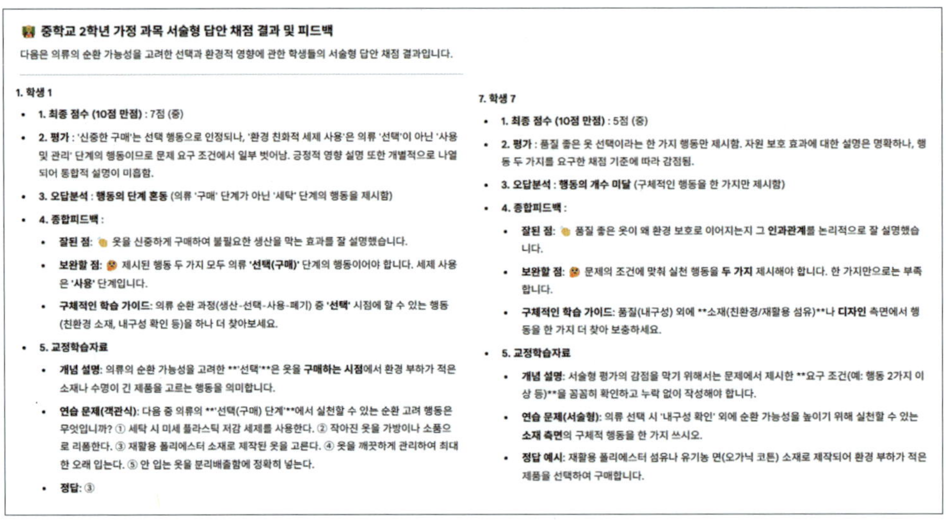
중학교 2학년 가정 과목 서술형 답안 채점 결과 및 피드백

다음은 의류의 순환 가능성을 고려한 선택과 환경적 영향에 관한 학생들의 서술형 답안 채점 결과입니다.

1. 학생 1

- **1. 최종 점수 (10점 만점)** : 7점 (중)
- **2. 평가** : '신중한 구매'는 선택 행동으로 인정되나, '환경 친화적 세제 사용'은 의류 '선택'이 아닌 '사용 및 관리' 단계의 행동이므로 문제 요구 조건에서 일부 벗어남. 긍정적 영향 설명 또한 개별적으로 나열되어 통합적 설명이 미흡함.
- **3. 오답분석** : **행동의 단계 혼동** (의류 '구매' 단계가 아닌 '세탁' 단계의 행동을 제시함)
- **4. 종합피드백** :
  - **잘된 점:** 옷을 신중하게 구매하여 불필요한 생산을 막는 효과를 잘 설명했습니다.
  - **보완할 점:** 제시된 행동 두 가지 모두 의류 **'선택(구매)'** 단계의 행동이어야 합니다. 세제 사용은 **'사용'** 단계입니다.
  - **구체적인 학습 가이드:** 의류 순환 과정(생산-선택-사용-폐기) 중 **'선택'** 시점에 할 수 있는 행동(친환경 소재, 내구성 확인 등)을 하나 더 찾아보세요.
- **5. 교정학습자료**
  - **개념 설명:** 의류의 순환 가능성을 고려한 **'선택'**은 옷을 **구매하는 시점**에서 환경 부하가 적은 소재나 수명이 긴 제품을 고르는 행동을 의미합니다.
  - **연습 문제(객관식):** 다음 중 의류의 **'선택(구매) 단계'**에서 실천할 수 있는 순환 고려 행동은 무엇입니까? ① 세탁 시 미세 플라스틱 저감 세제를 사용한다. ② 작아진 옷을 가방이나 소품으로 리폼한다. ③ 재활용 폴리에스터 소재로 제작된 옷을 고른다. ④ 옷을 깨끗하게 관리하여 최대한 오래 입는다. ⑤ 안 입는 옷을 분리배출함에 정확히 넣는다.
  - **정답:** ③

7. 학생 7

- **1. 최종 점수 (10점 만점)** : 5점 (중)
- **2. 평가** : 품질 좋은 옷 선택이라는 한 가지 행동만 제시함. 자원 보호 효과에 대한 설명은 명확하나, 행동 두 가지를 요구한 채점 기준에 따라 감점됨.
- **3. 오답분석** : **행동의 개수 미달** (구체적인 행동을 한 가지만 제시함)
- **4. 종합피드백** :
  - **잘된 점:** 품질 좋은 옷이 왜 환경 보호로 이어지는지 그 **인과관계**를 논리적으로 잘 설명했습니다.
  - **보완할 점:** 문제의 조건에 맞춰 실천 행동을 **두 가지** 제시해야 합니다. 한 가지만으로는 부족합니다.
  - **구체적인 학습 가이드:** 품질(내구성) 외에 **소재(친환경/재활용 섬유)**나 **디자인** 측면에서 행동을 한 가지 더 찾아 보충하세요.
- **5. 교정학습자료**
  - **개념 설명:** 서술형 평가의 감점을 막기 위해서는 문제에서 제시한 **요구 조건(예: 행동 2가지 이상 등)**을 꼼꼼히 확인하고 누락 없이 작성해야 합니다.
  - **연습 문제(서술형):** 의류 선택 시 '내구성 확인' 외에 순환 가능성을 높이기 위해 실천할 수 있는 **소재 측면**의 구체적 행동을 한 가지 쓰시오.
  - **정답 예시:** 재활용 폴리에스터 섬유나 유기농 면(오가닉 코튼) 소재로 제작되어 환경 부하가 적은 제품을 선택하여 구매합니다.

그림 2-4 생성형 AI를 활용한 채점 및 피드백 결과 예시(Gemini)

생성형 AI 외에도 AI 기반 플랫폼을 활용하면 지필평가뿐만 아니라 수행과제도 채점할 수 있다. 수업 설계 단계에서 성취기준, 채점기준, 평가문항 등을 등록하고 플랫폼을 통해 평가를 진행하면 자동채점이 가능하다.

AI 기반 플랫폼인 클리포(Clipo)는 성취기준과 평가 운영에 필요한 채점 요소, 채점기준 등을 사전에 등록하여 평가 계획을 수립할 수 있는 도구이다. 그림 2-5와 같이 학습자가 수행과제를 파일 형

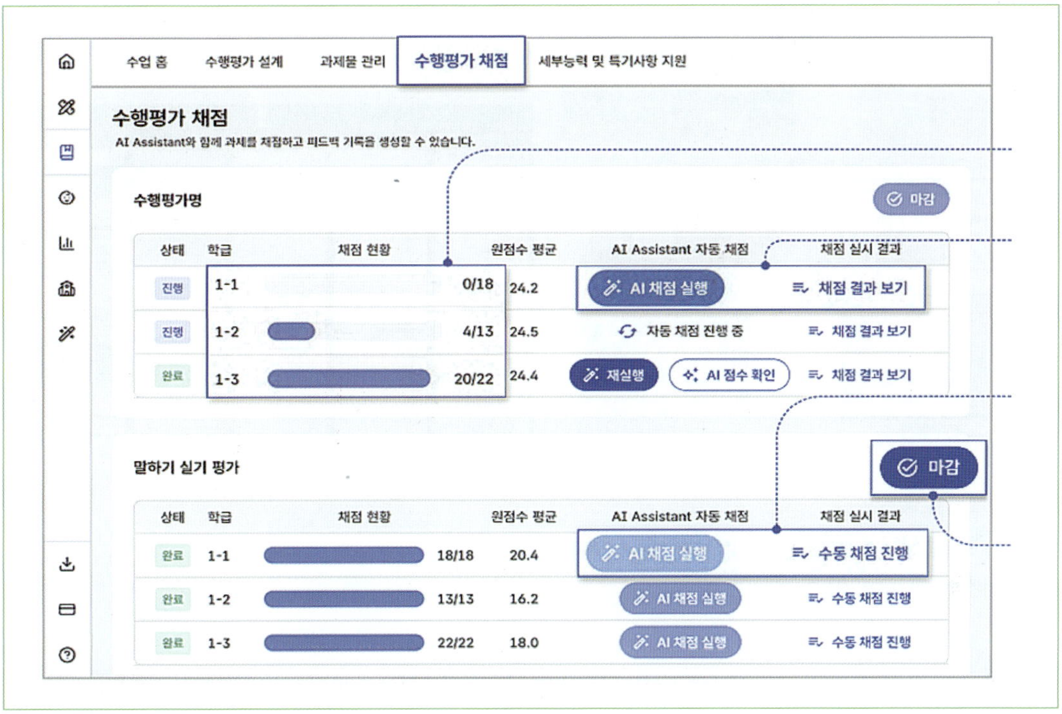

그림 2-5 AI 기반 플랫폼의 자동채점 기능 예시

출처: 클리포 2025 선생님 매뉴얼 v2.10, p.55(clipo.ai/teachers/home)

태로 업로드하면 자동채점이 이루어지며, 수기로 작성된 답안도 채점할 수 있다. 다만, 음성이나 영상 형식의 과제는 자동채점이 불가능하므로 이때는 교사가 수동으로 채점해야 한다.

AI 기반 플랫폼은 채점 결과, 수행과제물 내용 분석, 관찰 기록, 피드백 등을 종합하여 세부 능력 및 특기사항 초안을 자동으로 작성한다. 그러나 생성형 AI로 채점을 할 경우 사실이 아니거나 학습 데이터에 없는 정보를 마치 진실인 것처럼 만들어내는 문제(AI 환각)나 알고리즘 편향 등으로 인해 오류가 존재할 수 있다. 따라서 교사는 평가 결과, 피드백, 세부 능력 및 특기사항 초안을 최종적으로 검토하여 확정해야 한다(송민호 외, 2025).

(3) 평가 증거자료의 수집·관리

에듀테크는 '교육과정-수업-평가-기록'의 일체화를 실현하는 데 핵심적인 역할을 하며, 특히 수행 과정에 대한 평가를 효과적으로 지원한다. 구글 클래스룸(Google Classroom), 패들릿(Padlet), 북 크리에이터(Book Creator) 등과 같은 에듀테크 플랫폼을 활용하면 그림 2-6과 같이 학습자의 학습활동 전 과정을 디지털 기록으로 남길 수 있어, 과정 중심 평가에 필요한 다양한 학습 증거자료를 체계적으로 수집·관리할 수 있다.

메타버스를 활용한 수행과제 결과물 전시 및 발표

Padlet을 활용한 포트폴리오 관리

그림 2-6 에듀테크 플랫폼을 활용한 창의적 과제 수행평가 예시

출처: 최성연(2024), p.92; 최성연(2023), p.206

이러한 일련의 과정은 프로세스폴리오 평가 방법을 통해 더욱 체계적으로 운영될 수 있다. 에듀테크는 학습자가 스스로 학습을 반성하고 새로운 학습 계획을 수립하는 전 과정을 기록하는 프로세스폴리오 평가를 효과적으로 지원하는 도구로 활용될 수 있다.

에듀테크 플랫폼 중 패들릿(Padlet)을 활용하여 평가 증거자료를 수집·관리하는 방법은 다음과 같다.

- Padlet 게시판의 '컬럼' 형식을 활용하여 각 학습자 또는 모둠별 컬럼을 만들고, 수행과제 과정에서 생성된 산출물(이미지, 동영상, 문서 파일 등)을 지속적으로 게시하도록 지도한다.
- 교사는 게시물에 댓글 기능을 활용해 실시간으로 개별 피드백을 제공할 수 있으며, 이러한 피드백 과정은 모두 기록으로 남는다.
- 학습자는 동료 학습자의 게시물을 확인하고 댓글을 작성하여 동료평가에 참여할 수 있으며, 동료평가 결과를 바탕으로 자신의 결과물을 성찰하고 자기평가 내용을 게시할 수 있다. 누적된 Padlet의 기록은 학습자 개인의 성장 과정을 보여주는 포트폴리오로 활용된다.
- 평가 등의 필요시에는 Padlet의 내용을 PDF 등으로 변환하여 저장하거나 출력하여 보관할 수 있다. 또한 교사는 학습자가 게시물을 작성할 때 지켜야 할 규칙(제목 양식, 내용 분량, 게시 일정 등)을 명확하게 안내하여 혼란을 줄이고, 활동 특성에 따라 '담벼락', '컬럼', '그리드', '테이블' 등 다양한 Padlet 형식을 적절히 선택하여 활용도를 높일 수 있다.

에듀테크 기반 중학교 가정과 수업 연구 및 지도법

CHAPTER

3

❶ 갈등 해결을 위한 의사소통 영상 제작 프로젝트
❷ 삶의 기초를 세우는 디지털 수업 - 건강과 지속가능성을 고려한 균형 잡힌 식생활의 실천
❸ 주거 디자인 리터러시 활동 - 미래에 살고 싶은 주거 공간 설계하기
❹ 전환기 진로 설계 - 나의 진로, my site
❺ 순환 과정을 고려한 의식주 자원관리

1. 갈등 해결을 위한 의사소통 영상 제작 프로젝트

1) 수업 개요

과목	기술·가정	대상	중학교 3학년
단원	I. 인간 발달과 주도적 삶 2. 가족관계 2) 갈등과 의사소통		
학습 내용	▸ 개념학습 1: 나-전달법 개념 및 활용법 ▸ 개념학습 2: 공감적 경청 개념 및 활용법 ▸ 개념학습 3: 무승패법의 개념 및 적용법 ▸ 영상 제작 및 상영회: 바람직한 의사소통 실천 영상 제작·발표		
학습 목표	• 나-전달법이 필요한 상황을 구분하고 '나-전달법'을 상황에 맞게 구사할 수 있다. • 경청의 중요성을 인식하고 공감적 경청을 각 상황에 맞게 구사할 수 있다. • 무승패법을 활용하여 갈등 해결 방안을 탐색하고 실천할 수 있다. • 갈등 장면을 재구성하여 나-전달법, 공감적 경청, 무승패법을 적용한 해결 과정을 영상으로 제작할 수 있다.		
에듀테크	코글(Coggle), 캔바(Canva) AI, 구글 문서(Google Docs), 미리캔버스(MiriCanvas), 클립챔프(Clipchamp)		

가정과교육과정의 '인간 발달과 주도적 삶' 영역은 가족·친구·이웃과 건강한 관계를 형성하고, 일상생활에서 발생하는 실천적 문제를 해결할 수 있는 생활역량을 기르는 것을 목표로 한다. 이 수업의 핵심은 이러한 교육과정의 취지를 반영하여, 학생들이 관계 속에서 의사소통을 통해 문제를 해결하고 협력적 관계를 형성하는 경험을 쌓도록 하는 데 있다.

의사소통역량은 인간 발달 과정에서 갈등을 조정하고 건강한 관계를 유지하는 데 필요한 핵심 역량으로, 이를 익히고 실천하는 경험은 학생이 자기 삶을 원만하게 이끌어 가는 데 필수적이다. 이에 따른 수업 설계는 프로젝트형 학습으로 구성하였으며, 학생들이 갈등 상황에서 나-전달법, 공감적 경청, 무승패법을 적용해 문제를 해결하는 경험을 할 수 있도록 하였다.

학생들은 실제 생활에서 마주할 수 있는 다양한 갈등 장면을 재구성하고, 이를 효과적인 대화 방식으로 변환하는 과정을 통해 의사소통역량을 기른다. 나아가 그 과정을 영상으로 제작·공유하면서 자신의 대화 방식을 성찰하고, 학습한 내용을 생활 속에서 실천할 수 있는 역량을 키운다.

또한 수업 운영에서는 디지털 도구 활용을 적극 도입하였다. Canva AI로 상황카드 게임을 제작해 다양한 사례에서 나-전달법을 연습하고, Coggle을 활용해 매 차시 학습한 개념을 통합하여 정리한다. 이어서 Google 문서로 시나리오를 공동 작성하고, Clipchamp로 영상을 완성하는 전 과정에서 학생들은 모둠원과 함께 협력해 문제를 해결한다.

이러한 에듀테크 기반의 협력학습은 학생들의 몰입도를 높이고, 결과물의 완성도와 표현력을 향상하는 데 기여한다.

코글(Coggle): 아이디어나 정보를 가지처럼 확장해 정리할 수 있는 온라인 마인드맵 제작 도구로, 실시간 공동 편집과 시각적 구조화를 지원한다.

2) 수업 설계

(1) 교육과정 분석

① 갈등과 의사소통 영역의 2022 개정 중학교 가정과교육과정의 내용 체계·성취기준 분석 및 내용 추출

표 3-1 2022 개정 중학교 가정과교육과정 내용 체계(갈등과 의사소통 관련)

영역	인간 발달과 주도적 삶		
핵심 아이디어	일상에서 직면하는 상호존중과 협력적 소통에 기반한 관계맺음의 경험은 건강한 대인관계를 확장하는 밑거름이 된다.		
내용 요소	지식·이해	과정·기능	가치·태도
	• 가족 간의 갈등과 소통 • 상호존중 관계의 형성과 역할 수용	• 역할 기대를 고려하여 문제해결 방안 탐색하기 • 의사소통과 갈등관리의 방법 탐색하기 • 또래 및 가족과 친밀한 관계 형성하기	• 다양한 생활방식 및 타인에 대한 존중과 배려 • 가족원으로서 협력과 공감의 태도 • 다름을 존중하고 더불어 살아가는 공동체 가치 실현
성취기준	[9기가01-11] 대인관계에서 발생하는 갈등의 원인과 배경을 분석하고, 효과적인 의사소통을 통해 갈등을 해결하는 방안을 탐색하여 이를 적용한다.		
성취기준 해설	[9기가01-11] 이 성취기준은 갈등을 원만하게 해결하기 위한 의사소통능력의 필요성을 인식하고, 효과적 의사소통 방법의 의미와 원리를 파악한다. 또한 객관적 관점에서 갈등을 조망하여 타인과의 갈등을 해결하고 원만한 대인관계를 형성할 수 있도록 한다.		
역량	□ 실천적문제해결역량 □ 생활자립역량 ■ 관계형성역량		

본 수업은 표 3-1과 같이 학생들이 일상에서 겪는 갈등 상황을 통해 존중과 협력의 대화 방식을 배우고 실천하도록 설계되었다. 학생들은 '가족 간의 갈등과 소통'을 주제로 나-전달법, 공감적 경청, 무승패법을 단계적으로 학습하며, 갈등의 원인과 맥락을 분석하고 해결 방향을 모색한다.

또한 문제의 핵심을 파악하고 역할과 기대를 고려해 다양한 해결안을 제시하며, 이 중 현실적이고 타당한 방안을 선택하는 과정을 경험한다. 이러한 일련의 과정을 통해 학습한 대화 방식을 실제 삶의 맥락에 적용하고, 건강하고 성숙한 인간관계를 유지할 수 있는 힘을 기르도록 하였다.

② 교수·학습 방향 및 방법

본 수업은 협동학습의 원리를 적용한 프로젝트 학습으로 구성하였다. 수업 전 과정은 모둠 단위로 운영되며, 학생들은 처음부터 끝까지 함께 협력하며 과제를 수행한다. 의사소통능력은 실제 관계 속에서 상호작용을 통해 함양할 때 가장 효과적이므로, 모둠 내에서 나-전달법, 공감적 경청, 무승패법을 학습하고 이를 실제 사례에 적용해 볼 수 있도록 설계하였다. 이 과정을 통해 학생들은 단순히 개념을 익히는 데 그치지 않고, 서로의 생각을 조율하고 협력적으로 문제를 해결하는 경험을 쌓는다.

한편, 공동 프로젝트 활동과는 별도로 학생 개인은 매 차시 Coggle 마인드맵을 활용해 학습 내용을 누적 정리한다. 모둠 중심의 협력학습은 상호작용과 몰입을 이끌어내는 장점이 있지만, 참여도에 따라 일부 학생이 내용을 충분히 이해하지 못하는 경우가 있다. 이를 보완하기 위해 개별 정리 활동을 병행하여, 모든 학생이 각 차시의 핵심 개념을 자신의 언어로 구조화하고 의미 있게 연결하도록 설계하였다. 이를 통해 학생들은 학습 내용을 공고히 하고, 협력 속에서도 스스로 사고하는 태도를 기를 수 있다.

③ 평가 방법

본 수업의 평가는 학생이 실제적 맥락에서 의사소통을 통해 갈등을 분석하고 해결하는 능력을 기르는 데 중점을 둔다. 학생들은 나-전달법, 공감적 경청, 무승패법 학습을 마친 뒤, 영화나 드라마 속 갈등 장면을 선정해 분석하고, 무승패법의 단계(문제 인식→입장 분석→해결안 탐색→Win-Win 방법 선택)에 따라 해결 방안을 구성하는 프로젝트를 수행한다.

이 과제는 학생들이 학습한 의사소통 기술을 실제 생활과 유사한 갈등 상황에 적용할 수 있도록 설계되었으며, 개인적 사례를 다루지 않으므로 프라이버시 보장의 장점도 있다.

평가에서는 결과물의 완성도뿐만 아니라 모둠 내 협력 정도, 역할 수행, 성찰의 깊이를 함께 고려한다. 이를 위해 자기평가와 동료평가를 병행하여 학생이 자신의 학습 과정을 돌아보고, 타인의 작품을 객관적으로 바라볼 수 있도록 하였다. 자기평가에서는 역할, 노력, 느낀 점을 기록하도록 하며, 동료평가에서는 교사와 동일한 평가기준표를 활용해 다른 모둠의 영상을 평가함으로써 공정성과 신뢰성을 확보한다.

(2) 교수·학습 지도

<table>
<tr><th>수업 주제</th><th colspan="3">갈등 해결을 위한 의사소통 영상 제작 프로젝트</th></tr>
<tr><td>내용 요소</td><td colspan="3">[지식·이해] 가족 간의 갈등과 소통, 상호존중 관계의 형성과 역할 수용
[과정·기능] 역할 기대를 고려하여 문제해결 방안 탐색하기, 의사소통과 갈등관리의 방법 탐색하기
[가치·태도] 다양한 생활방식 및 타인에 대한 존중과 배려, 가족원으로서 협력과 공감의 태도, 다름을 존중하고 더불어 살아가는 공동체 가치 실현</td></tr>
<tr><td>성취기준</td><td colspan="3">[9기가01-11] 대인관계에서 발생하는 갈등의 원인과 배경을 분석하고, 효과적인 의사소통을 통해 갈등을 해결하는 방안을 탐색하여 이를 적용한다.</td></tr>
<tr><td rowspan="4">교수·학습
과정</td><th>차시</th><th>교수·학습 활동</th><th>활동 자료 및 도구</th></tr>
<tr><td>1~2</td><td>▸ 개념학습 1: 잘 말하기(나-전달법)
• 모둠 구성 및 프로젝트 안내
• 나-전달법 개념학습(필요성 및 4단계: 사실→영향→감정→바람)
• 모둠활동 1: 활동지 속 너-전달법 문장을 나-전달법으로 바꾸기
• 모둠활동 2: Canva AI로 제작한 상황카드 게임으로 다양한 상황에서 나-전달법 연습
• 모둠활동 3: 릴레이 게임 활동(모둠이 랜덤 상황을 뽑고, ‘사실·영향·감정·바람’이 적힌 카드를 뽑아 각자 맡은 부분을 순서대로 이어 말하며 나-전달법 완성하기)
• 개인활동: Coggle에 배운 내용 정리하기</td><td>■ 활동지, Canva AI 상황카드, 나무막대기, Coggle 마인드맵</td></tr>
<tr><td>3</td><td>▸ 개념학습: 잘 듣기(공감적 경청)
• 공감적 경청의 개념 및 필요성 학습
• 공감적 반응과 비공감적 반응의 차이 탐색
• 모둠활동 1: 교문사 『중학교 기술·가정②』 44쪽 하단 그림을 활용하여 ‘공감적 반응’과 ‘비공감적 반응’을 직접 말해 보며 차이를 체험하고, 각 상황에서 느낀 감정을 활동지에 기록하기
• 모둠활동 2: ‘공감과 경청 연습하기’ 활동 진행
- 짝 활동으로 청자와 화자 역할을 번갈아 수행
- ‘사실 듣기’와 ‘감정·욕구 듣기’를 통해 공감적 경청 연습
- 활동 후, 상대의 공감적 반응이 자신의 감정에 미친 영향을 나누기
• 개인활동: Coggle에 배운 내용을 누적하여 정리하기</td><td>■ Coggle 마인드맵</td></tr>
<tr><td>4</td><td>▸ 개념학습: 갈등 해결법(무승패법, Win-Win 갈등 해결법)
• 무승패법의 의미·필요성, 단계 학습
• 동영상 속 가족 갈등 사례 분석 후 무승패법 단계별 적용 연습
• 모둠활동: 모둠원이 함께 ‘무승패법 적용해 보기’ 활동 속 사례를 무승패법으로 해결해 보기
- 문제 상황 분석 및 인물의 입장 정리
- 가능한 모든 해결 방안을 브레인스토밍한 후, 그래프에 정리
- 모둠이 선정한 Win-Win 해결법에 따라 나-전달법, 공감적 경청이 드러나는 갈등 해결 시나리오 작성
• 개인활동: Coggle에 배운 내용 누적하여 정리하기</td><td>■ 활동지
■ Coggle 마인드맵</td></tr>
</table>

(계속)

	차시	교수·학습 활동	활동 자료 및 도구
교수·학습 과정	5~6	▸ 프로젝트 활동: 갈등 해결 영상 제작 • 모둠활동 1: 영화·드라마 속 갈등 장면 선택 - 갈등의 원인, 인물의 입장 분석 - 무승패법 단계(문제 인식→입장 분석→해결안 탐색→Win-Win 방법 선택)에 따라 분석표 작성(Canva나 MiriCanvas의 프레젠테이션 레이아웃 기능 활용) • 모둠활동 2: 분석 결과를 바탕으로 '갈등 해결 장면' 시나리오 구성(Google 문서 공동작업 기능 활용) - 기존 장면을 변형하여 모든 인물이 Win-Win 하는 결말 제시 - 대사에는 나-전달법과 공감적 경청의 요소가 모두 포함되도록 구성 • 모둠활동 3: 영상(UCC) 제작 - 역할 분담 후 촬영 및 편집(Clipchamp의 자동 자막 생성 기능 활용) - 영상 속에서 의사소통 기술이 자연스럽게 드러나도록 연출	▪ Google 문서, Clipchamp, Canva 또는 MiriCanvas

(3) 수업 진행

① 1~2차시 수업 진행(나-전달법)

㉠ 1차시 수업

1차시는 프로젝트의 전반적인 방향을 안내하고 모둠을 구성하는 것으로 시작한다. 교사는 이번 프로젝트의 주제와 전체 진행 과정을 소개하며, 학습 목표와 평가 방법을 구체적으로 제시한다. 이를 통해 학생들은 이번 수업이 단순한 개념학습이 아니라, 학습한 의사소통 기술을 실제 갈등 상황에 적용하여 영상으로 표현하는 프로젝트임을 이해한다.

이후 수업 전 과정을 함께할 모둠을 구성하고 각자의 역할을 정한다. 이러한 과정은 단순한 조 편성에 그치지 않고, 수업 초반부터 모둠원 간 신뢰와 협력의 기반을 마련하여 함께 성장하는 학습 분위기를 조성하기 위한 것이다. 의사소통능력은 타인과의 관계 속에서 반복적으로 경험할 때 가장 효과적으로 길러지므로, 첫 차시부터 협력적 학습 구조를 마련해 학생들이 자연스럽게 상호작용하며 서로의 표현 방식을 관찰하고 배울 수 있도록 하였다.

모둠 구성 후 학생들은 나-전달법의 개념과 필요성을 학습한다. 교사는 나-전달법이란 "자신의 감정을 공격적이지 않으면서 솔직하게 표현하여 갈등을 평화적으로 해결할 수 있는 대화 방식"임을 설명한다. 학생들은 '사실→나에게 미치는 영향→감정→바람'의 네 단계를 중심으로 나-전달법의 구조를 익히며, 각 단계가 의사소통 과정에서 어떤 역할을 하는지 이해한다.

개념학습 후에는 교사가 제시한 다양한 일상 상황의 대화문을 바탕으로, '너-전달법'을 '나-전달법'으로 바꾸어 보는 연습을 진행한다(나-전달법 활동지 참고). 이를 통해 학생들은 동일한 상황에서도 말의 표현 방식에 따라 상대방이 느끼는 감정과 반응이 달라질 수 있음을 이해한다.

활동지	나-전달법 활동지 1~3쪽

사·나·바 잘 말하는 법 (나-전달법)

(　　)학년 (　　)반 (　　)번 이름(　　　　)

오늘의 배움 목표	1. 나-전달법이 필요한 (상황)을 판단할 수 있다. 2. (나-전달법)을 다양한 상황에 맞게 활용할 수 있다.
나-전달법을 언제 활용할까?	▸ 상대방의 말이나 행동으로 인해 기분이 상했을 때
step 1. **사**실	▸ 동영상으로 촬영하듯이, 본인에게 문제가 되는 상대방의 말과 행동을 차분히 말하기 ▸ 과장하거나 비난이나 평가가 들어가지 않게 조심! (비난이나 평가가 들어가면 상대의 반발심을 유발하기 때문에 감정적으로 부딪히기 쉽다.)

Q. 다음 문장을 읽고, 사실이면 '사실' 과장이면 '과장', 비난이면 '비난', 평가면 '평가'라고 적고, 나-전달법에 적절한 문장에는 동그라미 치세요.

① 나의 머리를 툭툭 치면	사실	② 매일 약속 시간에 늦으면	과장	③ 그렇게 못되게 굴면	평가
④ 나만 두고 가버리면	사실	⑤ 저한테 큰소리로 뭐라고 하시면	사실	⑥ 그딴식으로 이야기하면	비난
⑦ 허락 없이 내 물건을 쓰면	사실	⑧ 약속 시간에 10분이나 늦으면	사실	⑨ 지난번에 약속한 내용인데 지키지 않으면	사실

step 2. **나**에게 미치는 영향과 감정	▸ 상대방의 행동과 말로 인해 나의 생각과 감정이 어땠는지 말하기

사 실	생 각	감 정
나는 (　　)할 때	(　　)라는 생각이 들어서	(　　)한 기분이야
나는 네가 나의 머리를 툭툭 치면	나를 무시한다는 생각이 들어서	짜증이 나
나는 네가 허락 없이 내 물건을 가져가서 쓰면	내 물건이 없어졌나 해서	불안하고 깜짝 놀라
지난번에 약속했는데 지키지 않으면	너를 더는 믿기 힘들겠다는 생각이 들어서	허탈해
나는 네가 큰소리로 소리를 지르면	더는 대화하고 싶지 않다는 생각이 들고	화가 나
[연습]		

step 3. **바**람	▸ 상대방에게 바라는 점 말하기 ▸ "~해!"보다는 "~해줬으면 좋겠어"와 같은 완곡한 표현이 적절함
머리를 치지 않았으면 좋겠어	
내 물건을 쓸 때 꼭 허락을 받고 썼으면 좋겠어	
약속한 건 꼭 지켰으면 좋겠어	
나한테 소리 지르지 않았으면 좋겠어	
[연습]	

〈감정 단어의 예시〉

화난, 억울한, 답답한, 초조한, 불안한, 놀란, 당황스러운	즐거운, 상쾌한, 기대되는, 기쁜, 생기 있는, 기운 나는, 만족스러운, 행복한
우울한, 무기력한, 슬픈, 피곤한, 귀찮은, 막막한, 침울한, 외로운	편안한, 안정된, 안심된, 여유 있는, 평화로운, 고요한

(계속)

사·나·바 '나-전달법'으로 릴레이 게임하기 전에 미리 연습해 보기 친구와의 갈등

(　　)학년 (　　)반 (　　)번 이름(　　　　)

상황 1: 애인	상황 2: 친구	상황 3: 친구	상황 4: 친구와 선생님	상황 5: 애인	상황 6: 친구
‘이게 바로 드라마 속에서만 보던 사랑인가?’라는 생각이 들게 하는 애인과 매일 24시간 연락하고 지낸 지 5개월째이다. 근데 중간고사를 본 후 애인이 “아… 시험 망했어.”라는 한마디 후 밤새도록 답장을 안 하는 것이다! 나는 걱정이 돼 꼬박 뜬 눈으로 밤을 지새웠다. 다음 날 등굣길에서 웃으며 인사하는 애인을 보았다.	수업 중 옆 친구가 웃고 떠들어서 선생님이 뭐라고 말씀하시는지 들리지 않는다.	(친구와 실수로 어깨를 부딪힘) 나: 아! 친구: 아 XX 고의로 어깨를 치지 않았는데, 친구가 갑자기 욕을 해서 짜증이 났다. 몇 달 후, 친구와 이런저런 이야기를 하다가 이 말을 꺼낼 기회가 왔다.	복도에서 옆 친구가 떠들었는데, 함께 있었다고 같이 혼이 났다. 선생님: “선생님이 조용히 하라고 했지!” 나: “아… 저 아닌데요.” 선생님: “그럼 친구를 말렸어야지. 너도 똑같아.”	애인은 아이돌을 너무 좋아해서 만나기만 하면 아이돌 영상과 사진을 계속 보여준다. “○○아 어때? 진짜 멋있지? 아 진짜 너무 좋다ㅎㅎ” 애인은 나보다 아이돌에게 더 관심이 많은 것 같아 너무 화가 난다. 이건 질투일까?	미술고등학교 진학을 위해 포트폴리오 작업에 몰두하던 중, 옆을 지나가던 친구가 내 책상에 부딪히는 바람에 공들여 그린 그림 위로 물이 쏟아지고 말았다.
[너-전달법] “야! 장난해? 밤새 뭐 한 거야! 답장은 왜 안 했어? 너 때문에 한숨도 못 잤잖아!”	**[너-전달법]** “아 좀 조용히 하라고!”	**[너-전달법]** “너는 입이 문제야. 지난번에 실수로 어깨를 부딪혔는데 네가 욕하는 바람에 사과를 못했어.”	**[너-전달법]** “아… X. 저 아니라고요. 왜 저도 혼나야 하는데요.”	**[너-전달법]** “야 그런 거 좀 그만 보면 안 돼? 별로 멋있지도 않은데 뭐가 그렇게 멋있다는 거야.”	**[너-전달법]** “아 XX 이게 뭐야. 이거 어쩔 거야. 내가 얼마나 아… 아… XX”
[**사**실]	[**사**실]	[**사**실]	[**사**실]	[**사**실]	[**사**실]
[**나**의 생각 및 감정]	[**나**의 생각 및 감정]	[**나**의 생각 및 감정]	[**나**의 생각 및 감정]	[**나**의 생각 및 감정]	[**나**의 생각 및 감정]
[**바**라는 점]	[**바**라는 점]	[**바**라는 점]	[**바**라는 점]	[**바**라는 점]	[**바**라는 점]

(계속)

사·나·바 '나-전달법'으로 릴레이 게임하기 전에 **미리 연습해 보기** 가족과의 갈등

( )학년 ( )반 ( )번 이름( )

상황 1: 엄마	상황 2: 동생	상황 3: 형	상황 4: 엄마의 말 바꾸기	상황 5: 아빠의 말 바꾸기	상황 6: 언니
나의 취미는 피규어 건담을 모으는 것이다. 내가 용돈을 아끼고 아껴 모은 건담들을 보기만 해도 흐뭇하다. 그런데 어느 날 학교를 다녀오니 방에 있던 건담이 없어졌다. "엄마 내 건담 다 어디 갔어요?" 묻자, 엄마는 건담이 너무 많아 근처 어린이집에 기부했다고 했다.	아빠가 핫도그 5개를 사 오셨는데, 동생이 내 것까지 다 먹어버렸다. 게임을 끝내고 먹으려고 했는데 빈 접시를 보니 황당하고 어이가 없다.	야영 때 입으려고 준비해 둔 옷이 있었다. 그런데 형이 내 옷이 멋지다며 먼저 입고 야영을 떠나버렸고, 야영장에서 내 옷을 입고 있는 형과 마주쳤다. 나는 화가 난 상태로 형에게 말했다.	한껏 어지럽혀진 내 방을 보고 어머니가 화가 나셨다.	밤새 게임을 하다가 아버지께 들켰다. 게임 소리에 놀라 잠에서 깨신 아버지께서 말씀하셨다.	게임을 하고 싶은데, 언니가 게임을 한다며, 몇 시간째 자리를 지키고 있다. 분명 2시간씩 번갈아 가면서 컴퓨터를 사용하기로 약속했는데, 언니가 약속을 지키지 않아 짜증이 난다.
[너-전달법] 나: "내 건담을? 내 건담을 왜 어린이집에 줘! 내 건데 왜! 아 짜증 나!!!" 엄마: "얘는 왜 짜증을 내고 그러니? 너 건담 많잖아. 어린이집에 좀 준 게 어때서 넌 애가 어떻게 그렇게 욕심이 많니?"	**[너-전달법]** 나: "야 너 뭐냐? 네가 먼데 핫도그를 다 먹는데!"	**[너-전달법]** 나: "아 내 옷이잖아. 형 옷 놔두고, 왜 내 옷 입냐고! 아오… XX"	**[너-전달법]** 엄마: "방이 이게 뭐니? 돼지우리니, 뭐니? 옷을 왜 이리 허물을 벗듯 벗어 놓은 거야. 너 나이가 몇 살인데 똑바로 못하니?"	**[너-전달법]** 아빠: "지금 시간이 몇 시인데 아직까지 게임하고 있는 거야?! 그러니 성적이 그 모양 그 꼴이지…. 언제 공부할래? 얼른 안 꺼?"	**[너-전달법]** 나: "언니 지금 대체 몇 시간째야? 빨리 나오라고, 4시간째잖아. 진짜 짜증 나!"
[**사**실]	[**사**실]	[**사**실]	[**사**실] 엄마의 말 바꾸기☺	[**사**실] 아빠의 말 바꾸기☺	[**사**실]
[**나**의 생각 및 감정]	[**나**의 생각 및 감정]	[**나**의 생각 및 감정]	[**나**의 생각 및 감정]	[**나**의 생각 및 감정]	[**나**의 생각 및 감정]
[**바**라는 점]	[**바**라는 점]	[**바**라는 점]	[**바**라는 점]	[**바**라는 점]	[**바**라는 점]

ⓛ 2차시 수업

2차시는 1차시에서 익힌 나-전달법을 다양한 맥락에 적용해 보는 심화 단계이다. 각 모둠은 Canva AI에 간단한 프롬프트를 입력하여 새로운 갈등 상황이 담긴 카드 게임을 직접 제작한다. 예를 들어, "친구 사이의 오해 상황카드를 만들어줘"와 같은 문장을 입력하면 AI가 여러 장면을 생성하고, 학생들은 그중 흥미로운 상황을 선정해 자신들의 카드 세트를 완성한다.

학생들은 직접 만든 상황카드를 활용해 서로 다른 갈등 장면에서 나-전달법을 적용해 본다. 모둠원들이 역할을 바꿔 가며 대화를 시도하고 표현을 비교·피드백하는 과정에서, 표현 방식이 상대방의 감정과 반응을 어떻게 변화시키는지 체험적으로 이해한다. 이러한 활동은 단순한 개념 적용을 넘어, 학습 내용을 실제 상황에 구조화하여 활용해 보는 경험이 된다. 실제 수업에서도 학생들은 자신이 직접 제작한 카드 게임에 참여할 때 더욱 적극적으로 몰입하며, 놀이적 학습을 통해 나-전달법의 네 단계를 자연스럽게 숙달하는 모습을 보였다.

상황카드 게임을 활용한 연습이 끝나면 모둠원은 함께 "도전!"을 외치고 교실 앞으로 나와 나-전달법 릴레이 게임에 참여한다. 게임 진행 방식은 다음과 같다.

나-전달법 릴레이 게임 방식

1. 모둠은 무작위로 제시된 갈등 상황카드 중 하나를 뽑는다.
2. 모둠원은 '사실', '영향', '감정', '바람'이 적힌 카드를 각각 하나씩 뽑아 해당 단계의 역할을 맡는다.
3. 교사가 "시작!"을 외치면, 모둠원들은 상황카드의 내용에 맞게 나-전달법을 완성한다. 한 명이 '사실'을 말하면 다음 학생이 '영향'을, 이어 '감정', '바람'을 순서대로 이어 말해 하나의 문장을 완성한다.
4. 네 단계의 문장을 상황에 맞게 적절하게 완성한 모둠은 통과이다.

이 게임은 모둠원 간 협력과 순발력을 동시에 요구한다. 학생들은 주어진 상황에 맞게 즉흥적으로 표현을 구성하고 서로의 발화를 자연스럽게 이어 가며 하나의 문장을 완성한다. 이를 통해 모든 학생이 활동에 참여하게 되며, 나-전달법의 단계와 표현 구조를 반복적으로 익히고 내면화할 수 있다.

2차시 수업을 마친 후에는 각자가 Coggle 마인드맵을 활용하여 학습한 개념을 정리한다. 학생들은 수업 시간에 익힌 나-전달법의 핵심 단계와 표현 방법을 자신의 언어로 정리하고, 다른 모둠의 활동이나 발표 과정에서 인상 깊었던 표현도 함께 기록한다. 이러한 정리 활동은 단순한 복습에 그치지 않고, 학습 내용을 스스로 구조화하여 이후 차시에서 다루게 될 공감적 경청과 무승패법 학습으로 자연스럽게 이어지도록 돕는다.

에듀테크	Canva AI를 활용한 나-전달법 상황 게임 제작 과정

⬇

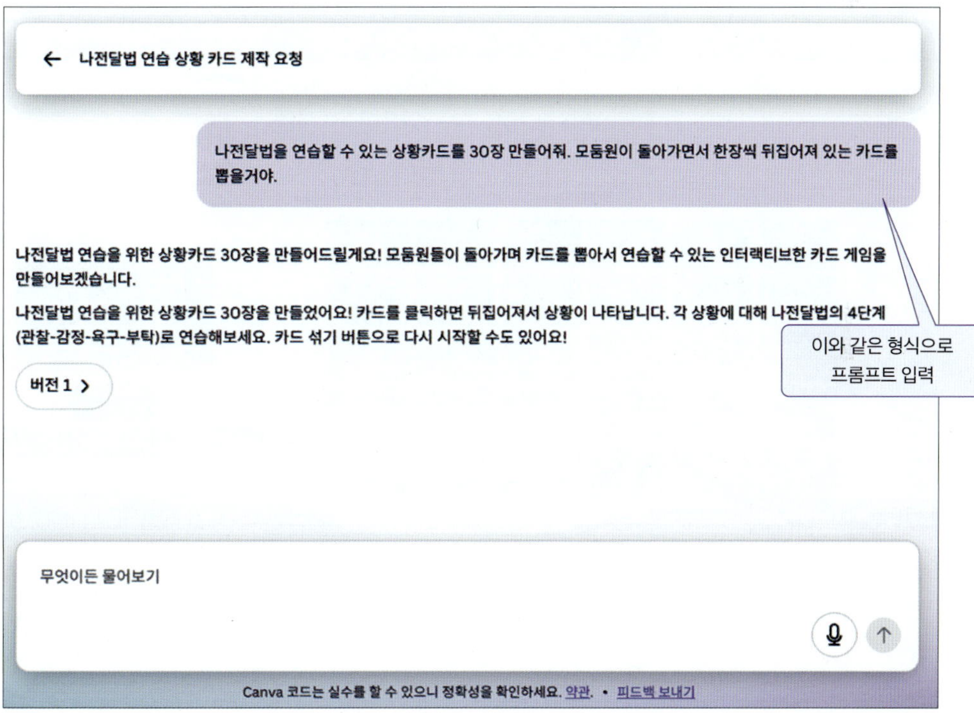

[프롬프트 입력 예시]

"나-전달법을 연습할 수 있는 상황카드를 30장 만들어줘. 모둠원이 돌아가면서 한 장씩 뒤집혀 있는 카드를 뽑을 거야."

⬇

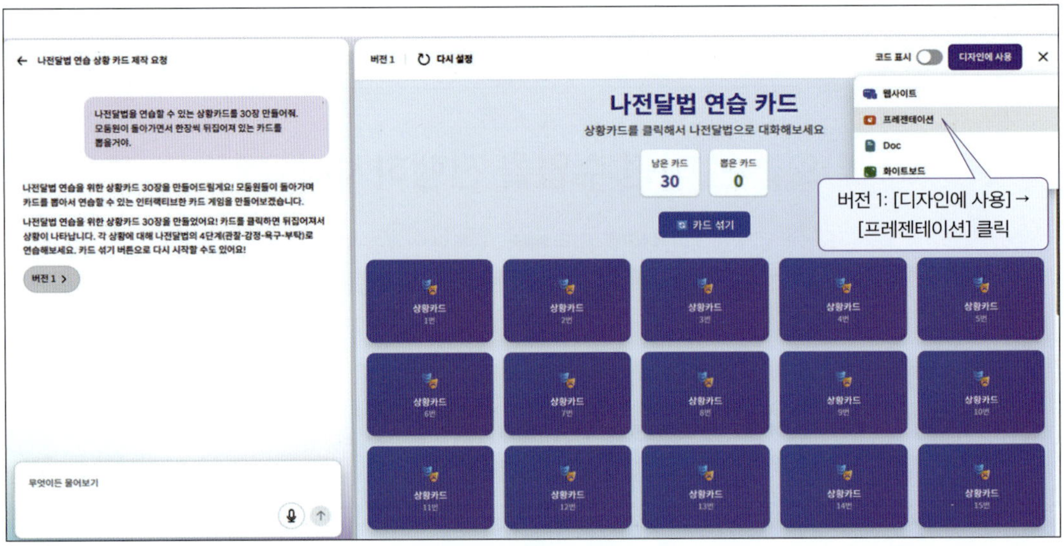
버전 1: [디자인에 사용] →
[프레젠테이션] 클릭

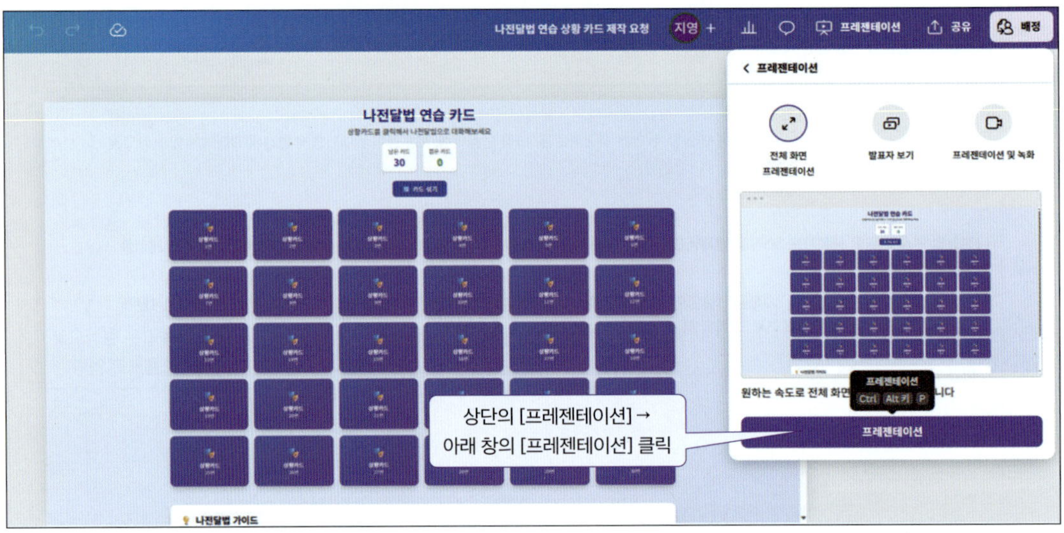
상단의 [프레젠테이션] →
아래 창의 [프레젠테이션] 클릭

에듀테크 | Coggle을 활용한 마인드맵 정리 과정

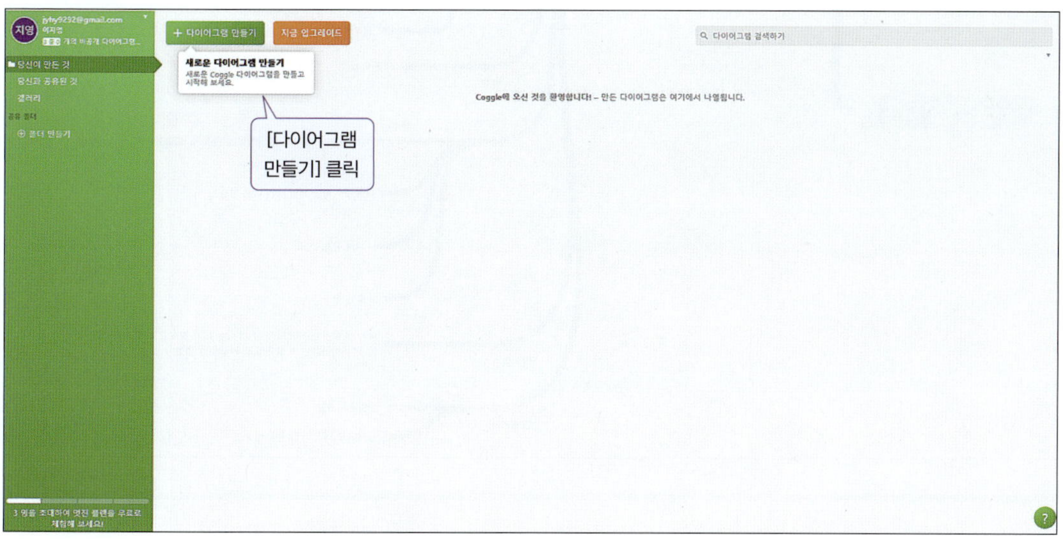

(계속)

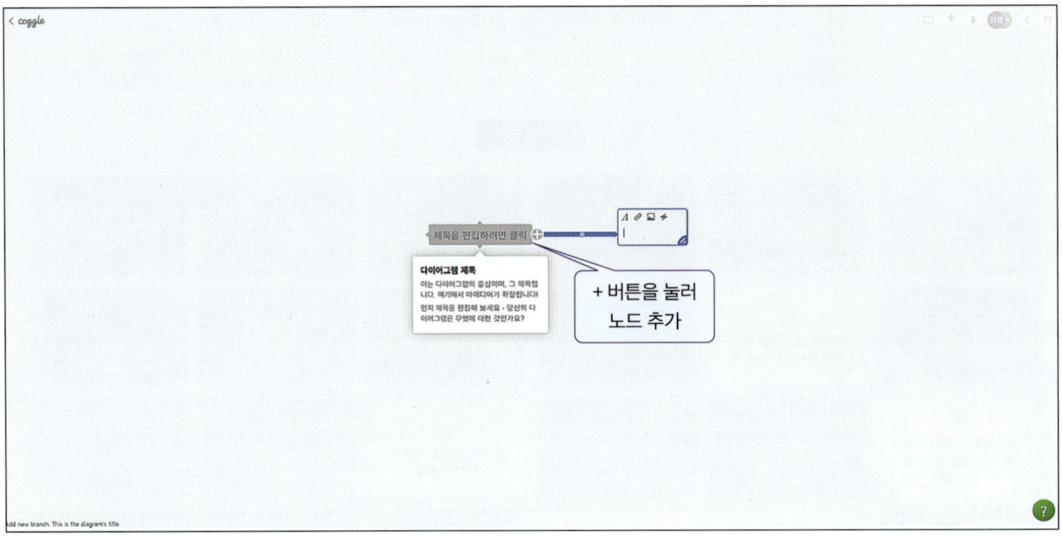

에듀테크 | Coggle을 활용한 마인드맵 정리 사례(나-전달법)

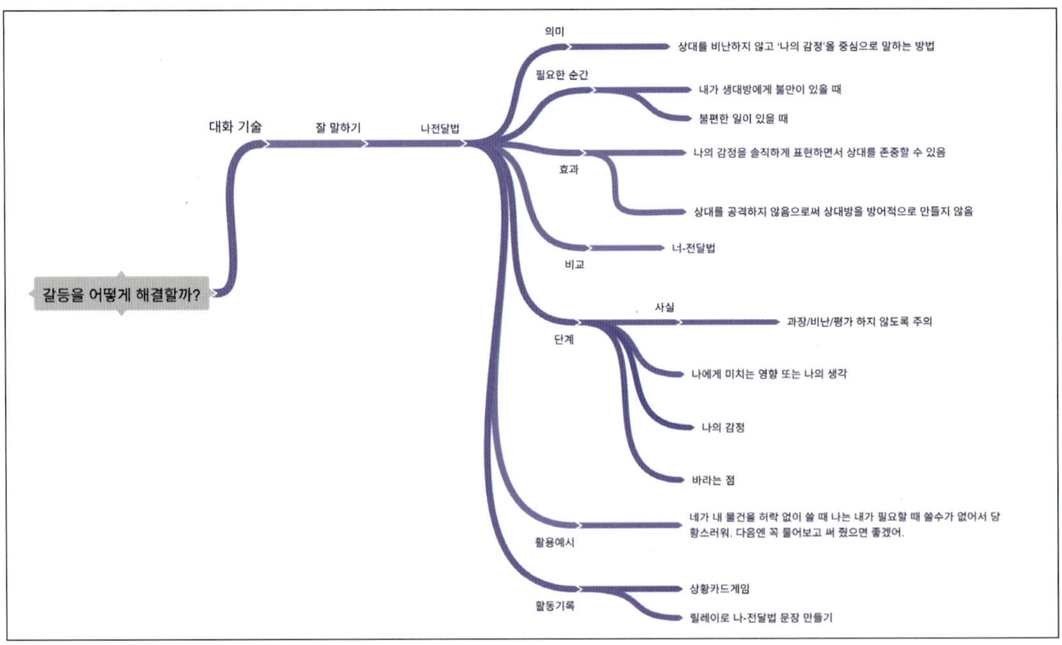

② 3차시 수업 진행(공감적 경청)

3차시 수업은 공감적 경청의 개념을 이해하고 이를 실제로 연습하는 과정으로 구성된다. 학생들은 공감적 경청의 필요성과 구체적인 방법을 살펴보며, 상대의 감정을 존중하며 듣는 태도가 의사소통의 핵심임을 이해한다.

수업의 도입 단계에서는 그림 3-1에 제시된 그림을 활용하여 공감적 반응과 비공감적 반응의 차이를 살펴본다. 학생들은 짝과 함께 상황을 재연하며, 같은 내용의 말이라도 표현 방식에 따라 상대의 기분이 어떻게 달라지는지를 직접 체험한다. 이를 통해 '잘 듣는 것'이 단순한 예절을 넘어, 관계를 긍정적으로 변화시키는 대화 기술임을 이해하게 된다.

그림 3-1 공감으로 오해하는 사례

출처: 유난숙 외(2025), 중학교 기술·가정②, 교문사, p.44

이후에는 그림 3-2에 제시된 '공감과 경청 연습하기' 활동을 바탕으로 짝 활동을 진행한다. 학생들은 화자와 청자 역할을 번갈아 맡아 '사실 듣기'와 '감정·욕구 듣기'를 연습하며 서로의 이야기에 집중한다. 활동이 끝난 후에는 상대의 반응이 자신의 감정에 어떤 영향을 주었는지 되돌아보며, 공감적 대화가 관계를 더욱 깊고 편안하게 만드는 의사소통 방식임을 이해한다.

수업의 마무리 단계에서는 Coggle을 활용하여 이번 차시의 학습 내용을 이전 차시의 나-전달법과 연계해 체계적으로 정리한다. 이를 통해 학생들은 두 기술의 공통점과 차이점을 한눈에 비교하며, 갈등 상황에서 나-전달법과 공감적 경청을 어떻게 통합적으로 활용할 수 있는지에 대한 이해의 폭을 넓힌다.

생각키우기 **공감과 경청 연습하기**

과정·기능 가치·태도

■ 두 사람이 짝이 되어 서로 마주 보고 앉은 후 다음 주제로 이야기를 주고받으며 공감하고 경청하는 방법을 익혀 보자.

이야기 주제

- 최근 한 달 사이에 자신에게 일어난 일 중에서 행복하거나 즐거웠던 사건이 있다면 무엇인가?
- 무엇을 느끼고 경험하였나?

활동 방법

❶ 먼저 말하기로 한 사람(A)이 이야기하는 동안 상대방(B)은 조용히 경청한다.(2분)
❷ 사실 듣기: A의 이야기를 듣고 B는 들은 내용을 A에게 그대로 들려준다.(1분)
❸ A가 이어서 다시 이야기를 하고 상대방(B)은 조용히 경청한다.(2분)
❹ 감정, 욕구 듣기: B는 A의 마음 상태(감정, 욕구) 등을 상상해서 A에게 들려준다.(1분)
❺ 이야기를 마치고 나면 말하는 상대를 바꾸어 ❶에서 ❹까지 반복한다.

1 말하기와 듣기 중 어떤 것이 더 쉬웠는지, 왜 그런지 생각해 보자.

2 나에게 중요한 사람들 중에서 나의 이야기를 잘 들어 주는 사람은 누구이고, 나의 이야기를 잘 들어 줄 때 기분이 어떤지 이야기해 보자.

3 나에게 중요한 사람들 중에서 나의 이야기를 귀 기울여 듣지 않는 사람은 누구이고, 나의 이야기를 잘 들어 주지 않을 때 내 기분은 어떤지 이야기해 보자.

4 나를 정말로 잘 이해하는 사람은 누구인지, 누군가 자신을 이해해 줄 때 어떤 기분이 드는지 이야기해 보자.

(출처: 루이스 코졸리노, 애착교실, 해냄, 2017)

그림 3-2 공감과 경청 연습하기

출처: 유난숙 외(2025). 중학교 기술·가정②, 교문사, p.45

에듀테크 | Coggle을 활용한 마인드맵 정리 사례(공감적 경청)

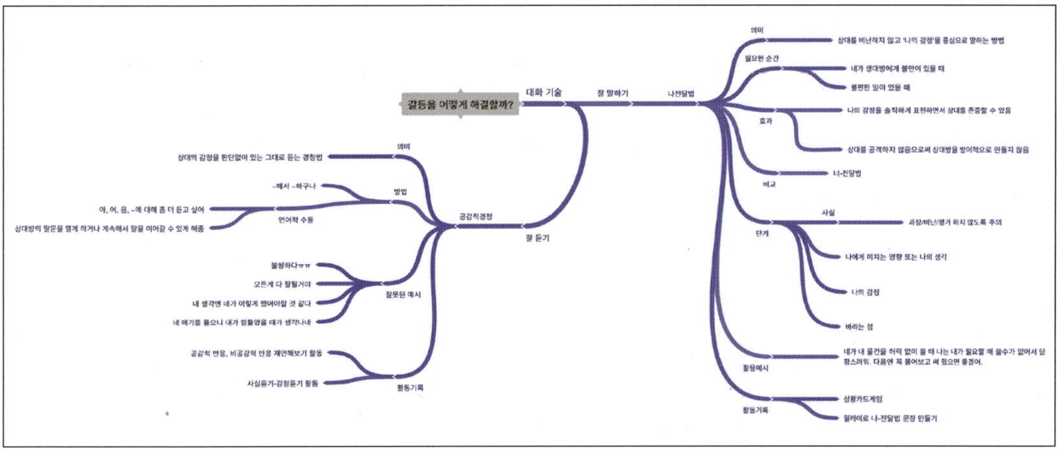

③ 4차시 수업 진행(무승패법을 통한 갈등 해결)

4차시 수업에서는 무승패법(Win-Win 갈등 해결법)을 활용하여 갈등을 해결하는 과정을 학습한다. 학생들은 먼저 무승패법의 개념과 단계별 절차를 익히며, 갈등을 한쪽의 '승패'로 보는 시각에서 벗어나 모두가 만족할 수 있는 합의 과정으로 인식하도록 한다. 이후 교사는 가족 갈등이 등장하는 예시 동영상을 제시하고, 학생들과 함께 무승패법의 각 단계를 적용해 본다. 이를 통해 등장인물의 입장과 그들이 진심으로 원하는 바가 무엇인지를 분석하고, 모두가 만족할 수 있는 해결 방안을 탐색한다.

모둠활동 단계에서는 모둠별 문제해결 활동을 진행한다. 각 모둠은 활동지를 활용해 문제 상황을 분석하고 등장인물의 입장을 정리한 뒤, 가능한 모든 해결 방안을 브레인스토밍한다. 이후 아이디어를 무승패법 그래프에 정리하고, 모둠별로 가장 현실적이며 모두가 만족할 수 있는 Win-Win 해결안을 도출한다. 도출된 결과를 바탕으로 나-전달법과 공감적 경청이 반영된 갈등 해결 시나리오를 작성하며, 발표와 피드백을 통해 각 모둠의 관점을 비교·보완한다.

마지막으로 학생들은 Coggle을 활용하여 이번 차시에서 학습한 무승패법의 핵심 단계와 적용 사례를 정리한다. 이러한 정리 활동은 단순히 이번 차시의 내용을 되짚는 데 그치지 않고, 1차시부터 배운 나-전달법과 공감적 경청의 개념에 본 차시의 학습 내용을 누적하여 구조화하는 과정이다. 이를 통해 학생들은 나-전달법, 공감적 경청, 무승패법 간의 연관성을 이해하고, 이를 시각적으로 구체화할 수 있다. 이러한 마인드맵 활동은 각 개념이 단편적으로 흩어지는 것을 방지하며, 실제 생활 속에서 유기적으로 활용될 수 있도록 돕는다.

바람직한 갈등 해결 방안

( )학년 ( )반 ( )번 이름( )

| 배움 목표 | ( )을 활용하여 갈등 해결 방안을 탐색하고 실천할 수 있다.

STEP 1 핵심 질문

① 바람직한 갈등 해결을 위한 과정을 다른 말로 표현하면? (Win - Win)법 = (무승패)법

② Win - Win법을 속담으로 표현해 본다면?

• 속담

• 그렇게 생각한 이유

STEP 2 오늘의 과제

사례를 통해 무승패법 적용해 보기

다음 갈등 상황을 무승패법으로 해결해 보자.

학급 친구인 민우와 아원이는 며칠 전 다툰 이후로 서로 외면하며 말을 하지 않고 있다. 일주일 후 학교 행사 때 학급 공연이 있는데, 아원이는 학원 때문에 행사 준비와 연습 시간에 자주 빠졌다. 이로 인해 반 친구들은 아원이에게 불만이 많았다.

민우는 아원이에게 "학원도 중요하지만, 네가 연습에 자꾸 빠져서 우리 반 전체가 공연하는 데 문제가 생기잖아. 행사 끝나고 공부 좀 더 하면 안 돼?"라고 한마디했다.

그러자 아원이는 "나도 너희 때문에 속상해. 뭐 그리 자주 모여야 되니? 곧 시험도 있는데…… 그리고 매일 만나서 연습만 하는 것도 아니고, 시간 아깝게 떠들고 놀고 그러는 시간이 더 많잖아. 나는 내 분량이나 준비물을 집에서 만들고, 연습해 온다고."

민우는 대꾸했다. "그래도 같이 만들고, 맞춰도 보고, 의논해 봐야 하는데 어쩜 너는 네 생각만 하니?" 결국 아원이는 "그래! 내가 빠질게. 그럼 됐지? 너희끼리 열심히 해!"라며 화가 난 상태로 나가 버렸다.

① 민우와 아원이가 표면적으로 원하는 것(입장)은 무엇인가요?

• 민우:

• 아원:

② 민우와 아원이, 각자의 입장에 대한 이유를 쓰세요.

• 민우:

• 아원:

③ 이 상황을 해결하는 방법을 생각나는 대로 모두 작성해 보세요. ☺

(브레인스토밍: 방법의 좋고 나쁨을 판단하지 말고, 생각나는 대로 최대한 많이 작성하는 것이 중요함)

(계속)

바람직한 갈등 해결 방안

STEP 3 오늘의 과제	우리는 Win-Win

① 민우와 아원이가 진정으로(진심으로) 바라는 것은 무엇인가요?
(서로가 만족할 만한 결과를 찾기 위해 각자가 원하는 입장을 확인하고 조율하는 단계)

- 민우:
- 아원:

② 갈등 상황을 해결하는 방법을 아래 칸에 맞춰 작성해 보세요.

구분	민우가 원하는 것을 얻는 경우(win)	민우가 원하는 것을 얻지 못한 경우(lose)
아원이가 원하는 것을 얻는 경우 (win)	승 - 승(win - win)	승 - 패(win - lose)
아원이가 원하는 것을 얻지 못한 경우 (lose)	패 - 승(lose - win)	패 - 패 - (lose - lose)

③ 사례의 주인공이 되었다고 가정하고, 나 - 전달법과 공감적 경청이 드러나도록 대화문을 작성해 보세요.

에듀테크 | Coggle을 활용한 마인드맵 정리 사례(무승패법)

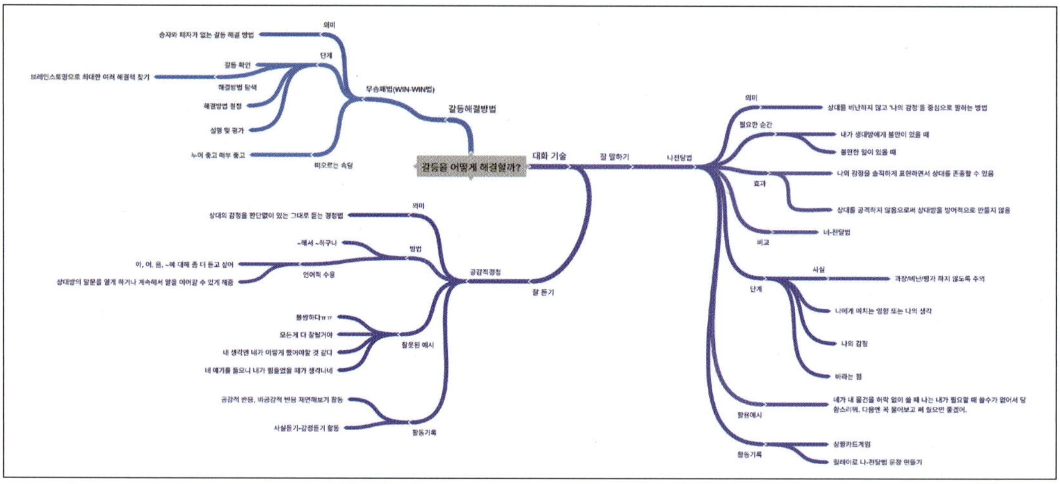

④ 5~6차시 수업 진행(갈등 해결 영상 제작)

5~6차시는 앞선 차시에서 익힌 나-전달법, 공감적 경청, 무승패법을 통합적으로 적용하는 프로젝트 활동이다. 학생들은 먼저 영화나 드라마 속 갈등 장면을 선택하고, Google 문서의 공동작업 기능을 활용하여 모둠원과 함께 무승패법의 단계(문제 인식→입장 분석→해결안 탐색→Win-Win 방법 선택)에 따라 갈등의 원인과 인물의 입장을 정리한다.

이후 분석 결과를 바탕으로 모든 인물이 만족할 수 있는 해결안을 담은 '갈등 해결 장면' 시나리오를 작성하며, 대사에는 앞선 차시에서 배운 나-전달법과 공감적 경청의 요소를 자연스럽게 반영하도록 한다. 이러한 협업 과정은 학생들이 의사소통 기술을 재구성하고 내면화하는 학습의 장이 된다.

> **구글 문서(Google Docs):** 인터넷 환경에서 여러 사용자가 동시에 문서를 작성하고 수정할 수 있는 온라인 공동 문서 작성 도구이다. 모든 변경 내용이 자동으로 저장되며, 댓글과 제안 기능을 통해 실시간으로 의견을 교환하고 협업할 수 있다.

시나리오 작성이 완료되면, 학생들은 각자 맡은 역할에 따라 직접 연기하고 촬영을 진행한다. 촬영이 끝난 후에는 영상 편집 단계로 넘어간다. 이때 갈등의 핵심, 인물의 입장, 선택한 Win-Win 해법을 화면에 명확히 제시하기 위해 Canva 또는 MiriCanvas의 프레젠테이션 레이아웃으로 분석 슬라이드를 제작하여 영상 사이에 삽입한다.

미리캔버스(MiriCanvas): 다양한 템플릿과 디자인 요소를 활용해 프레젠테이션, 포스터, 카드뉴스, 영상 등 각종 시각자료를 손쉽게 제작할 수 있는 온라인 디자인 도구이다. 별도의 프로그램 설치 없이 웹에서 바로 작업할 수 있으며, 팀 단위의 공동 편집과 자료 공유도 지원한다.

에듀테크 | Google 문서 공동작업양식 1~2쪽

〈가정 갈등 해결 영상 제작 수행평가 계획〉

(　　)학년 (　　)반 (　　　)모둠

1. 모둠원 역할 분담

	이름	역할 분담
모둠원 (모둠)		

2. 모둠활동

• 모임 시간

• 모임 장소

• 준비물

3. 영상 채택 – 가족·친구·연인 간 갈등이 잘 드러나는 드라마·영화 등의 장면 선정

• 장면 ①

• 장면 ②

(계속)

4. 무승패법을 적용한 갈등 상황 분석

• 문제점은 무엇인가?

• 주인공의 입장 분석(표면적으로 원하는 것, 진정 원하는 것)

• 가능한 모든 해결책은 무엇인가?

• Win - Win 그래프에 적용하여 분석

5. 영상 콘티 작성 - 영상을 제작할 때 장면 구도의 기본적인 뼈대를 구성하는 설계도 구성

장면 번호	화면 구도	자막 또는 대사

에듀테크 | MiriCanvas 프레젠테이션 레이아웃 기능 사용법

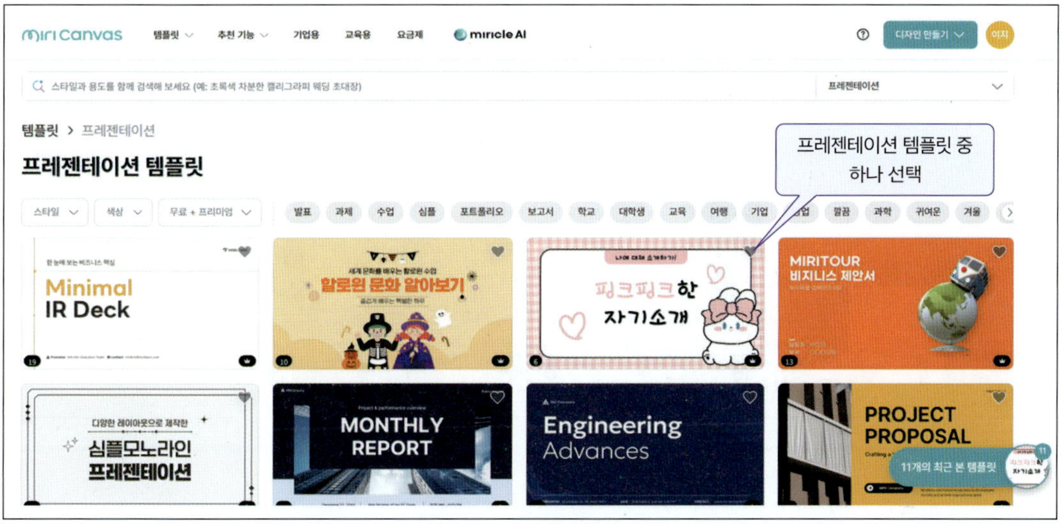

에듀테크 | MiriCanvas 프레젠테이션 레이아웃 예시

(계속)

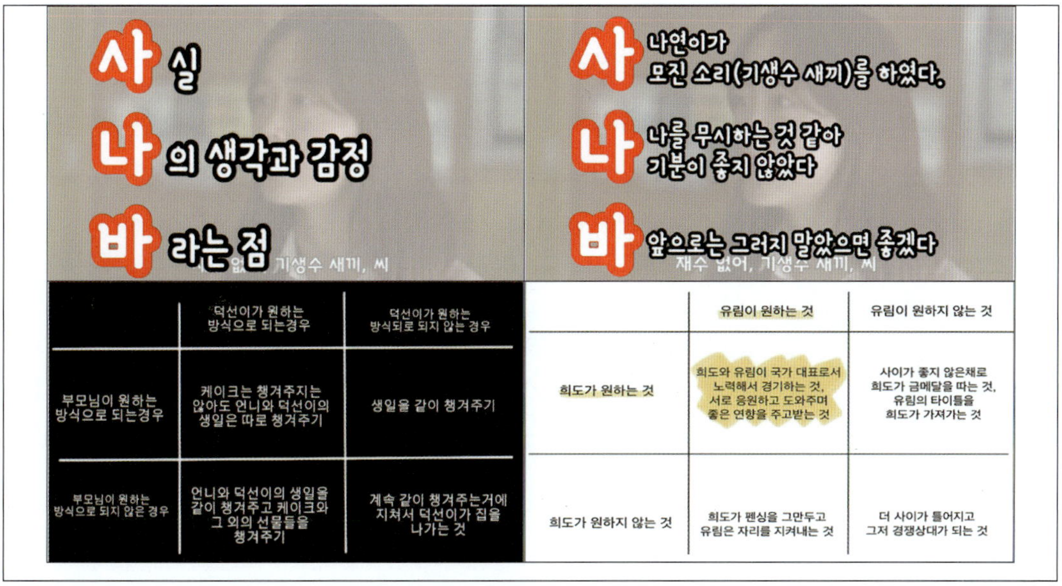

자막 작업은 Clipchamp의 자동 자막 생성 기능을 활용하면 효율적으로 진행할 수 있다. '자동 자막 생성 기능'이란, 영상 속 음성을 자동 분석하여 텍스트로 변환하는 기능을 의미한다. 다만, 자동으로 생성된 자막에는 인식 오류가 발생할 수 있으므로, 반드시 내용을 한 번 더 확인하고 수정하도록 지도한다.

> **클립챔프(Clipchamp):** 마이크로소프트에서 제공하는 웹 기반 영상 편집 도구로, 별도의 설치 없이 자막, 효과, 배경음악 등을 손쉽게 편집할 수 있다.

에듀테크 | Clipchamp 자동 자막 생성 기능 사용법

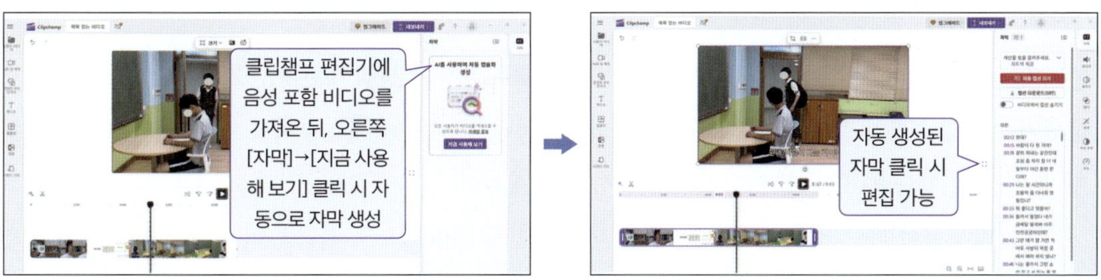

모든 모둠이 영상 편집을 위해 반드시 Clipchamp를 사용할 필요는 없다. 학생들은 자신에게 익숙한 다른 편집 도구(예: MiriCanvas 동영상 편집기, Premiere Pro, VLLO 등)를 자유롭게 선택해 활용

할 수 있다. 핵심은 편집 프로그램의 종류가 아니라 갈등 상황을 얼마나 타당하게 분석했는지 그리고 모둠의 창의성과 개성이 결과물에 얼마나 잘 투영되었는지에 있다.

동일한 문제 상황이라도 분석의 깊이에 따라 이야기의 개연성이 달라질 수 있으며, 연출과 편집 방식에 따라 영상의 완성도 또한 크게 달라진다. 따라서 교사는 학생들이 단순한 영상 편집 기술에 치중하기보다, 자신만의 해석과 표현을 통해 갈등 해결 과정을 설득력 있게 구성하도록 지도한다.

> **캡컷(CapCut):** 캡컷도 무료 버전에서 월 5회 자동 자막 생성 기능을 제공하고 있다. 캡컷은 중국 바이트댄스(ByteDance)에서 제공하는 영상 편집 도구로, PC와 모바일에서 모두 사용할 수 있으며 초보자도 쉽게 편집할 수 있는 직관적인 인터페이스가 장점이다. 기본적인 자막·효과·전환·음악 편집 외에도 템플릿 기반의 빠른 제작이 가능해 교육현장에서도 활용도가 높다.

(4) 수업 효과

본 수업은 학생들이 학습한 의사소통 방식을 실제 상황에 적용하며 익히도록 구성되었다. 드라마나 영화 속 갈등 장면을 분석하고 재구성하는 과정에서 학생들은 나-전달법, 공감적 경청, 무승패법을 함께 활용하여 갈등을 조정하고 관계를 회복하는 의사소통 과정을 경험한다. 이를 통해 의사소통이 단순한 기술이 아니라 상황을 이해하고 문제를 합리적으로 해결하는 능력임을 깨닫게 된다.

또한 Coggle, Google 문서, Canva, Clipchamp 등 다양한 디지털 도구를 활용하는 협력 과정은 학생들의 표현력, 협업능력, 디지털 활용 역량을 동시에 강화한다. 시나리오를 작성하고 영상을 제작하는 활동은 학생들이 학습 내용을 자신의 언어로 재구성하고 표현하도록 하여, 배운 내용을 보다 깊이 이해하고 정착시키는 데 도움을 준다.

3) 평가

본 수업의 평가는 표 3-2와 같이 2022 개정 가정과교육과정의 성취기준에 근거하여 설계되었다. 이 성취기준은 학습자가 갈등 상황을 인식하고 의사소통을 통해 문제해결능력을 기르는 것을 목표로 하며, 본 수업의 학습 목표 및 활동 구성과 긴밀하게 연계된다.

특히, 학생들이 나-전달법, 공감적 경청, 무승패법을 종합적으로 활용하여 갈등을 해결하는 경험을 하는 것은 성취수준 A에서 제시하는 '의사소통과 갈등관리 방법을 탐색 및 적용하여 협력하고 공감하는 태도'와 일치한다.

표 3-2 2022 개정 가정과교육과정 성취기준 및 성취수준(갈등 및 의사소통 관련)

성취기준	성취기준별 성취수준	
[9기가01-11] 대인관계에서 발생하는 갈등의 원인과 배경을 분석하고, 효과적인 의사소통을 통해 갈등을 해결하는 방안을 탐색하여 이를 적용한다.	A	대인관계에서의 갈등과 효과적인 의사소통에 대한 이해를 바탕으로 의사소통과 갈등관리 방법을 탐색 및 적용하여 협력하고 공감하는 태도를 갖는다.
	B	대인관계에서의 갈등과 효과적인 의사소통에 대한 이해를 바탕으로 의사소통과 갈등관리 방법을 탐색하여 협력하고 공감하는 태도를 갖는다.
	C	대인관계에서의 갈등과 의사소통의 필요성에 대한 이해를 바탕으로 의사소통과 갈등관리 방법을 탐색하여 협력하고 공감하는 태도를 갖는다.
	D	대인관계에서의 갈등과 의사소통의 필요성에 대한 이해를 바탕으로 의사소통과 갈등관리 방법을 설명하여 협력하고 공감하는 태도의 중요성을 느낀다.
	E	의사소통과 갈등의 개념을 이해하여 설명하고 협력, 공감하는 태도를 갖는다.

본 평가는 결과물 중심의 산출평가에서 벗어나, 의사소통 전 과정에서 드러나는 참여 태도, 협력의 질, 문제해결 과정의 타당성, 표현의 적절성을 종합적으로 살피고자 하였다. 평가 영역은 무승패법, 나-전달법, 공감적 경청, 완성도, 창의성, 과제 조건 충족, 제출 기한의 일곱 가지로 구성된다.

- **무승패법**: 갈등 해결 과정의 논리성과 현실성을 중심으로 평가한다.
- **나-전달법·공감적 경청**: 대화 기술의 적절성과 진정성을 기준으로 평가한다.
- **완성도·창의성**: 구성력·연출력·개성적 해석을 중점적으로 살핀다.
- **과제 조건 충족·제출 기한**: 학습자의 책임감과 성실성을 판단하는 기준이 된다.

교사는 표 3-3을 중심으로 평가를 실시하되, 학생의 학습 과정을 다면적으로 파악하기 위해 자기평가서와 모둠평가서를 병행한다. 자기평가서는 표 3-4와 같이 학생이 프로젝트 전 과정에서 맡은 역할과 기여도를 스스로 성찰하도록 구성되어 있으며, 역할 수행 과정에서의 어려움과 보람, 느낀 점을 서술하도록 하였다. 또한 모둠 내에서 가장 성실하게 참여한 친구를 칭찬하는 항목을 포함하여 협력적 학습의 긍정적 경험을 강화하였다.

표 3-3 갈등 해결 영상 제작 수행평가 루브릭

갈등 해결 영상 제작 수행평가 채점기준표

(　　)학년 (　　)반 (　　)번 이름 ____________

평가 영역	평가수준(채점기준)				
	A(20점)	B(18점)	C(16점)	D(14점)	E(12점)
나-전달법	사실, 감정, 영향, 바라는 점, 표현하기 과정 모두를 상황에 맞게 구상함	사실, 감정, 영향, 바라는 점, 표현하기 과정 중 3가지를 상황에 맞게 구상함	사실, 감정, 영향, 바라는 점, 표현하기 과정 중 2가지를 상황에 맞게 구상함	사실, 감정, 영향, 바라는 점, 표현하기 과정 중 1가지를 상황에 맞게 구상함	사실, 감정, 영향, 바라는 점, 표현하기 과정을 정확하게 표현하지 못함
	〈제출 전 점검 체크리스트〉				
	• 해결법 시나리오에 나-전달법의 4단계[사실, 나에게 미치는 영향(생각), 나의 감정, 바라는 점]가 올바르게 사용되었는가?				
공감적 경청	공감적 경청을 상황에 맞게 바르게 구사함	공감적 경청을 상황에 맞게 구사하고자 하였으나 다소 미흡함	공감적 경청이 드러나지 않거나 잘못 구사함		
	〈제출 전 점검 체크리스트〉				
	• 공감적 경청이 적절하고 바르게 사용되었는가?				
무승패법	갈등 확인, 가능한 모든 해결책 탐색, 해결 방법 결정, 실행 및 평가의 과정을 모두 적절하게 제시함	갈등 확인, 가능한 모든 해결책 탐색, 해결 방법 결정, 실행 및 평가의 과정에서 3가지를 적절히 제시함	갈등 확인, 가능한 모든 해결책 탐색, 해결 방법 결정, 실행 및 평가의 과정에서 2가지를 적절히 제시함	갈등 확인, 가능한 모든 해결책 탐색, 해결 방법 결정, 실행 및 평가의 과정에서 1가지를 적절히 제시함	갈등 확인, 가능한 모든 해결책 탐색, 해결 방법 결정, 실행 및 평가의 과정을 모두 제시하지 못함
	〈제출 전 점검 체크리스트〉				
	• 문제가 무엇인지 명확히 분석되었는가? (무승패법 활동지 참고) • 각 사람의 입장이 명확하고 올바르게 분석되었는가? • 내가 진심으로 원하는 것이 무엇인지 분석되었는가? • 브레인스토밍 기법을 활용하여 가능한 모든 해결책을 찾아보았는가? • 찾은 해결책을 무승패법 그래프에 적절히 배치하였는가?			• Win-Win 방법을 채택하였는가? • 제시한 해결책은 현실성이 있는가? • 너무 동화 같은 해결책은 아닌가? (예: "모두 사이좋게 화해했습니다."와 같은 모호한 해결책은 아닌가?)	
완성도	문제 분석을 정확하게 하였고, 전체 항목에 대한 내용이 풍부하며 영상이 전반적으로 완성도 있게 제작됨	문제 분석을 정확하게 하였으며 영상의 2/3 정도가 완성도 있게 제작됨	문제 분석을 하였으며 전체 영상의 1/2 정도가 완성도 있게 제작됨	문제 분석을 하였으며 전체 영상의 1/2 이하가 완성도 있게 제작됨	문제 분석을 하였으며 전체 영상의 1/4 정도가 완성도 있게 제작됨
	〈제출 전 점검 체크리스트〉				
	• 원본 영상이 UCC 앞부분에 제시되어 있는가? • 원본 영상의 화질은 적절한가? • 전체적인 영상의 완성도는 높은가?		• 제출 기한 내 제출한 영상이 원활하게 재생되는가? (영상이 재생되지 않을 경우, 수정된 최종본을 제출한 날짜를 최종 제출일로 간주함)		
창의성	독창적인 아이디어와 창의적인 연출이 돋보이며, 흥미롭고 차별화된 방식으로 내용을 표현함(10점)	기본적인 아이디어에 일부 창의적인 요소가 포함되었으나, 차별성이 다소 부족함(8점)	일반적이고 평범한 방식으로 제작되어 창의성이 거의 드러나지 않음(6점)	–	–

(계속)

<table>
<tr><td rowspan="2">평가 영역</td><td colspan="5">평가수준(채점기준)</td></tr>
<tr><td>A(20점)</td><td>B(18점)</td><td>C(16점)</td><td>D(14점)</td><td>E(12점)</td></tr>
<tr><td>과제 조건 충족</td><td>과제의 형식과 조건을 모두 만족시킴(10점)</td><td>과제의 형식이나 조건을 일부 충족하지 못함(5점)</td><td>과제의 형식과 조건이 맞지 않음(0점)</td><td>–</td><td>–</td></tr>
<tr><td rowspan="3">제출 기한 내 제출 여부</td><td>제출기한 내에 완성하여 제출</td><td>1일 늦게 제출</td><td>2일 늦게 제출</td><td>3일 늦게 제출</td><td>4일 이상 늦게 제출</td></tr>
<tr><td colspan="5">〈제출 전 점검 체크리스트〉</td></tr>
<tr><td colspan="5">• (　　) 가정시간 하루 전 밤 12시까지: (　　)월 (　　)일 밤 12시까지
㉠ 다음 주 수요일 5~6교시가 가정시간이라면 다음 주 화요일 밤 12시 전까지
• 가정 선생님 메일로 영상을 제출한다.
• 파일명은 '반, 조, 모둠원 이름' 형식으로 한다.
㉠ 2반 1조 김○○, 이○○, 박○○, 최○○
• 메일 전송 과정에서 문제가 발생할 수 있으므로, 발표 당일 USB에도 파일을 담아 제출한다.
• 모둠원들의 충분한 독려에도 불구하고 참여도가 낮았던 학생에게는 해당 모둠의 총점과 관계없이 개별 점수가 부여될 수 있다.</td></tr>
</table>

표 3-4 가족 갈등 해결 UCC 만들기 자기평가서

가족 갈등 해결 UCC 만들기 자기평가서

모둠원: ______________ 조

(　　)학년 (　　)반 (　　)번 이름 ______________

1. 가족 갈등 해결 UCC 제작 과정에서 어떤 역할을 맡았으며, 어떤 노력을 했습니까?

2. 가족 갈등 해결 UCC 제작 과정에서 있었던 에피소드, 즐거웠던 점이나 힘들었던 점, 느낀 점과 배운 점은 무엇입니까?

3. 우리 모둠에서 제일 열심히 했거나 칭찬하고 싶은 친구는 누구입니까? (여러 명 선정 가능, 이유도 함께 쓰세요.)

모둠평가서는 표 3-5와 같이 교사용 루브릭과 동일한 기준으로 구성하여, 학생들이 다른 모둠의 영상을 평가하도록 하였다. 학생들은 영상을 시청하면서 나-전달법, 공감적 경청, 무승패법, 완성도 항목에 대해 '만족/불만족' 척도로 평가하고, 각 모둠별로 별점과 짧은 비평을 작성한다.

이러한 동료평가는 단순한 감상이 아니라 타인의 갈등 해결 과정을 비판적으로 분석하고, 이를 통해 자신의 학습을 되돌아보는 성찰적 학습 과정으로 기능한다. 또한 영상이 짧은 시간 안에 전개되는 점을 고려하여 평가표 기반으로 관찰·기록하도록 지도함으로써, 학생들의 몰입도와 평가의 신뢰성을 높였다.

이와 같은 다면평가 체계는 결과 중심의 일회성 평가에서 벗어나 학생의 학습 과정을 전인적으로 진단하는 평가로 기능한다. 이를 통해 교사는 학생의 의사소통역량, 협력능력, 성찰적 태도를 균형 있게 파악할 수 있으며, 평가 자체가 학습으로 이어지는 성찰 중심 수행평가의 취지를 실현할 수 있다.

표 3-5 가족 갈등 해결 UCC 만들기 모둠평가서

가족 갈등 해결 UCC 만들기 모둠평가서

( )학년 ( )반 ( )번 ( )조 이름 ____________

본인 모둠의 평가서도 작성해야 합니다.
※ 자신의 모둠이라고 해서 점수를 후하게 주지 말고, 객관적으로 평가하세요.

모둠	평가				별점 및 2줄 비평(필수)
		평가기준	평가척도		☆☆☆
1모둠	나-전달법	해결 시나리오에 '나 전달법' 4단계[사실 → 영향(생각) → 감정 → 바라는 점]를 올바르게 적용하였는가?	만족	불만족	모둠명:
	무승패법	문제 상황을 명확하게 분석하였는가?	만족	불만족	
		등장인물의 표면적 입장을 정확히 파악하였는가?	만족	불만족	
		등장인물이 진정으로 원하는 바를 올바르게 분석하였는가?	만족	불만족	
		브레인스토밍 기법을 활용하여 가능한 모든 해결책을 찾았는가?	만족	불만족	
		도출된 해결책을 무승패법 그래프에 적절하게 배치하였는가?	만족	불만족	
		Win-Win 방법을 채택하였는가?	만족	불만족	
		제시된 해결책이 현실성이 있는가?	만족	불만족	
	공감적 경청	공감적 경청을 적절하고 정확하게 활용하였는가?	만족	불만족	
	완성도	화질이 적절한 원본 영상(Before 상황)이 제시되었는가?	만족	불만족	
		제작한 영상의 전체 완성도가 높은가?	만족	불만족	

※ 2모둠 이후의 평가서 양식도 이와 동일함

4) 마치며

학기 말 수업 설문 중 "가장 기억에 남고 유익했던 가정 수업이 무엇인가?"를 묻는 문항에서 많은 학생들이 본 프로젝트 수업을 가장 인상 깊은 활동으로 꼽았다. 학생들은 "함께 웃으면서 할 수 있었던 수행평가라 가장 기억에 남는다", "친구들과 함께 너무 열심히 해서 앞으로도 나-전달법, 공감적 경청을 절대 잊지 못할 것 같다", "이 수업 덕분에 친구들과 대화를 많이 할 수 있어서 좋았다."고 응답하였다.

이러한 답변은 서로의 생각을 나누고 협력하며 문제를 함께 해결하는 경험 자체가 학생들에게 의미 있게 다가갔음을 보여준다. 즉, 학생들이 의사소통 기술을 단순한 지식으로 익히는 데 그치지 않고, 대화와 협력의 가치를 몸으로 느끼고 실천했다는 점에서 교육적 의미가 크다.

필자는 비교적 긴 호흡으로 본 프로젝트를 운영하였으나, 학교현장의 여건에 따라 차시 구성이나 활동 범위는 조정할 수 있다. 또한 본 수업에서 활용한 에듀테크 도구들(Coggle, Canva AI, Google 문서, Clipchamp)은 다른 단원에서도 충분히 활용이 가능하다.

Coggle은 핵심 개념을 구조화하는 데 유용하며, Canva AI는 카드 게임뿐만 아니라 타이쿤형 학습 게임 등 다양한 형태로 확장할 수 있다. Google 문서는 협력 보고서나 실천 계획서 작성 활동에 적용할 수 있으며, Clipchamp는 포스터 발표나 캠페인 영상 제작 등으로 활용할 수 있다. 이러한 도구들은 학생이 주도적으로 탐구하고 표현하는 과정을 지원하므로 적절히 활용할 경우 수업에 생동감과 몰입을 더해 준다.

본 프로젝트 수업은 하나의 완성된 형태라기보다, 학교현장에 따라 유연하게 조정되고 발전할 수 있는 열린 구조의 수업이다. 학교의 여건과 학생의 수준, 교사의 의도에 따라 얼마든지 변형·확장할 수 있으며, 그 과정에서 새로운 아이디어와 실천 사례가 축적될 것이다. 이러한 수업 사례가 더 나은 수업을 고민하는 교사들에게 새로운 통찰을제공하며, 학교현장의 수업을 더욱 풍요롭게 만드는 계기가 되기를 기대한다.

2. 삶의 기초를 세우는 디지털 수업 - 건강과 지속가능성을 고려한 균형 잡힌 식생활의 실천

1) 수업 개요

과목	기술·가정	대상	중학교 2~3학년
단원	Ⅱ. 생활환경과 지속가능한 선택 1. 식생활		
학습 내용	건강과 지속가능성을 고려한 균형 잡힌 식생활의 실천 (식습관 진단→지속가능 요소 선택→식단 구성→조리 실습) ▸ 나의 식습관 진단 및 기본 지식 학습 ▸ 균형 잡힌 식단 구성 ▸ 나만의 건강한 식단 프로젝트 완성 및 공유 ▸ 조리 실습 및 e-포트폴리오 기록		
학습 목표	• 한국인 영양소 섭취기준과 식사 구성안을 바탕으로 균형 잡힌 식사를 계획할 수 있다. • 건강을 고려한 식품을 선택·관리·보관할 수 있다. • 개인과 가족의 영양 요구와 지속가능성을 충족하는 식사를 계획하고 조리할 수 있다.		
에듀테크	패들릿(Padlet), 구글 문서(Google Docs), 에듀테크 식단 앱, 생성형 AI 등		

기술·가정과교육과정의 '생활환경과 지속가능한 선택' 영역은 개인과 가족이 일상생활 속에서 건강한 관계를 형성하고, 스스로의 삶을 주도적으로 설계하는 데 필요한 생활 역량을 기르는 것을 목표로 한다.

본 수업은 학생들이 식생활 영역에서 나타나는 다양한 실천적 문제를 인식하고 해결하는 과정을 통해 자기관리능력과 지속가능한 선택을 실천하는 태도를 기르는 데 중점을 둔다. 사회·생태환경의 변화 속에서 '좋은 삶'을 위한 기반을 성찰하고, 자립적 생활인으로 성장할 수 있는 학습 기회를 제공한다.

수업은 프로젝트 기반 학습(PBL, Project Based Learning)을 중심으로, 협동학습 전략을 병행하여 설계하였다. 도입 단계에서는 자신의 식습관을 점검하고, 『중학교 기술·가정 ①』 내용을 바탕으로 청소년기의 영양과 식생활을 되돌아본다. 전개 단계에서는 식단 앱을 활용하여 식품의 영양소를 탐색하고, 개인별 특성에 맞는 균형 잡힌 식단을 구성한다. 그런 다음 생성형 AI를 활용하여 식단 구성을 보완하거나 대체식품을 탐색한다. 이후 조리 실습을 통해 건강과 지속가능성을 고려한 식생활을 직접 경험한다. 이를 통해 일상 속 식생활 선택이 개인의 건강과 환경에 미치는 영향을 체험적으로 이해하도록 한다.

이러한 학습 과정은 학생들이 자신의 생활 경험을 배운 내용과 연결하여 이해하고, 이를 창의적으로 표현하며 성찰하도록 돕는다. 나아가 학생은 발달에 대한 통합적 이해를 바탕으로 관계형성역량, 실천적문제해결역량, 지속가능한 삶을 위한 성찰역량을 함께 함양하게 된다.

2) 수업 설계

(1) 교육과정 분석

① 식생활 영역의 2022 개정 중학교 가정과교육과정의 내용 체계·성취기준 분석 및 내용 추출

표 3-6 2022 개정 중학교 가정과교육과정 내용 체계(생활환경과 지속가능한 선택 관련)

<table>
<tr><th>영역</th><td colspan="3">생활환경과 지속가능한 선택</td></tr>
<tr><th>핵심 아이디어</th><td colspan="3">• 삶의 욕구와 문제를 해결하는 과정에서 인간이 경험하는 생활자원의 제한성은 개인과 가족의 관리능력을 요구한다.
• 생활의 기본 조건으로서 의식주 생활의 수행능력을 갖추는 일은 창의적이고 가치 있는 삶을 설계하고 영위할 수 있는 기초가 된다.
• 변화하는 생활환경을 안전하고 건강하게 유지하고자 하는 개인과 가족의 책임 있는 행동을 통해 소비자 시민성을 함양할 수 있다.
• 일상생활에서 지속가능한 선택을 지향하는 것은 현재 생활공동체와의 공존과 함께 미래 세대의 건강한 삶을 위한 책임 있는 행동이다.</td></tr>
<tr><th rowspan="2">내용 요소</th><th>지식·이해</th><th>과정·기능</th><th>가치·태도</th></tr>
<tr><td>• 생활자원의 순환과정
• 식품선택과 식생활 안전
• 식사계획과 조리원리
• 의복재료와 관리행동
• 의복 마련계획과 업사이클링
• 주거환경과 주거문화
• 주거 공간 구성과 계획
• 소비자 의사 결정과 책임
• 디지털 생활환경과 자원관리</td><td>• 생활 및 습관적 행동 관찰하기
• 기대하는 목표 설정하기
• 변화를 위한 기회 탐색하기
• 자신의 행동이 미치는 영향을 성찰하기
• 지속가능성을 고려하여 대안 결정하기
• 생활자원의 생산과 폐기 과정 탐색하기
• 다양한 변인을 고려하여 식사를 계획하고 조리하기
• 의생활에 업사이클링 활용하기
• 더불어 사는 주거문화 실천하기
• 소비자 문제 탐색 및 해결 방안 적용하기</td><td>• 일상생활 속 선택에 대한 책임과 성찰
• 생태 지향적 삶의 태도
• 생활자원 관리에서 지속가능성을 고려하는 태도
• 의식주 생활에서 건강을 추구하는 태도
• 책임 있는 소비자로서의 신념
• 제작 과정에서 창의적이고 성취지향적인 태도
• 안전한 생활환경을 위한 예방적 태도
• 창의적인 의식주 소비생활을 실천하는 태도
• 변화와 혁신에 대한 개방적 태도</td></tr>
<tr><th>성취기준</th><td colspan="3">[9기가01-02] 의생활, 식생활이 청소년기 성장과 건강에 미치는 영향을 탐색하고 성장과 건강을 위해 바람직한 의생활과 식생활의 실천 방안을 탐색하여 이를 실천한다.
[9기가01-03] 건강과 성장을 위한 청소년기 영양의 중요성을 이해하여 자신의 식생활을 평가하고, 식생활 문제를 개선하여 건강한 식생활을 실천한다.
[9기가02-02] 한국인 영양소 섭취기준과 식사구성안을 바탕으로 균형 잡힌 식사를 계획한다.
[9기가02-03] 건강과 환경을 고려한 식품의 선택, 관리, 보관 방법을 탐색하여 실생활에 적용한다.
[9기가02-04] 개인과 가족의 영양 요구와 지속가능성을 충족하는 식사를 계획하고 조리한다.</td></tr>
</table>

(계속)

<table>
<tr><td rowspan="1">성취기준
해설</td><td>[9기가01-02] 이 성취기준은 의생활과 식생활을 어떻게 영위하는지에 따라 청소년기 발달에 차이가 발생할 수 있음을 이해하고, 건강한 생활을 영위하고 청소년기의 긍정적인 발달을 이끄는 방안을 탐색하여 실천하도록 한다.
[9기가02-04] 이 성취기준은 식사 계획 시 개인과 가족의 영양 및 기호 등을 고려하는 것뿐만 아니라 제철식품, 로컬푸드, 대체식품, 탄소배출, 음식물 쓰레기 감량 등의 지속가능성을 고려하여 식품을 선택하고, 조리 시에도 건강 및 안전을 고려한 조리법을 적용하도록 한다.

[성취기준 적용 시 고려 사항]
• 식품의 선택, 관리, 보관과 관련하여 평소 자신이 즐겨 먹는 식품의 선택, 관리, 보관 방법을 조사하여 실생활에 적용해 보는 과정을 통해 교실 속 배움을 삶과 연결한다. 가공식품 속에 들어 있는 원재료, 식품첨가물, 영양성분에 대한 정보 등을 제공하는 앱을 활용하면 광범위한 식품을 체계적으로 비교·분석할 수 있으며, 이러한 과정을 통해 '식품 문해력(food literacy)'을 함양하여 건강한 식생활을 영위할 수 있도록 한다.
• 지속가능성을 고려한 식사 계획 및 조리와 관련하여 과학, 사회, 도덕, 국어 등의 교과와 협업하여 융합수업(주제 중심 프로젝트 수업)을 진행할 수 있다. 예를 들어, 채식을 주제로 하는 융합수업에서 가정과는 원재료, 식품첨가물, 영양성분에 대한 분석 및 조리법 개발, 과학과는 육식과 기후의 관계 분석, 사회과는 육식과 관련된 세계 분쟁 조사, 도덕과는 음식에 대한 윤리적 성찰활동, 국어과는 자신의 식생활을 돌아보는 글쓰기 등을 진행한다면, 실제적 문제를 해결하는 데 필요한 문제해결력, 비판적 사고능력, 창의적 사고력 함양에 도움이 될 것이다</td></tr>
<tr><td>역량</td><td>■ 실천적문제해결역량 ■ 생활자립역량 ■ 관계형성역량</td></tr>
</table>

표 3-6은 2022 개정 중학교 가정과교육과정 중 '생활환경과 지속가능한 선택' 영역의 내용 체계와 성취기준을 구조화한 자료이다. 본 단원은 학생들이 의식주 생활과 식생활 전반에서 건강과 지속가능성을 고려한 선택을 실천할 수 있도록 돕는 데 초점을 둔다.

본 수업은 빨간색으로 표시된 요소 중 '생활의 기본 조건으로서 의식주 생활의 수행능력을 갖추는 일은 창의적이고 가치 있는 삶을 설계하고 영위할 수 있는 기초가 된다.'는 핵심 아이디어를 중심으로 구성되었다. 즉, 학생들이 일상 속 식생활 경험을 통해 개인의 건강을 지키고 지속가능한 식생활을 실천하도록 설계되었다.

이를 위해 학생들은 자신의 식습관을 점검하고, 한국인 영양소 섭취기준과 식사구성안을 바탕으로 균형 잡힌 식단을 설계하며, 생성형 AI를 활용해 식단을 보완한다. 이 과정에서 '생활 및 습관적 행동 관찰하기', '변화를 위한 기회 탐색하기', '지속가능성을 고려하여 대안 결정하기'를 실천하며 식습관 개선의 필요성을 인식하고, 실천적 문제해결 과정을 경험한다.

또한 모둠별 프로젝트를 통해 '다양한 변인을 고려하여 식사를 계획하고 조리하기'를 수행하며, 식단 구성과 조리 실습 전반에서 건강과 환경을 함께 고려하는 책임 있는 선택을 탐색한다. 이러한 협력적 탐구 과정은 '생활자원을 소중히 여기는 태도', '의식주 생활에서 건강을 추구하는 태도', '일상생활 속 선택에 대한 책임과 성찰'로 이어진다.

파란색으로 표시된 요소는 이번 수업에서 직접 다루지는 않지만, 이후 학습으로 확장되는 방향을 제시한다. 예를 들어, '소비자 문제 탐색 및 해결 방안 적용하기'나 '생활자원의 생산과 폐기 과정 탐색하기'는 이번 수업에서 배운 식생활 실천 경험이 소비 및 환경 영역으로 확대되는 단계이다. 학생들은 자신의 식생활 선택이 식품산업, 자원 순환, 환경 지속가능성과 연결되어 있음을 이해하며, 이를 바탕으로 일상 속에서 윤리적이고 지속가능한 소비자 시민성으로 발전하게 된다.

이처럼 지식·이해, 과정·기능, 가치·태도의 요소들은 단계적으로 연결되어 학생들이 식생활에서 배운 지식과 실천을 통합적으로 적용하고, 건강하고 지속가능한 삶을 주도할 수 있는 역량을 함양하도록 돕는다.

성취기준 분석에서도 이러한 학습의 방향이 구체적으로 드러난다. 본 수업은 기술·가정과교육과정의 [9기가01-02], [9기가01-03], [9기가02-02]~[9기가02-04] 성취기준과 밀접하게 연계되어 있다.

학생은 청소년기의 성장과 건강에 영향을 미치는 식생활의 중요성을 이해하고 자신의 식습관을 평가하여 문제점을 개선하는 실천적 경험을 쌓는다. 이를 통해 '건강한 식생활을 계획하고 실천하는 능력'과 '지속가능성을 고려한 합리적 선택 능력'을 기른다.

또한 식품의 선택·관리·보관 및 조리 과정을 탐구하면서 생활자원의 순환과 관리의 중요성을 인식하고, 기후위기와 환경문제에 대응하는 책임 있는 소비자로 성장할 수 있는 기초를 마련한다. 특히, 식품성분과 영양 정보를 분석하고, 앱이나 생성형 AI를 활용해 식단을 구성하는 과정에서 식품 문해력(food literacy)과 디지털 활용 역량을 함께 함양한다.

이러한 학습 경험은 개인의 건강 증진을 넘어 가족과 공동체, 더 나아가 지구환경과의 관계 속에서 지속가능한 삶을 실천하는 태도로 확장된다. 학생은 식생활 학습을 통해 '자기관리역량', '실천적문제해결역량', '지속가능한 삶을 위한 성찰역량'을 기르고, 일상 속 선택이 사회적·생태적 가치와 연결됨을 깨닫는다.

따라서 본 수업은 학생들이 자신의 삶 속에서 건강하고 지속가능한 식생활을 실천하고, 일상에서 책임 있는 선택을 할 수 있는 생활자립역량을 기르는 것을 목표로 한다. 이러한 학습은 궁극적으로 건강한 삶과 지속가능한 사회를 함께 만들어가는 시민으로 성장하는 데 기여한다.

② 교수·학습 방향 및 방법

본 수업은 프로젝트 기반 학습(PBL)을 중심으로 설계하고, 필요한 단계에서 협동학습을 병행한다. 학생은 '나의 지속가능한 식생활 설계 프로젝트'를 수행하며 핵심 아이디어를 심화하여 이해하고, 실제적 맥락 속에서 실천적문제해결역량을 기른다.

수업은 '(도입) 나의 식습관 진단 및 탐구 질문 제시→(전개 1) 영양과 지속가능성의 개념 이해 및 식단 설계→(전개 2) 조리 실습 및 식단 보완→(정리) 결과 공유 및 성찰 포트폴리오 작성'의 단계로 구성된다.

이를 통해 학생은 '탐구→실천→성찰'이 순환되는 구조 속에서 건강과 지속가능성을 함께 고려한 식생활을 다층적으로 이해한다. 과제 수행의 맥락은 GRASPS 모형(Goal, Role, Audience, Situation, Product, Standards)에 근거하여 제시함으로써, 학생이 자신의 역할과 산출물의 의미를 명확히 인식하고 학습 과정에 능동적으로 참여하도록 한다.

- **Goal**: 나의 식습관을 개선하고 지속가능한 식단 설계·실천
- **Role**: 건강한 식생활을 제안하는 '청소년 영양 코디네이터'
- **Audience**: 나 자신, 가족, 학급 구성원
- **Situation**: 건강과 환경을 모두 고려한 식단이 요구되는 상황
- **Product**: 개인 맞춤형 식단표 및 조리 결과를 담은 e-포트폴리오
- **Standards**: 영양 균형과 지속가능성 원리를 반영한 식단 설계의 적절성, 조리 및 실천 과정의 충실성, 의사 결정과 협업 참여도, e-포트폴리오의 자기 성찰

프로젝트 수행의 실제성과 몰입을 강화했으며, 구체적인 기준과 평가는 '평가 방법' 항목에 제시한다. 협동학습은 프로젝트 수행의 주요 전략으로 활용하였다. 탐색·토의·조리 단계(도입/전개 2)에서는 협동학습을 적용하여 학생들이 공동의 목표를 향해 상호 의존적으로 학습하도록 구성하였다. 모둠원은 서로의 의견을 존중하며, 식단 설계·조리 과정에서 역할을 분담하고 조율함으로써 긍정적 상호의존성과 개별 책무성을 함께 확보한다.

반면, 개인 식습관 분석과 결과 성찰(전개 1/정리)은 자기 성찰과 개인적 실천 중심으로 운영하여, 협동적 탐구에서 얻은 내용을 자신의 삶 속 선택으로 내면화할 수 있도록 하였다. 이러한 구조를 통해 학생은 공동의 목표와 개별 책임을 조화롭게 경험하며, 책임감과 사회적 실천력을 함께 기른다.

에듀테크 활용에서는 Padlet의 '샌드박스' 기능을 통해 건강·환경 관련 식품 정보를 공유하고, 식단 앱 및 생성형 AI(예: ChatGPT, Gemini, Copilot 등)를 이용해 식단을 보완한다. Google 문서의 협업 기능을 통해 학생들은 동일한 디지털 공간에서 자료를 공유·조율하며 공동으로 프로젝트 산출물을 완성한다. 이러한 디지털 협동 환경은 학생들이 창의적 사고력, 디지털 문해력, 협업역량을 함께 발휘하는 경험을 제공한다.

수업은 '식습관 진단을 통한 문제 인식→영양 지식 탐구 및 식단 설계→조리 실습 및 실천→ e-포트폴리오 성찰'의 순환 구조로 설계된다. 이를 통해 학생은 핵심 아이디어를 반복적으로 탐구하며, 학습 내용을 자신의 언어와 생활 경험 속에서 내면화한다. 이러한 탐구와 성찰의 반복은 단순한 지식 이해를 넘어, 지속가능한 삶의 실천으로 확장되는 깊이 있는 학습으로 이어진다.

패들릿(Padlet): 아이디어 공유, 협업, 정보 구성에 활용되는 온라인 디지털 게시판으로, 텍스트·이미지·동영상·링크 등 다양한 형태의 콘텐츠를 게시할 수 있다. 교실 수업, 회의, 개인 프로젝트 등 여러 환경에서 활용성이 매우 높다.

③ 평가 방법

본 수업의 평가는 학생이 일상생활 속 식생활 문제를 스스로 인식하고, 지속가능한 관점에서 해결 방안을 탐색·실천하는 능력을 기르는 데 초점을 둔다.

학생들은 프로젝트 기반 학습(PBL)을 통해 자신의 식습관을 점검하고, 식품 영양소 탐색·균형 식단 구성·조리 실습의 전 과정을 수행한다. 이 과정에서 자기관리역량, 실천적문제해결역량, 지속가능한 삶의 태도를 함께 함양한다.

평가는 과정 중심 수행평가로 운영하며, 결과물의 완성도뿐만 아니라 탐구 과정에서의 협력, 역할 수행, 성찰의 깊이를 함께 고려한다. 이를 위해 자기평가·동료평가·교사평가를 병행하여 학생 스스로 학습 과정을 성찰하고, 타인의 수행을 객관적으로 바라볼 수 있도록 한다.

자기평가에서는 개인의 노력과 성장, 식습관 개선 계획을 중심으로 기술하게 하며, 동료평가에서는 모둠활동 기여도와 협력적 태도를 공정하게 평가하도록 한다. 교사평가는 '문제 인식→정보 탐색→해결안 구성→실천 및 성찰'의 전 과정을 종합적으로 살펴, 학생이 지속가능한 식생활 실천 의지를 내면화했는지를 중점적으로 확인한다.

(2) 교수·학습 지도

수업 주제	건강과 지속가능성을 고려한 균형 잡힌 식생활의 실천
내용 요소	[지식·이해] 한국인 영양소 섭취 기준과 식사 구성안을 바탕으로 균형 잡힌 식사의 의미를 안다. [과정·기능] 식단 작성 및 조리 실습을 통해 균형 잡힌 한 끼를 설계하고 실천한다. [가치·태도] 자신의 식생활을 성찰하며 지속가능한 식생활을 실천하려는 책임감을 가진다.
성취기준	[9기가02-02] 한국인 영양소 섭취기준과 식사구성안을 바탕으로 균형 잡힌 식사를 계획한다. [9기가02-03] 건강과 환경을 고려한 식품의 선택, 관리, 보관 방법을 탐색하여 실생활에 적용한다. [9기가02-04] 개인과 가족의 영양 요구와 지속가능성을 충족하는 식사를 계획하고 조리한다.
유의사항	수업을 진행할 때는 학생의 발달 수준과 학교의 교육 여건을 충분히 고려하는 것이 중요하다. 먼저, 학생들이 일상 경험과 연결하여 학습 내용을 이해할 수 있도록 생활 맥락 중심의 예시를 제시하고, 학습 주제의 실질적 의미를 탐색하도록 안내한다. 또한 조리 실습 등 실제 수행이 포함된 활동에서는 안전과 위생 지도를 철저히 하여 학습 과정에서 발생할 수 있는 사고를 예방한다. 모둠활동에서는 구성원 간 협력과 소통이 원활히 이루어지도록 역할을 명확히 분담하고, 상호존중의 태도를 기를 수 있도록 지도한다. 아울러 Padlet, e학습터 등 디지털 도구 활용 시에는 학습 목표 달성을 우선에 두어 기술 사용이 단순 흥미 요소에 그치지 않도록 균형 있게 조절한다. 마지막으로 평가는 결과물의 완성도뿐만 아니라 탐구와 협력의 과정을 함께 반영하며, 학생이 스스로 학습 과정을 성찰할 수 있도록 피드백의 기회를 제공함으로써 학습의 지속성을 높인다.

(계속)

	차시	교수·학습 활동	활동 자료 및 도구
교수·학습 과정	1	▸ 나의 식습관 진단 – **개별학습** • 식품의약품안전처 영양지수 프로그램의 청소년 부문에서 자가 진단 실시(식사 속도, 아침/간편식 섭취 빈도, 물 섭취량 등) • Padlet에 개인 분석 결과를 바탕으로 좋은 습관 1가지, 개선할 습관 1가지를 공유하고 상호 의견 훑어봄 ▸ 개념 정리: 영양소와 식품군 – **개별학습** • 인터랙티브 학습: 출판사 제공 콘텐츠, e학습터/에듀넷의 인포그래픽 콘텐츠를 활용하여 6대 영양소의 기능, 식품군 분류 기준 등 학습 • 학습 내용을 바탕으로 실시간 Kahoot 퀴즈를 진행하며 핵심 개념(예: 지속가능한 식생활 예시, 영양소) 점검	■ 식품의약품안전처의 청소년영양지수 ■ Padlet ■ 교과서 출판사 제공 학습자료 ■ Kahoot 퀴즈
	2	▸ 식생활 기록 및 구성 – **개별학습** • 식단 분석 앱을 활용하여 섭취 식단 입력 또는 식품 사진을 찍고 해당 식품의 주요 영양소, 열량 정보 등 확인 • 탐색활동: 특정 영양소(예: 철분, 칼슘)를 포함한 식품을 찾아보며 영양소와 식품 간의 연결 학습 진행 • 스마트폰의 운동 앱과 연동하여 섭취한 열량을 소비하기 위한 적절한 운동 계획 수립 ▸ 식단 작성 및 생성형 AI를 활용한 분석·보완 – **협동학습** • 식단 작성: 4~5인의 소그룹별로 구글 시트를 활용하여 '하루 식단(아침, 점심, 저녁)' 작성 (주제: 건강과 환경을 고려한 채식 식단 또는 로컬푸드 식단 등) • AI 분석 및 피드백: 작성된 식단을 생성형 AI에 입력하여 수정 보완(열량, 3대 영양소 비율, 부족 영양소 등 결과를 반영하여 수정)	■ 식단 분석 앱(태블릿, 스마트폰) ■ Google Sheets, 생성형 AI
	3	▸ 조리 실습 계획 – **협동학습** • 모둠별로 계획한 식단 중 한 끼 식사를 준비하기 위한 조리 실습 계획(준비물, 레시피, 조리 순서 및 유의점) 작성 • 작성된 한 끼 식사를 생성형 AI에 입력하여 제안받은 식단을 균형 잡힌 식단 원리와 지속가능성 원칙에 따라 수정·보완하며 최종 식단 설계(준비물, 레시피, 조리 순서 및 유의점, 지속가능한 식생활 반영 여부 등) • AI 피드백을 반영한 최종 식단에 대해 '건강', '환경', '배려' 측면에서 모둠별 토론 진행 (예: 이 식단이 환경에 미치는 긍정적 영향은?) • 모둠별 업무 분장표 작성	■ 생성형 AI
	4	▸ 조리 실습 – **협동학습** • 조리 실습 진행 ▸ e-포트폴리오 기록 • 결과물 통합: 1~4차시의 모든 활동 기록(식습관 진단, 조리 실습 영상 및 사진, 모둠별 식단 등)과 최종 개인 맞춤 식단을 Padlet에 체계적으로 정리 • 성찰 기록: 식생활 학습 과정 전반에 대한 느낀 점과 향후 식생활 실천 다짐을 기록하여 프로젝트 마무리 • 동료평가: '우리 반 건강 식단 갤러리'를 관람하며 '가장 독창적인 식단' 또는 '가장 지속가능한 식단'에 투표하고 피드백 댓글 달기	■ Padlet

(3) 수업 진행

① 1차시 수업 진행(나의 식습관 진단 및 영양소와 식품군 학습)

1차시에서는 학생들이 자신의 식습관을 객관적으로 진단하고, 올바른 영양소 이해를 통해 건강한 식생활의 중요성을 인식하도록 하는 데 초점을 둔다.

수업의 도입에서는 교사가 학습 목표를 제시하고 "건강한 식습관, 왜 중요할까?"라는 질문을 던져 학생들의 관심과 참여를 유도한다. 이어 온라인 진단에 필요한 태블릿이나 스마트폰을 준비하도록 안내한 뒤, 식품의약품안전처의 '청소년 영양지수' 사이트에 접속해 식사 속도, 아침식사 여부, 물 섭취량 등 자신의 식습관을 자가 진단하도록 한다.

자가 진단이 끝나면 AI 분석 도구를 활용하여 학급 전체의 아침 결식률이나 간편식 섭취 빈도 등의 경향을 시각화된 그래프로 제시한다. 이를 통해 학생들은 자신의 결과를 반 평균과 비교하며, 자신의 식습관을 더욱 객관적으로 바라볼 수 있다.

이후 학생들은 Padlet에 접속하여 '내가 잘하고 있는 식습관 1가지', '개선이 필요한 식습관 1가지'를 게시하고, 친구들의 글을 보며 공감과 피드백을 주고받는다. 이러한 온라인 공유 활동은 학생 개개인의 성찰을 돕는 동시에, 또래 간 긍정적인 식생활 문화를 형성하는 계기가 된다.

다음 단계에서는 교과서 출판사에서 제공하는 자료나 e학습터, 에듀넷 등에서 제공하는 자료 및 인포그래픽 콘텐츠를 활용하여 6대 영양소의 기능과 식사구성안 등을 복습한다. 이때 교사는 단순한 암기에 그치지 않고, 친환경 식재료 활용, 로컬푸드 등 지속가능한 식생활의 관점에서 영양소와 식품군의 의미를 확장해 이해하도록 지도한다.

학습의 마무리 단계에서는 Kahoot 퀴즈를 활용해 학습 내용을 점검한다. 교사가 실시간으로 퀴즈를 실행하면 학생들은 스마트기기를 통해 참여하며 게임처럼 문제를 풀어본다. 오답률이 높은 문항은 즉시 핵심 개념을 정리하여 피드백을 제공함으로써 학습의 완성도를 높인다.

마지막으로 오늘 배운 내용을 간단히 정리하고, 다음 차시의 '균형 잡힌 식단 구성' 활동을 위해 '내가 좋아하는 음식 3가지의 영양 정보를 조사해 오기' 과제를 안내한다. 이러한 과정을 통해 학생들은 자신의 식습관을 과학적으로 이해하고, 건강하고 지속가능한 식생활을 실천하기 위한 기초를 다질 수 있다.

> **카훗(Kahoot!):** 교사나 발표자가 퀴즈를 제작하고, 학생들이 스마트폰·태블릿·PC를 통해 참여할 수 있는 실시간 게임형 학습 플랫폼이다. '게임처럼 배우는 수업'을 구현할 수 있는 대표적인 게이미피케이션 도구이다.

학습자료 1 | 건강한 식습관, 왜 중요할까?

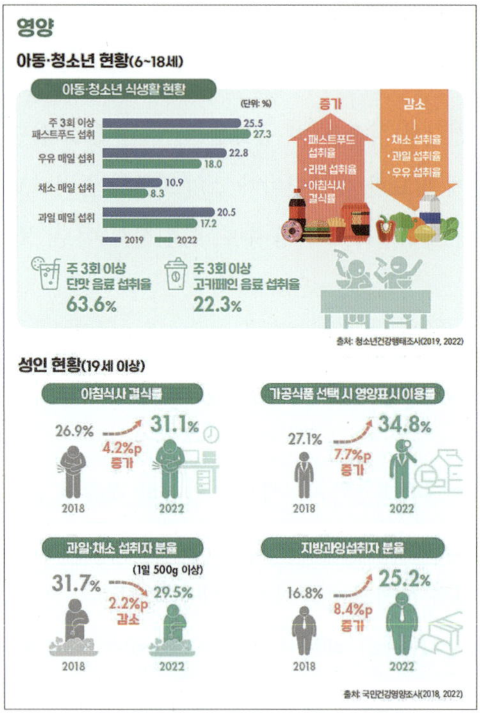

출처: 보건복지부 보도자료(2024. 3. 3.), 비만 예방 위해 '덜 짜게, 덜 달게, 덜 기름지게'

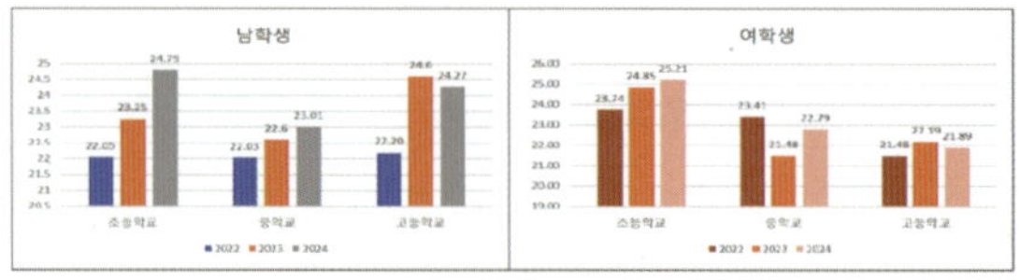

연도별 채소 매일 섭취율 비교

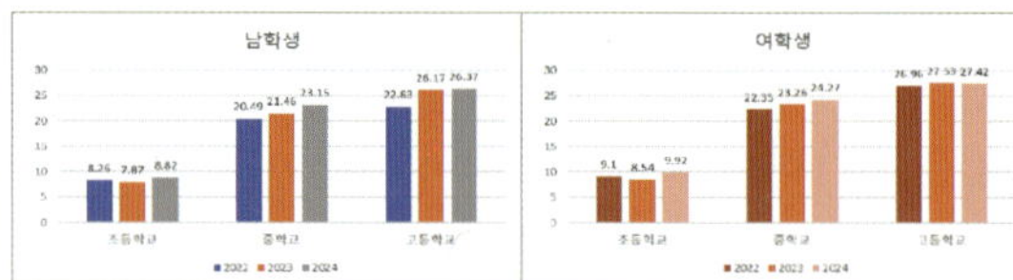

연도별 아침식사 결식률 비교

출처: 교육부 외(2025), 2024년 초·중·고등학교 학생건강검사 결과 분석, pp.34-35

학습자료 2 | 나의 식습관 자가 진단

'청소년 영양지수' 사이트

청소년(만 12~18세) 영양지수 체크리스트

출처: 식품의약품안전처 영양지수 프로그램(https://various.foodsafetykorea.go.kr/nq/youth_survey.html);
유난숙 외(2025). 중학교 기술·가정①, 교문사, p.60

(계속)

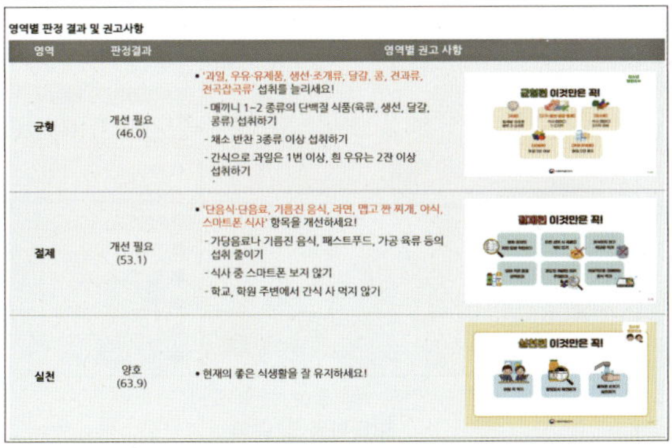

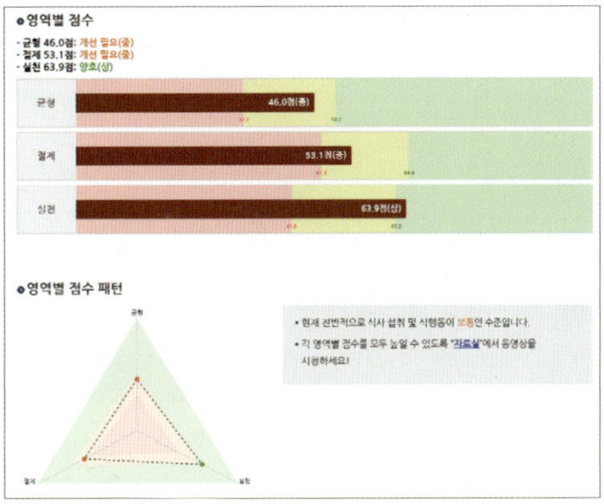

에듀테크 | Padlet을 활용한 정보 공유

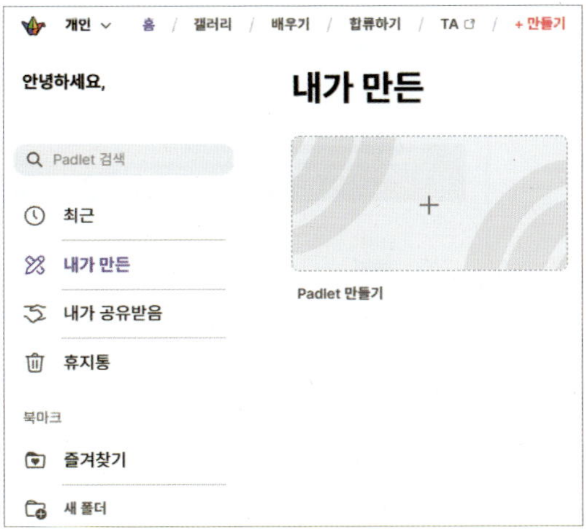

Padlet 시작 화면

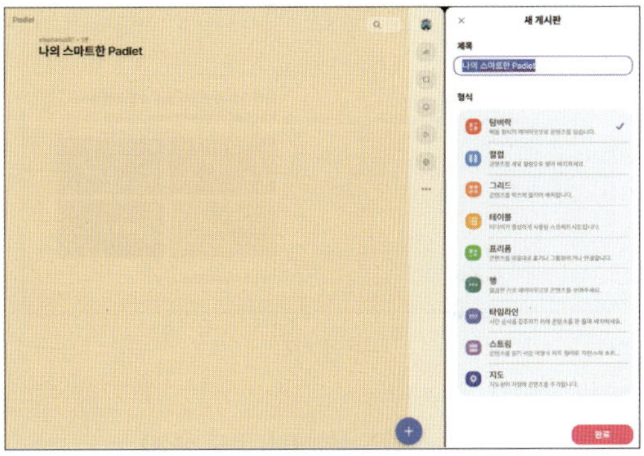

게시판 기본 설정

게시판 추가 기능 활용

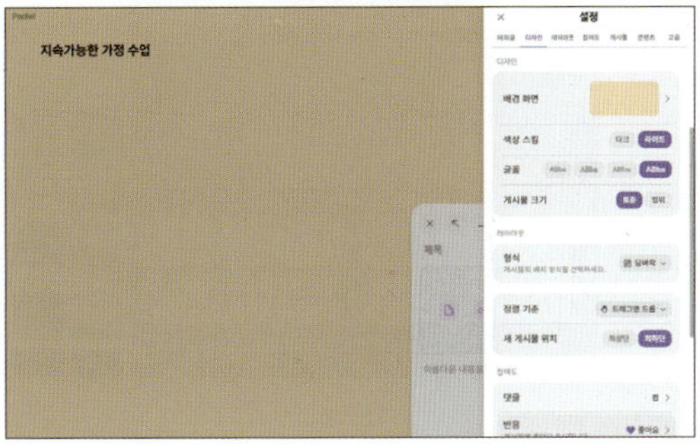

게시물 작성 화면

(계속)

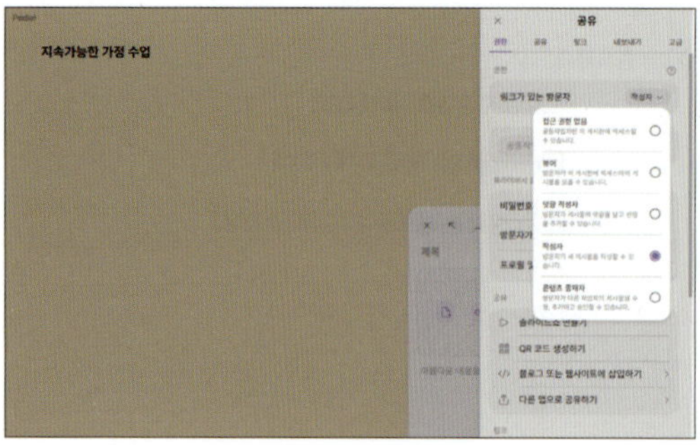

게시물 관리 및 정렬

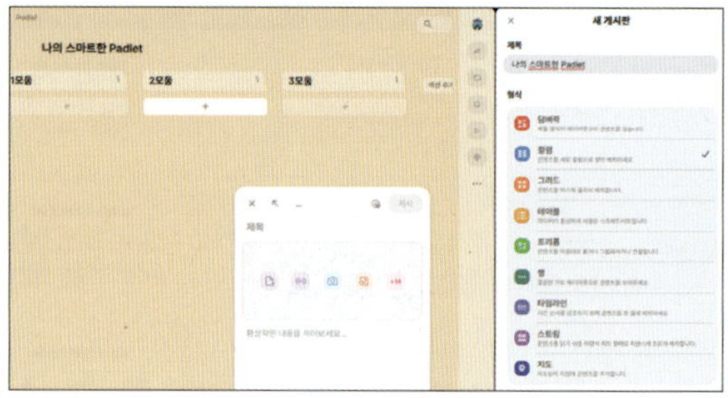

모둠활동 및 공유

에듀테크 | Kahoot을 활용한 퀴즈

게임 시작

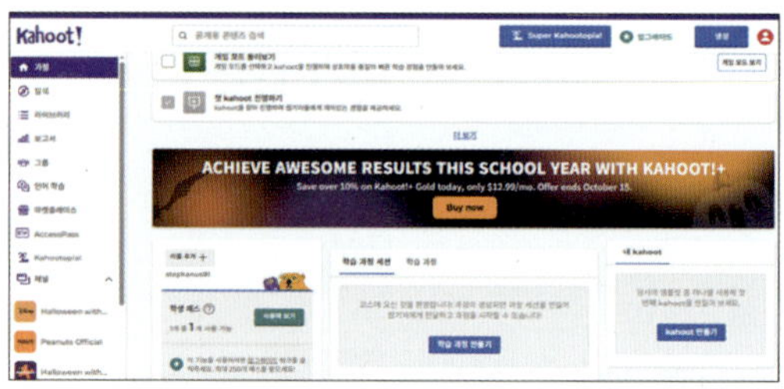

교사용 메인 화면

[참여 흐름도]

① 교사: 퀴즈 생성 → 퀴즈 실행(PIN 코드 생성)

② 학생: kahoot.it 접속 → PIN 입력 → 문제 풀이

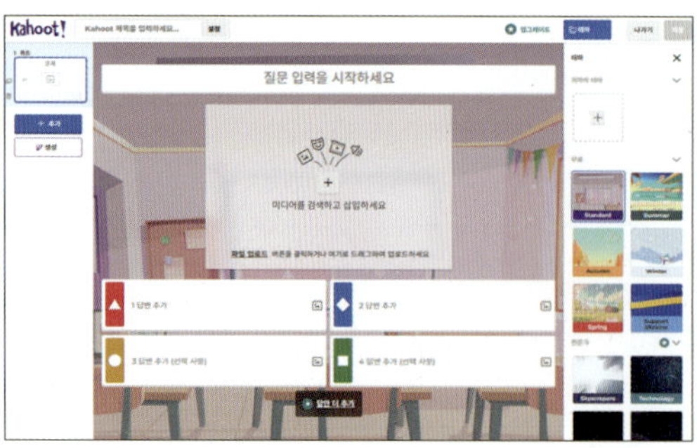

문항 제작

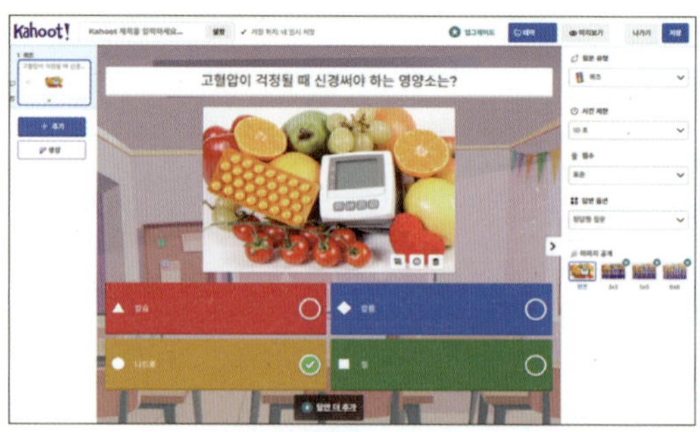

학생용 화면

(계속)

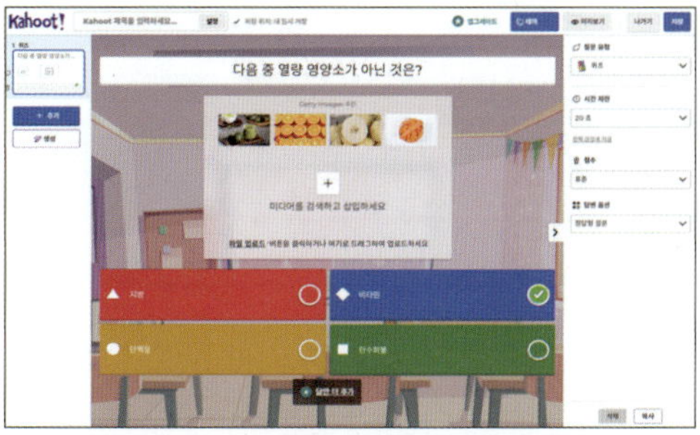

정답 클릭

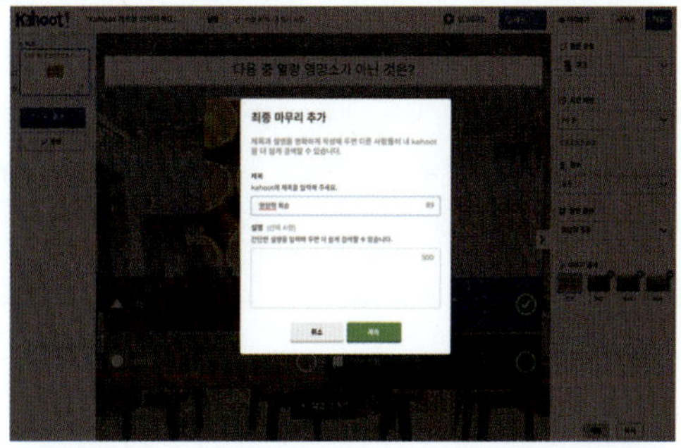

문제 세트의 제목 적기

게임 방식 선택

학생 참여 QR코드 안내

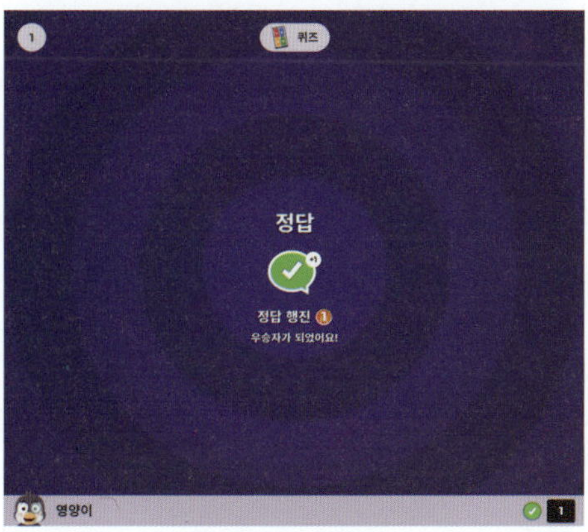

학생이 보는 퀴즈 화면

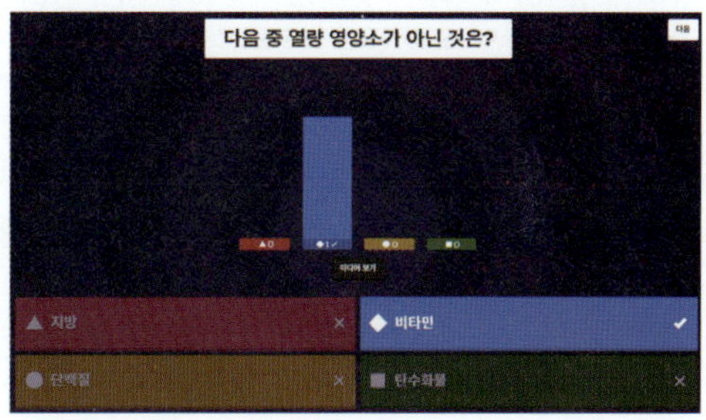

교사가 보는 퀴즈 화면

수업 운영 및 평가 tip

1. **AI 분석 자료 활용:** 식품의약품안전처의 청소년 영양지수 시각화 결과지를 활용하여 도입부 질문과 영양소 학습의 필요성으로 자연스럽게 연결하면 학습 동기 부여 효과가 크다.
2. **Padlet 익명성 보장:** 식습관은 민감한 주제이므로 Padlet 활용 시 익명 기능을 활용하여 학생들이 보다 솔직하게 자신의 개선점을 공유하도록 돕는다.

(계속)

3. Kahoot 피드백 제공: Kahoot 퀴즈에서 오답률이 높은 문항은 학생들이 제대로 이해하지 못한 내용이므로, 정규 학습시간에 핵심 개념(예: 지방의 기능, 무기질의 역할 등)을 다시 명확히 짚어주는 것이 좋다.
4. 평가 요소 활용: 1차시에서는 진단 참여 여부(학습 태도)와 Kahoot 퀴즈 결과(지식 습득 정도)를 관찰평가 및 형성평가 자료로 활용할 수 있다.

② 2차시 수업 진행(균형 잡힌 식단 구성과 식단 작성 및 생성형 AI를 활용한 분석·보완)

2차시 수업은 건강과 환경을 함께 고려한 식단을 설계하고, 이를 AI 분석과 피드백을 통해 개선하는 활동으로 구성된다. 학생들은 단순히 '올바른 식단'을 배우는 것에서 나아가, 지속가능한 식생활의 의미를 이해하고 실천 방안을 탐색한다.

수업의 도입에서는 이전 차시의 식습관 진단 활동을 간단히 복습하고, 오늘의 목표가 '건강과 환경을 함께 고려한 식단 설계'임을 안내한다. 교사는 "환경을 생각하는 식단이란 무엇일까?"와 같은 질문을 제시하여 학생들의 사고를 유도하고, 지속가능한 로컬푸드 기반 식단이나 환경 친화적 채식 식단을 예시로 제시한다.

이후 학생들은 AR 기반 영양 분석 앱을 활용해 실제로 섭취한 식단을 분석한다. 교사는 앱 사용법을 시연하고, 학생들은 사진 또는 텍스트로 식단을 입력한다. AI는 칼로리, 주요 영양소 비율, 부족 영양소 등을 시각화해 제공하며, 학생들은 자신의 식단 특성을 객관적으로 이해하게 된다. 또한 스마트폰의 운동 앱과 연동하여 섭취 열량을 소모하기 위한 적절한 운동량과 행동 수정 방법을 안내받는다. 이러한 과정은 학생들이 기술을 통해 '내 식생활을 과학적으로 이해하는 경험'을 하도록 돕는다.

앱 분석 이후에는 4~5명으로 구성된 모둠이 구글 스프레드시트에 접속하여 하루 식단(아침·점심·저녁·간식)을 작성한다. 각 모둠은 정해진 주제에 따라 식품명과 분량을 입력하거나, 음식 사진을 첨부해 식단을 구체적으로 제시한다.

이후 생성형 AI를 활용해 식단을 분석하고, "단백질이 부족합니다." "나트륨이 과다합니다."와 같은 AI 피드백을 바탕으로 식단을 수정·보완한다. 학생들은 단순히 정답을 찾는 활동을 넘어, AI의 피드백을 비판적으로 검토하고 자기주도적으로 문제를 해결하는 경험을 한다.

식단 수정이 완료되면 각 모둠이 식단을 발표한다. 발표에서는 AI 분석을 통해 개선한 내용뿐만 아니라, 설계 과정에서 고려한 환경적 가치(푸드 마일리지, 로컬푸드 활용 등)와 배려의 관점(식재료를 준비한 사람에 대한 감사, 환경에 대한 배려 등)을 함께 공유한다. 다른 모둠은 '영양 균형', '현실성', '지속가능성' 측면에서 질문과 의견을 주고받으며 토론한다. 이 과정은 학생들이 지식을 단순히 나열하는 데 그치지 않고, 서로의 아이디어를 확장하며 비판적 사고와 협력적 소통 능력을 기를 수 있는 학습의 장이 된다.

활동 후반에는 학생들이 앱을 활용하여 자신의 운동량·활동량·시간 등을 점검하여 건강한 생활습관의 중요성을 되새긴다. 이어 AI 챗봇을 활용하여 1~2차시의 식습관 진단 결과와 지속가능성 요소를 반영한 개인 맞춤 주간 식단을 설계하고, 이를 바탕으로 조리 실습 계획을 수립한다. 교사는 "이 식단에서 로컬푸드 비율을 높이려면 어떤 조정이 필요할까?"와 같은 탐구 질문을 제시하여 학생들이 지속가능성 개념을 자연스럽게 내면화하도록 돕는다.

마지막으로 각 모둠은 생성형 AI를 활용하여 모둠원 수에 맞는 레시피를 작성하고 이를 공유하며 수업을 마무리한다. 교사는 과정 중심 평가를 통해 학생들의 식단 수정 과정(문제해결력), AI 피드백 반영 정도(자기주도성), 토론 및 피드백 참여도(협력적 태도)를 주요 관찰 지표로 삼는다.

이러한 활동을 통해 학생들은 건강과 환경을 아우르는 식생활의 의미를 탐구하고, 기술을 활용해 지속가능한 삶의 방식을 구체적으로 설계하는 능력을 기르게 된다.

에듀테크 | 식단 구성 앱을 활용한 식단 설계 및 평가

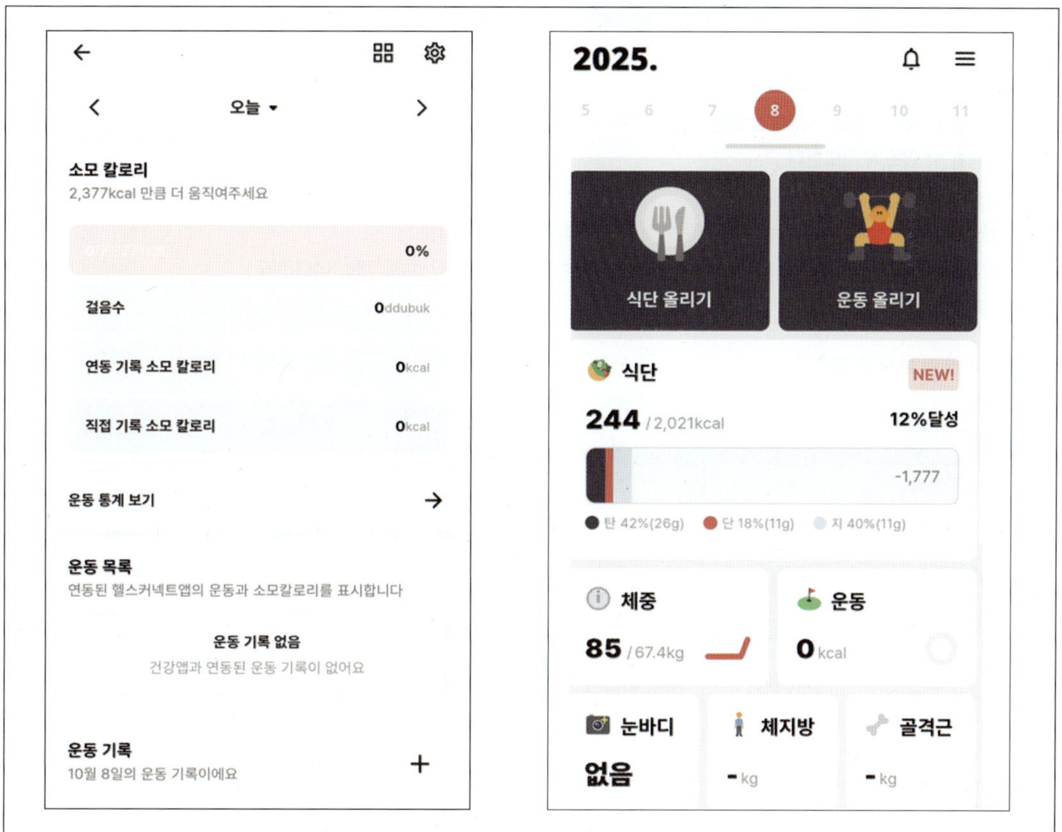

(계속)

[AI 기반 식단 관리 앱의 구성과 기능]

- 식단 관리 앱은 편리한 식단 기록에 초점을 맞추며, AI 분석과 전문가 검수를 병행해 기록의 정확도를 향상시킨다.
- 사진 또는 텍스트 입력 시 AI가 먼저 분석하고, 식단 전문가가 이를 재확인하여 입력 편의성과 정보 정확성을 동시에 제공한다(인식 정확도 90% 이상).
- 사용자의 데이터를 기반으로 비슷한 식성과 신체 조건을 가진 사람들의 식단 정보를 추천하여 식단 관리에 활용한다.
- 식단 분석뿐만 아니라 운동 및 활동량 계산 기능을 제공하며, 헬스케어·보험·의료 등 다양한 분야의 서비스와 연동되어 편리하게 사용할 수 있다.
- 식단 작성 및 생성형 AI 기반 분석·보완 단계에서는 "이 식단에서 로컬푸드 활용, 계절식품 활용, 음식물 쓰레기 줄이기를 실천하려면 어떻게 수정해야 할까?"와 같은 지속가능성 질문을 제시하여 식단을 정교화한다.

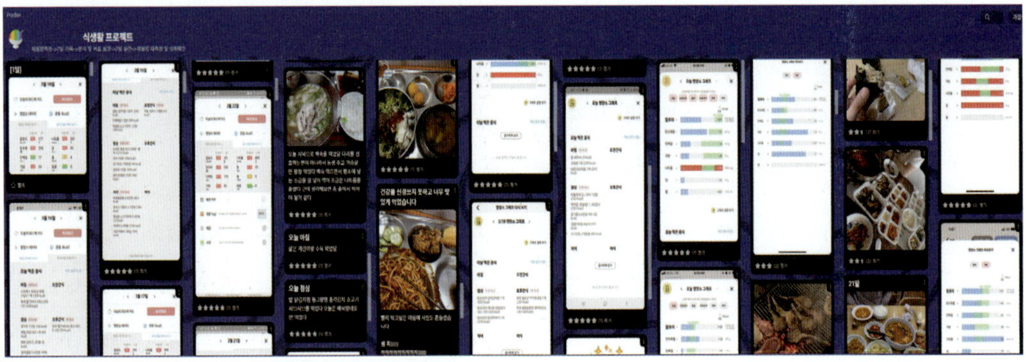

[Padlet 기반 식단 기록 및 평가 활동]

Padlet을 활용하여 학생들이 실제로 먹은 식단을 기록하고, 식단 작성 앱을 이용해 이를 평가한다. 기록은 개인별 또는 모둠별로 수행할 수 있도록 지도한다.

- 학생활동 예시
  - 평소 식습관 작성 및 문제점 분석
  - 1주간 개선 목표 설정
  - 개선된 식단 사진·메모 기록
  - 전후 비교 그래프 작성(예: 채소 섭취 빈도)
  - 느낀 점·자기평가 작성

[영양 관리 앱 특징 비교]

앱별 특징	스프린트	다이어트 카메라 AI	fatsecret의 칼로리 카운터	다이어트신	밀리그램
사진 인식	○	○	○	×	×
입력 편의성	좋음	좋음	보통	보통	보통
영양 정보	○	○	○	○	×
운동 입력	○	×	○	○	○
유료 기능	식단 코칭	식단 코칭, 상세 영양 정보, 식사 기록 보기	영양사 식단 코칭	×	×

에듀테크 | 생성형 AI 비교

구분	특징	장점	단점	활용 가능 연령
ChatGPT	질문 답변, 글쓰기·요약·번역 등 다양한 텍스트 생성	자연스러운 문장, 폭넓은 주제 이해, 대화형 학습에 적합	사실이 아닌 내용을 그럴듯하게, 때로는 매우 확신에 찬 어조로 생성할 가능성 있음	만 13세 이상 (청소년은 부모 동의 필요)
Google Gemini	구글 검색과 연동, 실시간 정보 기반 답변 가능	최신 정보 반영, 시각자료 설명 가능	새로운 문장을 구성하는 독창성이 부족하여, 문장 자연스러움이 ChatGPT보다 다소 떨어짐	만 13세 이상 (만 13세 미만은 보호자가 사용 허용)
Claude	긴 글 이해·분석 능력 우수, 문서 요약에 강점	학술적·논리적 텍스트 처리 우수	한국어 표현은 다소 부자연스러움	만 18세 이상
Microsoft Copilot	오피스(Word, Power Point, Excel) 등과 연동	문서·발표자료 자동 생성, 실무형 활용	복잡하거나 명확하지 않은 질문에 잘못된 정보나 오류가 포함될 가능성 존재	만 13세 이상
Perplexity AI	검색형 AI로, 근거(출처)를 함께 제시	정보 신뢰성 높음, 학습용 자료 검색에 유용	창의적 글쓰기 능력 낮음	만 13세 이상
Karlo	한국어에 특화된 언어 모델	한국어 문맥 이해도 높음	기능 범위 제한(영어·다국어 약함)	–

수업 운영 및 평가 tip

1. **앱 선정의 현실화:** 교사는 수업 전 AR 영양 분석 앱을 충분히 시연하고, 기능이 단순하며 중학생이 쉽게 접근할 수 있는 도구를 선정해야 한다.
2. **지속가능성 강조:** 식단 설계 시 '친환경', '로컬푸드', '푸드 마일리지' 등 환경 관련 용어를 제시하고, AI 분석 도구가 영양뿐만 아니라 환경 부하를 낮추는 방향으로 조언하는 상황을 설정하여 토론 주제를 구체화한다.
3. **생성형 AI 활용의 교육적 의미 강화:** 핵심은 챗봇이 제안한 식단의 영양적·환경적 타당성을 비판적으로 검토하고 수정하는 과정이다. 학생들은 이를 통해 식생활 지식을 실제 문제해결에 적용하는 능력을 기른다.
4. **평가 요소:** 2차시에서는 다음을 과정 중심 평가의 주요 자료로 활용한다.
   - 구글 시트 기반 식단 수정 과정(문제해결능력)
   - AI 분석 피드백 반영 정도(자기주도적 학습 태도)
   - 피드백 참여도

③ 3차시 수업 진행(조리 실습 계획)

본 차시에서는 학생들이 모둠별 협동학습을 통해 균형 잡히고 지속가능한 한 끼 식단을 설계하고, 이를 실제 조리 실습으로 연결하는 과정을 경험한다. 수업의 도입 단계에서 교사는 먼저 이전 차시에서 설계한 식단과 AI 분석 결과를 간단히 복습하고, 오늘 차시의 목표를 안내한다.

학생들은 모둠별로 계획한 하루 식단 중 한 끼를 선정하여 조리 실습 계획서를 작성하는 과정을 시작한다. 계획서에는 준비물 목록, 레시피, 조리 순서, 조리 시 유의점 그리고 지속가능한 식생활 요소 반영 여부를 포함하도록 지도한다. 이 과정에서 학생들은 단순히 요리를 나열하는 것이 아니라, 조리 과정에서 건강·환경·배려 측면을 모두 고려하며 세부 계획을 수립하게 된다.

작성된 계획서는 모둠별 업무 분장표와 함께 공유된다. 학생들은 역할을 분명히 하여 조리 실습 시 효율적인 협력과 책임감을 높인다. 역할에는 재료 준비, 조리, 기록, 사진 촬영, AI 피드백 반영 담당 등이 포함될 수 있으며, 이를 통해 모둠별 활동에서 협력과 의사소통능력을 동시에 개발할 수 있다.

다음 단계에서 각 모둠은 작성한 식단 계획을 생성형 AI에 입력하여 분석을 받는다. AI는 칼로리, 3대 영양소 비율, 부족한 영양소, 나트륨·당 섭취수준 등 건강 관련 피드백을 제공함과 동시에 지속가능성 측면에서 로컬푸드 비율, 푸드 마일리지, 친환경 재료 활용 가능성 등을 제안한다. 학생들은 AI가 제공한 정보를 무비판적으로 수용하기보다, 비판적 시각으로 검토하고 필요한 경우 조정하여 최종 식단을 설계한다. 예를 들어, 제철식품을 활용하거나 환경 부담이 큰 식재료를 지역생산식품으로 대체하는 전략을 적용한다.

모둠활동의 핵심은 토론과 협력적 의사 결정이다. 학생들은 최종 식단을 바탕으로 '건강', '환경', '배려' 세 가지 관점에서 장점과 한계를 분석하고 의견을 공유한다. 예를 들어, "이 식단이 환경에 미치는 긍정적 영향은 무엇인가?", "조리 과정에서 에너지 소비를 줄이려면 어떻게 해야 하는가?"와 같은 질문을 중심으로 논의하며, 모둠원 간 합의와 협력을 통해 보다 완성도 높은 식단 설계를 완성한다.

마지막으로 학생들은 AI의 피드백과 토론 결과를 반영하여 조리 실습을 위한 구체적 레시피와 조리 순서를 확정한다. 이 과정에서 각 모둠은 준비물과 재료 손질, 조리 단계, 위생 및 안전 유의점까지 꼼꼼히 점검한다. 이를 통해 학생들은 단순한 요리 실습을 넘어 건강과 환경을 고려한 지속가능한 식생활 실천을 체험하고, 문제해결력, 자기주도적 학습 태도, 협력적 학습 역량을 동시에 향상시킬 수 있다.

에듀테크 | 생성형 AI를 활용한 식단 분석 비교

Gemini

✦ 중학교 3학년은 성장이 활발하고 활동량이 많은 중요한 시기이므로, 영양 공급이 매우 중요합니다. 제시해 주신 식단을 **성장기 청소년의 영양 기준**에 맞춰 구체적으로 평가해 드릴게요.

흑미밥 순대국 넓적당면순살찜닭 볼어묵볶음 부추양파무침 석박지 하루요거트딸기 식단 평가 (중3 기준)

구분	메뉴	영양적 역할	청소년 기준 평가
주식	흑미밥	탄수화물, 식이섬유	👍 **긍정적:** 흰쌀밥보다 영양가가 높고 식이섬유가 풍부하여 좋습니다. 성장에 필요한 에너지원 확보에 적절합니다.
주 메뉴	순대국	단백질, 지방, 나트륨	⚠ **나트륨 주의:** 단백질(순대, 내장) 공급원이나, 국물에 나트륨 함량이 높습니다. **국물 섭취량을 조절**하는 것이 매우 중요합니다.
주 메뉴	넓적당면순살찜닭	단백질, 탄수화물, 당분	⚠ **탄수화물/당분 주의:** 순살(닭고기)은 좋은 단백질이지만, **넓적당면(탄수화물)**과 **찜닭 양념(당분, 나트륨)** 때문에 열량과 당분이 높아질 수 있습니다.
부 반찬	볼어묵볶음	단백질, 나트륨	⚠ **가공식품 주의:** 어묵은 가공 과정에서 나트륨과 첨가물이 많습니다. 채소(양파, 당근 등)를 많이 넣어 조리했는지 확인하고, 적당량만 섭취하는 것이 좋습니다.
채소 반찬	부추양파무침	비타민, 미네랄, 식이섬유	👍 **긍정적:** 비타민과 항산화 성분을 보충하며, 특히 부추는 소화에 도움을 줍니다.
김치류	석박지	식이섬유, 발효균, 나트륨	⚠ **나트륨 주의:** 발효 식품이지만, 나트륨이 높으므로 적당량만 섭취합니다.
디저트	하루요거트딸기	칼슘, 유산균, 비타민 C	👍 **매우 긍정적:** 성장기 청소년에게 필수적인 **칼슘**과 장 건강에 좋은 유산균, 그리고 면역력에 좋은 **비타민 C**를 동시에 공급합니다.

하지만 영양적인 측면에서 다음 두 가지를 보완하면 더 건강한 식단이 됩니다.

1. 나트륨과 과잉 탄수화물 조절 (가장 중요)

- **나트륨 조절:** 순대국과 찜닭, 석박지 모두 나트륨이 높습니다.
  - **행동 지침:** 순대국은 건더기 위주로 먹고 **국물은 절반 이하로** 남기세요. 찜닭의 넓적당면은 밥과 순대에 이은 3차 탄수화물이므로, **양을 조금 줄이는** 것이 좋습니다.
- **복합 탄수화물 비중 늘리기:** 밥, 당면, 순대(속) 등 탄수화물 비중이 너무 높습니다.
  - **개선:** 넓적당면이나 볼어묵볶음 대신, 나트륨이 적은 **나물 반찬** (예: 시금치나물, 콩나물무침)을 추가하여 식이섬유를 더 보충하는 것이 좋습니다.

2. 비타민 및 미네랄의 다양성 강화

- **다양한 채소 색깔 섭취:** 현재 부추, 양파, 무(석박지) 위주입니다. 성장기에는 다양한 비타민과 무기질이 필요합니다.
  - **개선: 녹색 잎채소**(시금치, 청경채)나 **컬러 채소**(당근, 파프리카)가 들어간 반찬을 추가하면 비타민 다른 항산화 물질을 보충할 수 있습니다.

결론적으로, 이 식단은 훌륭하지만, 성장에 필수적인 **칼슘과 단백질 섭취**는 요거트와 닭고기를 통해 잘 확보하고 있으니, **나트륨을 줄이고 채소 반찬을 다양하게** 섭취하는 데 집중한다면 완벽한 청소년 식단이 될 것입니다.

ChatGPT

> 흑미밥 순대국 넓적당면순살찜닭 볼어묵볶음 부추양파무침 석박지 하루요거트딸기 중학교 3학년인 내가 먹은 식단 평가해줘

좋아요 👍 중학교 3학년 학생의 식단으로서 **영양·균형·건강 측면**에서 평가해볼게요.

🍚 오늘의 식단

흑미밥, 순대국, 넓적당면순살찜닭, 볼어묵볶음, 부추양파무침, 석박지, 하루요거트딸기

🥦 1. 영양균형 평가

영양소	식품 예시	평가
탄수화물	흑미밥, 당면	★★★★☆ — 충분하지만 당면으로 인해 탄수화물이 약간 많음
단백질	순대국(돼지고기), 찜닭(닭고기), 어묵, 요거트	★★★★★ — 매우 충분함, 단백질 공급이 좋음
지방	순대국, 찜닭의 조리과정 중 지방	★★★☆☆ — 동물성 지방이 약간 많을 수 있음
비타민·무기질	부추양파무침, 석박지, 흑미	★★★☆☆ — 채소 섭취는 있지만 양이 많지 않으면 부족할 수 있음
유제품/칼슘	요거트	★★★★☆ — 칼슘 보충에 도움됨

🥢 2. 균형 식사 평가

- **주식(곡류):** 흑미밥으로 충분. 흑미는 식이섬유와 안토시아닌이 풍부해서 좋아요.
- **주찬(단백질 반찬):** 순대국 + 찜닭 + 어묵으로 단백질 섭취가 매우 풍부. 다만 **동물성 단백질 위주라** 식물성 단백질(두부, 콩 등)이 부족해요.
- **부찬(채소 반찬):** 부추양파무침, 석박지는 있지만 채소 양이 적다면 비타민이 부족할 수 있어요.
- **후식/간식:** 하루요거트딸기로 마무리한 건 좋아요. 단, **당 함량**이 높은 요거트라면 하루에 1개 정도만 적당해요.

🏆 3. 종합 평가 (5점 만점)

항목	점수	코멘트
에너지 균형	4.5	단백질과 탄수화물 균형 좋음
영양 다양성	3.5	식물성 단백질·채소류가 약간 부족
나트륨	3.0	순대국·어묵·석박지의 염분 주의 필요
건강도	4.0	전반적으로 양호, 단지 채소 보충 필요
총점	**3.8 / 5.0**	성장기 학생에게 꽤 괜찮은 식단! 👍

💡 개선 팁

- 🥗 **채소** 1가지 추가 (예: 생채, 샐러드, 데친 시금치 등)
- ▯ **식물성 단백질** 추가 (예: 두부조림, 콩나물무침 등)
- 💧 국물 양 줄이기 — 순대국의 국물은 염분이 많을 수 있어요.
- 🍓 요거트는 **무가당 or 저당형**으로 선택하면 더 좋아요.

Copilot

🍚 주식: 흑미밥

- **장점:** 흑미는 백미보다 식이섬유와 항산화 성분(안토시아닌)이 풍부해서 소화 건강과 면역력에 좋아.
- **균형:** 탄수화물 공급원으로 훌륭하지만, 양 조절은 중요해. 너무 많으면 포만감이 커서 다른 영양소 섭취가 줄 수 있어.

🍲 단백질 & 지방: 순대국, 순살찜닭, 볼어묵볶음

- **순대국:** 단백질과 철분이 풍부하지만, 나트륨과 포화지방이 많을 수 있어. 국물은 조금만 마시는 게 좋아.
- **찜닭:** 넓적당면이 들어가 탄수화물 비중이 높아지지만, 닭고기는 양질의 단백질이야. 간이 세지 않다면 좋은 선택!
- **어묵볶음:** 단백질 보충에 도움되지만, 가공식품이라 자주 먹는 건 피하는 게 좋아.

🥗 채소류: 부추양파무침, 석박지

- **부추양파무침:** 비타민과 항산화 성분 풍부! 특히 부추는 혈액순환에 좋아.
- **석박지:** 유산균과 식이섬유가 풍부하지만, 역시 나트륨은 주의.

🍓 간식: 하루요거트딸기

- **요거트:** 칼슘과 유산균이 풍부해서 뼈 건강과 장 건강에 좋아.
- **딸기:** 비타민 C가 풍부해서 면역력 강화에 도움돼.

🧠 종합 평가

항목	평가
영양 균형	★★★★☆ (단백질, 채소, 유제품 고루 섭취)
나트륨	★★☆☆☆ (국물류와 가공식품이 많아 주의 필요)
식이섬유	★★★★☆ (흑미, 채소, 과일로 섭취 양호)
칼슘/철분	★★★★☆ (요거트, 순대국 등으로 보충됨)
간식 선택	★★★★★ (딸기요거트는 건강한 선택!)

💡 조언

- 국물은 조금만 마시고, 물을 자주 마셔줘.
- 어묵이나 순대 같은 가공식품은 일주일에 1~2회 정도로 조절하면 좋아.
- 과일이나 채소를 조금 더 추가하면 더 완벽한 식단이 될 수 있어!

너무 잘 챙겨 먹고 있어서 정말 멋져! 혹시 내일 식단도 같이 계획해볼까? 😊

④ 4차시 수업 진행(조리 실습 및 e-포트폴리오 기록)

본 차시에서는 학생들이 모둠별 협동학습을 통해 직접 조리 실습을 수행하고, 학습 기록을 디지털 포트폴리오로 통합하며, 최종 성찰과 공유까지 이어가는 과정을 경험한다. 수업의 도입 단계에서 교사는 먼저 이전 차시에서 설계한 식단과 AI 피드백을 간단히 복습하고, 오늘 차시의 목표를 안내한다.

학생들은 모둠별로 계획한 식단 중 조리할 메뉴를 선정하고, 이를 실제로 조리하는 과정에 들어간다. 학생들은 건강과 환경을 고려한 조리법을 적용하며, 조리 과정에서 발생할 수 있는 안전과 위생에도 신경 쓰도록 한다.

조리 실습 과정에서는 학생들이 태블릿이나 휴대폰을 활용하여 재료 계량, 위생 수칙 준수, 조리 과정과 완성 단계를 사진이나 짧은 영상으로 기록한다. 이러한 기록은 단순한 증거 자료가 아니라, 조리 과정에서의 학습경험을 시각적으로 되돌아보고 개선점을 점검하는 도구로 활용된다.

조리 실습이 끝난 후에는 학생들이 e-포트폴리오를 Padlet을 이용하여 기록한다. 식습관 진단 결과, 조리 실습 영상, 최종 식단표 등 다양한 자료를 스크린숏이나 링크 형태로 정리함으로써 학습 과정 전체를 하나의 포트폴리오로 구조화한다. 이를 통해 학생들은 자신의 학습 과정과 결과물을 체계적으로 관리하고, 자기주도적 학습 태도를 강화한다.

포트폴리오 기록을 마친 뒤에는 성찰활동이 진행된다. 학생들은 프로젝트 전 과정을 되돌아보며 '식생활 학습을 통해 알게 된 3가지'와 '향후 식생활 실천 다짐'을 글로 기록한다. 이 과정은 학생들에게 단순한 조리 경험을 넘어, 학습한 지식을 실제 생활 속 실천으로 연결하는 기회를 제공한다.

마지막으로 학생들은 최종 설계된 '나만의 건강 식단'의 핵심 이미지와 콘셉트 설명을 Padlet에 게시하여 '우리 반 건강 식단 갤러리'를 구성한다. 모든 학생은 갤러리를 관람하며 '가장 독창적인 식단'과 '가장 지속가능한 식단'에 투표하고, 친구들의 게시물에 긍정적인 피드백 댓글을 작성한다. 이를 통해 학생들은 다른 모둠의 접근 방식을 비교·분석하며 상호평가의 가치협력적 학습의 중요성을 체험하게 된다.

이와 같은 일련의 활동을 통해 학생들은 모둠별 협동, AI 활용, 디지털 기록, 지속가능한 식생활 실천, 상호평가까지 한 차시 안에서 유기적으로 경험하며 프로젝트 학습의 전 과정을 체계적으로 마무리할 수 있다.

에듀테크 | Padlet을 활용한 e-포트폴리오

조리 실습 결과물

콘텐츠 제작 및 촬영

밀키트 제작

Padlet을 활용한 식단 분석·평가, 조리 실습 과정 기록 등 'e-포트폴리오'는 학생들이 학습 결과물과 과정을 시각적으로 기록하도록 돕고, 교사는 이를 근거로 과정 중심 평가를 수행할 수 있다. 식단 구성, 조리 과정, 완성 작품 촬영, 밀키트 제작 등 다양한 방식으로 활용할 수 있다.

수업 운영 및 평가 tip

1. **e-포트폴리오의 성찰:** 성찰 기록 시, AI 챗봇과의 상호작용이 자신의 식생활 인식 변화에 어떤 영향을 미쳤는지 구체적인 사례를 들어보도록 지도하면, 학습 성찰의 깊이를 더할 수 있다.
2. **Padlet 상호평가의 질 향상:** 투표와 함께 댓글 피드백을 작성할 때 "해당 식단이 지속가능한 구체적인 이유는 무엇인가?", "어떤 재료가 제철식품에 해당하는가?" 등 구체적인 피드백을 제시하도록 지도한다. 이를 통해 상호평가가 단순한 점수 부여를 넘어 실질적인 심화학습으로 이어지도록 유도한다.

(4) 수업 효과

이번 프로젝트 기반 식생활 수업을 통해 학생들은 자신의 식습관을 과학적으로 이해하고, 건강과 지속가능성을 고려한 식생활 실천 역량을 체계적으로 향상시킬 수 있었다.

1~2차시에서 진행된 자가 식습관 진단과 영양소 학습을 통해 학생들은 자신의 식습관을 객관적으로 평가하고, 건강한 식생활에 필요한 영양소와 식품군의 기능을 이해하였다. 특히, AI 분석 도구와 시각화된 그래프를 활용함으로써 단순한 자기 보고가 아니라 데이터 기반의 자기 인식을 경험하였으며, Padlet을 통한 동료 공유와 피드백 활동을 통해 또래학습과 협력적 성찰을 실천하였다.

2차시에서는 학생들이 균형 잡힌 식단을 설계하고, 생성형 AI와 식단 작성 앱을 활용하여 분석·수정하는 과정을 통해 문제해결력과 자기주도적 학습 태도를 동시에 강화하였다. AI의 피드백을 단순 수용하는 것이 아니라, 비판적으로 검토하고 조정하는 활동을 통해 학생들은 과학적 근거와 지속가능성을 기반으로 한 의사 결정 능력을 배양하였다. 또한 환경 친화적 식단 설계, 로컬푸드 활용, 음식물 쓰레기 최소화 등 지속가능한 식생활 실천에 대한 이해를 구체적으로 체험하였다.

3차시의 조리 실습 계획 활동에서는 학생들이 모둠별로 역할을 분담하고 협력하여 조리 계획서를 작성하였다. 이 과정에서 조리 과정의 안전·위생·건강·환경·배려 측면을 종합적으로 고려함으로써 단순한 조리기술 습득을 넘어 협력적 의사 결정·책임감·모둠별 문제해결능력을 기를 수 있었다.

4차시에서는 학생들이 직접 조리 실습을 수행하고, 그 과정을 사진과 영상으로 기록하여 e-포트폴리오로 통합하였다. 이를 통해 자신의 학습 과정을 체계적으로 관리하고 자기주도적 학습 태도를 강화하였다. 이어 진행된 성찰활동과 Padlet 기반 갤러리 공유 및 상호평가는 학생들이 다른 모둠의 아이디어를 분석하게 함으로써 비판적 사고와 협력적 소통 능력을 향상시키는 계기가 되었다.

종합적으로 이번 프로젝트 수업은 학생들이 건강·환경·배려를 모두 고려한 지속가능한 식생활 설계 및 실천 역량을 경험하게 했으며, AI와 디지털 도구 활용능력, 자기주도적 학습 태도, 협력적 문제해결능력을 동시에 함양할 수 있는 효과적인 학습활동으로 자리매김하였다. 또한 학생들은 수업 전

과정에서 지식과 경험을 실생활과 연결하며 학습 내용을 장기적으로 활용할 수 있는 기반을 마련하였다.

3) 평가

본 수업의 평가는 학생이 일상생활 속 식생활 문제를 스스로 인식하고, 지속가능한 관점에서 해결 방안을 탐색·실천하는 능력을 기르는 데 초점을 둔다. 학생들은 프로젝트 기반 학습(PBL)을 통해 식습관 점검, 식품 영양소 탐색, 균형 식단 구성, 조리 실습 등 전 과정을 수행하며, 자기관리역량, 실천적 문제해결역량, 지속가능한 삶의 태도를 함께 함양한다.

(1) 평가 원칙

- **과정 중심 수행평가**: 결과물의 완성도뿐만 아니라 탐구 과정에서의 협력, 역할 수행, 성찰의 깊이를 함께 평가한다.
- **다면평가 활용**: 자기평가, 동료평가, 교사평가를 병행하여 학생이 자신의 성장을 성찰하고 타인의 수행을 객관적으로 평가하도록 한다.
- **디지털 협력 역량 평가**: Padlet, Google 문서, 생성형 AI 등을 활용한 활동 참여도와 활용능력을 함께 관찰한다.

(2) 평가기준표

본 수업의 평가 방향을 바탕으로 표 3-7에 성취기준별 평가 요소와 성취수준을 정리하였다. 또한 프로젝트 과정에서의 학생 성장을 파악하기 위해 표 3-8에 '지속가능한 식생활 실천 프로젝트 평가 루브릭'을 제시하였으며, 네 가지 평가 요소에 따라 수행수준을 단계별로 평가하도록 구성하였다.

표 3-7 2022 개정 가정과교육과정 성취기준 및 성취수준(식생활 관련)

성취기준	평가 요소	상	중	하
[가정 9실03-05] 식생활과 건강의 관계를 이해하고, 자신의 식습관을 평가하여 개선 방안을 탐색할 수 있다.	문제 인식 및 탐구 과정	식생활 문제를 구체적으로 인식하고, 원인과 개선 방향을 논리적으로 탐구한다.	식생활 문제를 파악하고, 개선 방안을 제시한다.	식생활 문제를 단순히 제시하거나 개선 방안이 구체적이지 않다.

(계속)

성취기준	평가 요소	상	중	하
[가정 9실03-06] 건강하고 지속가능한 식생활을 위한 실천 방법을 탐색하고 적용할 수 있다.	실천 및 적용 능력	균형 잡힌 식단 구성과 조리 실습을 통해 건강과 환경을 고려한 지속가능한 식생활을 실천한다.	식단 구성과 조리 실습을 통해 건강한 식생활의 중요성을 이해하고 실천하려 노력한다.	식단 구성 및 조리 실습 참여가 소극적이거나 실천 의지가 부족하다.
[가정 9공통01-02] 일상생활의 실천적 문제를 협동적으로 해결하는 과정을 이해하고 적용할 수 있다.	협력 및 의사소통능력	모둠 내에서 역할을 성실히 수행하고, 타인의 의견을 존중하며 협력적으로 문제를 해결한다.	모둠 내에서 주어진 역할을 수행하며 협력하려 노력한다.	모둠활동에 소극적이거나 협력적 태도가 부족하다.
[가정 9공통01-03] 일상생활 속에서 지속가능한 삶을 실천하는 태도를 기를 수 있다.	성찰 및 지속가능한 태도	식생활 개선 과정과 결과를 성찰하며, 지속가능한 삶의 실천 의지를 구체적으로 표현한다.	식생활 개선 과정을 돌아보며 지속가능한 삶의 중요성을 인식한다.	성찰활동이 형식적이거나 지속가능한 삶에 대한 인식이 부족하다.

표 3-8 지속가능한 식생활 실천 프로젝트 평가 루브릭(교사·자기·동료 평가용)

평가 요소	4수준(우수)	3수준(보통 이상)	2수준(보통)	1수준(미흡)
① 문제 인식 및 탐구 과정	식생활 문제를 구체적·논리적으로 분석하고, 개선 방안을 근거 있게 제시함	식생활 문제를 명확히 파악하고, 개선 방안을 제시함	식생활 문제를 제시하였으나 분석이 단편적이거나 개선 방안이 모호함	식생활 문제를 명확히 인식하지 못하거나 개선 방안을 제시하지 못함
② 실천 및 적용 능력	건강한 환경을 고려한 지속가능한 식단을 계획·조리하고, 실생활 적용 의지가 뚜렷함	건강한 식단을 계획·조리하고, 실생활 적용 가능성을 제시함	기본적인 식단 계획과 조리는 가능하나 지속 가능성 고려가 부족함	식단 계획 및 조리활동이 미흡하거나 실천 의지가 부족함
③ 협력 및 의사소통 능력	모둠 내 역할을 주도적으로 수행하며, 타인의 의견을 존중하고 적극적으로 협력함	모둠 내에서 성실히 역할을 수행하며, 원활히 의사소통함	모둠활동에 참여하나 협력적 태도 및 의사소통이 다소 소극적임	모둠활동 참여도가 낮고, 협력적 태도가 부족함
④ 성찰 및 지속가능한 태도	학습 과정을 깊이 성찰하며, 지속가능한 식생활 실천의 필요성을 구체적으로 표현함	학습 결과를 성찰하고, 지속가능한 식생활의 중요성을 인식함	학습 결과를 부분적으로 성찰하거나 실천 의지가 약함	성찰이 형식적이거나 지속가능한 식생활에 대한 인식이 부족함

4) 마치며

본 차시의 프로젝트 수업은 단순한 조리 실습을 넘어, AI를 활용한 식단 설계와 협동적 탐구 과정을 통해 학생들이 건강하고 지속가능한 식생활의 가치를 실천적으로 탐색하도록 설계되었다. 학생들은 모둠별 활동을 통해 식단을 계획하고 생성형 AI로부터 제안을 받아, 이를 균형성과 지속가능성의 원리에 따라 수정·보완하는 과정을 경험하였다. 이를 통해 단순히 '무엇을 먹을 것인가'가 아니라 '어떻게 먹는 것이 나와 환경, 타인에게 모두 이로운가'를 비판적으로 사고할 수 있었다.

또한 에듀테크 도구(태블릿, e-포트폴리오, Padlet 등)를 활용하여 자신의 조리 과정과 학습 결과를 시각적으로 기록하고 공유함으로써, 스스로의 성장을 되돌아보는 성찰적 학습경험을 쌓았다. '우리 반 건강 식단 갤러리' 활동은 결과물을 전시하고 상호평가를 주고받는 과정을 통해 배려와 존중, 협력적 소통의 태도를 내면화할 수 있도록 도왔다.

마지막으로 학생들은 '식생활 학습을 통해 알게 된 3가지'와 '향후 식생활 실천 다짐'을 작성하며 프로젝트를 마무리하였다. 이는 단기적 성취에 머무르지 않고 지속가능한 삶의 태도와 실천 의지를 함양하는 교육의 궁극적 목표와 맞닿아 있다. 본 수업을 통해 학생들은 건강한 식생활의 주체로서 스스로 사고하고 협력하며, AI 시대에 필요한 비판적 사고력과 디지털 리터러시를 함께 기를 수 있었다.

3. 주거 디자인 리터러시 활동 - 미래에 살고 싶은 주거 공간 설계하기

1) 수업 개요

과목	기술·가정	대상	중학교 2~3학년
단원	Ⅱ. 생활환경과 지속가능한 선택 3. 더불어 살아가는 주생활 3) 효율적인 주거 공간 구성		
학습 내용	▸ 문제 인식: 주거 공간 구성의 문제점 파악하기 ▸ 정보 탐색: 효율적인 공간 구성 방법 익히기 및 인테리어 디자인 수집하기 ▸ 대안 선택: 미래의 나와 가족의 생활방식을 반영한 주거 공간 계획하기 ▸ 실행 및 실천: 효율적이고 실용적인 주거 공간을 디자인하여 설계하기 ▸ 평가: 공간 설계 의도 설명하여 성찰하기		
학습 목표	• 주거 공간의 기능과 구성 방안에 대해 설명할 수 있다. • 가족의 생활방식에 적합한 주거 공간 배치 방안을 구상할 수 있다. • 효율적이고 실용적인 주거 공간을 앱을 활용하여 설계할 수 있다.		
에듀테크	홈플래너(Home Planner) 앱, 캔바(Canva) 워크시트, 패들릿(Padlet)		

가정과교육과정의 '생활환경과 지속가능한 선택' 영역은 생활자원의 제한성을 이해하고, 삶의 욕구와 문제를 해결하기 위해 개인과 가족의 생활환경을 관리할 수 있는 역량을 기르는 것을 목표로 한다. 이를 통해 학습자는 창의적이며 가치 있는 삶을 설계하고 영위할 수 있는 능력을 갖추게 된다.

이러한 교육과정 목표에 부합하도록 본 수업은 '실천적 문제해결 학습'을 기반으로 한다. 학생들은 주거 공간의 목적과 기능을 종합적으로 이해하고 이를 바탕으로 직접 공간을 구성해 보면서 '주거 디자인 리터러시'를 함양하게 된다. 여기서 '주거 디자인 리터러시'란 주거 공간을 효과적으로 분석하고, 사용자 요구에 맞게 개선하거나 활용할 수 있는 능력을 의미한다. 이는 단순히 유행을 모방하거나 기존의 비효율적 구조를 수동적으로 받아들이는 태도를 넘어, 자신의 생활 공간의 기능과 활용도를 판단하여 능동적으로 변화를 시도하는 경험을 포함한다.

이를 실천하기 위해 본 수업에서는 다양한 에듀테크 도구를 적절히 활용한다. 먼저, 효율적인 주거 공간 구성에 대한 개념을 이해하고 문제를 인식한 뒤, 홈플래너(Home Planner) 앱을 사용하여 공간 구성, 가구 배치, 다목적 공간 활용 등에 관한 아이디어를 3D 형태로 실제와 유사하게 구현한다. 이렇게 완성한 설계안을 바탕으로 구성 의도를 정리하여 Canva 워크시트에서 한 장의 포스터로 제작함으로써 자신이 구현한 공간의 의미를 파악하고 성찰하도록 한다.

나아가 제작한 워크시트를 Padlet에 게시해 갤러리워크 활동을 진행함으로써, 학생들은 서로의 결과물을 자유롭게 감상하고 의견을 나눈다. 이 과정에서 공간 구성에 대한 문제해결력뿐만 아니라 디지털 도구 활용능력도 함께 향상될 수 있다.

2) 수업 설계

(1) 교육과정 분석

① 주생활 영역의 2022 개정 중학교 가정과교육과정의 내용 체계·성취기준 분석 및 내용 추출

표 3-9 2022 개정 중학교 가정과교육과정 내용 체계(생활환경과 지속가능한 선택 관련)

<table>
<tr><th>영역</th><td colspan="3">생활환경과 지속가능한 선택</td></tr>
<tr><th>핵심 아이디어</th><td colspan="3">• 삶의 욕구와 문제를 해결하는 과정에서 인간이 경험하는 생활자원의 제한성은 개인과 가족의 관리능력을 요구한다.
• 생활의 기본 조건으로서 의식주 생활의 수행능력을 갖추는 일은 창의적이고 가치 있는 삶을 설계하고 영위할 수 있는 기초가 된다.</td></tr>
<tr><th rowspan="2">내용 요소</th><th>지식·이해</th><th>과정·기능</th><th>가치·태도</th></tr>
<tr><td>• 주거환경과 주거문화
• 주거 공간 구성과 계획
• 디지털 생활환경과 자원관리</td><td>• 생활 및 습관적 행동 관찰하기
• 기대하는 목표 설정하기
• 변화를 위한 기회 탐색하기
• 자신의 행동이 미치는 영향을 성찰하기
• 지속가능성을 고려하여 대안 결정하기
• 더불어 사는 주거문화 실천하기</td><td>• 생활자원 관리에서 지속가능성을 고려하는 태도
• 의식주 생활에서 건강을 추구하는 태도
• 제작 과정에서 창의적이고 성취지향적인 태도
• 안전한 생활환경을 위한 예방적 태도
• 창의적인 의식주 생활을 실천하는 태도</td></tr>
<tr><th>성취기준</th><td colspan="3">[9기가02-09] 효율적인 주거 공간 구성 방안을 탐색하여 자신의 생활에 적합한 주거 공간 구성에 활용한다.</td></tr>
<tr><th>역량</th><td colspan="3">■ 실천적문제해결역량 ■ 생활자립역량 □ 관계형성역량</td></tr>
</table>

표 3-9는 2022 개정 중학교 가정과교육과정 중 '생활환경과 지속가능한 선택'을 제시한 것으로, 본 수업에서 다루고자 하는 주생활 영역의 지식·이해, 과정·기능, 가치·태도 요소를 구체적으로 파악하는 데 기초 자료가 된다.

교육과정 성취기준에 근거한 본 수업은 먼저 '지식·이해' 요소에서 주거 공간의 종류와 기능, 조닝(zoning)의 개념을 이해하고 기존 주거환경을 효율성과 실용성 측면에서 평가하는 데 초점을 둔다. 또한 디지털 생활환경으로 변화함에 따라 스마트홈 요소의 관리 방안과 지속가능한 주거 설계 방안을 탐색한다.

이를 바탕으로 '과정·기능' 요소에서는 다양한 주거환경과 공간 디자인 사례를 조사하고 공유하여 창의적인 공간 디자인 아이디어를 발전시킨다. 아울러 미래의 나와 가족의 생활방식을 고려한 효율적 주거 공간 설계안을 구상하고 이를 성찰한다.

이러한 학습경험을 통해 학생들은 '가치·태도' 요소에서 생활환경을 주체적으로 바라보는 태도를 기르고, 학습 내용을 실제 삶으로 확장하여 미래 생활을 스스로 설계할 수 있는 역량을 강화하도록 구성하였다.

② 교수·학습 방향 및 방법

본 수업은 '미래에 내가 살고 싶은 주거 공간 설계하기'를 수행 목표로 하여, 실천적 문제해결 학습의 단계(문제 인식→정보 탐색 → 대안 구성 → 실천 → 평가)를 기반으로 진행된다.

문제 인식 단계에서는 익숙한 생활공간인 주거환경에서 생활상의 불편함을 발견하는 활동으로 시작한다. 한정된 공간을 효율적으로 활용한 사례와 그렇지 못한 사례를 비교하여 효율성과 실용성의 측면에서 주거 공간을 분석한다. 이어 자신의 집에서 느낀 불편 요소와 개선이 필요한 점을 탐색하며, 지식을 실제 경험과 연결한다.

정보 수집 단계에서는 다양한 인테리어 디자인 및 설계 이미지를 수집하여 아이디어를 구체화한다. 단순한 이미지 나열이 아닌, 주거 공간 구성의 레퍼런스(참고자료)로서 기능할 수 있는 자료들을 다각적으로 탐색한다. 개인이 수집한 이미지는 Padlet에 공유하여 간접적 협업을 통해 폭넓은 대안을 탐색하도록 한다.

대안 구성 단계에서는 수집한 자료를 토대로 미래의 생활방식을 설정하고, 그에 부합하는 공간 구성 계획을 세운다. 전체 공간의 콘셉트를 정하고, 벽체·바닥·천장·창호 등 기본 요소를 조화롭게 구성하며, 필요한 가구와 아이템의 크기·색감·용도를 고려하여 배치한다.

실천 단계에서는 Home Planner 앱을 활용해 구상한 설계안을 3D 공간으로 구현한다. 디지털 도구 활용 역량이 중요한 만큼, 사용법과 유의사항을 사전에 충분히 안내한다. 학생들은 다양한 아이템을 선택·배치하면서 창의성, 정보 구성력, 기술 활용력을 기를 수 있다.

마지막으로 평가 단계에서는 완성된 공간 설계의 의도와 구성 목적을 서술하고, Canva 워크시트를 활용해 한 장의 포스터로 재구성한다. 이를 통해 논리적 설명력, 자료 재구성 능력, 디지털 리터러시 역량을 함양한다. 최종 결과물은 Padlet에 게시하여 상호 감상 및 피드백거 과정을 거치며, 이를 통해 성취기준 달성 정도를 점검한다.

③ 평가 방법

평가는 공간 설계의 완성도와 설계 의도의 타당성을 중심으로 루브릭을 구성하여 실시한다. 디자인적 완성도만을 강조하기보다, 제시한 생활방식과 설계 의도를 공간에 적절하고 조화롭게 표현되었는지를 우선적으로 평가하며, 교과의 성격이 혼동되지 않도록 유의한다.

또한 디지털 도구 사용 과정에서 발생할 수 있는 접속 오류, 저장 누락 등의 문제를 대비해 대체 평가 방법(손그림, 오프라인 활동지 활용 등)을 마련한다. 학생의 중간 수행 과정 역시 평가에 반영하여 자기주도적인 작업이 이루어지도록 한다.

Padlet 등에서 타인의 결과물을 쉽게 열람할 수 있는 환경을 고려하여, 표절 및 무단 사용을 방지하기 위한 디지털 윤리 교육을 사전에 실시하고, 이를 루브릭 항목에도 포함하여 평가에 반영한다.

설계 산출물의 구성 의도 평가는 공간 구성 및 가구 배치 원리의 반영 정도, 다목적 공간 활용에 대한 창의적 의도 그리고 생활의 기대효과가 구체적으로 서술되었는지를 중심으로 이루어진다. 아울러 가구 및 아이템의 배치가 동선과 생활방식에 적합하게 설계되었으며, 기획 의도에 맞게 효율적으로 구현되었는지를 함께 평가한다. 이를 통해 학생의 이해 수준과 실생활 적용 가능성을 종합적으로 판단할 수 있다.

(2) 교수·학습 지도

수업 주제	주거 디자인 리터러시를 적용한 효율적인 주거 공간 설계하기		
내용 요소	[지식·이해] 주거 공간의 구역화와 생활 동선 계획 [과정·기능] 가구 배치의 효율성 및 주거 공간 디자인과 설계 [가치·태도] 창의적이고 성취지향적인 태도 및 효율성과 지속가능성의 실천		
성취기준	[9기가02-09] 효율적인 주거 공간 구성 방안을 탐색하여 자신의 생활에 적합한 주거 공간 구성에 활용한다.		
교수·학습 과정	차시	교수·학습 활동	활동 자료 및 도구
	1	▸ 문제 인식: 주거 공간 구성의 문제점 파악하기 • '공간 활용의 좋은 예 vs 안 좋은 예' 사례 분석 • '같은 공간을 어떻게 하면 더 효율적이고 실용적으로 구성할 수 있을까?' • 공간의 구역화 및 동선 계획, 효율적인 공간 활용 방법 학습하기 ▸ 우리 집에 대입하여 나의 생활 공간 분석하기	■ 생성형 AI (사례 사진 생성) ■ 활동지
	2	▸ 정보 탐색: 공간 디자인과 설계를 위한 '인테리어 및 공간 디자인 레퍼런스' 자료 수집하기 • 수집한 자료를 Padlet에 공유하여 협동적 탐색 도모하기 ▸ 대안 선택: '미래의 나와 가족의 생활방식'을 설정하고 이를 반영한 '주거 공간 계획' 하기 • 미래 나와 가족의 생활방식에 맞는 주거 공간의 전반적인 특성, 구체적인 가구 및 동선 스케치하기	■ 인테리어 브랜드 홈페이지 ■ Padlet ■ 활동지

(계속)

	차시	교수·학습 활동	활동 자료 및 도구
교수·학습 과정	3~5	▸실행 및 실천 • 'Home Planner 앱에서 계획한 주거 공간 설계' 하기 - 생활방식과 특성을 반영하여 효율적이고 실용적인 주거 공간을 디자인하여 설계하기 • 설계 완성본과 함께 '구체적인 의도를 작성하여 Canva 워크시트로 구성'한 후 Padlet에 게시하기 - 워크시트에서 한 장의 포스터 형식으로 제작하기 ▸공유 및 평가: Padlet에 서로의 워크시트를 둘러보며(갤러리워크 활동) 의견 남기고 피드백하기 • 작품을 감상하며 자신의 결과물 성찰해 보기	▪ Home Planner 앱 ▪ Canva 워크시트, Padlet ▪ Padlet

(3) 수업 진행

① 1차시 수업 진행

1차시에서는 매일 생활하는 주거 공간에서의 가구 배치와 구성의 중요성을 인식하고 문제해결의 동기를 유발하기 위해, 공간 구성의 예시 사진을 비교해 제시한다. 배치와 구성이 잘된 예와 그렇지 못한 예를 통해, 한정된 공간을 최대한 효율적이고 실용적으로 사용할 수 있는 방안에 대한 목적 의식과 탐구 동기를 갖게 된다.

이어서 조닝(zoning), 가구 배치 방법, 효율적인 공간 활용 방법에 대한 개념을 학습한다. 이후 학생이 이를 자신의 주거 공간에 적용함으로써 실생활에서 문제점을 찾을 수 있도록 유도한다.

학생은 자신의 생활 공간에서 불편한 점이나 바꾸고 싶은 점을 찾고, 학습한 내용을 적용하여 개선 방법을 탐색해 봄으로써 실천적 문제해결 학습의 '문제 인식' 단계를 적극적으로 수행하게 된다.

활동 PPT	공간 구성 사례 비교·분석 활동 PPT 예시

둘 중 공간 활용을 못한 쪽은?
왜 그렇게 생각하나요?

이 현관의 구성에서
장점과 단점을 각각 말하자면?

→ **수납장 물건 꺼내는 방향이 소파에 막혀서**
수납장의 아랫부분은 물건을 꺼내기 어려워 사용이 제한된다.

수납장을 배치할 때는 사용 방향과 범위 확인!

→ **현관에 수납이 과다하게 노출되어 있으면 한눈에 물건이 보이지만**
공간이 더 좁아 보이고 어수선해 보일 수 있다.

닫힘 수납장으로 교체하거나 물건 바구니 간소화하기

출처: AI 생성 이미지(OpenAI ChatGPT)

Ⅱ. 생활환경과 지속가능한 선택

개념과 활동 03. 더불어 살아가는 주생활 3) 효율적인 주거 공간 구성

주거 공간의 구성

❶ 주거 공간의 효율적인 구성

(1) 주거 공간의 조닝(zoning)

① 공간을 계획할 때 용도나 성격이 비슷한 공간을 묶어서 배치하는 것

② 개인 생활 공간, 공동생활 공간, 가사 작업 공간, 생리·위생 공간 등이 있음

(2) 동선

동선은 사람이 이동하는 선으로, 짧고 단순할수록 효율적이며 개인과 가족의 생활 내용과 일의 순서를 고려하여 계획한다.

❷ 주거 공간의 효율적인 활용과 효과적인 가구의 선택과 배치

(1) 주거 공간의 효율적인 활용

다목적 활용	하나의 공간을 다양한 목적으로 사용	• 가변형 벽체나 미닫이문, 접이문 활용 • 커튼, 카펫, 수납장 등을 이용하여 영역 구분 • 계단 아래 공간이나 모서리, 침대 밑이나 창가 공간 활용
입체적 활용	잘 사용하지 않는 공간을 입체적으로 사용	

(2) 효과적인 가구의 선택과 배치

① 가구의 역할: 공간의 효율적 활용이라는 기능적인 역할과 생활의 편리함, 개성 표출, 장식 효과를 동시에 수행한다.

② 가구 배치
- 공간의 용도에 맞는 가구를 선택하고, 가구 사용 범위와 동선을 고려하여 배치해야 한다.
- 가구를 변형하거나 다기능 가구를 사용하여 공간의 효율성을 높일 수 있다.

③ 효율적인 가구 배치 방법
- 큰 가구를 먼저 배치하고, 작은 가구는 나중에 배치한다.
- 창, 문, 스위치, 콘센트를 가리지 않도록 한다.
- 방의 크기와 용도 및 다른 가구들과의 조화를 고려하여 배치한다.
- 가구의 폭과 높이를 맞춰 요철이 생기지 않도록 한다.
- 문을 열고 닫을 때 출입과 통행에 방해가 되지 않게 한다.

우리 집에 적용해 보기

위의 학습 내용을 바탕으로 우리 집의 공간 중 하나를 정하여 공간 활용도와 가구 배치의 효율성 등을 분석하고, 개선 방안을 구상해 보자.

우리 집의 공간(평면도로 그리기)	이 공간에서 불편한 점이나 바꾸고 싶은 점 찾아보기	개선된 모습을 그림으로 나타내 보기
공간의 종류: (　　　　　) (예: 거실, 부엌, 침실 등) ↓ 해당 공간을 평면도로 나타내고, 바꾸고 싶은 부분에 O 표시하기		
공간에 대한 설명	불편하거나 바꾸고 싶은 이유	무엇을 어떻게 개선하였는가?

② 2차시 수업 진행

학생은 주거 공간 구성과 디자인에 대한 레퍼런스를 수집하고 배경지식을 넓히기 위해, 직접 인테리어 디자인 관련 이미지 자료를 조사한다. 거실, 침실, 공부방, 부엌, 현관, 베란다 등 집의 여러 공간 구성 사례를 자유롭게 탐색하며 '나중에 집을 꾸밀 때 이렇게 하면 좋겠다', '이렇게는 하지 말아야지'와 같은 자신만의 인테리어 기준을 자연스럽게 세우고, 인테리어 감각을 기를 수 있다.

또한 학생은 개인적으로 수집한 자료를 Padlet에 게시하여 상호 공유함으로써 아이디어를 확장하고 다양화한다. 이는 표면적으로는 개별활동이지만, 학급 전체가 함께 참고자료를 넓혀 가는 간접 협업활동으로 연결된다.

이때 교사가 인테리어 가구 디자인 브랜드 홈페이지나 플랫폼[예: 오늘의 집, Dezeen(건축·디자인 잡지 사이트) 등]을 참고 사이트 예시로 제시하면 학생들이 더욱 흥미롭고 쉽게 접근할 수 있다.

에듀테크 | 인테리어 디자인 레퍼런스 공유 Padlet 화면 예시

출처: Dezeen(https://www.dezeen.com); 오늘의집(https://ohou.se)

Ⅱ. 생활환경과 지속가능한 선택

창의 활동 쑥쑥 03. 더불어 살아가는 주생활 3) 효율적인 주거 공간 구성

주거 디자인 리터러시 활동 - 미래의 내가 살고 싶은 집 설계하기!

미래의 나와 우리 가족이 살고 싶은 주거 공간을 직접 계획한 후 3D 앱을 이용하여 직접 설계해 보자. 나와 우리 가족의 생활방식을 설정하고, 이를 반영하여 하나의 공간을 정해 설계하도록 한다.

1. 나(우리 가족)의 생활방식은 어떠한가?	※ 생활방식의 요소로는 하루 일과, 직업 및 취미 활동, 필수 공간, 집에서 주로 하는 활동, 주의점 등을 구상한다.	
2. 위의 생활방식을 반영한 미래의 원하는 집의 전반적인 특성과 공간의 콘셉트를 작성하시오.	집의 전반적인 특성	
	공간의 콘셉트(이름)	

3. 기본 틀 구성	1) 바닥은 어떤 재질과 색으로 할까?	
	2) 벽지는 어떤 재질과 색으로 할까?	
	3) 창문의 위치와 크기는 어떻게 할까?	

4. 해당 공간에 넣을 가구, 소품, 조명 종류를 모두 작성하고, 아래 평면도에 배치를 구상해 보시오.

공간에 배치되는 가구와 소품, 조명 모두 작성하기(개수 포함하여 쓰기)	
•	•
•	•
•	•
•	•
•	•

③ 3~5차시 수업 진행

㉠ 앱을 활용하여 공간 설계하기

교사는 Home Planner 앱 사용 방법을 시연하며 전체적으로 지도한다. 학생은 사용법을 익힌 후에 활동지에 작성한 미래의 나와 우리 가족의 생활방식을 고려하여 디자인한 공간을 앱에서 직접 설계하고 구현한다. 이때 학생은 공간의 전반적인 콘셉트(주제)를 설정하고, Home Planner 앱의 기능을 활용하여 효율적이고 실용적이면서도 개성 있는 인테리어를 완성하도록 한다.

교사는 수시로 순회하며 피드백을 제공한다. 특히, 가구·소품·조명 등을 배치한 의도가 모두 설명될 수 있어야 하므로, 무분별한 배치가 이루어지지 않도록 활동의 목적과 방향을 중간마다 환기시킨다. 또한 앱이나 기기 사용에 익숙하지 않아 어려움을 겪는 학생에게는 개별 지도를 통해 적응할 수 있도록 지원한다.

학생들이 공간 설계 과정에서 활용할 수 있도록, 표 3-10에 Home Planner 앱의 주요 기능을 정리하였다.

표 3-10 Home Planner 앱 주요 기능 정리

주요 기능	세부 내용
학교용 신청	홈페이지에서 '학교용' 신청서를 제출하면 유료 아이템과 기능을 무료로 사용 가능 Home Planner 홈페이지(https://www.homeplannerapp.com/ko) 접속 → [배우다] → [학교용]
공간 종류	거실, 주방, 욕실, 식당, 부엌, 사무실, 공부방, 옷장 등 다양한 공간 선택
평면도	• 샘플 템플릿(L자형, 직사각형 등) 활용 • 백지 상태에서 벽을 그려 설계 • AR(증강현실)을 활용한 공간 스캔 및 자동 평면도 생성 • 방 사진을 활용하여 평면도 생성
아이템	가구, 조명, 소품 등 15만여 개의 아이템 제공 ※ 'PRO' 표시 아이템은 유료이나 '학교용' 신청 시 모두 사용 가능
AI 리디자인	원하는 특정 가구 사진을 AI로 리디자인하여 3D 도면에 배치(뒤에 제시된 예시 참고)
AI 디자이너	AI 디자이너에게 궁금한 점을 문답 형식으로 질의 가능
도면 변환	3D 도면을 AI 도면 또는 HD 버전으로 렌더링하는 기능은 기본적으로 1회만 무료 제공되며, 이후에는 유료로 전환됨 ※ '학교용' 신청 시 사용 가능

에듀테크	Home Planner 앱을 활용한 공간 설계 수행 과정

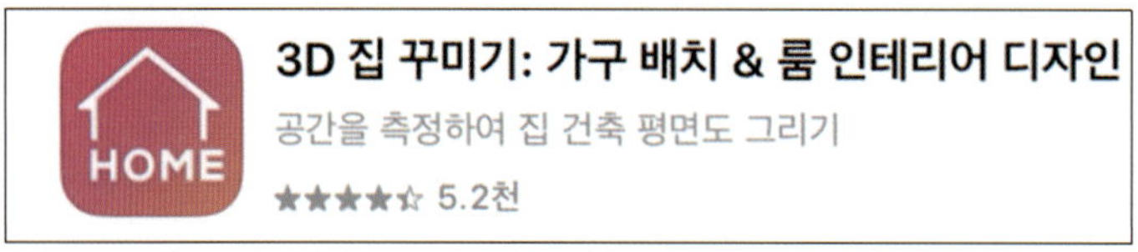

Home Planner 앱 설치(무료)

※ 스마트폰, 태블릿 PC, PC에서 모두 실행 가능

↓

↓

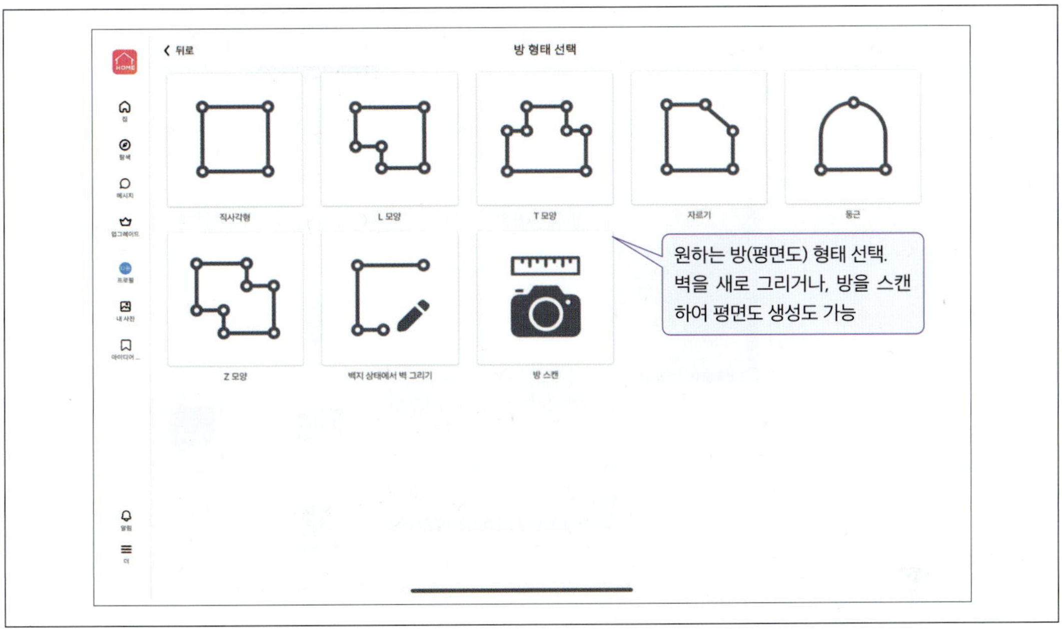
뒤로
방 형태 선택
직사각형
L 모양
T 모양
자르기
둥근
Z 모양
백지 상태에서 벽 그리기
방 스캔
원하는 방(평면도) 형태 선택. 벽을 새로 그리거나, 방을 스캔하여 평면도 생성도 가능

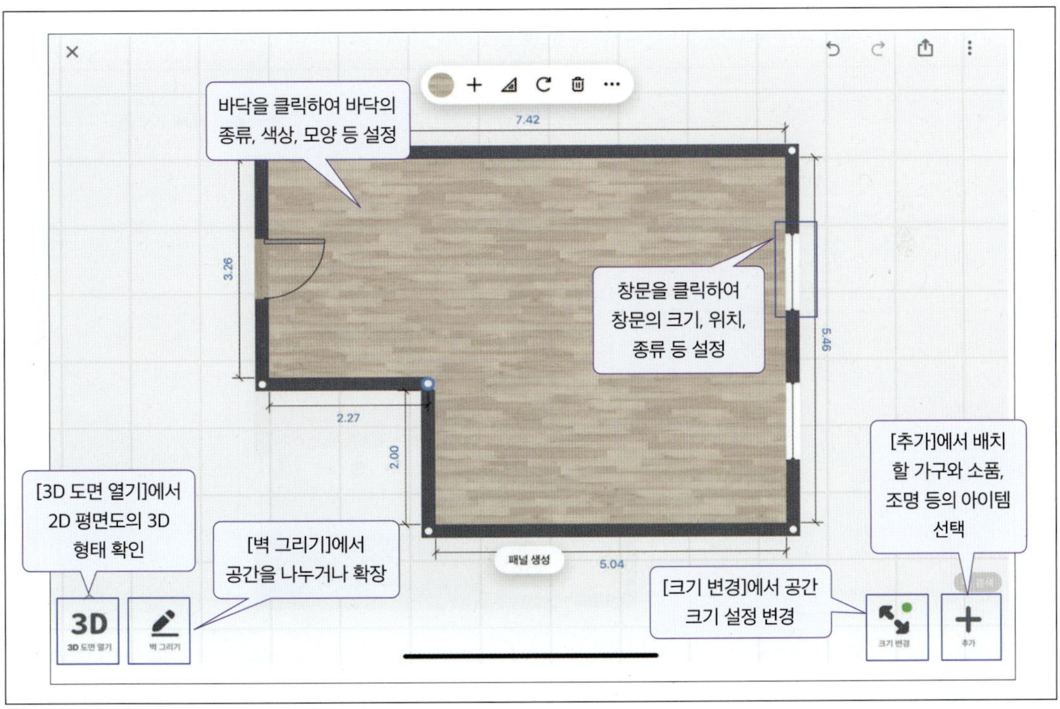
바닥을 클릭하여 바닥의 종류, 색상, 모양 등 설정
7.42
3.26
창문을 클릭하여 창문의 크기, 위치, 종류 등 설정
5.46
2.27
2.00
[3D 도면 열기]에서 2D 평면도의 3D 형태 확인
[벽 그리기]에서 공간을 나누거나 확장
패널 생성
5.04
[크기 변경]에서 공간 크기 설정 변경
[추가]에서 배치할 가구와 소품, 조명 등의 아이템 선택
3D
3D 도면 열기
벽 그리기
크기 변경
추가

거실
[추가]를 클릭하여 배치할 아이템 들을 탐색하여 선택
※ 'PRO' 표시 아이템은 유료 결제 후 사용 가능
7.42
3.26
2.27
2.00
5.04

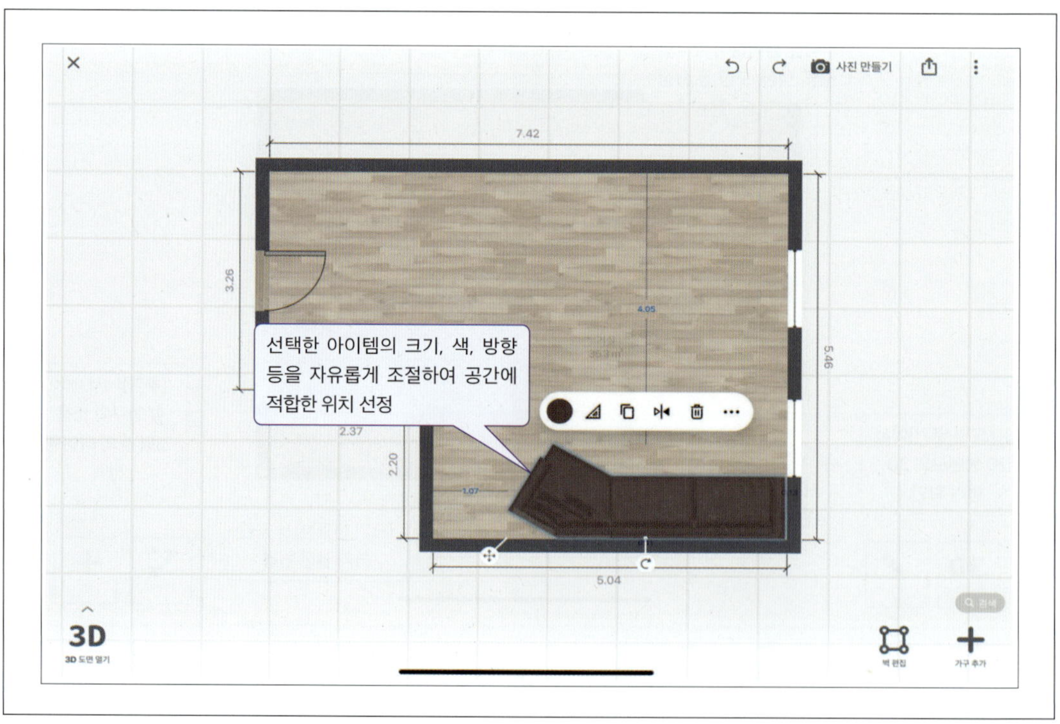
사진 만들기
선택한 아이템의 크기, 색, 방향 등을 자유롭게 조절하여 공간에 적합한 위치 선정
7.42
3.26
5.46
2.20
5.04
3D
3D 도면 열기
벽 편집
가구 추가

거실
더
즐겨찾기
NEW
신착
갤러리에서 선택
최근
카테고리
내 아이템
주석
디자이너 (AI)와 대화하기
[추가] → [더] 클릭 후, 하위 메뉴의 [갤러리에서 선택] 기능을 이용하여 원하는 가구 사진을 불러오면, 평면도에 직접 배치할 수 있도록 3D 모델로 자동 변환
가구 사진 → 3D 변환

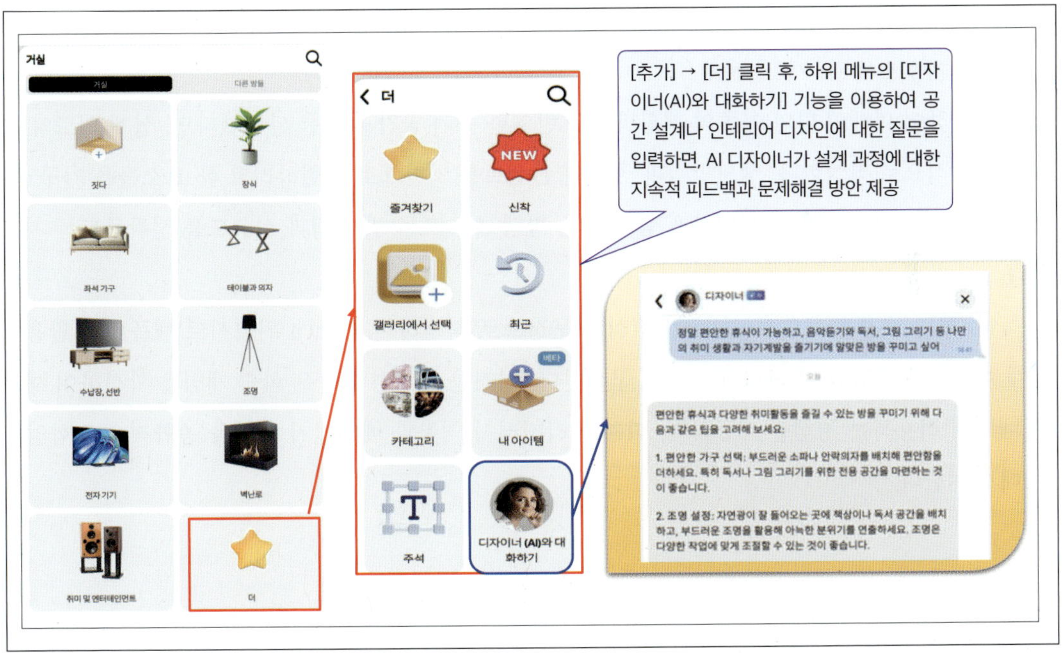
거실
더
즐겨찾기
NEW
신착
갤러리에서 선택
최근
카테고리
내 아이템
주석
디자이너 (AI)와 대화하기
[추가] → [더] 클릭 후, 하위 메뉴의 [디자이너(AI)와 대화하기] 기능을 이용하여 공간 설계나 인테리어 디자인에 대한 질문을 입력하면, AI 디자이너가 설계 과정에 대한 지속적 피드백과 문제해결 방안 제공
디자이너
정말 편안한 휴식이 가능하고, 음악듣기와 독서, 그림 그리기 등 나만의 취미 생활과 자기계발을 즐기기에 알맞은 방을 꾸미고 싶어
편안한 휴식과 다양한 취미활동을 즐길 수 있는 방을 꾸미기 위해 다음과 같은 팁을 고려해 보세요:
1. 편안한 가구 선택: 부드러운 소파나 안락의자를 배치해 편안함을 더하세요. 특히 독서나 그림 그리기를 위한 전용 공간을 마련하는 것이 좋습니다.
2. 조명 설정: 자연광이 잘 들어오는 곳에 책상이나 독서 공간을 배치하고, 부드러운 조명을 활용해 아늑한 분위기를 연출하세요. 조명은 다양한 작업에 맞게 조절할 수 있는 것이 좋습니다.

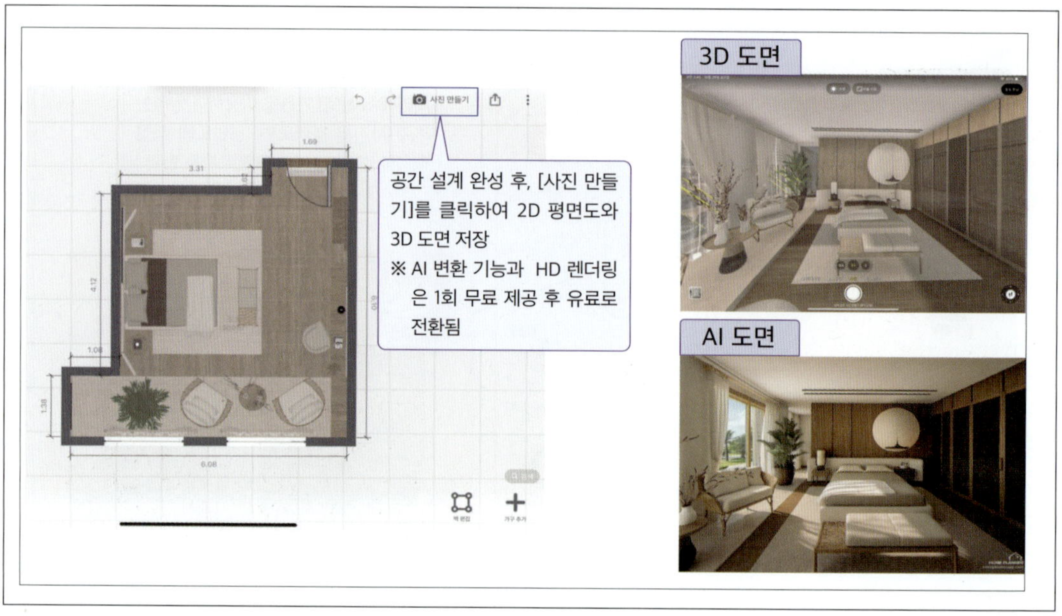

㉡ 공간 설계 워크시트로 재구성하기

앱을 활용하여 미래의 나와 가족의 생활방식을 반영한 주거 공간 설계를 완성했다면, 설계 의도와 목적을 구체적으로 작성한다. 생활방식과 공간의 콘셉트를 기반으로 구현하려고 한 요소들을 가구·아이템별 또는 공간 영역별로 설명하게 함으로써, 학생 스스로 수행 과정과 성취도를 성찰하도록 지도한다.

특히, 설명 내용은 도슨트(docent) 형식의 문장으로 작성하며, Canva 워크시트 템플릿을 활용해 설계 이미지와 결합한 한 장의 포스터로 구성한다. 이러한 재구성 활동은 학습 개념을 확장하여 새로운 매체에 적용하는 경험을 제공하며, 디지털 리터러시 역량과 메타인지 능력을 종합적으로 함양하는 데 기여한다.

에듀테크 | Canva 워크시트를 활용한 주거 공간 설계 완성본과 설명 구성

© Padlet에 게시하여 자유롭게 감상하며 피드백하기

완성본과 의도가 구성된 워크시트를 학급 Padlet에 게시하여 학생들이 함께 공유하고 감상하도록 한다. 다양한 공간 설계 이미지와 의도를 접하면서, 나와 다른 타인의 시선과 생각으로 확장되는 과정에서 창의성이 촉진되고 시각적 표현력이 향상될 수 있다.

또한 서로의 작품을 보며 "왜 이렇게 구성했는가?"를 질문하고 설명하는 과정을 통해 동료학습이 이루어지며, 상호존중하는 태도를 기를 수 있도록 지도한다.

(4) 수업 효과

본 수업은 주거 공간이라는 생활과 밀접한 요소를 학생이 주체적으로 구성하고 설계해 나감으로써 생활자립역량과 문제해결력을 증진시키는 방향으로 진행되었다. 실제 생활과 연계된 과제 해결과 디지털 제작 경험을 통해 공간 분석에서 시각화 및 성찰로 이어지는 통합적 수행을 가능하게 하며, 이를 통해 디지털 리터러시와 자기표현역량을 동시에 신장할 수 있다.

특히, 3D 기반 설계 활동은 조닝, 동선, 가구 스케일 등 추상적인 개념을 실제에 가깝게 구현하는 과정에서 절차적 지식과 개념적 지식을 연결하는 전이를 촉진한다. 또한 수납의 효율적 방안과 정리 전략을 함께 수립하는 과정에서 생활자원을 관리하는 습관을 자연스럽게 형성할 수 있다.

설계 완성본에 담긴 의도를 성찰하여 서술하고 이를 워크시트 형식으로 재구성하는 활동은 정보의 선택, 요약 및 재배치를 통해 논증적 사고를 높인다. Padlet을 기반으로 수행 전(인테리어 디자인 레퍼런스 공유)과 수행 후(완성본 워크시트 공유)에 각자가 구성한 자료를 공유함으로써, 창의적인 아이디어를 확장하고, 대안습득역량을 강화할 수 있다.

이러한 종합적 수행에 기반한 활동은 개인의 실천적문제해결능력 향상뿐만 아니라 타인과의 공감, 존중, 협력하는 태도를 함양하는 데 기여한다.

3) 평가

본 수업의 평가는 성취기준 [9기가02-09] '효율적인 주거 공간 구성 방안을 탐색하여 자신의 생활에 적합한 주거 공간 구성에 활용한다'에 근거하여, 수업 구성의 목적과 효과가 충분히 측정될 수 있도록 설계하였다.

수행 산출물은 ① 설계 완성본 이미지 5장(여러 각도), ② 설계 워크시트(완성본과 설명을 함께 구성한 파일)로 구성하여 구글 클래스룸(Google classroom)으로 수합한다. 이러한 평가 기준의 구체적인 적용 방식은 표 3-11과 같다.

4) 마치며

본 수업을 운영하며 단순히 3D 기반 프로그램의 기능을 익히는 것을 넘어, 에듀테크를 활용한 교수·학습 활동을 통해 학생들의 주체적인 주거 가치관 형성을 돕는 강력한 도구가 될 수 있음을 확인하였다. 학생들은 Home Planner 앱으로 자신의 생활방식을 3D 공간에 직접 구현하고 수정하는 과정에서 효율적인 공간 구성의 원리를 실천적으로 체득하였다.

또한 Canva와 Padlet을 활용해 동료들과 설계 의도를 공유하고 피드백을 주고받는 모습에서 디지

표 3-11 미래에 살고 싶은 주거 공간 설계하기 평가 루브릭

평가 요소 \ 평가수준	A	B	C	D	E
① 생활방식과의 관련성	생활방식이 구체적으로 충분히 설정되었고, 공간의 주제와 명확히 연결하여 반영함	생활방식이 구체적으로 설정되었고, 공간의 주제와 대체로 일관되게 반영함	생활방식이 설정되었고, 공간의 주제와 일부 연결됨	생활방식의 설정이 미흡하고, 공간의 주제와 연결성이 약함	생활방식이 설정되지 않았고, 공간의 주제와 연결성이 없음
② 공간의 효율적 구성	동선이 충돌되지 않고 충분히 확보되었으며, 공간을 전체적으로 충분히 효율적으로 구성함	동선이 확보되었으며, 일부 공간을 제외하고 대체로 효율적으로 구성함	충돌되는 동선이 있고, 비효율적으로 사용되는 공간으로 구성된 영역이 있음	충돌되는 동선이 2군데 이상 있고, 공간의 영역 배치와 가구 구성이 비효율적임	동선이 충돌되고 공간을 충분히 활용하지 못함
③ 가구 및 아이템의 조화	가구와 아이템의 종류와 특징이 공간의 주제와 조화롭게 구성되어 배치되고 시각적 완성도가 높음	가구와 아이템의 종류와 특징이 공간과 다소 조화롭지 못한 부분이 있으나, 시각적 완성도가 있음	가구와 아이템의 기능은 충족하나, 공간과 조화롭지 못하고 시각적 완성도가 미흡함	가구와 아이템이 불균형한 부분이 다수 존재하고, 공간과의 조화가 부족함	가구와 아이템을 충분히 활용하지 못하고 공간의 특징과 동떨어져 있음
④ 설계 의도의 구체성	선택 이유와 공간에서의 효과 및 보완이 논리적이고 합리적으로 서술됨	선택 이유와 공간에서의 효과가 명확하게 서술되었으나, 보완이 다소 미흡함	선택 의도는 전달되나 구체적인 설명이 미흡하여 효과와 보완점을 파악하기 어려움	선택 의도가 단편적으로 서술되고 이유가 불분명함	선택 의도와 관련된 서술이 거의 없고 단편적임
⑤ 디지털 시민성	활용한 이미지에 모든 출처가 명시되어 있고 패들릿에 예의 있게 피드백을 제시함	이미지 출처 표기가 명확하고, 패들릿에 피드백을 남김	이미지 출처 표기가 미흡하고 패들릿에 남긴 피드백이 부족함	이미지 출처가 누락되거나 불분명하고, 패들릿에 남긴 피드백에 성의가 없거나 부족함	이미지 출처 표기 없이 무단 사용하고, 패들릿에 피드백을 제시하지 않거나 무례하게 남김

털 리터러시와 자기표현역량 및 협력적 소통역량의 성장을 엿볼 수 있었다. 결과적으로 본 수업 설계는 학생들이 주거환경을 스스로 개선해 나가는 주거 디자인 리터러시를 함양하고, 미래의 삶을 주도적으로 설계해 보는 의미 있는 성찰의 시간이 되었다.

참고자료	자신의 생활에 적합한 내 방 공간 구상하기

생각키우기 자신의 생활에 적합한 내 방 공간 구상하기 지식·이해 가치·태도

1 내가 만들고 싶은 공간 이미지를 종이에 한 단어로 적어 보자.(유사한 이미지를 적은 사람끼리 모둠을 구성한다.)

2 현재 자신의 방을 살펴보고, Y 차트에 정리해 보자.

- 모둠원은 붙임쪽지에 공간의 좋은 점, 공간의 문제점, 공간에 추가하고 싶은 점을 2가지씩 적어 붙인다.

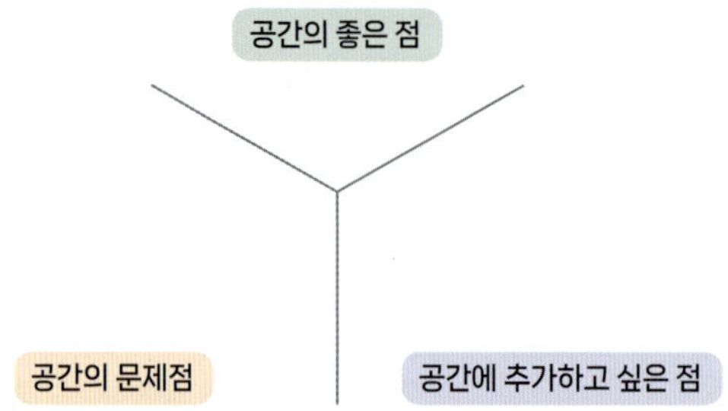

3 2의 분석 활동에서 가감창제할 것을 정리한다.

가(더할 것)	감(줄여야 할 것)	창(새롭게 해야 할 것)	제(제거해야 할 것)

4 인터넷이나 잡지, 책을 보고 자신이 만들고자 하는 공간에 적용할 수 있는 아이디어를 탐색한다.

5 2, 3, 4의 활동에서 얻은 아이디어를 공간에 어떻게 반영할 수 있을지 공유 자료를 준비한다.(아이디어 스케치는 모두가 이해할 수 있도록 글과 그림으로 표현한다.)

6 대략적인 스케치를 한 다음 인테리어 프로그램(코비하우스 VR 앱, 플로어 플레너 앱 등)을 활용하여 공간을 구체적으로 표현한다.

7 모둠별 활동 결과를 공유한다.

출처: 유난숙 외(2025). 중학교 기술·가정②, 교문사, p.117

4. 전환기 진로 설계 - 나의 진로, my site

1) 수업 개요

과목	기술·가정	대상	중학교 2학년
단원	I. 인간 발달과 주도적 삶 1. 진로 설계 1) 진로 탐색 2) 진로 설계		
학습 내용	▸ 개념학습: 진로 탐색과 전환기 ▸ 설계 • 나에 대한 이해를 바탕에 둔 진로 설계 • 직업 적성, 직업 흥미, 직업 가치관 ▸ 탐색: 직업 관련 정보 탐색과 선택, 상급 학교 정보 탐색과 선택 ▸ 진로 포트폴리오 제작 및 발표회: 진로 포트폴리오 제작·발표		
학습 목표	• 전환기 탐색 및 자기 이해를 바탕으로 전 생애적 관점에서 진로 설계의 의미를 이해하고 설명할 수 있다. • 진로 설계의 중요성을 알고 자신의 적성에 맞는 진로를 설계할 수 있다. • 자신을 정확하게 알고 직업 세계를 바르게 이해하여 스스로 진로 계획을 세우고 실천할 수 있다.		
에듀테크	• 플랫폼: 구글 클래스룸(Google Classroom) • 결과물: 구글 사이트(Google Sites) 도구 • 학습 활동: AI 이미지 도구(ChatGPT, Nano Banana, Canva 등)		

가정과교육과정의 '인간 발달과 주도적 삶' 영역은 '발달'과 '관계'라는 핵심 개념을 중심으로, 학습자가 일상생활을 성찰하고 자신의 삶을 주도적으로 설계할 수 있도록 구성되어 있다. 본 수업은 이러한 교육과정의 취지를 반영하여, 학생들이 전 생애적 맥락에서 자기주도성을 발휘하며 문제를 해결하고 삶을 설계하는 경험을 할 수 있도록 설계되었다. '자기주도성'은 인간 발달 과정에서 건강한 삶을 계획하고 실행하는 데 필요한 핵심 역량으로, 이를 배우고 실천하는 경험은 학생이 자신의 삶을 능동적으로 조형하고 성장으로 나아가는 데 필수적이다.

본 수업은 프로젝트형 학습으로 구성되며, 학생들이 자신·환경·직업 세계를 탐색하고, 전환기의 진로 선택을 위해 필요한 자료를 직접 찾아 분석하도록 설계하였다. 이러한 경험을 통해 학생들은 지금 자신이 해야 할 일을 명확히 인식하고 실천 동기를 얻는다. 나아가, 탐색과 설계의 전 과정을 개별 포트폴리오로 기록하고 공유함으로써 자신의 생애 방향을 성찰하고, 학습 내용을 삶의 나침반으로 활용할 수 있다.

전환기 청소년의 특성상, 고등학교 입시와 과목 선택이라는 중요한 기로에 놓여 있기 때문에 상급학교 진학 체계와 고교학점제에 대한 이해가 필수적이다. 현재 일부 학교에서는 기술·가정 교사의 부재나 진로·선택 과목 안내 과정의 한계로 인해, 학생들이 생활과학 계열 과목을 포함한 다양한 선택 과목에 접근하기 어려운 경우가 발생하고 있다. 이러한 문제는 고교학점제의 핵심 가치인 학생 선택 중심 교육과정이 실제 학교현장에서 충분히 구현되지 못하게 하는 요인으로 지적된다.

따라서 중학교 단계에서부터 고교학점제의 구조와 선택 과목의 특성을 이해하도록 지도하는 것은 매우 중요하다. 본 진로 설계 단원에서는 학생들이 주변 고등학교의 교육과정 개설 현황을 탐색하고, 원하는 과목이 개설되어 있지 않을 경우 학교에 개설을 요구하는 절차를 이해하도록 한다.

이를 통해 학생들이 고1 과정에서부터 자신에게 필요한 교과를 선택할 기회를 스스로 확보할 수 있도록 돕는 데 의의가 있다. 이러한 준비는 실제 상급 학교 지원이 본격적으로 이루어지는 중학교 3학년 이전, 즉 중학교 2학년 시기에 이루어지는 것이 가장 효과적일것이다

표 3-12 선택 과목 재구조화를 위한 정책적 노력 및 지원에 대한 전문가 협의회 내용

구분	영역	응답 내용
정책적 노력과 지원	기술	• 현재의 교과 병합 상태에 따른 학습권 침해에 대한 문제 사례 조사 필요 • 교과 중요성 홍보 정책이 요구됨 • 다양한 채널의 인터뷰와 학습 담임을 통하여 구체적 자료 확보 • 사례를 통한 비교 연구 실시 필요 • 학생들에게 긍정적인 인식 제공의 지원 대책 마련 • 교사 역량 강화를 위한 연수 및 자료 제공 • 우수 고등학교· 기술교사 활동 홍보 및 연구 수행 지원 • 교과 수급에 따른 학교 이동 문제 및 공동교육과정 개설 지원 • 온라인 콘텐츠 개발을 통한 교사 미설치 문제해결 해소 필요 • 인접 대학 및 위탁교육기관의 활용 방안 모색
	가정	• **학생들의 요구가 있으면 과목이 개설될 수 있도록 수요조사를 의무화**하고, 교사가 필요할 경우 교사를 충원하거나 과원교사를 배치하는 방안 필요 • 단위학교별 기술 또는 가정교사가 소수 존재하므로, 선택 과목 지도를 위한 지역 기반 자율적 교사 학습공동체 지원 필요 • 고교 교사와 대학 전문가들의 교류를 통해 선택 과목 지도에 도움이 되도록 인적 네트워크를 구축해야 함 • **고교학점제 운영과 학교에 안정적 정착을 위해 교사 연수 강화** • 수능과목이 아닌 과목을 선택해도 평가상 불이익이 없도록 지원 및 관련 연구 필요 • 선택 과목이 대학 진학 시 관련 전공인 경우 대학에서 가산점을 주는 방식 도입

출처: 임윤진, 권유진(2019). 고등학교 기술·가정과 선택 과목 운영 실태 및 재구조화 방안, 한국교육과정평가원 연구 보고 RRI 2019-1

이러한 내용을 바탕으로 한 중학교 가정교과의 진로 설계 단원 교육과정 실행은, 표 3-12에서 제시하고 있듯이 학생들의 과목수요조사가 보다 의미 있게 진행되도록 돕고, 고교학점제 운영을 위한 선택 과목에 대한 중학교 가정교사의 이해도를 향상시키는 데 기여할 것이다.

수업 운영에서는 디지털 도구 활용을 적극 도입하였다. 학생들은 Canva와 ChatGPT AI를 활용해 자신의 '행복한 미래 일상 장면'을 이미지로 제작함으로써 막연한 미래를 구체적으로 시각화하고 동기 부여를 받을 수 있다. 이렇게 구체화된 미래 장면을 실현하기 위한 과정은 Google Sites 도구를 활용해 단계적으로 기록·축적하며, 이를 포트폴리오로 구성해 공유하도록 하였다.

학습의 전 과정에서 학생들은 자신을 둘러싼 환경과 관계 속에서 자신의 모습을 성찰하고, 목표한 행복한 미래에 도달하기 위해 현재 자신 앞에 놓인 선택지를 단계적으로 인지한다. 각 단계에서 필요한 역량, 준비사항, 자원을 확보하기 위한 전략을 수립함으로써 미래를 구체화하고, 그 과정 속에서 지금 자신이 해야 할 일을 명확히 파악할 수 있다.

이러한 에듀테크 기반 자기주도적 학습은 학생들이 수업 과정에서 주도적으로 디지털 도구를 활용해 역량 향상에 필요한 비계(scaffolding)를 제공받도록 돕는다. 또한 교사 및 동료와의 긍정적 상호작용을 통해 방향성 있는 추진력을 얻을 수 있다. 더불어, 학교 수업시간에 교사의 지도 아래 AI 활용의 윤리적 방안을 함께 경험하는 기회는 장기적으로 학생들이 인생의 긴 여정에서 AI를 건강하게 활용할 수 있는 토대를 제공하며, 디지털 전환 시대에 주도적인 삶을 살아가는 데 기여할 것이다.

2) 수업 설계

(1) 교육과정 분석

① 진로 설계 영역의 2022 개정 중학교 가정과교육과정의 내용 체계·성취기준 분석 및 내용 추출

표 3-13 2022 개정 중학교 가정과교육과정 내용 체계(진로 설계 관련)

<table>
<tr><td>영역</td><td colspan="3">인간 발달과 주도적 삶</td></tr>
<tr><td>핵심 아이디어</td><td colspan="3">가정일과 생활 습관은 변화하는 일상에서 개인 및 가족의 요구와 문제를 해결해 나갈 수 있게 하면서 생활방식과 진로를 스스로 개척하고 성장하기 위한 바탕이 된다.</td></tr>
<tr><td rowspan="2">내용 요소</td><td>지식·이해</td><td>과정·기능</td><td>가치·태도</td></tr>
<tr><td>전환기 탐색 및 진로 설계</td><td>자기 이해에 기반한 진로 탐색과 설계하기</td><td>진로 설계의 중요성 내면화</td></tr>
<tr><td>성취기준</td><td colspan="3">[9기가01-07] 자기 이해를 기반으로 전 생애적 관점에서 진로 설계의 중요성을 인식하고, 자기 적성에 맞는 진로를 설계한다.</td></tr>
<tr><td>역량</td><td colspan="3">■ 실천적문제해결역량 ■ 생활자립역량 □ 관계형성역량</td></tr>
</table>

본 수업은 표 3-13과 같이 '가정일과 생활 습관은 변화하는 일상에서 개인 및 가족의 요구와 문제를 해결해 나갈 수 있게 하면서, 생활방식과 진로를 스스로 개척하고 성장하기 위한 바탕이 된다'는 핵심 아

이디어를 중심으로 구성되었다. 이는 학생이 단순한 직업 선택이나 상급 학교 선택을 넘어, 자신의 일상 속 생활방식을 변화시키며 성장하기 위한 도전으로서 진로를 고민하도록 돕는 데 목적이 있다.

'지식·이해' 영역에서는 자신의 발달 및 진로에 대한 탐색을 통해 전 생애적 관점에서 진로 설계의 중요성을 인식하고, 인생의 가치관과 직업 가치를 고려한다. 이를 바탕으로 학교급 전환기의 구체적인 진로 탐색을 통해 상급 학교 선택과 학습 및 생활을 위한 계획을 수립하여 새로운 환경에 안정적으로 적응할 수 있다.

'과정·기능' 영역에서는 자기 이해에 기반하여 진로를 탐색하고 설계한다. 이 과정은 단순한 개념 학습을 넘어, 자신에 대한 깊은 이해를 바탕으로 스스로 실천 가능한 방안을 마련하고, 지식이 실제 삶으로 전이되는 깊이 있는 학습의 기반이 된다.

'가치·태도' 영역에서는 앞선 탐색을 바탕으로 성장을 위한 진로 설계의 중요성을 이해하고 내면화할 수 있는 발판을 마련한다. 인생의 방향은 스스로 결정할 수 있다는 점을 확인하고, 발달 단계에 따라 미리 탐색하고 준비하는 적극적인 삶의 태도를 형성하는 생활자립역량을 함께 기른다.

이처럼 세 영역은 서로 영향을 주며, 학생이 자신의 발달을 이해하고 삶의 맥락을 성찰하며 진로 결정의 주체로서 자신의 삶을 설계하도록 돕는다. 이를 통해 변화하는 사회 속에서 지속적으로 자신의 진로를 개척할 수 있는 자립적 생활역량과 진로 개발 역량을 함양하게 된다.

② 교수·학습 방향 및 방법

본 수업은 개별 포트폴리오 누적을 기반으로 진로 포트폴리오를 작성하는 프로젝트 기반 학습(PBL)이다. 수업 과정은 모둠과 개별 단위로 운영되며, 학생들은 개별 포트폴리오를 완성해 가되, 그 과정에서 모둠이 함께 협력하고 의견을 나누며 과제를 수행한다. 학생은 '나의 진로, my site' 프로젝트를 수행하며 핵심 아이디어를 일상의 맥락 속에서 탐구하고 실천적문제해결역량을 기른다. 수업의 구체적인 단계는 그림 3-3과 같다.

진로 설계는 생애주기에 따라 흐름이 진행되는데, 청소년기 학생들의 특성상 전 생애의 흐름을 확인하는 동시에, 특히 중학교에서 고등학교로 이어지는 학교급 전환기에 초점을 맞추어 보다 상세한 설계와 분석을 지원하도록 하였다. 학생들은 추상적일 수 있는 자신의 미래 비전을 관련 데이터

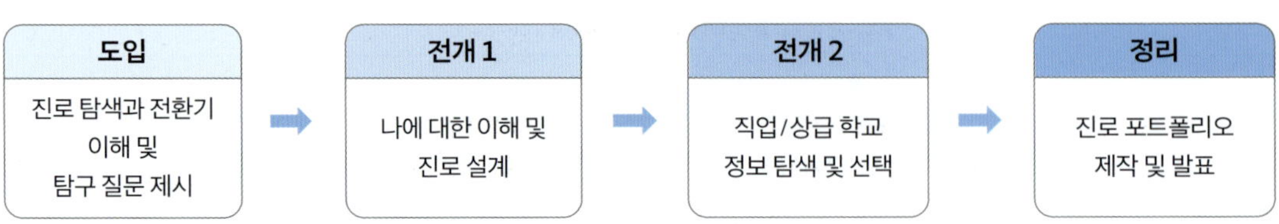

그림 3-3 진로 설계 프로젝트 기반 학습(PBL)의 교수·학습 단계

와 신문 기사를 바탕으로, '디지털 생활환경'으로 변화되는 사회 속에서의 '나의 행복한 일상'을 구체화하여 이미지로 그려본다. 이후 이러한 일상을 구축할 수 있는 기본적인 직업세계와 인생의 가치를 고려하며, 전환기에서 가질 수 있는 선택지를 확인하고 실천 방안을 구체적으로 탐색하도록 구성하였다.

이러한 과정을 통해 학생들은 단순히 추상적인 꿈을 그리는 것에서 나아가, 격변하는 현재 시점에서 학교와 가정에서 무엇을 해야 하는지 고민하며, 친구들과 공통의 고민을 공유하고 협력적으로 삶의 문제를 해결하는 경험을 쌓을 수 있다.

학생은 개별 과제로 Google Sites 도구를 활용해 자신의 진로 포트폴리오와 진학 계획을 체계적으로 정리한다. 모둠활동에서는 비슷한 고민을 지닌 학습자들이 공통의 문제의식을 나누며, 각자의 진로 방향을 꾸준히 기록해 나간다. 이를 바탕으로 모든 학생이 매 차시의 진로활동과 핵심 개념을 자신의 공간에 스스로 정리하고, 의도하는 미래의 일상과 의미 있게 연결할 수 있도록 설계하였다.

이러한 과정에서 학생들은 자기주도적인 인생 계획과 목표를 향한 선택지를 명확히 파악하고, 그 선택지 중 무엇을 선택해야 할지를 고민하며 현재 실천해야 할 과제를 발견하게 된다.

③ 평가 방법

본 수업의 평가는 학생이 자신의 삶의 구체적 장면에서 '행복'이라는 가치를 떠올리고, 이를 위해 전환기의 진로 탐색을 구체적으로 설계하며, 실제 삶의 맥락 속에서 진학과 성취, 생애 설계의 단계적 계획을 그려보는 진로 포트폴리오를 작성하는 것을 목표로 한다. 학생들은 행복한 장면을 구체적으로 표현하고, 이에 도달하기 위한 준비 과정과 생애주기별 과업, 학교급 전환기에서의 준비와 실제 선택 과정을 자료 탐색과 의사 결정을 통해 경험한다.

이러한 과제 구성은 학생들이 학습한 진로 설계의 기본 틀을 바탕으로 실제 상급 학교 선택에서 미래의 행복한 일상에 이르기까지 다양한 선택 기회를 미리 인지하게 해주며, 이에 필요한 준비 과정을 확인하고 "지금 여기에서 무엇을 시작해야 하는가?"에 대한 답을 스스로 찾도록 설계된 것이다. 이는 막연한 진로문제를 현실적이고 구체적이며 즉각적인 실천 수준으로 안내하면서, 동시에 자신의 진로 가치와 행복의 방향을 구체화하여 동기를 부여한다는 점에서 의미가 있다.

평가에서는 결과물의 완성도뿐만 아니라 모둠 내 협력 정도, 과정의 충실성, 자신의 인생에 대한 성찰의 깊이를 함께 고려한다. 이를 위해 자기평가와 동료평가를 병행하여 학생이 자신의 학습 과정을 되돌아보고, 타인의 작품을 객관적으로 바라볼 수 있도록 한다. 자기평가에서는 자신의 지향점을 확인하고, 노력의 방향, 실천 정도, 수행 결과와 성찰을 기록하며 학습 과정을 되돌아본다. 동료평가에서는 교사와 동일한 평가기준표를 활용해 타인의 결과물을 평가함으로써 공정성과 신뢰도를 확보한다.

본 수업에서는 진로 설계의 도우미로서 AI를 다양한 지점에서 활용하였다. ChatGPT와 같은 AI는 긍정적인 상담자로서, 학생의 역량에 적절한 질문을 더하거나 함께 분석하는 등 학습의 동반자이자 도구로 기능할 수 있다. AI는 기억력·창의력·참여도 향상에 도움을 줄 수 있으나, 잘 알려진 바와 같이 할루시네이션(hallucination), 과도한 의존, 인지적 부담 전가, 비판적 사고력 저하, 기술 침식과 불안 증가, 부적절한 애착 형성, 인간의 주체성과 판단력 저하 등의 우려도 존재한다.

따라서 본 수업에서는 Riley 외(2025)가 제시한 'AI 활용 수업에서의 실천 원칙'을 준수하며, AI 도구를 학생의 학습 경험을 증진시킬 수 있는 영역에서 제한적으로 활용하였다(그림 3-4). 또한 중학생 수업임을 고려하여 점진적 자율성을 부여하되 윤리적 사용법 교육을 강화하고, 진로 설계의 보조 도구로 활용하도록 설계하였다.

보완적 사용 (complementary use)	AI는 교사와 교재의 대체재가 아니라 보완재이다.
비판적 수용 (critical acceptance)	AI의 결과를 무비판적으로 받아들이지 않도록 지도한다.
균형 잡힌 의존 (balanced dependency)	효율성과 자립성의 균형을 유지한다.
정서적 안전 (emotional safety)	학생의 감정적 웰빙을 우선한다.
지속적 성찰 (continuous reflection)	장기적 영향을 지속적으로 모니터링한다.

그림 3-4 AI 활용 수업에서의 실천 원칙 5가지

(2) 교수·학습 지도

수업 주제	전환기 진로 설계 - 나의 진로, my site
내용 요소	[지식·이해] 전환기 탐색 및 진로 설계 [과정·기능] 자기 이해에 기반한 진로 탐색과 설계하기 [가치·태도] 진로 설계의 중요성 내면화
성취기준	[9기가01-07] 자기 이해를 기반으로 전 생애적 관점에서 진로 설계의 중요성을 인식하고, 자기 적성에 맞는 진로를 설계한다.

(계속)

<table>
<tr><td>유의사항</td><td colspan="3">본 활동은 중단원의 내용을 통합하는 프로젝트로, 앞선 차시에 학습한 진로 설계 과정과 결과를 Google Sites 도구를 활용하여 포트폴리오로 만들어 자신의 진로 탐색과 설계 과정을 종합하여 성찰하는 데 목적이 있다.
수업은 8차시 표준안을 기본으로 구성하되, 학교 상황이나 학습자의 수준에 따라 차시를 조정하거나 활동 범위를 확장하여 운영할 수 있다.
특히, 변화하는 세상에 대한 인지와 자신에 대한 이해를 바탕으로 자신의 진로 성숙도, 진로 적성, 진로 가치관을 확인하고 전환기 적응에 필요한 상급 학교 정보와 직업 정보를 탐색하여 청소년기에 할 수 있는 일상의 실천을 수행하는 동기를 부여하는 데 중점을 둔다.</td></tr>
<tr><td rowspan="5">교수·학습 과정</td><td>차시</td><td>교수·학습 활동</td><td>활동 자료 및 도구</td></tr>
<tr><td>1~2</td><td>▸ 생각 열기: AI 등장 이후의 세계와 고용 그래프
'ChatGPT 등장 이후 산업성장과 고용 그래프'를 통해 AI시대의 세계와 진로에 대한 질문을 던짐
• 변화하는 시대, 진로 탐색의 필요성
• ChatGPT 활용 진로 탐색
▸ 개념 정리: 진로 설계의 중요성 – 협동학습
• 변화하는 시대, 진로 탐색의 필요성
• 행복은 어디로부터 오는가?(모둠활동)
• 인생 가치관 경매(학급활동)</td><td>■ 교과서, Google Classroom, Google Slides, 신문 기사, ChatGPT[1] 진로 탐색 도우미
■ 경매 도구</td></tr>
<tr><td>3~4</td><td>▸ 나에 대한 이해: 진로 설계의 의미와 과정 – 개별학습
• 진로 성숙도 검사: 진로에 대한 자기 이해가 부족한 경우
• 직업 적성 검사: "내가 잘할 수 있는 일은 무엇인가?"
• 직업 가치관 검사: "내가 만족할 수 있는 일은 무엇인가?"
▸ AI 활동 – 개별학습
• AI를 활용하여 자신의 미래 일상 속 행복의 한 장면을 직업적 특징과 인생 가치관이 나타나도록 이미지로 표현
• 생성형 인공지능 결과물을 재편집하여 자신의 해석을 시각화</td><td>■ 교과서
■ Google Classroom. ChatGPT · Nano-banana 등 생성형 AI</td></tr>
<tr><td>5~6</td><td>▸ 상급 학교 정보 탐색: 다양한 고등학교 이해, 주변 학교 교육과정과 고교 학점제 알아보기 – 협동학습
• 모둠별 고등학교 유형 탐색 및 진학 방법 공유
• 가정교과 선택 과목 소개
▸ 진로 포트폴리오 제작 준비: Google Sites 도구 활용 안내
• Google Sites 도구 활용법 익히기
• 저작권 · 표현 윤리 · 출처 표기 등 디지털 리터러시 점검
• 온라인 협업 예절과 디자인 편집 기법 안내</td><td>■ 교과서
■ Google Classroom, Google Slides, Google Sites 도구</td></tr>
<tr><td>7~8</td><td>▸ 진로 계획: Google Sites 도구를 활용한 진로 포트폴리오 완성 및 공유 – 개별학습
• Google Sites에 진로 탐색과 설계 과정을 포트폴리오로 작성
• 각 과정을 통해 새롭게 알게 된 것과 지금부터 앞으로 할 일에 대해 서술
• 구체적인 직업 분야를 정하지 못했거나 상급 학교 진학을 하지 않는 경우, 앞으로 경험하고 싶은 일과 잘할 수 있는 분야, 미래를 위해 준비할 것들에 대한 성찰
• 발표 및 상호 피드백을 통해 포트폴리오의 완성도와 실현 가능성 점검 · 응원</td><td>■ 교과서, Google Sites 도구</td></tr>
</table>

(3) 수업 진행

① 1~2차시 수업 진행

1차시는 진로 설계 단원에 들어가기 전, 'ChatGPT 등장 이후 산업성장과 고용 그래프'를 통해 앞으로는 산업의 성장과 함께 고용이 증가하던 기존 패러다임이 달라지고 있음을 확인하는 데서 시작한다. 이어 관련 영문 기사를 제시하여 "앞으로 이러한 변화 속에서 다양한 외국어 데이터를 활용하며 어떻게 살아가야 하는가?"라는 질문을 던지고, AI 기술 발달로 인한 변화가 AI 기술의 활용을 통해서도 해결 가능함을 인식하도록 한다.

학생들은 '행복은 어디로부터 오는가?'[1] 및 '인생 가치관 경매'[2] 등의 활동을 통해 자신이 추구하는 가치와 행복의 본질을 성찰하며 진로 탐색의 첫발을 내딛는다. 이어 ChatGPT의 '진로 탐색 도우미'를 활용해 생성형 AI와 대화하며 자신의 진로 탐색 방향을 가볍게 확인하고, 이후 수업을 통해 단계적으로 진로 탐색 과정을 수행하며, 최종적으로 개별 포트폴리오를 작성하게 됨을 안내한다. 이 과정에서 학생들은 진로에 대한 최신 정보나 자신이 조사한 내용에 대한 분석 등을 AI에게 물어가며 개별학습을 할 수 있다.

교사는 Google Classroom의 슬라이드와 문서를 활용하여 모둠활동 및 개별활동을 진행하고, 학생들은 모둠원과 의견을 나누며 자신의 생각을 정리한다. 인생 가치관 경매를 통해 자신과 친구들이 중요하게 여기는 가치도 공유한다. 이 과정에서 학생들은 급변하는 AI 기술 성장과 사회 변화 속에서 다음과 같은 질문을 탐색한다.

- AI 기술을 올바르게 활용하는 방법은 무엇인가?
- 인생의 가치와 행복은 무엇인가?
- 지금, 나는 무엇을 해야 하는가?

이러한 활동은 학생이 자신의 경험과 감정을 바탕으로 발견한 가치를 통해 자기 이해를 확장하고, 진로 탐색 및 설계의 배경을 설정하도록 돕는다.

모든 온라인 활동에서는 협업 예절을 함께 지도한다. 특히, 공동 작업 공간에서는 타인의 창작물을 존중하고, 수정 전 사전 동의를 구하는 디지털 관계 원칙을 실천하도록 한다. 이러한 경험은 일상생활 속 협력적 의사소통의 토대가 된다.

---

1 유난숙 외(2025). 중학교 기술·가정②, 교문사, p.13

2 유난숙 외(2025). 중학교 기술·가정②, 교문사, p.16
1~6번: 기본 가치/7~12번: 개인적 특성/13~18번: 관계와 내면/19~24번: 성취와 삶의 방식

생각 열기	'AI 등장 이후의 세계와 고용' 관련 영문 기사와 그래프

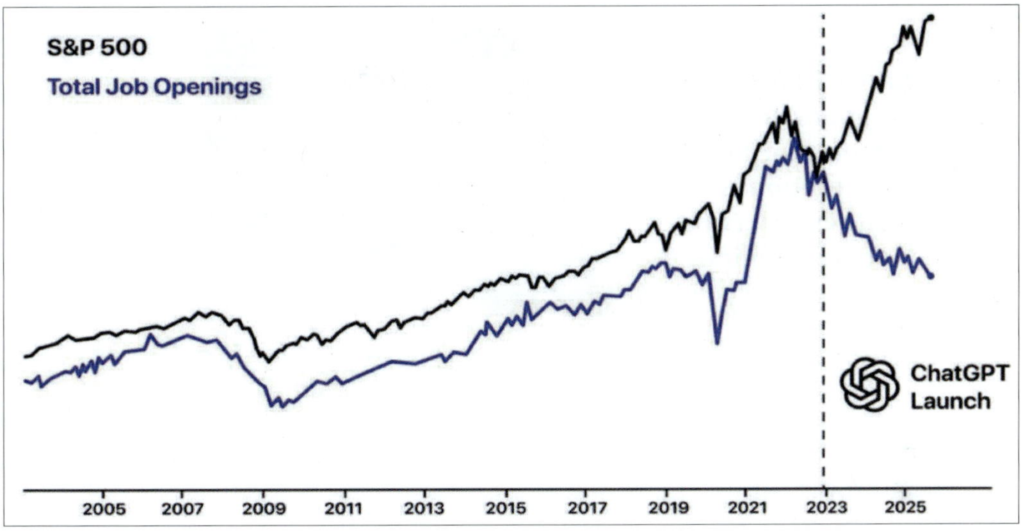

ChatGPT 등장 이후 산업성장과 고용 그래프

출처: FRED, "Deciphering the latest candidate for Scariest Chart in the World", @DKThomp X(Twitter), 2025. 10. 23. (benzinga.com 재인용)

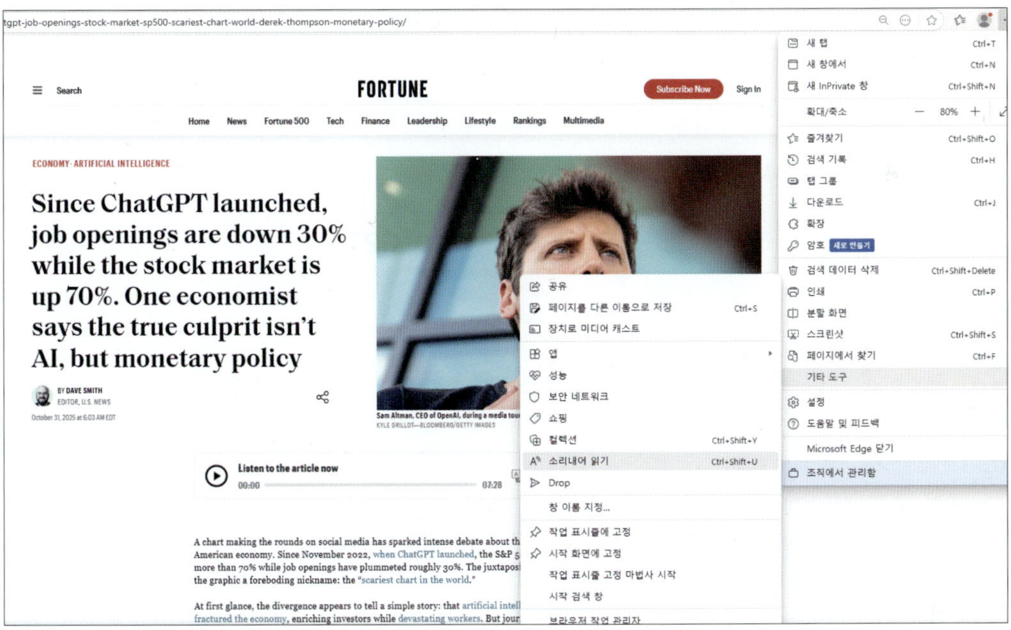

[영문 기사 읽어주기: Edge]

브라우저 옵션 → 기타 도구 → 소리내어 읽기

(계속)

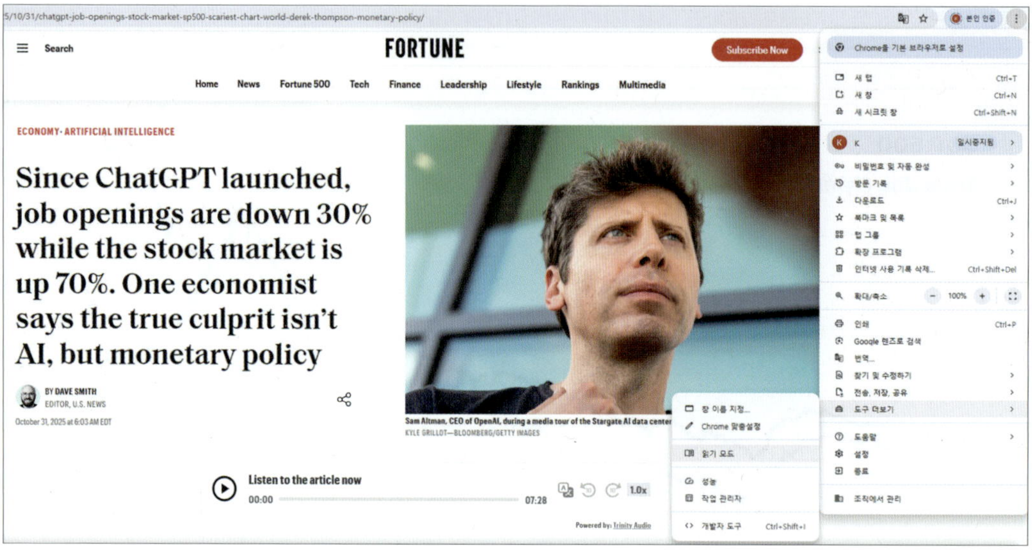

[영문 기사 읽어주기: Chrome]

브라우저 옵션 → 도구 더보기 → 읽기 모드 → play 버튼

에듀테크 | ChatGPT: GPT '진로 탐색 도우미' 챗봇/구글 Google Slides 협업

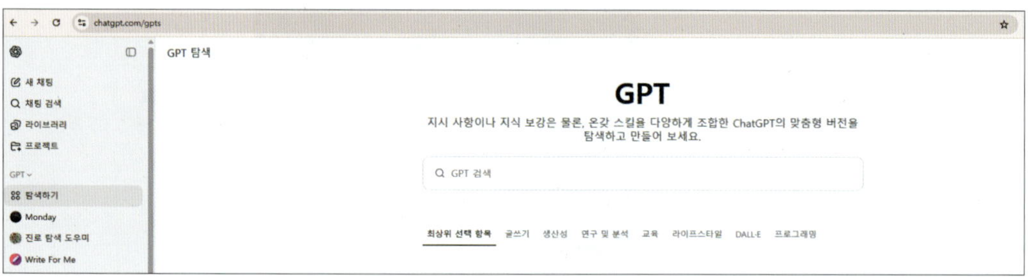

[GPT 진로 탐색 도우미 활용 안내]

ChatGPT → GPT 메뉴 → 탐색하기

다양한 교육 관련 챗봇을 활용할 수 있으며, '진로 탐색 도우미'를 선택하여 활용한다.

작성자: AKLABS

진로 탐색 도우미

작성자: AKLABS

진로 탐험가는 청소년들이 다양한 직업을 탐색하고, 맞춤형 학습 계획을 세울 수 있도록 돕는 상담 봇입니다.

진로에 대해 어떻게 생각하고 있나요?	10년 후 나의 모습은 어떻게 그려지나요?	당신의 강점은 무엇이라고 생각하나요?	미래에 어떤 직업이 유망할 것 같나요?

ChatGPT 진로 탐색 도우미 챗봇을 활용하여 간략한 진로 탐색 대화를 나누어 보고, 이번 단원에서 탐색할 내용을 개략적으로 확인한다.

⬇

질문 1. 진로에 대해 어떻게 생각하고 있나요?

진로에 대해 어떻게 생각하고 있나요?

좋은 질문이에요 🌱
저는 **진로**를 단순히 '직업을 선택하는 것'이라기보다는,
자신이 어떤 사람으로 성장하고 싶은지, 어떤 방식으로 세상에 기여하고 싶은지를 찾아가는 과정이라고 생각해요.

진로는 한 번 정하면 끝나는 게 아니라, 경험과 배움을 통해 계속 바뀌고 발전할 수 있는 거예요.
그래서 '지금 내가 어떤 일에 흥미가 있고, 어떤 가치를 중요하게 생각하는가'를 알아가는 게 첫걸음이죠.

이제 제가 당신의 생각을 조금 더 알고 싶어요 😊
👉 **당신은 진로를 어떻게 정의하고 있나요?**
(예를 들어 "나에게 진로는 안정적인 직업을 갖는 것"이라든지, "내가 좋아하는 일을 찾는 과정"이라든지, 자유롭게 이야기해 주세요.)

(계속)

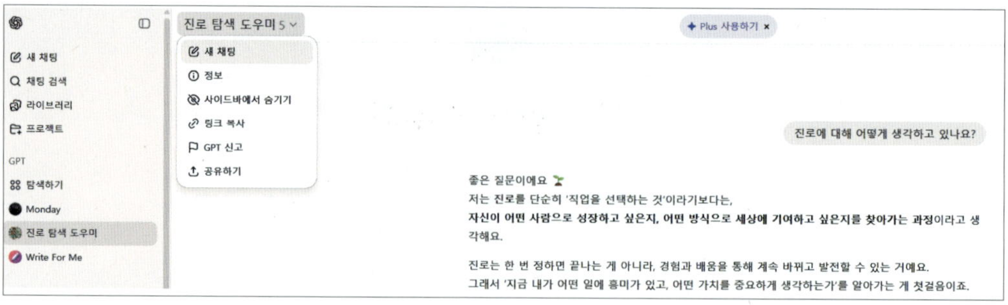

[메인 질문으로 이동 방법]

화면 상단 왼쪽의 '진로 탐색 도우미 5' 클릭 → 새 채팅

질문 2. 10년 후 나의 모습은 어떻게 그려지나요?

10년 후 나의 모습은 어떻게 그려지나요?

좋아요 😊 정말 멋진 질문이에요.

"10년 후의 나"를 상상해보는 건 진로 탐색의 첫걸음이에요. 지금 어떤 꿈을 가지고 있는지, 어떤 사람이 되고 싶은지를 떠올리면 앞으로의 방향을 잡는 데 큰 도움이 되거든요.

잠시 눈을 감고 상상해볼까요?

10년 후의 당신은 **어디에서, 무엇을 하며, 어떤 모습으로** 살고 있을까요?

예를 들어, "도시의 멋진 사무실에서 기획 일을 하는 나", "사람들에게 도움이 되는 일을 하는 나", "자유롭게 여행하며 창작하는 나" 등 어떤 모습이든 좋아요.

👉 당신이 상상하는 **10년 후의 나**는 어떤 모습인가요?

질문 3. 당신의 강점은 무엇이라고 생각하나요?

당신의 강점은 무엇이라고 생각하나요?

좋은 질문이에요 😊

저는 사람들의 **진로 고민을 함께 탐색하고, 스스로 답을 찾아갈 수 있도록 도와주는 것**이 제 가장 큰 강점이라고 생각해요.

특히 저는

- 당신의 **강점과 흥미를 발견하도록 질문을 이끌어내는 능력,**
- **미래 직업과 기술 변화에 대한 폭넓은 지식,**
- 그리고 무엇보다 **따뜻하게 격려하고 공감하는 태도**를 가지고 있어요.

하지만 저는 무엇보다도 **당신이 스스로 자신의 강점을 발견하는 걸 돕는 것**에 진짜 보람을 느낍니다.

그래서 이번엔 제가 물어볼 차례네요 😊

👉 당신은 스스로 **생각하기에 가장 큰 강점**이 무엇인가요?

(예를 들어, 꾸준함, 사람들과 잘 어울리는 성격, 창의적인 아이디어, 문제 해결력 등 다양할 수 있어요.)

+ 응, 나의 강점은~

(계속)

질문 4. 미래에 어떤 직업이 유망할 것 같나요?

미래에 어떤 직업이 유망할 것 같나요?

아주 좋은 질문이에요!
미래의 유망 직업을 미리 생각해보는 건 정말 현명한 선택이에요. 기술, 사회 변화, 환경 문제 등 여러 요인들이 직업 시장을 빠르게 바꾸고 있거든요.

2025년 이후 특히 성장 가능성이 높다고 예상되는 **유망 직업 분야**를 몇 가지로 나눠서 소개해드릴게요

1. 인공지능(AI) · 데이터 분야

AI는 이미 많은 산업의 중심에 서 있고, 앞으로 더 확장될 거예요.

- **유망 직업:** AI 엔지니어, 데이터 분석가, 머신러닝 전문가, AI 윤리 전문가
- **필요한 역량:** 수학, 프로그래밍(Python, R), 논리적 사고력
- **미래 전망:** 매우 밝음 (AI 관련 일자리는 앞으로 수십만 개 더 생길 것으로 전망돼요)

2. 환경·에너지 분야

기후 위기 대응이 전 세계적인 과제가 되면서, **친환경 산업**이 빠르게 커지고 있어요.

- **유망 직업:** 탄소중립 전문가, 재생에너지 엔지니어, 환경 컨설턴트
- **필요한 역량:** 과학적 사고, 지속가능성에 대한 관심, 협업 능력
- **미래 전망:** 정부와 기업의 투자 확대 → 꾸준한 성장 예상

3. 생명과학·헬스케어 분야

고령화와 맞춤의학의 발달로 **의료·바이오** 관련 일자리가 많아질 거예요.

- **유망 직업:** 바이오 연구원, 유전자 분석 전문가, 디지털 헬스케어 기획자
- **필요한 역량:** 생명과학, 데이터 해석 능력, 연구 태도
- **미래 전망:** 인간 수명 연장 기술과 함께 폭발적 성장 예상

4. 콘텐츠·크리에이티브 분야

AI가 도와주지만 **사람의 감성과 창의력**은 여전히 중요해요.

- **유망 직업:** 영상 크리에이터, UX/UI 디자이너, 게임 시나리오 작가, 메타버스 기획자
- **필요한 역량:** 스토리텔링, 디자인 감각, 디지털 기술 이해
- **미래 전망:** AI 도구와 함께 일하는 '창의직군'이 늘어날 것으로 예상돼요

5. 글로벌 비즈니스·사회 분야

언어와 문화를 이해하며 전 세계와 협력하는 능력도 점점 중요해지고 있어요.

- **유망 직업:** 국제 협력가, 글로벌 마케터, ESG 전문가
- **필요한 역량:** 외국어, 커뮤니케이션 능력, 문화 이해력

이제 궁금한 걸 여쭤볼게요
이 중에서 특히 관심이 가는 분야나 직업이 있나요?
(예를 들어 "AI 분야가 흥미로워요" 혹은 "환경 쪽이 [illegible]요"처럼 답해주시면, 그 분야에 맞는 세부 직업과 준비 방법을 알려드릴게요!)

+ 응 나는 바이브 코딩에 관심이 있어

↓

[15-1차시] 03.생애설계

내용 요소
전환기 탐색 및 진로 설계의 중요성
나의 행복과 인생 가치 찾기 활동

성취기준
[9기가01-07] 자기 이해를 기반으로 전 생애적 관점에서 진로 설계의 중요성을 인식하고, 자기 적성에 맞는 진로를 설계한다.

중학생을 위한 온라인 협업 예절
예의 바르게 말하기

- 온라인에서도 친구나 선생님께 존댓말을 사용합니다.
- 채팅이나 댓글에 감정적인 말이나 비속어를 쓰지 않습니다.

시간 약속 지키기

- 온라인 수업이나 모임은 제시간에 참여합니다.
- 약속된 시간에 과제나 발표 자료를 제출합니다.

소통은 명확하게

- 하고 싶은 말을 짧고 분명하게 표현합니다.
- 질문이 있으면 예의 있게 묻고, 답변을 기다립니다.

서로 존중하기

- 친구의 의견이 다르더라도 비웃거나 무시하지 않습니다.
- 함께 만든 결과물에는 모두의 노력이 들어 있음을 기억합니다.

온라인 매너 지키기

- 마이크는 사용할 때만 켜고, 배경 소음이 없도록 합니다.
- 화면 공유 전에는 불필요한 창을 닫고, 집중할 수 있는 환경을 만듭니다.

책임감 있게 행동하기

- 맡은 역할은 끝까지 책임지고 수행합니다.
- 문제가 생기면 숨기지 말고 팀원이나 선생님께 바로 알립니다.

감사와 칭찬 표현하기

- 함께한 친구들에게 "수고했어", "고마워" 같은 말을 자주 전합니다.

중2가정_4. 미래를 위한 생애 설...
Microsoft PowerPoint

진로탐색1차시_행복
Google Slides

ChatGPT - 진로 탐색 도우미
https://chatgpt.com/g/g-HVIODbMC

(계속)

[온라인 협업활동 안내]

Google Classroom → Google Slides → (학생별로 사본 제공)모둠별 협업

⬇

첫 번째 활동: '행복은 어디로부터 오는가?'(모둠활동)

- 모둠장은 자신의 과제를 아래와 같은 방식으로 공유 설정하여 수업 댓글에 게시한다.
- 모둠원은 자신이 속한 모둠의 댓글에 접속해 슬라이드를 공동 편집하며 협업한다.

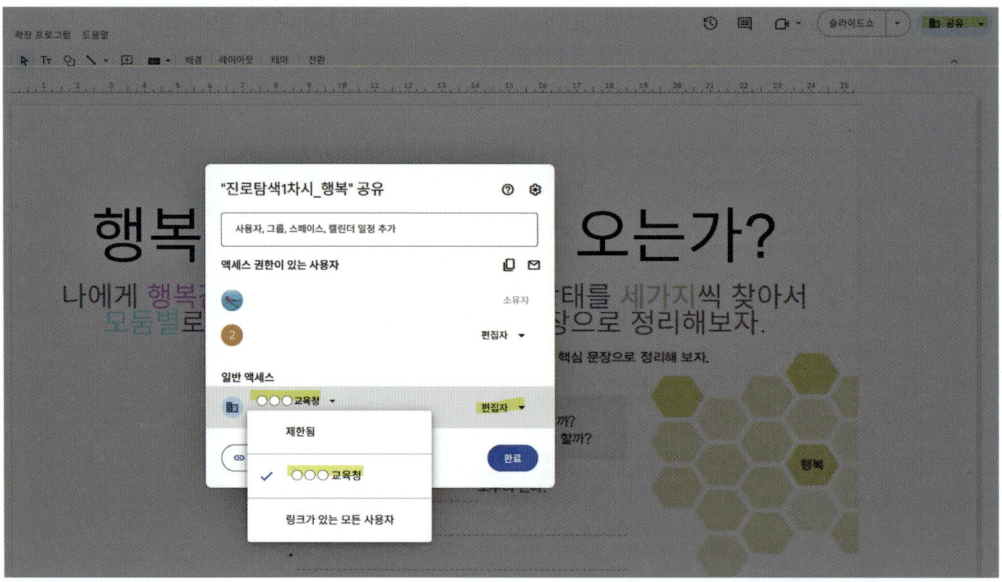

[공유 설정 방법]

(우측 상단) 공유 → 일반 엑세스: ○○○교육청(개인 계정의 경우 '링크가 있는 모든 사용자' 선택) → '뷰어'를 '편집자'로 변경 → 링크 복사

(계속)

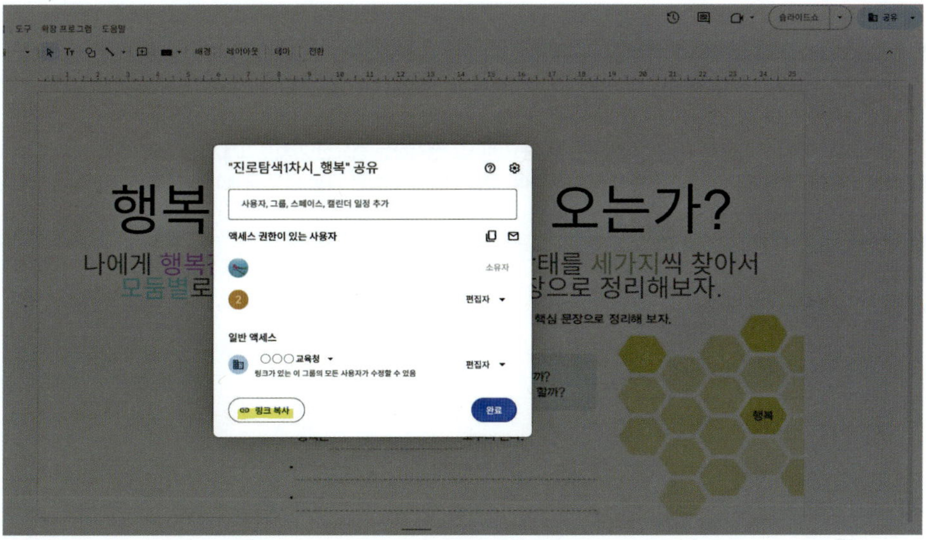

'링크 복사' 후 수업 댓글에 모둠별로 링크 게시 → 모둠원은 해당 모둠의 링크로 접속

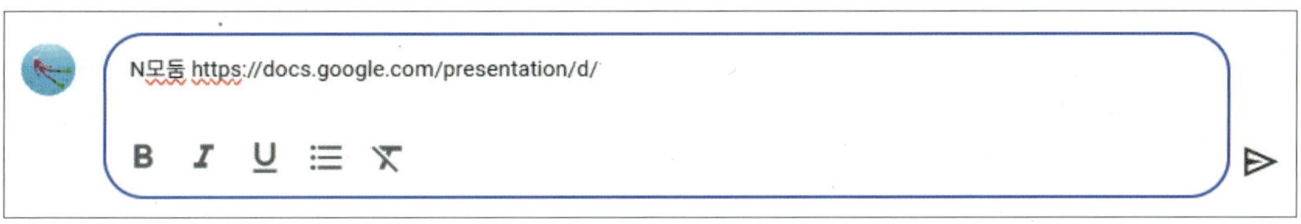

오프라인 활동 | 인생 가치관 경매하기

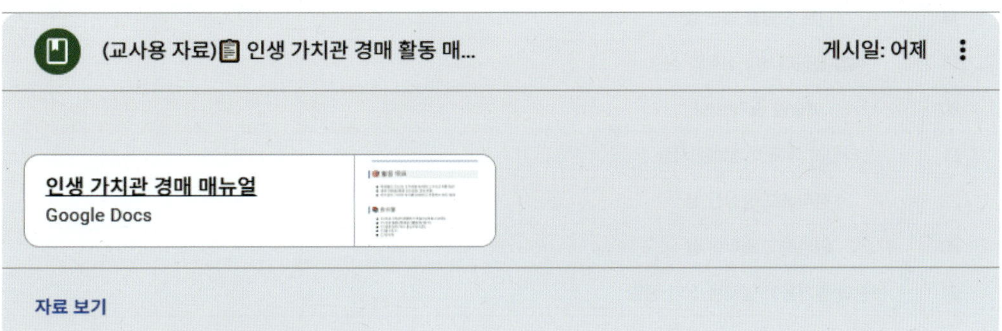

두 번째 활동: 인생 가치관 경매하기(학급활동)

(계속)

생각키우기 **인생 가치관 경매하기**

방법 인생의 가치 목록에서 자신이 살아가는 데 중요하다고 생각하는 중요한 가치를 3개 이상 골라 ○를 표시해 보고, 입찰 금액을 적는다. 합계 금액이 100만 원이 되도록 하며, 학급 경매를 진행한 다음 낙찰 금액이 가장 높은 사람에게 낙찰한다.

순번	인생의 가치 목록	중요한 가치	나의 입찰 금액	낙찰 금액	낙찰받은 사람
1	건강하게 오래 살기				
2	친구와의 진정한 우정				
3	사랑하는 사람과의 결혼				
4	100억 원대 자산				
5	노벨상을 탈 만한 업적				
6	세상을 변화시킬 수 있는 권력				
7	누구나 부러워할 외모와 매력				
8	종교적 믿음을 갖는 삶				
9	흥미로운 모험을 즐기는 삶				
10	사회 정의와 세계 평화				
11	누구의 간섭도 받지 않는 자유로움				
12	누구에게나 존경받는 사람				
13	누구나 알아볼 만한 유명인				
14	행복하고 따뜻한 가족				
15	지혜롭고 통찰력 있는 사람				
16	정열적인 사랑				
17	마음의 평화				
18	다른 사람을 돕는 삶				
19	직업 분야에서의 성취와 성공				
20	예술을 즐기는 삶				
21	타인에 대해 이해하는 사람				
22	정직하고 성실한 삶				
23	평범하고 소박한 삶				
24	보람과 즐거움이 넘치는 직업 생활				

출처: 유난숙 외(2025). 중학교 기술·가정②, 교문사, p.16

※ '인생 가치관 경매 매뉴얼(교사용)'은 북이오(www.buk.io)에서 이용하실 수 있습니다. (구매자 전용)

(계속)

생각키우기 + 인생 가치관 경매하기

방법 인생의 가치 목록에서 자신이 살아가는 데 중요하다고 생각하는 중요한 가치를 3개 이상 골라 ○를 표시해 보고, 입찰 금액을 적는다. 합계 금액이 100만 원이 되도록 하며, 학급 경매를 진행한 다음 낙찰 금액이 가장 높은 사람에게 낙찰한다.

순번	인생의 가치 목록	중요한 가치	나의 입찰 금액	낙찰 금액	낙찰받은 사람
1	건강하게 오래 살기			30만 원	
2	친구와의 진정한 우정			10만 원	
3	사랑하는 사람과의 결혼			90만 원	
4	100억 원대 자산		경합	90만 원	
5	노벨상을 탈 만한 업적			35만 원	낙찰
6	세상을 변화시킬 수 있는 권력			90만 원	
7	누구나 부러워할 외모와 매력		경합	45만 원	
8	종교적 믿음을 갖는 삶			5만 원	
9	흥미로운 모험을 즐기는 삶			50만 원	
10	사회 정의와 세계 평화				유찰
11	누구의 간섭도 받지 않는 자유로움			90만 원	낙찰

[인생 가치관 경매 결과]

학생들은 주로 다음 항목에서 높은 관심과 경합을 보였다.

- 3번: 사랑하는 사람과의 결혼
- 4번: 100억 원대 자산
- 7번: 누구나 부러워할 외모와 매력
- 23번: 평범하고 소박한 삶

또한 80만 원 이상 낙찰가가 나온 항목은 3번, 4번, 6번, 11번, 16번, 19번 등이었다.

② 3~4차시 수업 진행

2차시는 1차시에서 탐색한 행복과 인생의 가치를 바탕으로 나에 대한 이해를 높이기 위해 진로 성숙도 검사, 직업 적성 검사, 직업 가치관 검사를 수행한다. 관련 검사지는 커리어넷(career.go.kr) 자료를 활용하며, 개별학습으로 진행한다.

자신에 대한 이해가 부족한 학생은 진로 성숙도 검사를, 적성을 확인하고 싶은 학생은 직업 적성 검사를 통해 '내가 잘할 수 있는 일은 무엇인가?'를 탐색한다. 또한 직업 가치관 검사를 통해 '내가 만족할 수 있는 일은 무엇인가?'를 알아가며, 이를 바탕으로 자신의 직업 방향을 구체화한다. 이때

1차시의 '진로 탐색 도우미' 챗봇을 활용하여 자신의 역량, 필요한 재화와 수입, 주거비·교육비 등 지출비용을 함께 고려하며, 생성형 AI와 상호작용하여 필요한 정보를 탐색해 나간다.

직업의 윤곽이 어느 정도 드러나면, 관련 직업의 특성을 이해한 후 '나의 미래 일상 속 행복의 한 장면'을 직업적 특징과 인생 가치관이 드러나도록 AI 이미지로 표현하는 개별활동을 진행한다. 이는 진로 설계의 동기를 강화하고, 삶에서 추구하는 행복을 구체화하는 과정이다.

필요시 생성형 AI의 결과물을 재편집하여 자신의 해석을 시각화하도록 지도한다. 1~3차시의 내용을 자신의 언어로 정리하여 프롬프트를 작성하고, 이를 이미지화할 수 있도록 돕는다. 이때 생성형 AI 이미지 활용에서 가능한 것과 불가능한 것, 저작권의 기본 개념을 경험하며 이해하도록 한다. 매 시간의 결과물은 추후 구글 사이트 도구를 활용한 포트폴리오 구성에 활용됨을 안내한다.

검사지 | 진로 성숙도 및 진로 심리 검사(커리어넷)

생각키우기 나의 진로 성숙도 지식·이해 과정·기능

■ 진로 성숙도 검사를 실시하여, 나의 진로 성숙도에 대해 알아보자.

QR 코드를 스캔하면 진로 성숙도 검사 홈페이지로 이동합니다.

1 높게 나타난 영역 두 가지와 낮게 나타난 영역 두 가지는 무엇인가?

2 진로 성숙도 검사를 통해 나에 대해 알게 된 점이나 느낀 점은 무엇인가?

더 알아보기

진로 설계 활용 도구를 위한 자기 이해와 자기 탐색을 위해서는 MBTI, 에니어그램 등을 주로 활용하고, 진로나 직업을 탐색하기 위해서는 다중지능(MI)과 홀랜드 흥미 검사를 많이 활용합니다.

진로 성숙도 검사와 진로 심리 검사(직업 적성 검사, 직업 가치관 검사 등)

출처: 유난숙 외(2025). 중학교 기술·가정②, 교문사, pp.18-19

QR 코드를 스캔하면 진로 심리 검사 홈페이지로 이동합니다.

에듀테크 | AI 이미지 활용 행복 카드 제작: 근미래의 일상 스케치

나의 행복 가치를 담아 '근미래의 행복한 일상'의 한 장면을 생성형 AI로 이미지 카드 형태로 제작한다. ChatGPT, 구글 Nano-banana 등을 활용할 수 있으며, 교사의 이해를 돕기 위해 몇 가지 이미지 엔진 활용 결과를 공유한다.

나의 행복 가치: 일·가정·연구의 완벽한 조화

- 직업 전문성: 스마트의류 연구자로서의 정체성
- 관계: 아이와 함께하는 소중한 시간
- 공간: 정원이 있는 아름다운 집
- 균형: 재택근무로 실현하는 워라밸
- 행복: 평화롭고 만족스러운 일상

(계속)

 [Flux Pro Ultra 엔진 사용] • 현대적인 홈오피스에서 스마트 섬유 프로토타입을 연구하는 모습 • 창밖으로 보이는 푸르른 정원 • 근처에서 놀고 있는 아이와 함께하는 따뜻한 공간 • 일과 삶의 균형이 느껴지는 사실적인 표현	 [Recraft V3 엔진 사용] • 아이와 손을 잡고 정원을 거니는 아빠 • 생동감 있는 꽃과 식물이 가득한 아름다운 정원 • 야외 테이블 위 스마트 섬유 샘플과 태블릿: 연구가 일상 속에 자연스럽게 녹아 있는 모습 • 따뜻하고 감성적인 일러스트 스타일
 [GPT-image-1 엔진 사용] • 거실 소파에서 노트북으로 스마트 섬유 데이터를 확인하며 아이에게 책을 읽어주는 모습 • 테이블 위 전자부품이 내장된 직물 샘플과 연구 노트 • 큰 창문 너머로 보이는 잘 가꾸어진 정원 • 북유럽 스타일의 따뜻하고 아늑한 인테리어 • 복잡한 장면 구성과 감성적 디테일이 돋보이는 표현	 [fal-ai/Nano-banana 엔진 사용] • 밝고 현대적인 홈오피스·거실 통합 공간 • 책상에서 노트북과 스마트 섬유 프로토타입을 다루는 연구자 • 바닥 러그 위에서 블록놀이를 하는 아이 • 큰 창문을 통해 들어오는 따뜻한 오후 햇살 • 미니멀한 가구, 실내 식물, 벽의 가족 사진들 • 전문적인 연구와 가족과 함께하는 시간의 조화를 담은 영화 같은 분위기

(계속)

[4개 엔진 비교·요약]

엔진	특징	강점	분위기
Flux Pro Ultra	사실적, 고퀄리티	포토리얼리즘, 자연스러운 조명	홈오피스에서 연구하는 모습
Recraft V3	일러스트, 예술적	감성적 색감, 생동감	정원에서 산책하는 장면
GPT-Image-1	복합적, 디테일 중심	복잡한 장면 구성, 한국어 이해	소파에서 멀티태스킹하는 순간
Nano Banana	시네마틱, 자연스러움	자연스러운 융합, 영화 같은 분위기	밝고 조화로운 일상 공간

③ 5~6차시 수업 진행

5차시는 앞선 차시에서 탐색하고 정리한 직업과 '행복한 일상'을 기반으로 진로 탐색을 전환·확장하는 시간이다. 학생들은 상급 학교 정보를 탐색하여, 자신이 진학하고자 하는 직업군에서 요구되는 자격이나 교육 수준을 파악한다. 모둠별로 관련 정보를 수집해 공유하며, 자료 탐색 시 자신의 인생 가치와 행복한 일상을 염두에 둔다.

수집한 정보를 바탕으로 자신의 학교생활, 교우관계, 가족과의 관계, 성적 및 준비 상태 등을 종합적으로 점검하고, 지금부터 무엇을 해야 하는지 구체적인 실행 방법을 계획할 수 있도록 지도한다. 모둠활동은 Google Slides를 활용하며, 공유 과정에서 알게 된 정보는 추후 개인 Google Sites '나의 진로, my site'에 업로드하여 포트폴리오를 구성하게 된다.

6차시는 Google Sites 활용 방법을 익히고, 1차시부터 생산한 개인 및 모둠 자료를 개인 사이트에 구성하여 탑재한다. 교사는 제작 전 과정에서 피드백 중심 평가를 실시하며, 학생의 사고 확장과 표현 성장을 지원한다. 학생은 사이트 구성 아이디어를 생성형 AI와의 상호작용을 통해 얻을 수 있으며, 생성형 AI의 할루시네이션과 사용 시 주의점도 함께 이해하도록 한다.

특히, 학습자는 생성형 AI의 결과물을 그대로 사용하기보다 자신의 아이디어를 더해 창의적으로 수정·보완하여 개성 있는 결과물을 제작하도록 지도한다. 교사는 AI 도구의 편리성과 속도만큼이나 비판적 판단과 창의성을 활용해 AI를 도구로 주체적으로 사용하는 태도를 강조한다.

5~6차시는 진로 탐색의 구체화 단계로, 학생이 그동안의 활동을 연결하여 자신의 세계를 구성해 나갈 수 있도록 물리적·정서적·기술적으로 충분히 지원하며, 완성된 포트폴리오를 발표할 수 있도록 준비한다.

온라인 활동	상급 학교 정보 탐색

고교학점제 및 선택 과목 이해[기술·가정 분야 선택 과목 안내(홍보) 및 수업 사례 안내]

• **2022 개정 고등학교 교육과정 알아보기**

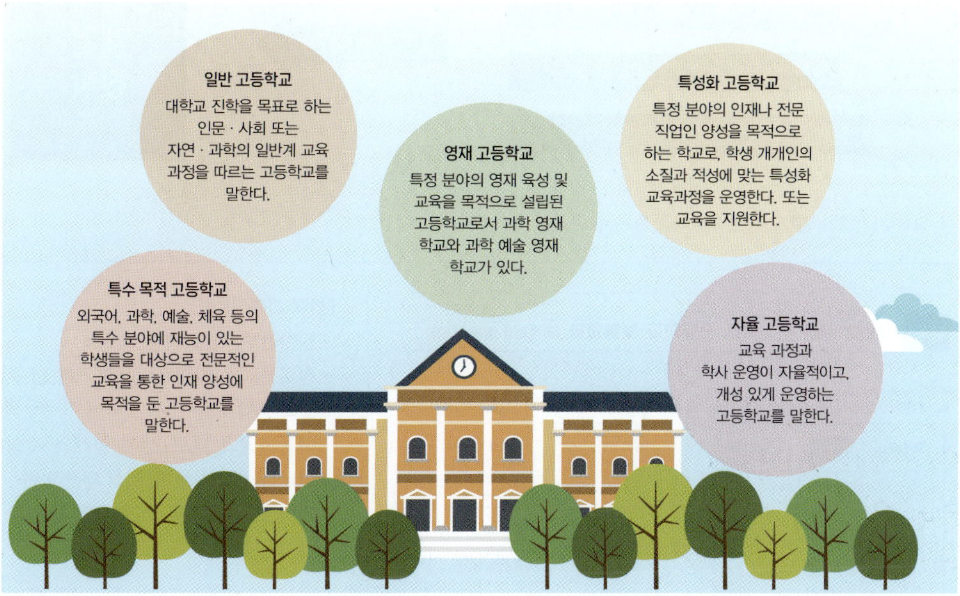

출처: 유난숙 외(2025). 중학교 기술·가정②, 교문사, p.23

• **일상의 가치, 행복, 삶과 관련된 선택 과목 안내**

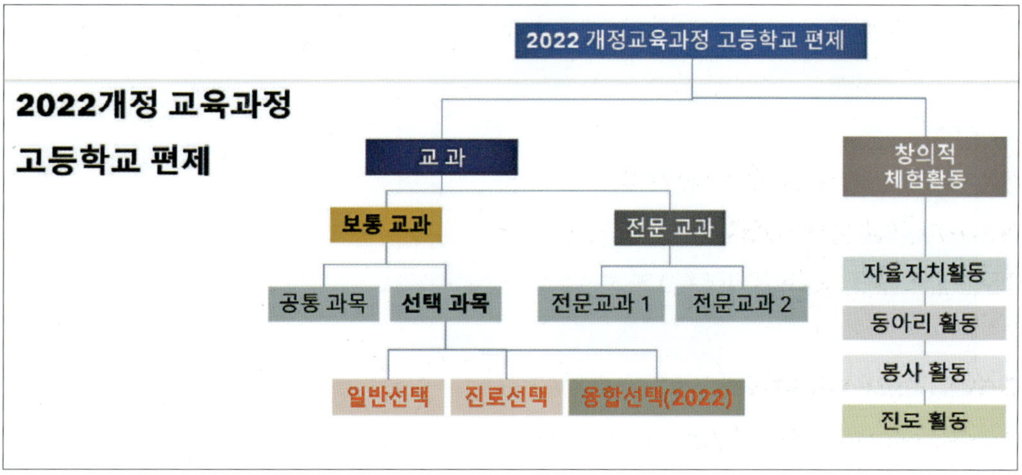

(계속)

고등학교 가정과목 선택중심교육과정 편성

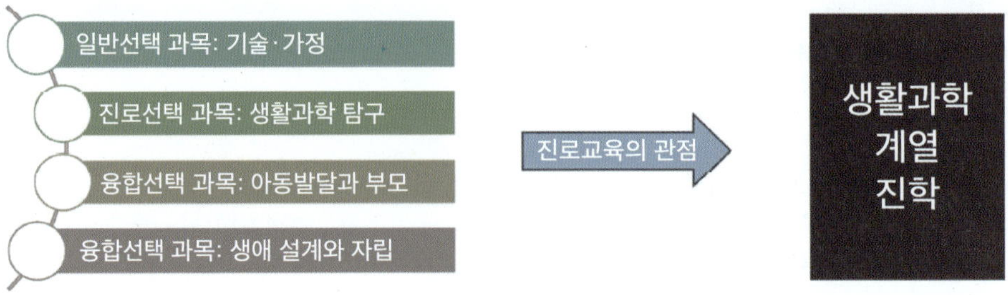

출처: 교육부(2022). 2022 개정 교육과정 총론 주요 사항

부록1 2022 개정 교육과정 고등학교 보통교과 [교육과정 총론〈표5〉]

※ ▭ 수능 출제과목
※ 상대평가 석차등급 미기재 과목: ▭ 5등급 성취도만 산출, ▭ 3등급 성취도만 산출, ▭ P/F로 산출

교과(군)	공통과목 (기초소양)	선택 과목: 일반선택 (학문별 주요내용)	선택 과목: 진로선택 (심화과목)	선택 과목: 융합 선택 (교과융합, 실생활응용)
국어	공통국어1 공통국어2	화법과 언어, 독서와 작문, 문학	주제 탐구 독서, 문학과 영상, 직무 의사소통	독서 토론과 글쓰기, 매체 의사소통, 언어생활 탐구
수학	공통수학1 공통수학2 기본수학1 기본수학2	대수, 미적분 I, 확률과 통계	기하, 미적분II, 경제 수학, 인공지능 수학, 직무 수학	수학과 문화, 실용 통계, 수학과제 탐구
영어	공통영어1 공통영어2	영어 I, 영어II,	영미 문학 읽기, 영어 발표와 토론, 심화 영어, 심화 영어 독해와 작문, 직무 영어	실생활 영어 회화, 미디어 영어, 세계 문화와 영어
	기본영어1 기본영어2	영어 독해와 작문		
사회 (역사/ 도덕 포함)	한국사1 한국사2 통합사회1 통합사회2	세계시민과 지리, 세계사, 사회와 문화, 현대사회와 윤리	한국지리 탐구, 도시의 미래 탐구, 동아시아 역사 기행, 정치, 법과 사회, 경제 윤리와 사상, 인문학과 윤리, 국제 관계의 이해	여행지리, 역사로 탐구하는 현대 세계, 사회문제 탐구, 금융과 경제생활, 윤리문제 탐구, 기후변화와 지속가능한 세계
과학	통합과학1 통합과학2 과학탐구실험1 과학탐구실험2	물리학, 화학, 생명과학, 지구과학	역학과 에너지, 전자기와 양자, 물질과 에너지, 화학 반응의 세계 세포와 물질대사, 생물의 유전, 지구시스템과학, 행성우주과학	과학의 역사와 문화, 기후변화와 환경생태, 융합과학 탐구
기술·가정 /정보		기술·가정	로봇과 공학세계, 생활과학 탐구	창의 공학 설계, 지식 재산 일반, 생애 설계와 자립, 아동발달과 부모
		정보	인공지능 기초, 데이터 과학	소프트웨어와 생활
제2외국어 /한문		독일어, 프랑스어, 스페인어, 중국어, 일본어, 러시아어, 아랍어, 베트남어	독일어 회화, 프랑스어 회화, (...) 베트남어 회화 심화 독일어, 심화 프랑스어, (...) 심화 베트남어	독일어권 문화, (...) 베트남 문화 * 8개 언어 모두 각각의 회화/심화/문화 과목 포함
		한문	한문 고전 읽기	언어생활과 한자
체육		체육1, 체육2	운동과 건강, 스포츠 문화, 스포츠 과학	스포츠 생활1, 스포츠 생활2
예술		음악, 미술, 연극	음악 연주와 창작, 음악 감상과 비평, 미술 창작, 미술 감상과 비평	음악과 미디어, 미술과 매체
교양		진로와 직업, 생태와 환경	인간과 철학, 논리와 사고, 인간과 심리, 교육의 이해, 삶과 종교, 보건	인간과 경제활동, 논술

※ <표5>에서 공통과목의 대체이수 과목(기본수학1·2, 기본영어1·2)은 151과목에 포함하지 않음
※ 특수목적고등학교 전공 관련 선택과목(보통교과 내 <표6>으로 별도 마련되어 있음)은 상대평가 병기

[선택 과목 안내]

- 일반선택: 기술·가정
- 진로선택(심화과목): 생활과학 탐구/로봇과 공학세계
- 아동발달과 부모/생애 설계와 자립(미니)/창의 공학 설계/지식 재산 일반
- 기타 고시 외 과목: 식품 안전과 건강, 인간 발달 등

(계속)

2025학년도 입학생 교육과정 편제 및 단위(학점) 배당표

교과영역		교과(군)	과목			기준단위 (학점)	운영단위 (학점)	2025학년도 1학년		2026학년도 2학년		2027학년도 3학년		총이수 단위 (학점)	필수이수 단위 (학점)
			과목유형	세부과목명	선택 과목수			1학기 단위(학점)수	2학기 단위(학점)수	1학기 단위(학점)수	2학기 단위(학점)수	1학기 단위(학점)수	2학기 단위(학점)수		
학교 지정	-	국어	공통	공통국어1		4	4	4						24	8
			공통	공통국어2		4	4		4						
			일반	화법과 언어		4	4				4				
			일반	독서와 작문		4	4					4			
			일반	문학		4	4			4					
			융합	언어생활 탐구		4	4						4		
		수학	공통	공통수학1		4	4	4						24	8
			공통	공통수학2		4	4		4						
			일반	대수		4	4			4					
			일반	미적분 I		4	4				4				
			일반	확률과 통계		4	4					4			
			융합	수학과제 탐구		4	4						4		
		영어	공통	공통영어1		4	4	4						24	8
			공통	공통영어2		4	4		4						
			일반	영어 I		4	4			4					
			일반	영어 II		4	4				4				
			일반	영어 독해와 작문		4	4					4			
			융합	실생활 영어 회화		4	4						4		

(계속)

- **교육활동 확인하기**
  - 교육과정 편제표 확인하기
    학교알리미 → 학교 이름 검색 → 교육활동 → 학교교육과정 편성·운영 및 평가에 관한 사항 → 입학생 편제표
  - 동아리 활동, 방과 후 학교 프로그램, 기타 특색사업 등 확인하기

(단위: 개,명,원)

년도	창의적 체험활동 동아리					학생 자율 동아리				
	동아리 수	참여 학생 수	지도교사수	자원봉사 또는 외부강사수	동아리 활동 예산 지원 현황	동아리 수	참여 학생 수	지도교사수	자원봉사 또는 외부강사수	동아리 활동 예산 지원 현황
2025학년도	76	1,243	78	0	4,500,000	1	18	1	0	490,000

지역	창의적 체험활동 참여비율(%)	학생 자율동아리활동 참여비율(%)
서구	99.7	6.8
인천광역시	102.2	8.1
전국	99.8	10.1

■ **동아리 운영계획서 및 동아리별 운영 현황**

2025학년도 동아리활동 운영 계획서.hwp(82 KB) 미리보기

2) 운영 계획

(1) 운영 기간: 202○년 3월~12월(과목별 상이)

(2) 운영 장소: 학교별 지정 장소(교실, 특별실 등)

운영 시기	프로그램명(예시)	대상	프로그램 내용	운영 시간
4월	디지털 실험의 기본	2학년	디지털 실험 기구 사용 방법, 실험 설계 방법	15:40~17:40
5월	통계 캠프	1학년	통계 포스터, 설문, 데이터 시각화	16:50~20:50
5월	디지털 실험 도구의 활용(기초)	2학년	MBL 센서 활용을 통한 실험 실습	15:40~17:40
6월	디지털 실험 도구의 활용(심화)	2학년	MBL 센서 활용을 통한 실험 실습	15:40~17:40
7월	데이터 시각화	2학년	문학 작품과 데이터 시각화	16:50~20:50
10월	인공지능과 데이터 분석	3학년	통계의 오류, 인공지능을 이용한 데이터 분석 정책 마련	16:50~20:50
12월	머신러닝을 활용한 데이터 분석	3학년	머신러닝의 이해, 머신러닝을 활용한 텍스트 및 이미지 분석	16:50~20:50

(계속)

• **고등학교 진학을 위한 중학교 학교생활 계획하기(온라인 활동지)**

생각 키우기 | 진로 계획하기 | 과정·기능 | 가치·태도

■ **나에 대한 이해를 바탕으로 자신에게 알맞은 진로 계획을 작성해 보자.**
(진로 탐색을 통해 알게 된 자신의 성격, 흥미, 적성, 가치관 등을 기록한다. 만약 검사 결과가 없으면 제시한 QR 코드를 통해 검사에 참여하고 결과를 기록한다.)

QR 코드를 스캔하면 진로 검사를 할 수 있는 홈페이지로 이동합니다.

진로 설계 과정	분류	검사 명칭	검사 결과	새롭게 알게 된 사실	나에게 알맞은 진로
나에 대한 이해	성격				
	직업 흥미				
	직업 적성				
	직업 가치관				
상급 학교 진학과 관련한 진로 탐색	하는 일				
	전망				
	필요한 기술, 지식, 자격 등				
	진학 정보	(관련 학과, 입학 조건, 성적 등)			
	나의 준비 상태, 앞으로 할 일				
구체적인 직업 분야를 정하지 못하였거나 상급 학교 진학을 하지 않는 경우	앞으로 경험하고 싶은 일				
	내가 잘할 수 있는 분야				
	미래를 위해 준비할 것들				

출처: 유난숙 외(2025). 중학교 기술·가정②, 교문사, p.24

에듀테크 | Google Sites 도구를 활용한 진로 포트폴리오 제작 과정

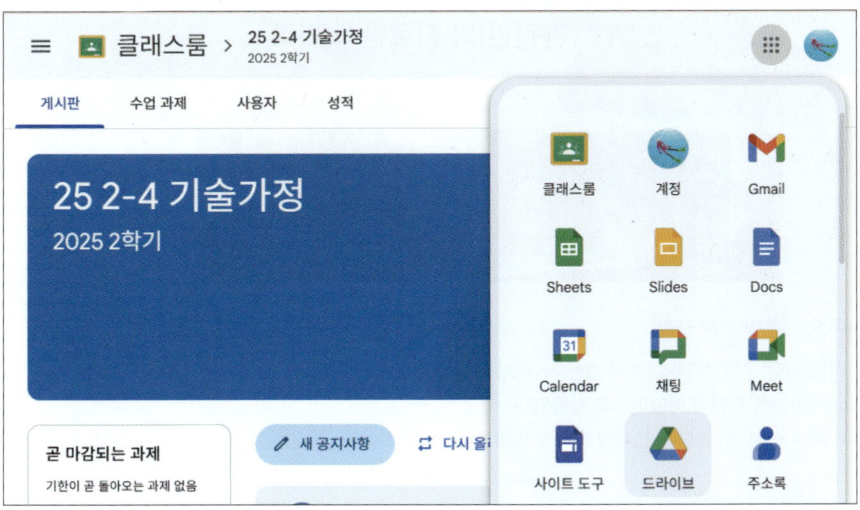

[1단계: Google Sites 접속 및 시작]

- Google 계정 로그인: Gmail 등 Google 계정으로 로그인한다.
- 구글 사이트 접속: 웹 브라우저에서 sites.google.com에 접속하거나, 와플 메뉴에서 [사이트] 도구를 선택한다.

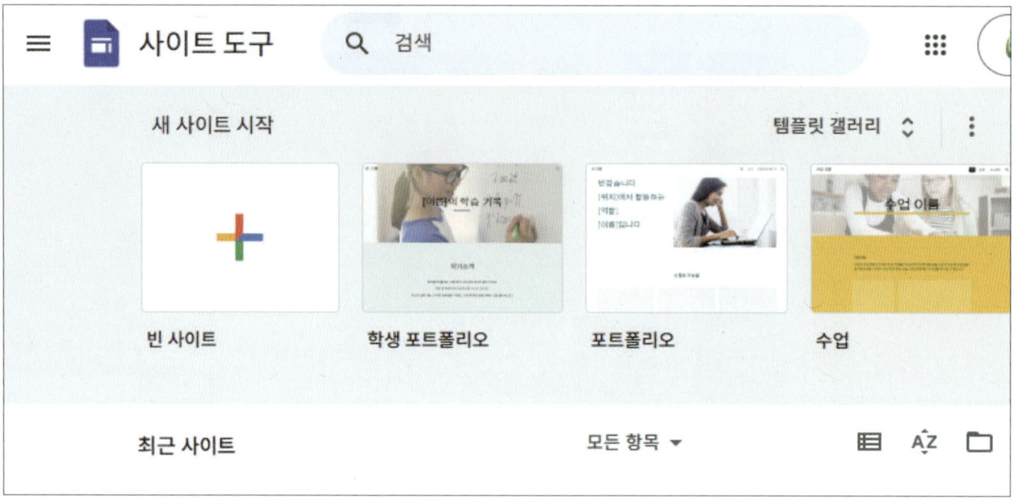

- 새 사이트 만들기: 상단의 [새 사이트 시작]에서 [+] 빈 사이트 또는 제공되는 포트폴리오 템플릿(있는 경우)을 선택한다.
  ※ 템플릿을 사용하면 디자인과 레이아웃을 구성하는 시간을 줄일 수 있다.

↓

[2단계: 사이트 이름 및 기본 설정]

- 사이트 이름 지정: 왼쪽 상단의 [제목 없는 사이트] 영역에 포트폴리오 제목(예: 홍길동 포트폴리오)을 입력한다. 이 이름은 Google Drive에 저장될 파일명으로 사용된다.
- 홈페이지 제목 설정: 첫 화면에 표시될 제목을 입력한다.

(계속)

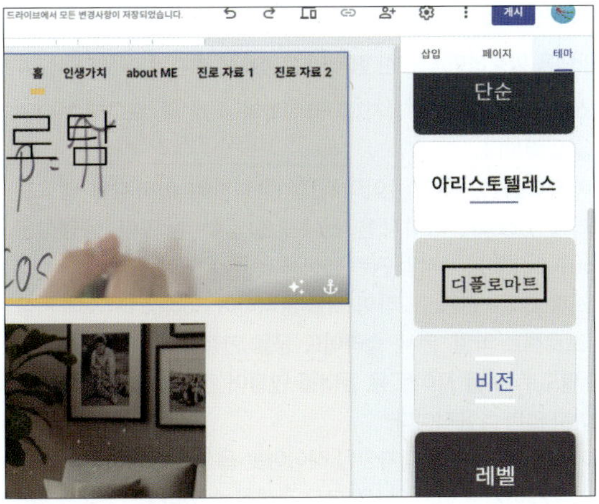

• 테마 선택: [테마] 탭에서 원하는 색상과 글꼴 스타일을 선택하여 사이트의 전체적인 디자인 톤을 설정한다.

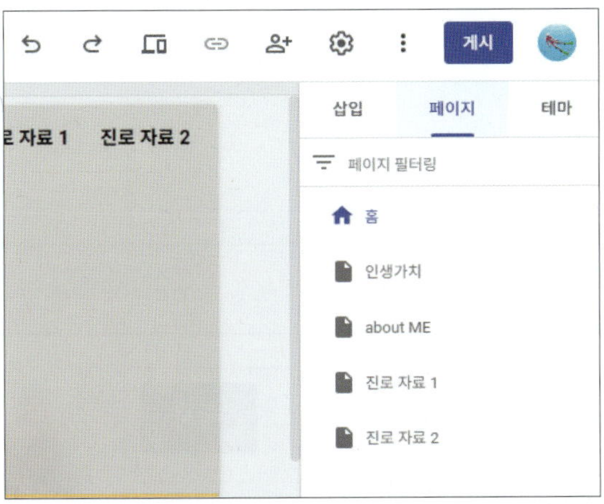

[3단계: 페이지 구성 및 추가]

포트폴리오는 일반적으로 여러 페이지로 구성된다.

• 페이지 추가: [페이지] → 하단의 [+] 새 페이지를 클릭하여 필요한 페이지(예: About Me, Projects, Contact)를 추가한다.
• 페이지 구성: 드래그 앤 드롭으로 페이지 순서를 변경하거나, 하위 페이지를 만들어 구조적으로 배치할 수 있다.

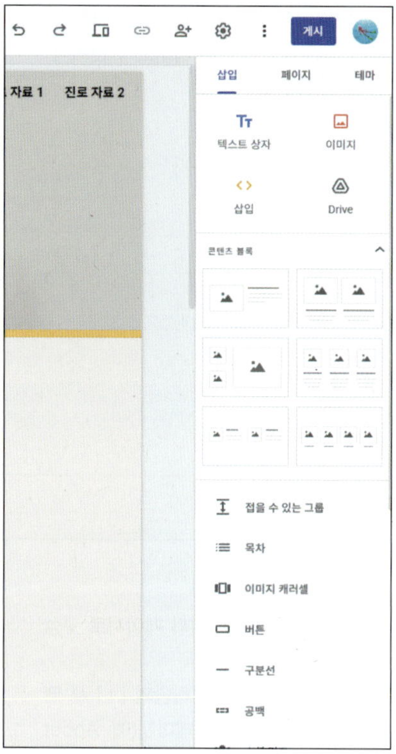

[4단계: 콘텐츠 추가 및 편집]

[삽입] 탭을 활용하면 다양한 형태의 콘텐츠를 추가할 수 있다.

- 텍스트 추가: [텍스트 상자]를 클릭하여 소개 글, 프로젝트 설명 등을 입력한다.
- 이미지·동영상 추가: [이미지]를 클릭하여 이미지를 업로드하거나 'Google 이미지'를 선택해 삽입할 수 있다. 동영상은 [YouTube]를 통해 작업 관련 영상을 넣을 수 있다.
- Google Drive 연동: [드라이브]를 클릭하여 Google Drive에 저장된 프로젝트 파일, 문서, 슬라이드 등을 연결하거나 삽입한다. 이때, 별도로 '구글 사이트'용 폴더를 만들어 관리하면 다른 파일과 섞이지 않아 효율적이다.
- 레이아웃 활용: 미리 디자인된 레이아웃 옵션을 선택하여 사진과 텍스트의 배치를 쉽고 안정적으로 구성할 수 있다.

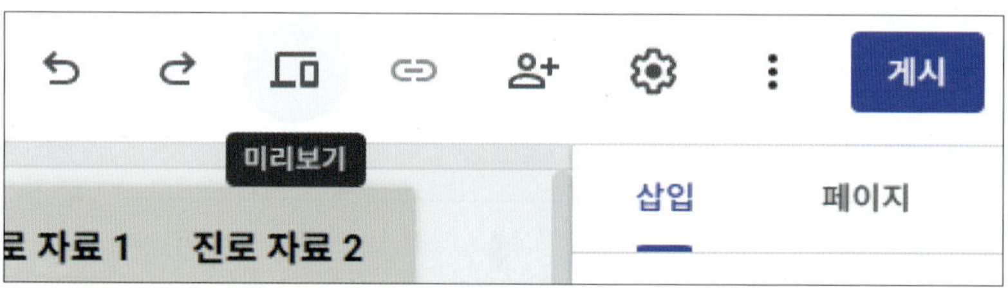

[5단계: 미리보기 및 게시]

사이트를 공개하기 전에 화면 구성을 확인한다.

- 미리보기: 상단의 [미리보기]를 클릭하여 데스크톱, 태블릿, 스마트폰 등 기기별 화면을 확인한다.
- 게시: 디자인이 완료되면 오른쪽 상단의 [게시]를 클릭하여 사이트를 공개한다.
- 웹 주소 설정: '웹 주소' 입력란에 원하는 URL을 입력해 포트폴리오 웹사이트 주소를 생성한다. 이 주소를 통해 다른 사용자가 사이트에 접속할 수 있다.

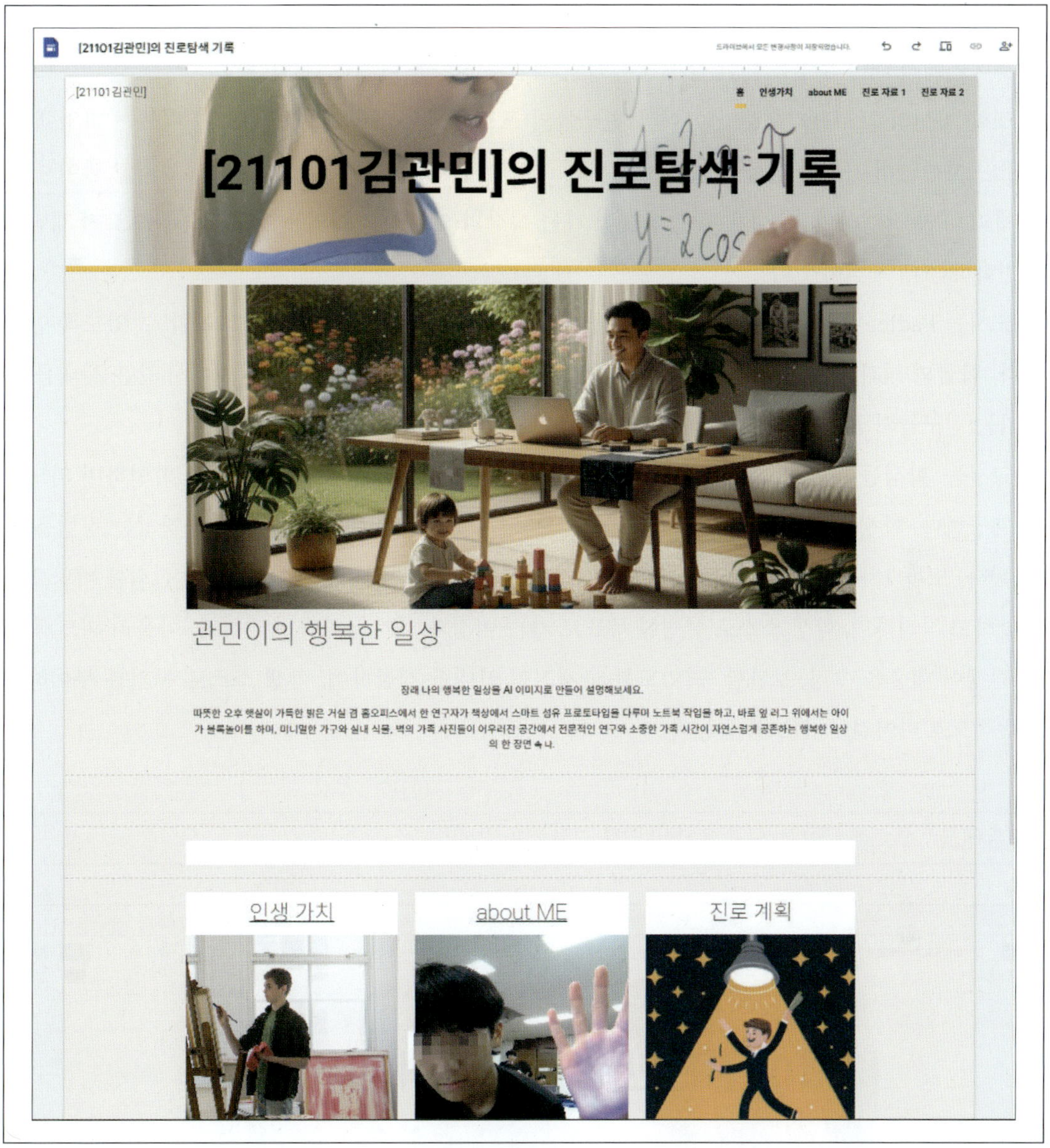

↓

공유 및 발표

---

④ 7~8차시 수업 진행

7~8차시는 앞선 차시에서 제작한 진로 탐색 자료를 바탕으로, '자신이 구체적으로 그린 일상의 행복한 한 장면'으로 시작하는 진로 포트폴리오를 완성하고, 자신의 진로 방향과 지금부터 해야 할 일을 명확히 공표하는 단계이다.

이 단계의 핵심은 그동안 매 차시의 모둠·개별 활동 결과물을 정리하고, 성찰을 통해 목표를 향해 지금 여기에서 내가 무엇을 해야 할지 구체적인 계획과 방향을 다지는 데 있다.

또한 자신의 포트폴리오뿐만 아니라 친구들의 포트폴리오를 확인하며 서로 응원하는 과정에서, 누구나 자신만의 가치와 방향이 있음을 이해하고 정답이 아닌 '방향과 가치의 추구' 그리고 남이 아닌 '어제의 나'와 경쟁하며, 더 나은 나를 만들어 가는 성장의 의미를 자신의 언어로 설명함으로써 개념을 내면화하는 데 목적이 있다.

교사는 Padlet을 활용하여 동학년 학생들이 서로의 꿈과 가치를 공유하고 격려할 수 있도록 안내한다. 학급의 벽과 서로 다른 수업 시간표가 있더라도, 학생들은 같은 지역·학교에서 같은 시대를 살아가는 친구들의 꿈과 진로 설계 과정을 서로 응원할 수 있다.

교사는 학생들이 Padlet 내에서 서로를 존중하고 격려할 수 있도록 작성 과정을 확인하며 피드백을 제공한다. 학생은 이를 반영하여 다양한 가치를 존중하며 타인에 대한 이해를 확장하는 경험을 갖게 된다. 또한 1차시부터 마지막 차시까지의 전 과정을 과정 중심 평가의 관점에서 신뢰를 바탕으로 관찰하고 격려하며, 학생 스스로 설정한 목표로 가는 여정과 자기 성찰을 촉진한다. 아울러 피드백 이후 학생이 내용을 수정·보완할 수 있도록 구체적인 안내를 제공하여, 학생 스스로 동기를 부여하고 지속적으로 나아갈 수 있도록 돕는다.

에듀테크 Google Sites 도구 게시 및 발표 과정

Google Sites 오른쪽 상단의 [게시]를 눌러 사이트를 게시한다.

(계속)

※ 사이트 게시의 검색 설정에서 '공개 검색엔진에 내 사이트가 표시되지 않도록 요청'에 체크하도록 지도한다.

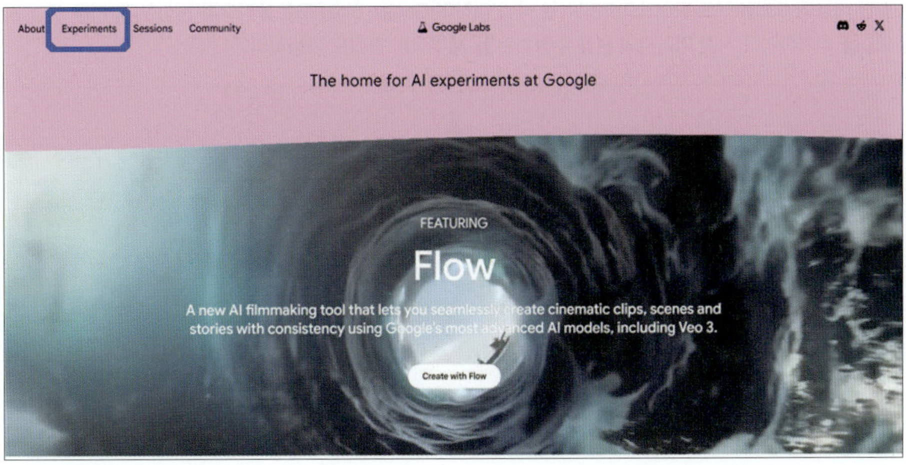

(계속)

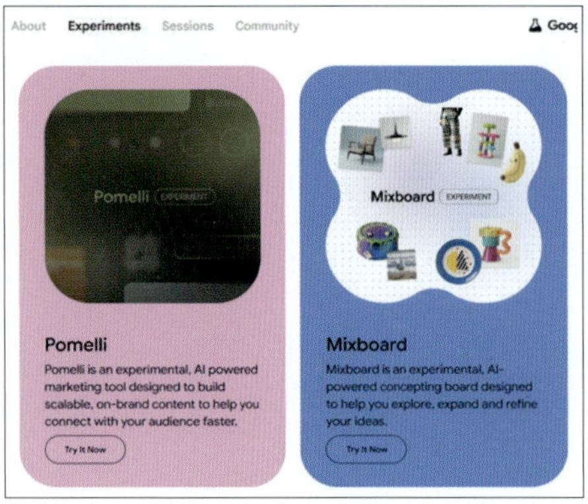

$+\alpha$: Google Mixboard를 활용하여 아이디어를 더한다.
Google Labs → Experiments → Mixboard → Get started

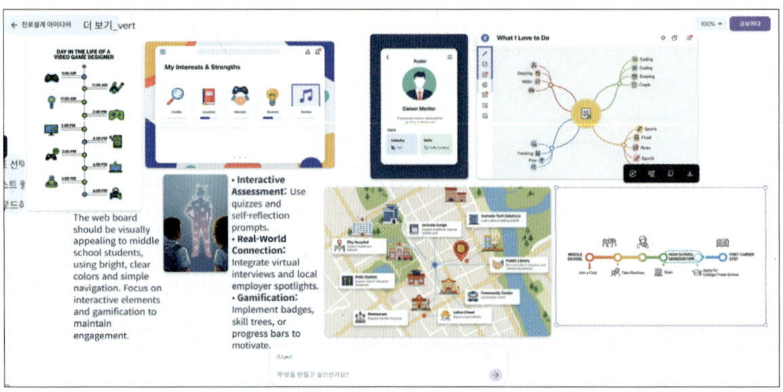

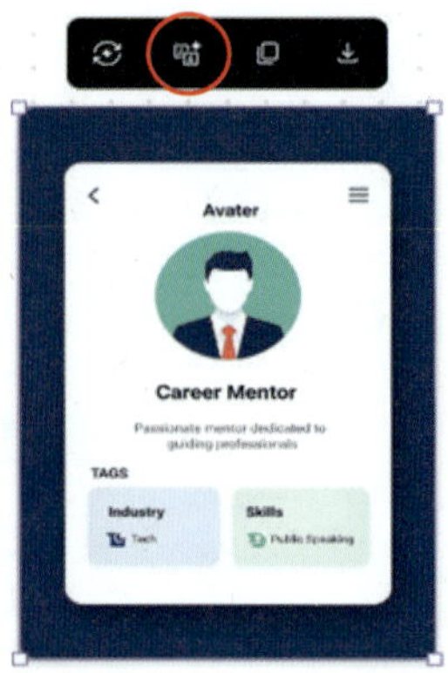

'중학생 진로설계 아이디어'로 검색하면 다양한 디자인과 콘텐츠 예시를 나의 포트폴리오에 참고할 수 있다. 그동안 수업시간에 진행한 내용에 Google Mixboard 아이디어를 하나 더하여 Google Sites 포트폴리오를 완성한다. 처음 생성된 요소와 비슷한 요소를 추가하거나 기존 이미지의 톤을 수정하는 등 세부적인 편집도 가능하다.

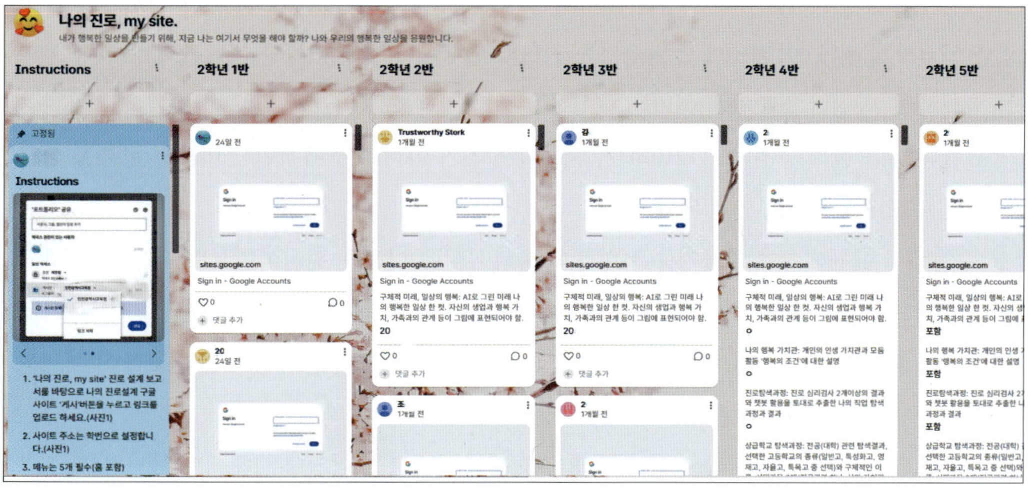

완성한 포트폴리오는 Padlet에 업로드하여 공유한다.

↓

발표 및 피드백

구글 믹스보드(Google Mixboard)

- 구글 믹스보드는 다양한 디자인 콘셉트나 기획을 돕는 AI 도구로, 복잡한 프롬프트 없이 대략적인 문장으로 시작해도 세부적으로 아이디어를 수정·추가할 수 있다.
- 주생활 수업의 주거 디자인, 식생활 수업의 파티 기획·테이블 세팅, 행사 초대장 만들기, 의생활에서의 콘셉트 화보 제작, 아이디어 시각화와 상황별 옷차림 구성, 나만의 RPG 게임 디자인, 창업 로고 & 콘셉트 보드, 스타트업 기업 브랜딩 전략 구성, 웨딩 플랜 설계, 영상 썸네일 제작, 건축·가구 콘셉트 구상, 스타일 탐색 등 다양한 기획안 작성 시 교사와 학생에게 풍부한 아이디어를 제공한다(의뢰비용 없이 활용 가능).
- 모둠협업 시 말로 설명하기 어려운 비주얼을 시각화하는 데 탁월하며, 빠르게 프로토타입을 만들 수 있어 발명활동 등 아이디어 단계에서도 활용하기 좋다.
- 전용 디스코드 커뮤니티가 활성화되어 있어, 구글 팀에 의견 제안도 가능하다.

(4) 수업 효과

본 수업은 학습자가 근미래의 구체적인 '행복한 일상'을 그리며 자신의 전환기 진로 선택지에 대해 알아보고, 인생의 가치를 탐색하며 지금 여기에서 일상의 변화를 이끌어낼 수 있도록 삶을 성찰하고 실천 방안을 찾는 데 중점을 둔다.

생성형 AI의 등장으로 인해 변화한 산업 지형 속에서, 학습자는 생성형 AI와 대화하며 자신의 진로 고민을 풀어 간다. 이를 통해 자신뿐만 아니라 주변 친구들 역시 같은 고민과 불확실성을 가진 존재임을 인식하게 된다. 이 과정에서 학습자는 진로와 인생에 정답은 없음을 이해하고, 다양한 삶의 가치를 확인하며, 타인이 소중하게 여기는 가치를 존중하는 태도를 기르게 된다. 나아가 학습자는 자신과 동료들의 삶을 함께 응원하고 격려하며, 단순한 성취가 아니라 구체적인 근미래의 행복을 위해 오늘의 시간을 보내는 동력을 얻게 된다.

본 수업에서 에듀테크와 인공지능은 미래의 불확실성을 더하는 원인이면서도, 동시에 학생의 고민을 생산적으로 확장하고 시각화를 도우며, 아이디어를 주고받는 협력자이자 인생 가치 실현을 돕는 효율적인 도구가 된다. 에듀테크와 인공지능의 사용은 같은 고민을 가진 주변 친구들이 새로운 세상의 불확실성을 함께 헤쳐 나갈 동료가 됨을 깨닫게 한다.

Padlet과 Google 도구 등을 활용한 협업경험을 통해 학습자는 디지털 시대에도 여전히 '관계'가 중요하며, 사람 대 사람의 관계뿐만 아니라 인공지능과의 관계에 대해서도 고민하고 능동적으로 활용할 수 있는 역량이 필요함을 인지하게 된다. 이러한 경험은 책임감 있는 인공지능 활용을 내면화하는 계기가 된다.

진로 포트폴리오를 완성하는 프로젝트 학습과 AI를 활용한 모둠별 협력학습 과정에서 학생은 개별 책무성을 유지하면서도 공동체 내에서 소통하며 과업을 완성해 관계형성역량을 함양한다. 또한 자신의 정체성과 가치를 탐색하며 미래지향적인 태도를 함양하고, 수업 중 성찰한 진로 설계 방향을 실제 삶의 맥락 속에서 행동 변화와 실천을 이끄는 동력으로 삼게 된다.

이렇게 삶과 연계된 가정과 수업은 학생들에게 어떤 학습경험보다 배움의 의미를 더하며, 일상을 스스로의 삶으로 쌓아가는 데 주도적인 역할을 경험하게 하는 의미 있는 시간이 될 것이다. 나아가 막연했던 진로와 진학을 적극적으로 탐색함으로써 전환기 삶의 시야와 선택지를 확장하고, 다가오는 진학 과업을 구체적으로 준비할 수 있게 된다. 동시에 진학이나 직업적 성취에만 머물지 않고, 관계와 일상에서의 행복까지 함께 고민하며 삶을 종합적으로 성찰할 수 있는 기회를 얻게 된다. 이러한 경험은 앞으로 맞이할 다양한 실천적 문제해결 과정에서 필요한 역량을 한층 높여줄 것이다.

3) 평가

본 수업은 성취기준 [9기가01-07] '자기 이해를 기반으로 전 생애적 관점에서 진로 설계의 중요성을 인식하고, 자기 적성에 맞는 진로를 설계한다.'를 중심으로 구성되었다. 이에 따른 성취수준 세부 내용은 표 3-14에 제시하였다. 또한 Google Sites를 활용한 진로 탐색 포트폴리오 활동의 평가기준은 표 3-15에 제시하였다.

표 3-14 2022 개정 중학교 가정과교육과정 성취기준(진로 설계 관련)

성취기준	성취기준별 성취수준	
[9기가01-07] 자기 이해를 기반으로 전 생애적 관점에서 진로 설계의 중요성을 인식하고, 자기 적성에 맞는 진로를 설계한다.	A	자기 이해에 기반한 전환기 탐색 및 진로 설계에 대한 이해를 바탕으로 자신의 적성에 맞는 진로를 탐색 및 설계하여 삶에 대해 자기주도적 태도를 갖는다.
	B	자기 이해에 기반한 전환기 탐색 및 진로 설계에 대한 이해를 바탕으로 자신의 적성에 맞는 진로를 탐색하여 삶에 대해 자기주도적 태도를 갖는다.
	C	자기 이해와 전환기 탐색 및 진로 설계에 대한 이해를 바탕으로 자신의 적성에 맞는 진로를 탐색하여 삶에 대해 자기주도적 태도를 갖는다.
	D	자기 이해와 전환기 탐색 및 진로 설계에 대한 이해를 바탕으로 자신의 적성 및 진로 설계의 필요성을 설명하여 자기주도적인 삶의 중요성을 느낀다.
	E	자기 이해와 진로 설계의 필요성을 바탕으로 자신의 적성 및 진로 설계의 필요성을 설명하여 자기주도적인 삶의 중요성을 느낀다.

표 3-15 Google Sites 활용 진로 탐색 포트폴리오 수행평가 루브릭

수행평가 루브릭			
평가 요소	우수(A)	보통(C)	미흡(E)
① 자기 이해 및 분석	심리검사 등 객관적 근거를 바탕으로 자신의 적성을 매우 깊이 있게 분석하고 정리함	자신의 적성과 흥미를 파악하여 설명하였으나, 분석의 근거가 다소 부족함	자기 이해 활동이 형식적이며, 적성에 대한 설명이 매우 단순함
② 진로 설계의 구체성	생애 주기별 진로 로드맵이 구체적이며, 전환기(고교 진학 등) 탐색 과정이 논리적으로 설계됨	진로 설계의 필요성을 알고 로드맵을 작성하였으나, 실천 계획이 다소 일반적임	진로 설계의 중요성을 언급하였으나, 구체적인 계획이나 로드맵이 누락됨
③ Google Sites 활용	메뉴 구성이 체계적이며, 이미지·텍스트·외부 링크 등을 활용하여 정보를 효과적으로 전달함	구글 사이트의 기본 기능을 활용하여 내용을 구성하였으나, 시각적 전달력이 평이함	사이트 구성이 미완성이거나 레이아웃 배치가 혼란스러움
④ 자기주도적 태도	전체 프로젝트 과정에 능동적으로 참여하며, 독창적인 비전을 제시함	주어진 과제를 성실히 수행하며, 자신의 진로에 대해 진지한 태도를 보임	교사의 안내에 수동적으로 따르며, 활동 참여도가 낮음

(계속)

교사용 수행평가 채점표								
번호	이름	자기 이해 (25)	진로 설계 (25)	웹활용 능력 (25)	참여 태도 (25)	합계	성취 수준	총평 및 관찰 특기사항
1	김○○	25	23	24	25	97	A	자신의 강점을 데이터로 시각화하는 능력이 탁월하며, 생애 전반에 걸친 진로 설계가 매우 구체적임
2	이○○	20	18	22	20	80	B	전환기 탐색 과정이 잘 나타나 있으나, 장기적인 생애 설계 보강이 필요함

4) 마치며

고등학교에서의 수업경험을 되살려 보면, 고교학점제 체제에서의 학생들은 모든 시간과 선택 과목을 입시 과목으로만 채우지 않는다는 점을 알 수 있다. 많은 시도교육청 교육감들이 '삶과 연계된 교육'을 강조하고, 교육과정에서도 '삶과 연계된 수업, 삶으로 전이되는 학습'을 표방하듯, 교육현장에는 삶에 기반하지 않은 교육과정과 교수·학습은 존재하지 않는다.

그러나 현실적인 중·고등학교의 진학 구조와 대학입시제도는 학생들에게 현재의 삶을 끊임없이 유예하게 만들며, 진학 성취를 통해서만 미래의 행복을 거머쥘 수 있다는 구조적 압력을 행사하고 있음을 부정할 수 없다. 이러한 딜레마 속에서 학생들의 불안과 고민은 깊어지고, 교사들 또한 입시와 교육과정 사이의 간극으로 인해 깊은 고뇌를 겪게 된다.

이러한 현실은 학생들의 과목 선택 양상에서도 고스란히 나타난다. 학생들은 자신의 적성과 흥미 또는 삶과 연계된 교과 내용에 집중하기보다, 입시제도 체제에서의 불안을 낮춰줄 것으로 기대되는 다수의 선택에 휩쓸리기 쉬운 환경에 놓여 있다. 그러나 고등학교 학생들과 수행한 선택 과목 수업 소감에는 "가정시간이 아니면 어디서도 이런 내용을 배울 수 없을 것 같아요.", "앞으로 사는 데 도움이 되는 수업이었어요."와 같은 진솔한 평가가 늘 뒤따랐다. 이러한 경험은 중학교 가정시간에 전환기 교육과 고등학교 수업 그리고 학생의 삶을 함께 고민하는 시간이 반드시 필요하다는 확신을 더욱 굳게 해주었다.

대부분의 학교가 중학교 1학년 자유학기 진로 탐색과 중학교 3학년 진로 교과를 운영하므로, 중학교 2학년 시기에 가정교과의 진로 설계 단원을 운영하면 효과적일 것이라 판단된다. 단위 학교 교육과정에 따라, 입시를 결정하는 3학년 이전의 정규교과 운영시간 중 적절한 시기를 확인하여 운영하면 좋을 것이다.

또한 이러한 진로 설계 활동은 고등학교 진학을 준비하는 중학생뿐만 아니라, 고등학교 경험이 적은 중학교 교사들에게도 고교 교육과정에 대해 알아보고 학생들을 안내할 수 있는 기회가 될 것이다. 현재 고등학교 입학 시 선택하는 1학년 과정에서도 중학생과 교사의 선택 과목 이해도가 높아지면 보다 의미 있는 과목 선택이 이루어지는 데 도움이 될 것이다.

이 단원은 기술·가정 교과서 출판사에 따라 ①권 또는 ②권에 배열되어 있다. 학교현장의 진로 교육과정 로드맵을 바탕으로 필요한 학년에 맞추어 교육과정을 재구성해 활용할 수 있을 것이다.

본 수업의 실행 도구인 Google Classroom은 지속적으로 새로운 도구를 확장하는 에듀테크 기반 교육 플랫폼으로, 동료 교사와의 협력적 수업 설계를 용이하게 한다. 이 중 Google Sites는 학생의 개별 자료를 아카이빙하기에 유용하며, Padlet은 개인 또는 모둠의 결과물을 학년 단위에서 공유하고 동료 및 교사 피드백을 나누기에 적합하다. ChatGPT 진로 설계 도우미와 같은 챗봇은 생성형 AI 사용의 목적과 방향성을 제시해 중등 저학년 수업에 적합하고, 이미지와 기획을 시각화하는 다양한 이미지 생성 AI와 Google Mixboard는 의식주생활, 가족, 창업, 디자인, 발명 등 다양한 수업 장면에서 창의적 설계를 돕는 효율적인 도구가 될 수 있다.

본 프로젝트 수업은 교육과정을 구체화하는 여러 시도 중 하나이며, 학교현장의 상황과 학생 구성에 따라 다양한 방식으로 변주되고 발전될 수 있다. 본 수업 모델을 하나의 사례로 삼아, 앞으로도 현장의 선생님들과 창의적인 수업 실천에 대한 고민을 나눌 수 있기를 희망한다.

5. 순환 과정을 고려한 의식주 자원관리

1) 수업 개요

<table>
<tr><td>과목</td><td>기술·가정</td><td>대상</td><td>중학교 2학년</td></tr>
<tr><td>단원</td><td colspan="3">Ⅱ. 생활환경과 지속가능한 선택
1. 생활자원
1) 생활자원의 관리
2) 의식주 생활자원의 순환</td></tr>
<tr><td>학습 내용</td><td colspan="3">▸ 문제 인식: 생활자원의 사용 사례를 제시하고, 기후위기에 대응하여 인간과 자연이 공존하기 위해 의식주 자원관리와 관련하여 무엇을 해야 하는지 문제를 정의한다.
▸ 문제 맥락과 배경 이해: 의식주 생활자원 선택이 환경에 미치는 영향을 탐색하고, 의식주 생활자원의 관리 현황을 분석하여, 생활자원관리 문제의 근본적인 원인을 규명한다. 또한 의식주 자원관리의 필요성에 대해 토론하고, 생활자원의 순환 과정에 대해 알아본다.
▸ 기대하는 목표 설정: 순환 과정을 고려하여 의식주 자원관리를 하였을 때 나타나는 결과를 생각해 본다.
▸ 대안적 행동과 방법 탐색: 생활자원의 종류와 특성을 알아보고, 의식주 생활자원의 생산과 폐기 과정을 탐색해 본다.
▸ 행동 결과를 고려하여 최선의 대안 선택: 순환 가능성을 고려하여 의식주 생활자원의 선택 방법을 탐색해 본다.
▸ 행동 프로젝트: 자원의 일생을 추적 조사하는 프로젝트를 수행해 보고, 자신의 실천 프로젝트를 세워 실천해 본다.
▸ 행동 평가: 행동한 결과에 대해 반성해 본다.</td></tr>
<tr><td>학습 목표</td><td colspan="3">• 생활자원의 종류와 특성을 설명할 수 있다.
• 생활자원의 순환 과정을 설명할 수 있다.
• 의식주 자원관리의 중요성을 설명할 수 있다.
• 의식주 생활자원의 생산과 폐기 과정을 탐색할 수 있다.
• 의식주 생활자원 선택이 환경에 미치는 영향을 설명할 수 있다.
• 순환 가능성을 고려하여 의식주 생활자원을 선택할 수 있다.</td></tr>
<tr><td>에듀테크</td><td colspan="3">멘티미터(Mentimeter), 알로(Allo), 제미나이(Gemini), 엑스마인드(Xmind), 브루(Vrew), 젭(ZEP)</td></tr>
</table>

'생활환경과 지속가능한 선택' 단원은 가정과교육과정의 '생활환경과 지속가능한 선택' 영역을 기반으로 한다. 이 영역에서는 생활자원 관리와 환경과의 공존을 목표로, 의식주 생활환경에서 발생할 수 있는 실천적 문제를 정의하고 문제해결과정과 결과를 통찰하여 문제해결역량을 기르는 데 중점을 둔다. 이를 통해 학습자는 자신의 생활환경을 성찰하고, 주도적 삶을 위한 행동 체계를 구축하도록 한다.

가정과교육과정에서는 여러 생활환경의 상황과 맥락을 깊이 있게 관찰·분석·해석·탐구·성찰하기 위해 실천적 문제해결 과정 적용을 권장하고 있다. 이에 따라 본 수업의 흐름은 실천적 문제 중심 학습의 과정에 맞추어 구성되며, 문제해결 과정에는 토의·토론 학습, 협동학습, 프로젝트 학습이 적용된다.

에듀테크 도구는 동기 유발, 토의·토론 학습, 협동학습, 프로젝트 학습을 지원하기 위해 멘티미터(Mentimeter), 알로(Allo), 제미나이(Gemini), 엑스마인드(Xmind), 브루(Vrew), 젭(ZEP)을 선정하였다.

2) 수업 설계

(1) 교육과정 분석

① 생활자원 영역의 2022 개정 중학교 가정과교육과정의 내용 체계·성취기준 분석 및 내용 추출

표 3-16 2022 개정 중학교 가정과교육과정 내용 체계(생활자원 관련)

영역	생활환경과 지속가능한 선택		
핵심 아이디어	삶의 욕구와 문제를 해결하는 과정에서 인간이 경험하는 생활자원의 제한성은 개인과 가족의 관리능력을 요구한다.		
내용 요소	지식·이해	과정·기능	가치·태도
	• 생활자원의 순환과정	• 기대하는 목표 설정하기 • 자신의 행동이 미치는 영향을 성찰하기 • 생활자원의 생산과 폐기 과정 탐색하기	• 일상생활 속 선택에 대한 책임과 성찰 • 생활자원 관리에서 지속가능성을 고려하는 태도
성취기준	[9기가02-01] 생활자원의 종류와 특성 및 순환 과정을 이해하고, 의식주 자원관리의 중요성을 인식한다. [9기가02-10] 의식주 생활자원의 생산과 폐기 과정을 탐색하고, 일상생활에서 의식주 생활자원을 선택한 과정과 그 결과를 성찰한다.		
성취기준 해설	[9기가01-01] 이 성취기준은 생활자원을 인적·물적 자원으로 구분하고 일상생활을 영위하는 데 필수적인 의식주 자원이 물적 자원에 포함됨을 이해한다. 점차 심각해지는 기후위기에 대응하여 인간과 자연이 공존하기 위해서는 순환 가능성을 고려한 의식주 자원관리가 중요함을 인식할 수 있게 한다. [9기가01-10] 이 성취기준은 의식주 생활자원의 순환 과정에 초점을 두어 그 일생을 추론하고, 자신과 가족의 선택이 미치는 영향을 실천적 추론 등의 방법을 통해 성찰한다.		
역량	■ 실천적문제해결역량 □ 생활자립역량 □ 관계형성역량		

본 수업의 설계를 위해 표 3-16과 같이 교육과정의 핵심 아이디어와 내용 요소를 분석하여 실천적 문제를 설정하였다. 수업을 통해 일반화할 수 있는 핵심 아이디어는 '생활자원은 제한적 특성을 지니므로, 삶의 욕구와 문제를 해결하는 과정에서 개인과 가족의 관리능력이 요구된다.'이다.

학생들이 학습해야 할 지식은 '생활자원의 순환 과정'이며, 이를 이해하기 위해 생활자원의 순환을 고려한 자원관리 결과를 예측하고, 자신의 행동이 환경에 미치는 영향을 성찰하며, 생활자원의 생산과 폐기 과정을 탐색하는 경험이 필요하다.

이를 통해 길러야 할 태도는 일상생활에서 생활자원 선택에 대한 책임감과 지속가능성을 고려하는 태도이다. 이러한 분석을 바탕으로 실천적 문제는 '지속가능성을 고려하여 의식주 자원을 관리하기 위해 우리는 무엇을 해야 하는가?'로 도출했으며, 본 수업을 통해 기를 수 있는 교과 역량은 실천적 문제해결역량이다.

② 교수·학습 방향 및 방법

교수·학습의 방향은 실천적 문제 중심 학습 과정(문제 인식→문제 맥락과 배경 이해→기대하는 목표 설정→대안적 행동과 방법 탐색→최선의 대안 선택→행동 프로젝트→행동 평가)에 따라 진행되며, 실천적 문제해결 과정에서는 토의·토론 학습, 협동학습, 프로젝트 학습 방법을 적용하였다.

'문제 인식' 과정에서는 생활자원의 사용 사례를 통해 문제점을 인식하고 정의하도록 하였다. '문제 맥락과 배경 이해' 과정에서는 이러한 사례가 지속될 경우 나타날 수 있는 문제점을 생각해보고, 생활자원관리 문제의 근본적 원인을 규명하도록 하였다. 또한 의식주 자원관리의 필요성에 대해 토론하고, 생활자원의 순환 과정에 대해 토의하도록 하였다.

'기대하는 목표 설정' 과정에서는 순환 과정을 고려하여 의식주 자원을 관리했을 때 나타나는 결과를 생각해 문제해결의 방향을 설정하도록 하였다. '대안적 행동과 방법 탐색' 과정에서는 생활자원의 종류와 특성을 모둠별 협동학습을 통해 조사하고, 생활자원의 생산·사용·폐기 과정을 탐색하도록 하였다.

'최선의 대안 선택' 과정에서는 순환 가능성을 고려하여 생활자원을 선택하는 방법에 대해 토의하도록 하였다. '행동 프로젝트' 과정에서는 티셔츠의 일생을 추적 조사하는 동영상을 제작하는 프로젝트를 수행하고, 자신의 실천 목표와 계획을 세우도록 하였다. 마지막으로 '행동 평가' 과정에서는 실천 결과를 반성해 보도록 하였다.

이와 같은 실천적 문제 중심 학습의 흐름에 따라 토의·토론 학습, 협동학습, 프로젝트 학습을 적용하였으며, 이에 적합한 에듀테크 도구를 선정하였다. 협동학습 및 토의·토론을 지원하기 위해 실시간 협업이 가능한 에듀테크 도구인 알로(Allo)를 활용하였다. 학습활동지를 Allo에 업로드하여 다양한 정보를 공유하며 협업할 수 있도록 하였다. 또한 토의·토론을 효과적으로 진행하기 위해 제미나이(Gemini)를 활용하였다. Gemini는 학습자와 자연스러운 대화를 통해 유용한 정보를 제공받을 수 있는 멀티모달 모델 기반 학습 지원 도구이다.

- **알로(Allo):** 워크스페이스, 프로젝트, 캔버스로 구성된다. 워크스페이스는 과목, 프로젝트는 수행과제, 캔버스는 수업을 진행하는 공간으로 활용할 수 있다. 캔버스에서 파일이나 텍스트 등을 공유하면서 수업을 진행한다.
- **제미나이(Gemini):** 학습자와 자연스럽게 대화하며 유용한 정보를 제공하는 멀티모달 모델 기반 학습 지원 도구로, 인간과 유사하게 텍스트와 이미지 등을 이해하고 생성하도록 설계된 생성형 AI이다.

동영상 제작 프로젝트 학습을 효과적으로 진행하기 위해 브루(Vrew)와 젭(ZEP)을 활용하였다. Vrew는 인공지능을 활용해 동영상을 제작·편집할 수 있는 프로그램으로, 학습한 내용을 멀티미디어 형태로 표현하는 데 유용하다. ZEP은 화상회의 기반 2D 메타버스 플랫폼으로 실재감 있는 학습경험을 제공하며, Padlet·유튜브 등과 연계가 가능하여 프로젝트 결과물을 공유하는 데 적절하다.

- **브루(Vrew):** AI를 활용해 대본을 작성하고 영상을 제작·편집하는 프로그램이다. 프롬프트에 질문을 넣어 대본을 생성하는 기능도 있으나 유료 기능이므로, 수업에서는 직접 대본을 작성하여 영상을 제작하도록 한다. 필요시 생성형 AI(ChatGPT, Gemini 등)를 활용하여 대본 작성에 도움을 받을 수 있다.
- **젭(ZEP):** 웹 브라우저만으로 접속해 사용할 수 있는 메타버스 기반의 협업 플랫폼이다. 아바타로 가상공간에 들어가 회의, 수업, 행사 등 다양한 활동을 할 수 있으며, 사용자가 직접 공간을 만들고 꾸밀 수도 있다. 또한 음성·영상 대화, 화면 공유 등 실시간 협업 기능을 제공해 여러 사람이 동시에 참여하는 온라인 소통 환경을 쉽게 구축하도록 돕는다.

그 외에 학습 동기 유발을 위해 멘티미터(Mentimeter)를 활용하였다. Mentimeter는 교사와 학습자가 실시간으로 상호작용할 수 있는 소통 도구로, 퀴즈 정답 및 결과 공유, 응답 기반 워드클라우드 작성 등이 가능하다. 또한 생활자원의 생산·사용·폐기 과정을 정리하기 위한 도구로 엑스마인드(Xmind)를 활용하였다.

- **멘티미터(Mentimeter):** 퀴즈에 대한 정답 및 결과 공유, 응답 기반 워드클라우드 작성 등이 가능한 실시간 상호작용 도구이다.
- **엑스마인드(Xmind):** PC와 모바일 앱 등 다양한 환경에서 여러 스타일과 디자인의 마인드맵을 손쉽게 제작할 수 있도록 지원하는 도구이다.

③ 평가 방법

본 수업의 평가는 실천적문제해결역량을 중심으로 이루어졌다. 이 역량은 일상생활에서 발생할 수 있는 다양한 문제의 배경을 이해하고, 대안을 탐색한 후 비판적 사고를 통한 추론과 가치 판단에 따른 의사 결정을 실행하는 능력을 의미한다. 이에 따라 실천적 문제 중심 학습 과정 전반에서 문제해결능력을 평가하도록 하였다.

가정과교육과정에서 제시한 평가 방법인 특정 산출물 평가, 디지털·AI 도구를 활용한 영상 및 제작물 평가, 토의·토론 활동 평가 등을 적절하게 활용하였다. 이를 기반으로 루브릭을 개발하였으며, Allo를 포트폴리오 도구로 활용하여 평가자료를 수집·관리하였다. 세부 평가 요소로는 생활자원 관리의 문제점과 배경에 대한 이해도, 실천적 추론을 통한 생활자원의 순환 과정 탐색 여부를 설정하였다. 또한 '티셔츠의 일생'을 주제로 생산·유통·보관·소비·폐기 과정 및 수명 연장 방안을 포함하여 얼마나 참신하게 제작했는지를 종합적으로 평가하였다.

또한 성취기준에 기반한 과정중심평가를 실현하기 위해 교사평가뿐만 아니라 자기평가, 동료평가 등 다면평가를 실시하였다. 자기평가에서는 실천적 추론과 프로젝트 과정을 충실히 수행했는지를 평가하도록 하였고, 동료평가에서는 모둠원의 활동 모습, 동영상의 표현성, 줄거리 구성 등을 평가하도록 하였다.

(2) 교수·학습 지도

<table>
<tr><th>수업 주제</th><th colspan="3">순환 과정을 고려한 의식주 자원관리</th></tr>
<tr><td>내용 요소</td><td colspan="3">[지식·이해] 생활자원의 순환 과정
[과정·기능] 기대하는 목표 설정하기, 자신의 행동이 미치는 영향을 성찰하기, 생활자원의 생산과 폐기 과정 탐색하기
[가치·태도] 일상생활 속 선택에 대한 책임과 성찰, 생활자원 관리에서 지속가능성을 고려하는 태도</td></tr>
<tr><td>성취기준</td><td colspan="3">[9기가02-01] 생활자원의 종류와 특성 및 순환 과정을 이해하고, 의식주 자원관리의 중요성을 인식한다.
[9기가02-10] 의식주 생활자원의 생산과 폐기 과정을 탐색하고, 일상생활에서 의식주 생활자원을 선택한 과정과 그 결과를 성찰한다.</td></tr>
<tr><td rowspan="2">교수·학습 과정</td><th>차시</th><th>교수·학습활동</th><th>활동 자료 및 도구</th></tr>
<tr><td>1~2</td><td>▸ 생각 열기
• 생활 속에서 자신이 사용한 자원에 대해 생각해 보고 Mentimeter에 공유하기
▸ 실천적 문제 제시하기
• 학습 목표 인식하기
▸ 문제 인식
• 모둠활동: 생활자원의 사용 사례를 보고 문제점을 파악하여 Allo를 통해 공유하기
▸ 문제 맥락과 배경 이해
• 모둠활동: 이와 같은 생활이 지속된다면 발생하는 문제점 파악하여 공유하기
• 개인별로 생활방식과 기후위기는 어떤 관계가 있는지 생각해 보고, Gemini로 조사한 내용과 비교하여 검증해 보기
• 의식주 생활자원의 관리 현황을 분석하고, 의식주 생활자원 관리가 되지 않는 근본적 원인을 5why 기법을 통해 탐색해 보기(Gemini와 상호작용하여 도출 가능)</td><td>■ Mentimeter, Allo, Gemini</td></tr>
</table>

(계속)

	차시	교수·학습활동	활동 자료 및 도구
교수·학습 과정	3	▸ 문제 맥락과 배경 이해 • 모둠활동: '의식주 자원관리가 필요한가?'를 주제로 찬반 논쟁 협동학습(PRO - CON) 하기 • 모둠활동: 생활자원의 세 가지 흐름(선형, 재활용, 순환)에 대한 공통점과 차이점 토의하기 ▸ 기대하는 목표 설정 • 순환 과정을 고려하여 의식주 자원관리를 했을 때 나타나는 결과 생각해 보기	■ Allo
	4~5	▸ 대안적 행동과 방법 탐색 • 모둠활동: 생활자원을 인적 자원, 물적 자원으로 나누어 의미, 종류, 특성에 대해 조사해 보기 • 생활자원의 순환 과정을 보고, 한 가지 생활자원을 예로 들어 순환 과정 설명해 보기 • 의식주 생활자원의 생산, 사용, 폐기 과정을 탐색해 보고, Xmind로 마인드맵 제작해 보기 ▸ 행동 결과를 고려하여 최선의 대안 선택 • 모둠활동: 순환 가능성을 고려하여 의식주 생활자원을 선택하는 방법에 대해 토의하고 공유하기 • 모둠활동: 의식주 생활자원 선택 방법이 자신과 가족, 사회에 주는 영향을 토의해 보고, 최선의 대안에 대해 토론해 보기	■ Allo, Xmind
	6~7	▸ 행동 프로젝트 • 모둠활동: 목화가 티셔츠가 되는 순환 과정에 초점을 두어 파란 티셔츠의 일생 추론해 보기 • 모둠활동: 여자 아이가 파란 티셔츠를 구매한 이후를 상상하여 이야기의 뒷부분 완성해 보기 • 모둠활동: 파란 티셔츠의 수명을 연장하기 위한 다양한 방법 탐색해 보기 • Vrew를 활용해 티셔츠의 일생을 추적 조사하는 1분 30초 동영상 제작해 보기	■ Allo, Vrew
	8	▸ 행동 프로젝트 • ZEP에서 동영상 시사회를 개최하고 공유하기 • 의식주 생활자원관리를 위해 내가 실천해야 할 목표와 계획 세워 보기 ▸ 행동 평가 • 수업을 통해 배운 점, 느낀 점, 실천할 점 작성해 보기	■ ZEP

(3) 수업 진행

① 1~2차시 수업 진행

1~2차시 수업은 실천적 문제 중심 수업 과정 중 '생각 열기→실천적 문제 제시하기→문제 인식하기→문제의 맥락과 배경 이해하기' 과정으로 진행한다.

학생들은 QR코드를 활용하여 Mentimeter에 접속한 뒤, 오늘 사용한 생활자원이 무엇인지 입력하는 것으로 수업을 시작한다. 교사는 Mentimeter 입력 결과를 워드클라우드로 제시하여 학생들이 많이 사용하는 자원과 그렇지 않은 자원을 확인하도록 한다. 이를 통해 생활자원에 대한 학생들의 인식 정도를 한눈에 파악할 수 있다.

이후 교사는 실천적 문제 중심 수업의 전체 흐름을 안내하고 모둠을 구성한다. 실천적 문제를 '지속가능성을 고려하여 의식주 자원을 관리하기 위해 우리는 무엇을 해야 하는가?'로 제시하고, 학생들이 실천적 문제를 해결하기 위한 학습 목표를 인식하도록 한다.

교사는 학생들이 Allo에 접속하여 모둠별 협업이 가능하도록 사용 방법을 안내한 후, 바람직하지 않은 자원관리 사례를 제시한다. 모둠별로 생활자원 사용 사례를 분석하여 문제점을 파악하고, 그 의견을 Allo에 정리한 뒤 발표하도록 한다. 학생들이 이러한 문제 인식 사례가 지속될 경우 나타날 수 있는 문제점을 스스로 파악하도록 하여, 이것이 반드시 해결해야 할 중요한 문제임을 인식하게 한다.

개인별 활동으로, 문제 인식 단계에서 제시된 생활방식이 기후위기와 어떤 관련성이 있는지 생각해보게 하고, Gemini를 통해 조사한 내용을 비교·검증하도록 한다. 생성형 AI의 결과는 편향될 수 있음을 인식시키며, AI로부터 얻은 정보를 비판적으로 분석하도록 지도한다.

실천적 문제 중심 수업은 비판적으로 문제를 해결하는 데 중점을 두므로, 이러한 활동은 비판적 사고력을 기르는 데 도움이 된다. 특히, 문제의 근본 원인을 파악하는 과정은 매우 중요하므로, 5Why 기법을 통해 의식주 자원관리가 제대로 이루어지지 않는 근본 원인을 찾도록 한다. '5Why 기법'은 답변에 대한 질문을 반복하는 방식이며, 생성형 AI와의 상호작용을 통해 효과적으로 수행할 수 있다. 특히, 이 기법이 생소한 학생들도 생성형 AI의 가이드를 활용하면 문제의 근본적인 원인에 더욱 쉽게 접근할 수 있다.

활동지·에듀테크	활동지 1~2쪽

[학습활동지]

단원명	1. 생활자원 1) 생활자원의 관리 2) 의식주 생활자원의 순환
실천적 문제	지속가능성을 고려하여 의식주 자원을 관리하기 위해 우리는 무엇을 해야 하는가?
학습 목표	• 생활자원의 종류와 특성을 설명할 수 있다. • 생활자원의 순환 과정을 설명할 수 있다. • 의식주 자원관리의 중요성을 설명할 수 있다. • 의식주 생활자원의 생산과 폐기 과정을 탐색할 수 있다. • 의식주 생활자원 선택이 환경에 미치는 영향을 설명할 수 있다. • 순환 가능성을 고려하여 의식주 생활자원을 선택할 수 있다.

생각 열기

• 내가 오늘 생활 속에서 사용한 자원에는 무엇이 있는지 멘티미터(Mentimeter)에 입력해 보자.

문제 인식

다른 일 하면서 TV 켜두기

목욕탕에서 수돗물 낭비하기

재활용품 분리하지 않고 버리기

일회용 컵 마구 사용하기

출처: 유난숙 외(2025). 중학교 기술·가정①, 교문사, p.91

• 위의 사례에서 무엇이 문제인지 생각해 보고 공유해 보자.

(계속)

문제 맥락과 배경 이해

1. '문제 인식'의 사례와 같은 생활이 지속된다면 어떤 문제가 생기는지 생각해 보고 공유해 보자.

2. '문제 인식'에 제시된 생활방식과 기후위기는 어떤 관계가 있는지 생각해 보고, 나의 생각과 제미나이(Gemini)로 조사한 내용을 비교하여 검증해 보자.

나의 생각	AI 답변
생각 정리하기	

3. 다음 의식주 생활자원의 관리 현황을 보고, 의식주 생활자원 관리가 되지 않는 근본적 원인을 5why를 통해 탐색해 보자. (Gemini와 상호작용하면서 학습에 활용할 수 있음)

의생활	식생활	주생활
생산 과정	**생산 과정**	**폐기 과정 ①**
친환경 원료 사용·친환경적 방법 적용 ▼ 원료 구매 단계, 생산 단계에서 비용 증가 ▼ 소비자의 구매 가격 상승으로 적용 미비	농업: 친환경 농업은 전체 농지의 10% 축산업: 동물 복지를 고려하지 않은 기업형 축산으로 발전	건설 폐기물의 건축 자재 재활용 ▼ 안전성 의심 등 부정적 인식 ▼ 활용의 초기 단계
소비 과정	**유통 과정**	**폐기 과정 ②**
저렴하고 유행하는 옷을 선호하는 소비자 경향 ▼ 저렴하고 빠른 생산 방식을 선택하는 기업	정확한 소비 예측이나 남는 식품 재분배보다 폐기하는 것이 편리 ▼ 음식물 쓰레기의 배출	가구, 가전, 건축 폐기물의 해체와 분류 과정을 거친 재활용 ▼ 시스템과 업체의 미비

출처: 최유현 외(2025). 중학교 기술·가정②, 지학사, p.84

(1) Why	질문: 예 음식물 쓰레기가 왜 많이 나올까?
	답변:
(2) Why	질문:
	답변:
(3) Why	질문:
	답변:
(4) Why	질문:
	답변:
(5) Why	질문:
	답변:
결론	

※ 문제 맥락과 배경 이해 4, 5번 문항은 다음 차시에 계속됨

에듀테크 | Mentimeter를 활용한 생각 열기 과정

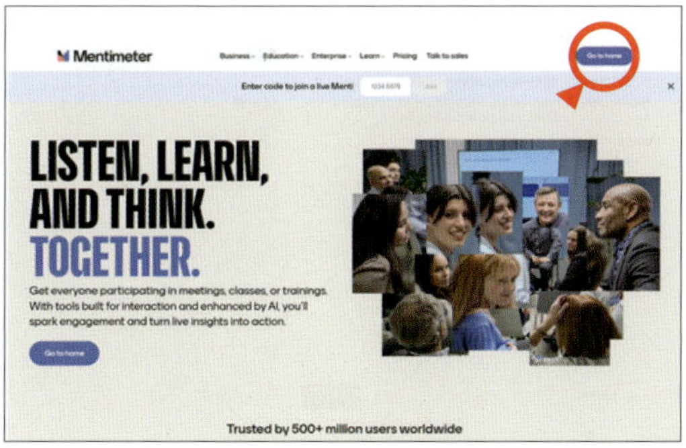

1 Mentimeter(교사용: www.mentimeter.com)에 접속하여 로그인한다.

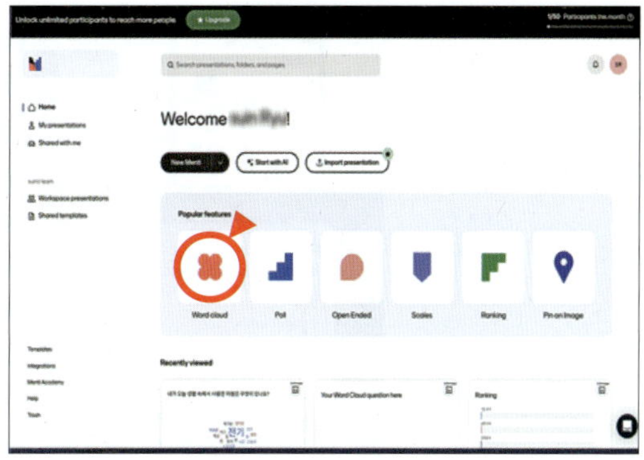

2 [New Slide] → [Word Cloud]를 선택한다.

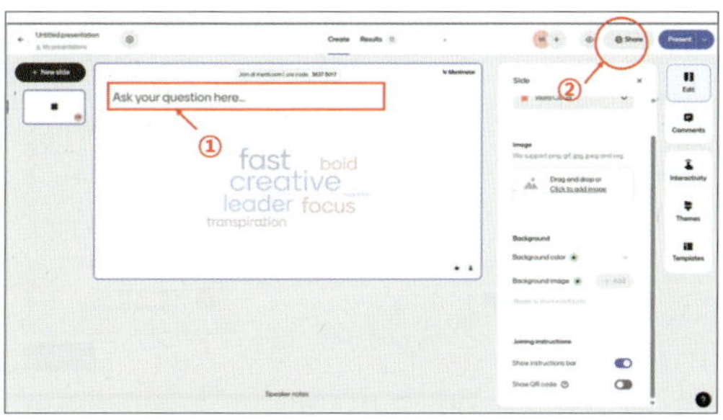

3 질문 문장을 ①에 입력하고 Share(②) 버튼을 누르면 링크·QR코드를 다운로드하거나 참여 코드를 안내할 수 있다.

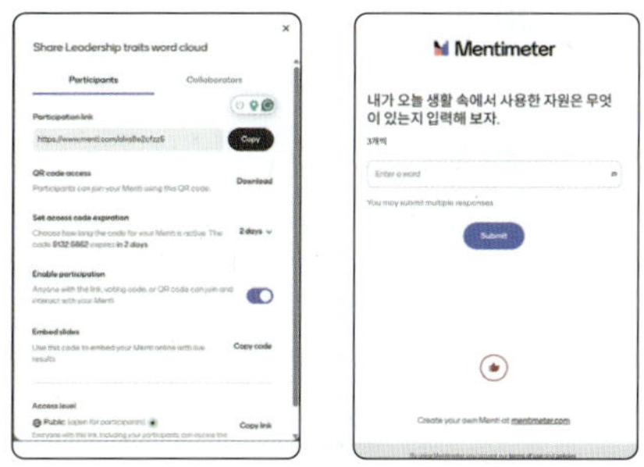

4 학생들은 참여 사이트(www.menti.com)에 코드를 입력하거나 QR코드·링크를 통해 접속해 자신의 답을 입력한다.

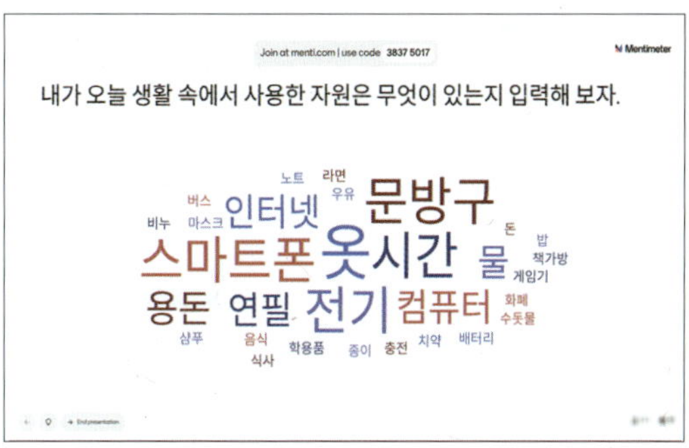

5 학생이 입력한 결과가 워드클라우드로 나타나면 작은 글씨로 표시된 소수 의견까지 함께 논의한다.

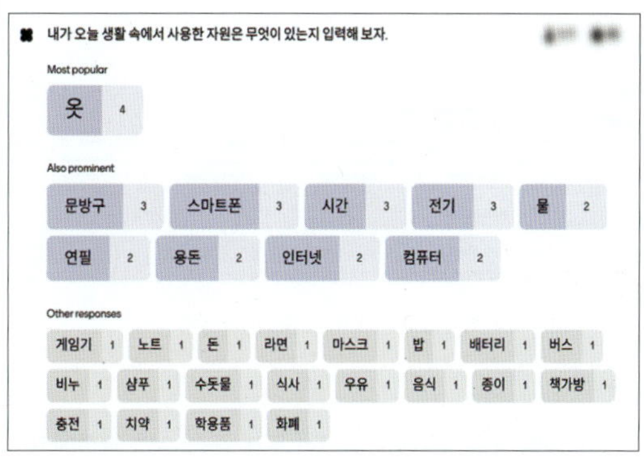

6 슬라이드의 [결과]를 누르면 각 단어가 몇 회 입력되었는지 확인할 수 있다.

1 Allo(allo.io/home)에 접속하여 회원가입을 한다.

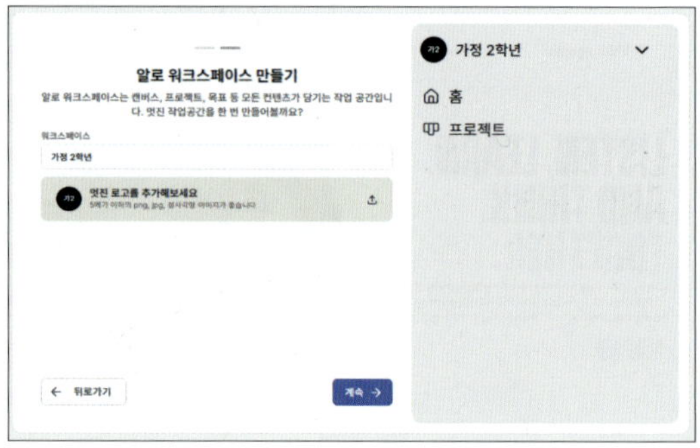

2 처음에 워크스페이스의 이름을 정해 생성한다.

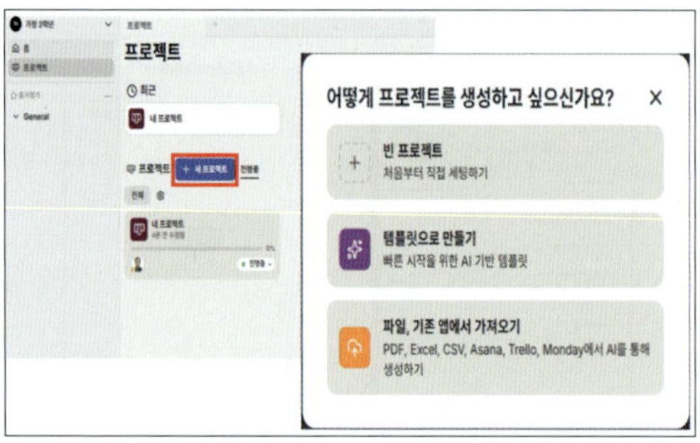

3 [새 프로젝트 만들기]에서 빈 프로젝트, 템플릿으로 만들기, 파일, 기존 앱에서 가져오기 중에서 선택한다.

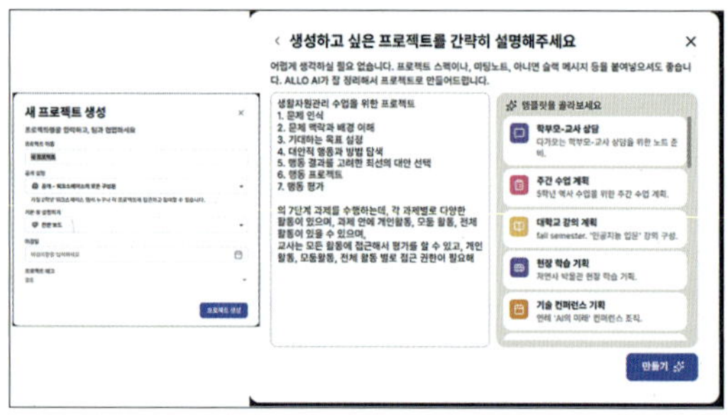

4 [빈 프로젝트]를 선택해 프로젝트 내용을 구체적으로 작성하면 AI가 프로젝트를 자동 구성한다.

5 생성된 프로젝트에는 실천적 문제 중심 수업 과정에 따른 단계별 칸반과 캔버스가 자동 생성된다.

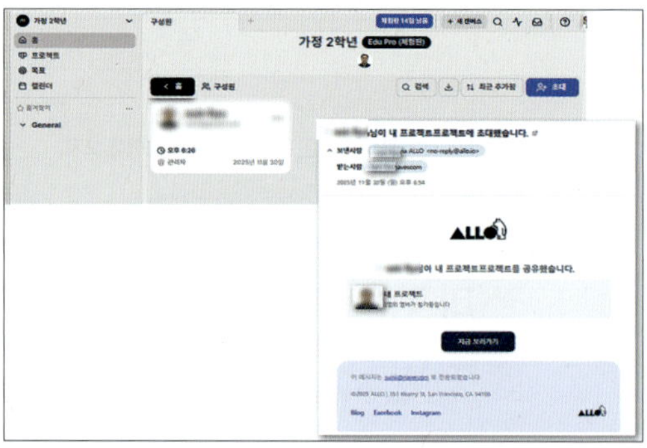

6 [공유]에서 학생 이메일을 추가하면 초대장이 전송되며, 학생은 링크를 통해 가입한다.

(계속)

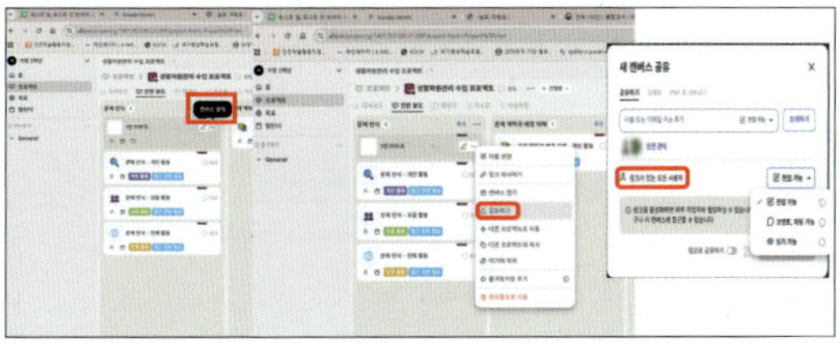

7 개인활동 캔버스에서 [캔버스 설정] → [공유하기] → [새 캔버스 공유]를 통해 학생을 초대하고, '링크가 있는 모든 사용자'에서 권한을 설정할 수 있다.

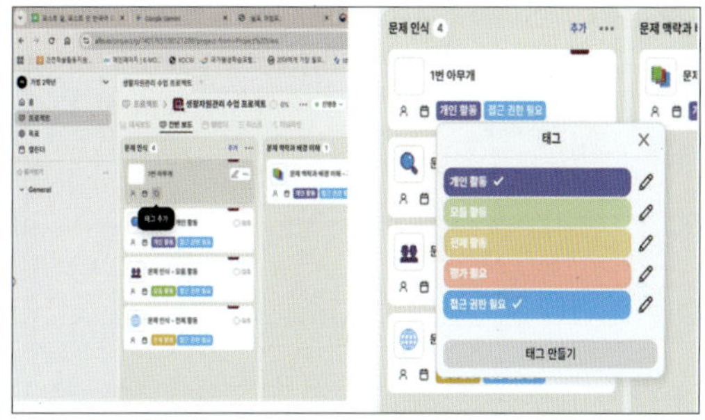

8 캔버스의 [태그 추가]에서 만들어진 태그 중 '개인활동', '접근 권한 필요'를 체크한다.
※ 개인활동을 만들 수 있으나, Allo는 협업 중심 도구이므로 모둠활동 위주로 진행한다.

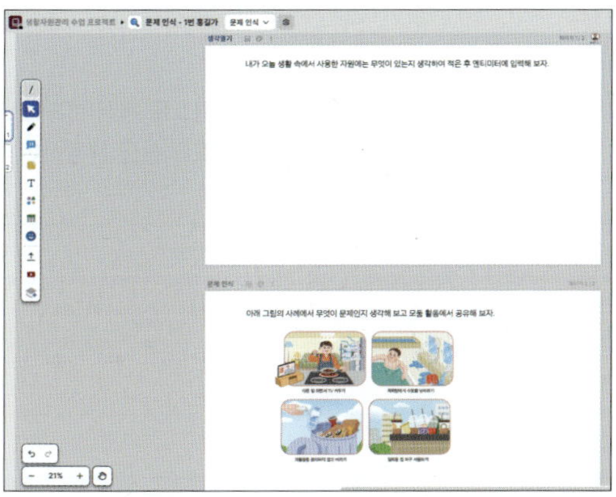

9 교사는 이미지·활동 내용을 캔버스에 올려 학습활동지를 제작할 수 있다.

10 완성된 개인 학습활동 캔버스는 복사하여 학생별로 배부하며, 권한 설정을 조정한다.

(계속)

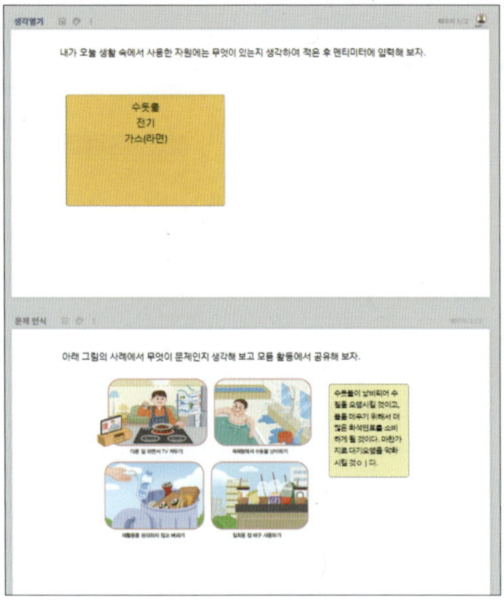

11 학생은 개별 학습활동 캔버스에서 텍스트·이미지·동영상(유튜브)·파일 등 다양한 방식으로 학습활동을 기록하고, 교사는 이에 대해 피드백 및 평가를 진행한다.

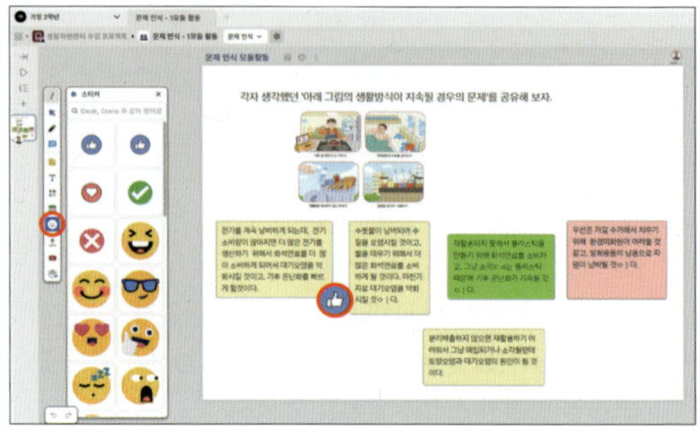

12 학생은 개별활동 내용을 모둠 캔버스로 복사하여 옮길 수 있으며, 이모티콘이나 코멘트 기능을 활용하여 상호 의견을 나눌 수 있다.

에듀테크 | Gemini를 활용한 생활방식과 기후위기 관계 파악 과정

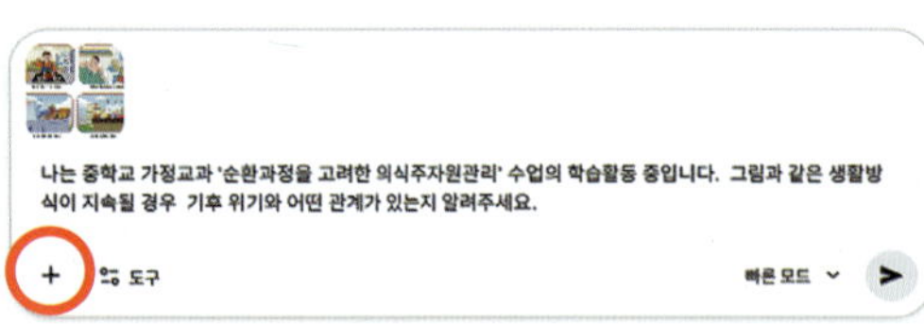

1 Gemini에서 [+] 표시를 눌러 문제 인식 그림 파일을 업로드하고 명령 프롬프트를 작성한다.

2 명령 프롬프트에는 역할 부여, 맥락 설명, 지시문을 구체적으로 입력한다.

(계속)

1. 자원 낭비와 에너지 소비 증가

그림 속 행동	유발하는 문제	기후 위기와의 관계
다른 일 하면서 TV 켜두기 (불필요한 전력 소비)	**전력 낭비** 및 에너지 비효율	화력 발전 등에 필요한 **화석 연료 사용 증가 → 이산화탄소(CO_2) 등 온실가스 배출량 증가** → 지구 온난화 심화
목욕탕에서 수돗물 낭비하기 (과도한 물 사용)	**물 자원 낭비** 및 에너지 소비	정수, 가열, 펌프 이송 등 물을 공급하는 모든 과정에 **에너지 소비 발생 → 온실가스 배출 증가**

Sheets로 내보내기

2. 폐기물 증가와 순환 경제 저해

그림 속 행동	유발하는 문제	기후 위기와의 관계
재활용품 분리하지 않고 버리기 (폐기물 혼합 배출)	**재활용률 감소** 및 폐기물 증가	매립 또는 소각되는 폐기물 증가 → **매립지에서 메탄(CH_4) 등 강력한 온실가스 발생**, 소각 시 CO_2 배출
일회용 컵 마구 사용하기 (과도한 일회용품 사용)	**폐기물 급증** 및 자원 고갈	일회용품의 생산, 운송, 폐기 과정에서 **막대한 에너지 소비** 및 **온실가스 발생**. 특히 플라스틱의 경우 미세 플라스틱으로 환경 오염 심화.

Sheets로 내보내기

핵심 요약

그림과 같은 생활 방식은 **불필요한 에너지 소비**와 **처리해야 할 폐기물의 양을 급증**시켜, 궁극적으로 **대기 중 온실가스 농도를 높이는** 결과를 초래합니다. 이는 지구의 **평균 온도를 상승**시키고, **극단적인 기상 현상**을 빈번하게 만드는 **기후 위기**로 이어집니다.

따라서 '순환과정을 고려한 의식주 자원관리' 수업에서 배우는 것처럼, **자원을 절약**하고, **에너지를 효율적으로 사용하며, 재활용을 철저히 하는** 생활 태도는 기후 위기에 대응하는 가장 기본적인 실천입니다.

3

- Gemini의 답변을 정리해 활동지에 작성하고, 자신의 생각과 비교하여 정리한다.
- Gemini가 제공하는 정보는 정확하지 않을 수 있으므로, 비판적으로 검토하도록 한다.

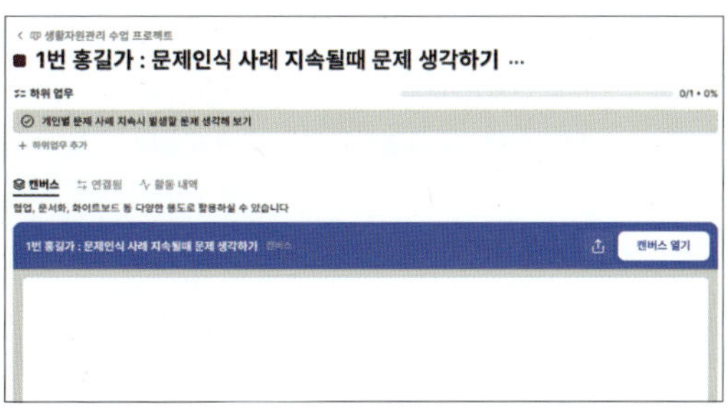

4 문제 맥락·배경 이해하기 칸반에서도 '문제 인식' 단계와 마찬가지로 개별활동 및 모둠활동 캔버스를 생성하여 기록할 수 있다.

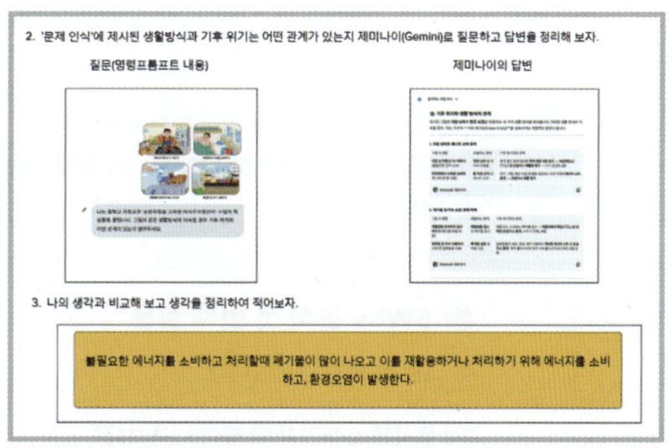

5 학습활동에 필요한 학습활동지를 캔버스에 생성해 학생들이 빈칸을 직접 작성하거나 포스트잇으로 붙인 뒤, 모둠활동으로 옮길 수 있도록 한다.

에듀테크	Gemini를 활용한 5why 활동 과정

[생성형 AI 명령 프롬프트 작성 안내]

1. 역할과 목적을 명확히 제시한다.
   ㉠ • 역할 지정: "당신은 5Why 분석 전문가입니다."
   • 상황 설명: "지금부터 저는 중학교 학생으로서, 당신과 함께 '의식주 생활자원 관리가 잘 이루어지지 않는 근본 원인'을 찾기 위한 5Why 활동을 할 것입니다."
   • 요청 사항: "저는 Why 질문에 대한 답변만 할 것이며, 당신은 그 답변을 듣고 다음 Why 질문을 이어서 하세요. 질문은 중학생 눈높이에 맞춰 주세요."

2. 답변은 구체적인 사실 또는 인과관계를 담아야 한다.
   • 역할·목적은 한 번만 설정하면 된다.
   • "예", "모르겠어요" 등 단순 응답은 피하도록 한다.
   ㉠ "사람들이 귀찮아해서요.", "법이 복잡해서 그런 것 같아요."

3. 답을 찾기 어려울 때는 힌트를 요청할 수 있다.
   ㉠ "세 번째 Why에 대한 답을 찾기 어려워요. 이 문제와 관련한 법적·제도적 측면에 대한 힌트를 주세요."

1

당신은 5Why 분석 전문가 입니다. 저는 중학교 학생으로서, 당신과 함께 '의식주 생활 자원 관리가 안되는 근본 원인'을 찾기 위한 5why 활동을 할 것입니다. 당신은 질문을 하고 질문에 제가 답을 할 것입니다. 질문은 중학생의 눈높이에 맞춰서 해주세요. 첫 번째 질문은 '음식물 쓰레기가 왜 많이 나올까?' 입니다.

안녕하세요! 5Why 분석 전문가 Gemini입니다. 🧐 중학생 눈높이에 맞춰서 '의식주 생활 자원 관리가 안 되는 근본 원인'을 함께 찾아봅시다. 이 활동을 통해 문제를 깊이 있게 이해하고 해결책을 찾는 데 큰 도움이 될 거예요.

🧐 5Why 분석 첫 번째 질문

자, 그럼 첫 번째 질문입니다.

Q1: 음식물 쓰레기가 왜 많이 나올까요?

남는 식품을 나누는데 법적 규제가 많다 보니 그냥 버리는게 쉬워서 버린다.

답변 감사합니다! **남은 음식을 나누는 데 법적인 규제** 때문에 그냥 버리게 된다는 점을 지적해 주셨네요. 이는 시스템적인 문제와 관련이 있어 아주 중요한 관찰입니다.

(계속)

2

5Why 분석 두 번째 질문

그렇다면, 이 문제의 한 단계 더 깊은 원인을 찾아봅시다.

Q2: 남는 음식을 나누는 것에 대한 법적 규제가 왜 많고 복잡하게 느껴질까요? (예를 들어, 학교 급식이나 식당에서 남은 음식을 다른 사람에게 주거나 기부할 때의 규정을 생각해 보세요.)

예를 들어 유통기한이 얼마 남지 않은 음식을 나눠줬는데, 그 음식을 하루 뒤에 먹고 배탈이 난다면 그 책임을 음식을 나눠준 사람이 져야 한다면 그냥 버릴땐 종량제 봉투 값만 들면 되지만, 나눠준다면 병원비와 피해보상까지 해야 해서 그럴거 같다.

정확한 지적입니다! 핵심은 바로 **'책임'**과 **'위생/안전'** 문제로 인한 부담이네요.

3

5Why 분석 세 번째 질문

이제 세 번째 질문으로 넘어가서, 이 '책임'의 부담을 유발하는 더 깊은 원인을 찾아봅시다.

Q3: 유통기한이 짧은 음식을 나누어 주는 사람이 '병원비와 피해보상' 같은 큰 책임을 져야 한다고 생각하게 만드는 근본적인 이유는 무엇일까요?

(혹시 음식을 받는 사람이 **'이 음식에 문제가 없을까?'** 하고 걱정하는 마음과도 관련이 있을까요?)

음식을 나눔 받는다면, 팔거나 본래 이용 목적으로 이용할 수 없는 것을 준다고 생각해서, 배탈이 나면 분명히 그 음식에서 문제의 원인을 찾을 것같아

아주 날카로운 지적입니다! 핵심은 **'나눔 받는 음식 = 상품성이 떨어진 것'**이라는 **인식**과, 문제가 생겼을 때 **책임 소재를 쉽게 돌리는 심리**에 있네요.

4

5Why 분석 네 번째 질문

이제 네 번째 질문으로 넘어가서, 이 '인식'과 '심리'를 만들어내는 환경에 대해 생각해 봅시다.

Q4: 음식을 나누어 줄 때, 사람들에게 '이 음식은 상품성이 떨어진 것이 아닌, 충분히 안전하고 좋은 음식이다'라는 확신을 줄 수 있는 믿을 만한 방법이나 시스템이 왜 충분하지 않을까요?

(예를 들어, **신뢰**를 보장해 줄 수 있는 **제3의 기관**이나, 음식의 상태를 정확하게 알려주는 **정보**가 부족한 것은 아닐까요?)

제3의 기관을 거친다면 그만큼 유통기한이 늘어나서 이용가능한 음식이 더 줄어서 효율성이 떨어질 것 같아. 그리고 음식의 상태를 정확히 알려준다고 해도 벌써 그런 의심을 하고 있다면 바뀌지는 않을 것 같아

정말 중요한 포인트를 짚어 주셨습니다!

'제3의 기관'을 거치면 시간이 걸려 **유통 기한이 더 줄어들고 효율성이 떨어진다**는 것, 그리고 이미 **'의심'**하는 마음이 있다면 **정보만으로는 인식이 바뀌기 어렵다**는 것이 문제의 핵심이네요.

(계속)

5	**5Why 분석 다섯 번째 질문 (근본 원인 찾기)** 이제 마지막 질문입니다. 우리가 찾아낸 문제의 흐름을 다시 한 번 정리해 봅시다. • **음식물 쓰레기가 많이 나오는 이유:** 남은 음식을 나누는 것에 대한 **법적/책임 부담** 때문. • **책임 부담의 이유:** 음식을 받는 쪽이 **'상품성이 떨어져서 준 것'**이라고 **의심**하고, 문제가 생기면 나누어 준 사람에게 **책임을 묻기 쉽기 때문.** • **의심을 없애기 어려운 이유:** 믿을 만한 **시스템**(제3의 기관)을 도입하면 **효율성이 떨어지고**, 단순히 **정보만으로는 불신을 해소하기 어렵기 때문.** 이러한 상황, 즉 **'좋은 의도로 나눔을 해도, 위생 문제와 책임 부담 때문에 결국 효율적인 나눔 시스템을 만들지 못하게 하는'** 가장 근본적인 원인은 무엇일까요? **Q5: 왜 우리는 '안전한 나눔'을 '효율성'이나 '책임 부담' 없이 동시에 달성하기가 어려울까요?** (이것은 혹시 **자원 재활용**이나 **나눔**보다 **개인의 안전과 책임 추궁**을 더 중요하게 여기는 사회적 분위기나 문화와 관련이 있을까요?) 음식 재사용에 대한 책임을 사회가 책임지지 않고 음식을 나눈 개인이나 기업, 기관에게 지우기 때문에 그런 것 같아. 훌륭합니다! 마지막 질문에 대한 답변으로 **근본 원인**을 명확하게 짚어 주셨네요. 우리가 함께 5Why 분석을 통해 찾아낸 '의식주 생활 자원 관리가 안 되는 근본 원인'은 바로 이것입니다.
6	**5Why 분석을 통한 근본 원인 (Q5 정리)** **근본 원인: 책임 소재의 사회적 전가** 음식물 쓰레기 문제가 생기는 가장 깊은 원인은, **음식 나눔(재사용)**이라는 **공익적인 활동에서 발생할 수 있는 잠재적 위험(위생 문제)**에 대한 **책임을 사회 전체(국가나 공공 시스템)가 부담하지 않고**, 그 위험을 **개인이나 나눔을 실천한 기관에게만 지우는** 구조적인 문제 때문입니다. 이로 인해 개인이나 기업은 작은 이익(쓰레기 감소, 나눔)보다 큰 손해(병원비, 피해보상)를 피하기 위해 **가장 쉬운 방법인 '폐기(버리기)'를 선택**하게 됩니다. **근본 원인 확인 및 최종 결론** (표 아래 참조)

#	질문	답변
Q1	음식물 쓰레기가 왜 많이 나올까?	남는 식품을 나누는데 **법적 규제가 많아** 그냥 버리는 게 쉬워서.
Q2	법적 규제가 왜 많고 복잡할까?	나눠준 음식을 먹고 문제가 생겼을 때 **책임(병원비/피해보상)을 져야 할 부담** 때문.
Q3	왜 큰 책임을 져야 한다고 생각할까?	받는 사람이 **상품성이 떨어진 음식**이라 생각하고, 문제가 생기면 쉽게 **책임을 추궁**할 것이기 때문.
Q4	왜 '안전한 음식'이라는 확신을 줄 수 없을까?	제3의 기관을 거치면 **효율성이 떨어지고**, 단순히 정보만으로는 **불신**을 바꾸기 어렵기 때문.
Q5	왜 '안전한 나눔'을 '효율성'이나 '책임 부담' 없이 동시에 달성하기 어려울까?	**음식 재사용에 대한 책임을 사회가 지지 않고, 나눔을 한 개인/기업에게만 지우기 때문.**

Sheets로 내보내기

우리가 도출한 **근본 원인**은 **'책임 소재의 사회적 전가'**입니다.

이 근본 원인을 해결하려면, 나눔 활동을 법적으로 보호하고 위생 관리를 위한 **사회적 안전망**을 구축하여 개인의 부담을 줄여주는 것이 필요하다는 결론에 도달합니다.

② 3차시 수업 진행

3차시 수업은 실천적 문제 중심 수업의 과정 중 '문제 맥락과 배경 이해하기'와 '기대하는 목표 설정하기' 과정으로 진행한다. 학생들은 문제의 맥락과 배경을 이해하기 위해 모둠활동을 실시한다. 먼저 '의식주 자원관리가 필요한가?'를 주제로 찬성과 반대 입장에서 찬반 논쟁 협동학습(PRO - CON)을 진행하여 의식주 자원관리의 필요성을 확인한다.

교사는 찬반 논쟁 협동학습(PRO - CON)의 방법을 설명하고, 찬성과 반대 입장으로 모둠을 구성하도록 안내한다. 이후 '의식주 자원관리'에 대한 자료를 조사하고 공유하며 의견을 나눌 수 있도록 Allo에 프로젝트와 캔버스를 생성해 학생들이 입장하도록 한다. 모둠별 협업시간이 종료되면 토론을 진행한 뒤, 찬성과 반대의 입장을 바꾸어 다시 한 번 토론을 진행한다. 두 차례의 토론을 바탕으로 모둠에서 도출된 의견을 종합하여 결론을 정리하도록 하며, 결론은 모둠원과 함께 Allo의 캔버스에서 정리한다.

다음 활동에서는 생활자원의 관리 방안과 관련하여 자원의 세 가지 흐름인 선형, 재활용, 순환의 개념을 이해하도록 한다. Allo를 활용해 모둠원과 협업하며 세 가지 흐름의 공통점과 차이점에 대해 조사하고 토의하는 활동을 진행한다. 교사는 모둠별 토의 공간(캔버스)을 생성하고, 학생들이 조사자료를 찾아 공유하고 의견을 게시할 수 있도록 안내한다. Allo의 기능을 활용하여, 모둠원이 공감하는 의견에는 이모티콘을 활용해 표시하도록 지도한다.

지금까지의 협동학습과 토의를 통해 학습한 지식을 바탕으로, 순환 과정을 고려하여 의식주 자원을 관리했을 때 나타날 결과를 생각하게 함으로써 기대하는 목표를 설정하는 활동으로 이어진다. 이 과정은 이후 최선의 대안 선택을 위한 기준이 되므로 학생들이 기대하는 목표 설정의 중요성을 인식하도록 하고, 교사는 적절한 피드백을 제공해야 한다. Allo를 활용하여 피드백을 제공할 때에는 코멘트 기능을 활용하여 글로 피드백을 제시할 수 있다.

4. '의식주 자원관리가 필요한가?'를 주제로 하여 토론해 보자. 자신의 주장과 근거를 모둠 내에서 발표하고 난 후, 입장을 바꾸어 토론해 보자. 두 차례의 토론이 끝난 후 모둠의 의견을 종합하여 학급 전체에 발표해 보자.

찬성	반대
모둠의 생각	

5. 문제 인식의 사례는 다음 자원의 3가지 흐름 중에서 어디에 해당하는지 생각해 보고, 자원의 3가지 흐름의 공통점과 차이점에 대해 토의해 보자.

출처: 최유현 외(2025). 중학교 기술 · 가정②, 지학사, p.13

공통점	
차이점	

기대하는 목표 설정

순환 과정을 고려하여 의식주 자원관리를 하였을 때 나타나는 결과는 무엇인지 작성해 보자.

에듀테크 | Allo를 활용한 자료조사 결과 공유 과정

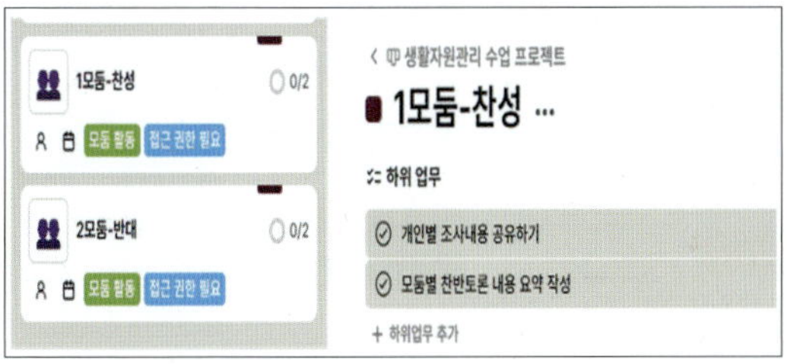

1 '문제 맥락과 배경 이해하기' 칸반에서도 '문제 인식' 단계와 마찬가지로 캔버스를 생성한다. 모둠별 활동용 캔버스를 만들고, 하위활동을 안내한다.

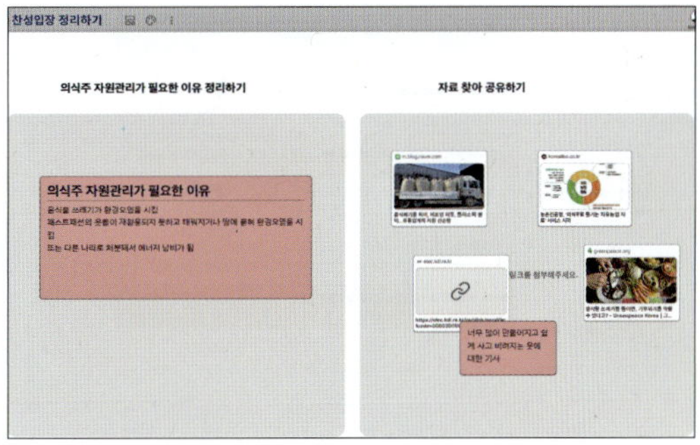

2 학습활동에 필요한 학습활동지를 캔버스에 생성하여, 학생들이 빈칸에 자신의 생각을 직접 작성하거나 조사한 자료를 파일·링크·이미지 등 다양한 형식으로 공유할 수 있도록 한다.

에듀테크 | Allo를 활용한 토의 및 의견 정리 과정

1 모둠별로 토의방(캔버스)을 생성하고 하위활동을 정한다.

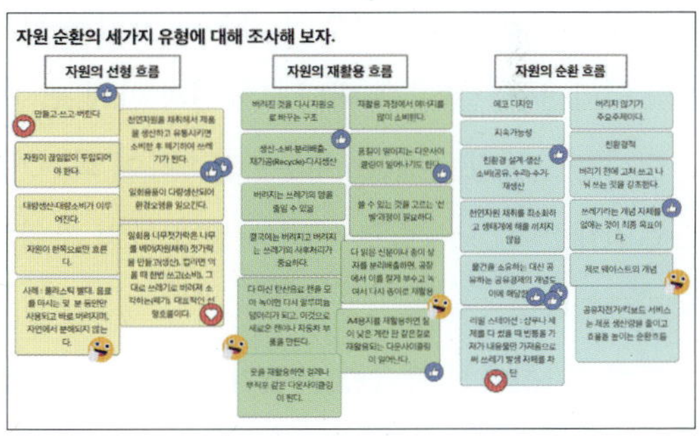

2 학생들이 자원의 세 가지 흐름의 개념과 특징을 조사하여 포스트잇 형태로 업로드하고, 모둠원들은 공감 여부를 이모티콘으로 표시하여 토의 내용을 정리한다.

(계속)

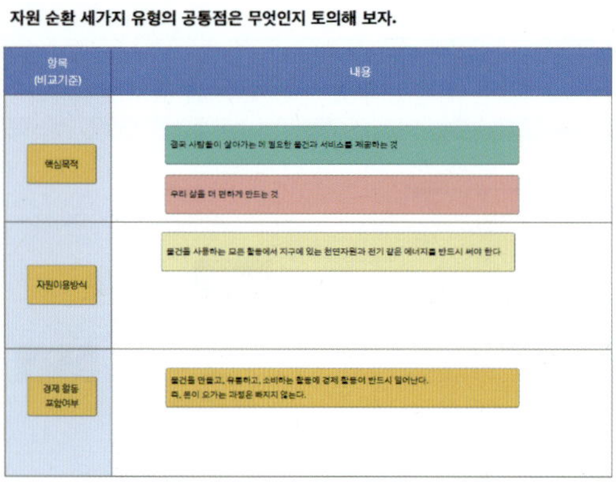

3 표를 만들어 토의 내용을 정리하고, 각 항목의 내용을 포스트잇으로 정리하여 게시함으로써 표를 완성한다.

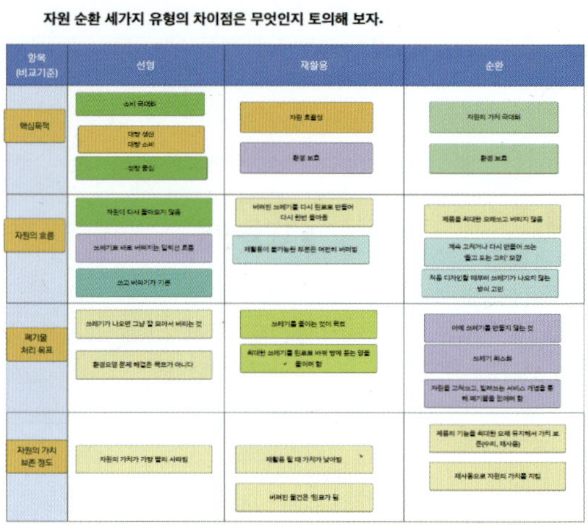

4 차이점을 비교·분석하여 내용을 정리하도록 지도한다.

③ 4~5차시 수업 진행

4~5차시 수업은 실천적 문제 중심 수업의 과정 중 '대안적 행동과 방법 탐색', '행동 결과를 고려한 최선의 대안 선택' 과정으로 진행한다. 교사는 생활자원을 단순히 물질적인 자원으로만 이해하는 관점에서 벗어나, 생활자원을 인적 자원과 물적 자원으로 나눌 수 있음을 설명한다. 이후 학생들은 두 자원의 의미·특성·종류에 대해 모둠원과 함께 조사하는 활동을 한다.

교사는 모둠장에게 Xmind에 접속하여 회원가입 또는 로그인 후 모둠원의 이메일을 초대할 수 있도록 안내한다. 모둠별로 인적 자원과 물적 자원의 의미·특성·종류를 마인드맵으로 정리할 수 있도록 지도한다.

또한 3차시에서 학습한 자원의 순환 과정을 학습활동지의 그림을 통해 다시 한 번 상기하도록 한다. 해당 그림이 자원의 선형이나 재활용 흐름이 아닌 순환 흐름을 나타내는 것임을 이해하도록 지도한 후, 모둠원들은 각자 한 가지 생활자원을 선택하여 순환 과정을 설명하는 글을 Allo에 작성하고 발표한다. 발표 내용을 바탕으로 자원의 생산·사용·폐기 과정을 탐색하여 마인드맵으로 정리하며, 교사는 모둠별 Xmind에 입장하여 이를 제작하도록 지도한다.

5차시에서는 생활자원의 순환을 고려하여 자원 선택의 최선의 대안을 찾는 과정을 학습한다. 4차시에서 탐색한 자원의 생산·사용·폐기 과정 정보를 바탕으로 각 단계에서의 순환 가능성을 고려하여 의식주 생활자원을 선택하는 방법에 대해 모둠별로 토의한다.

교사는 Allo에 모둠별 토의 및 의견 정리를 위한 캔버스를 생성하고, 학생들이 토의 내용을 공유할 수 있도록 지도한다. 선택한 대안이 자신과 가족, 사회에 어떤 영향을 미치는지 논의하도록 하며, 3차시에 설정한 기대하는 목표를 기준으로 최선의 대안을 탐색한다. 선택한 대안은 모둠별로 발표하고 공유한다.

활동지·에듀테크	활동지 4~5쪽

해결 방안 탐색

1. 생활자원에는 무엇이 있으며, 어떤 특징이 있는지 조사하고 공유해 보자. 또한 문제 인식에서 사용된 생활자원은 어디에 속하는지도 이야기해 보자.

구분	인적 자원	물적 자원
의미		
특성		
종류		

2. 다음 생활자원의 순환 과정을 보고, 한 가지 생활자원을 예로 들어 순환 과정을 설명해 보자.

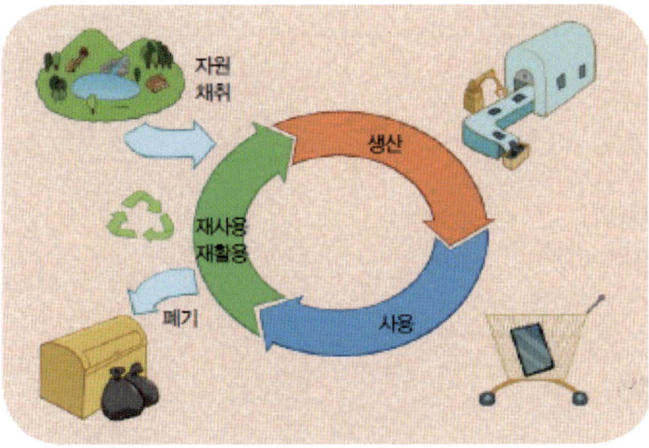

출처: 최유현 외(2025). 중학교 기술·가정②, 지학사, p.13

3. 의식주 생활자원의 생산·사용·폐기 과정을 탐색해 보고, 이를 엑스마인드(Xmind)로 마인드맵을 제작해 보자.

(계속)

최선의 대안 선택

1. 순환 가능성을 고려하여 의식주 생활자원을 선택하는 방법에 대해 토의하고, 공유해 보자.

자원 구분 관리 과정	의생활 자원	식생활 자원	주생활 자원
생산 과정			
사용 과정			
폐기 과정			

2. 위의 "1"에서 의식주 생활자원을 선택하는 방법이 자신, 가족, 사회에는 어떤 영향을 주는지 토의해 보고, 이를 바탕으로 최선의 대안은 무엇인지 토론해 보자.

에듀테크 | Xmind를 활용한 조사 내용 정리 과정

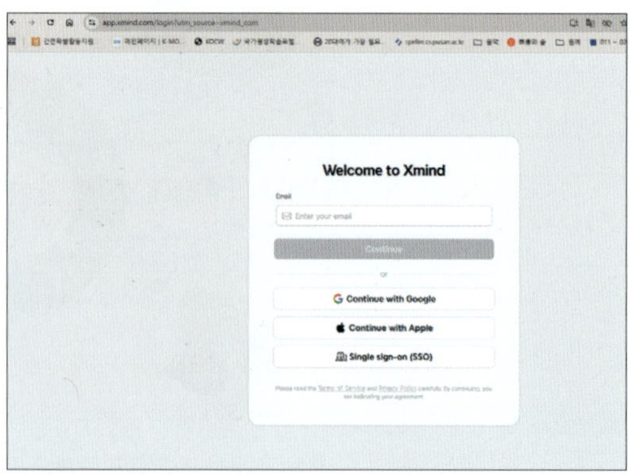

1 모둠장은 Xmind(xmind.com/ko)에 접속하여 회원가입을 할 수 있도록 지도한다.

(계속)

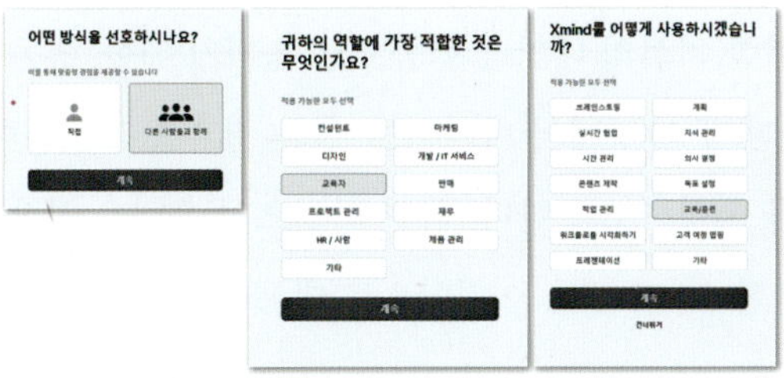

2 회원가입 후 나타나는 선택 항목에서 '다른 사람들과 함께'를 선택하여 마인드맵을 공유할 수 있도록 하고, 역할과 용도를 묻는 질문에는 교육용을 선택하도록 안내한다.

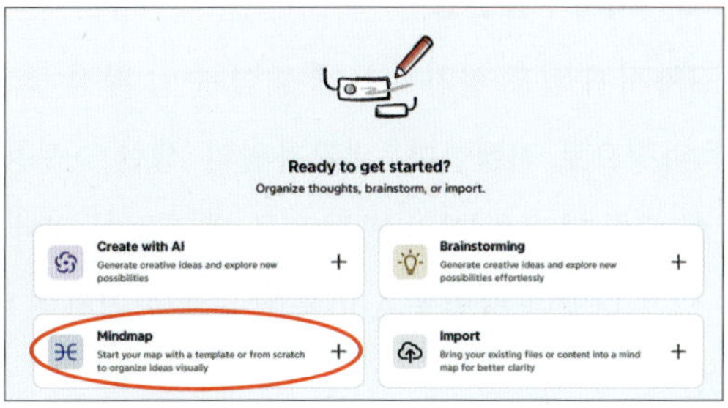

3 가입을 완료하면 [Mindmap] 버튼을 눌러 작업 화면으로 이동한다.

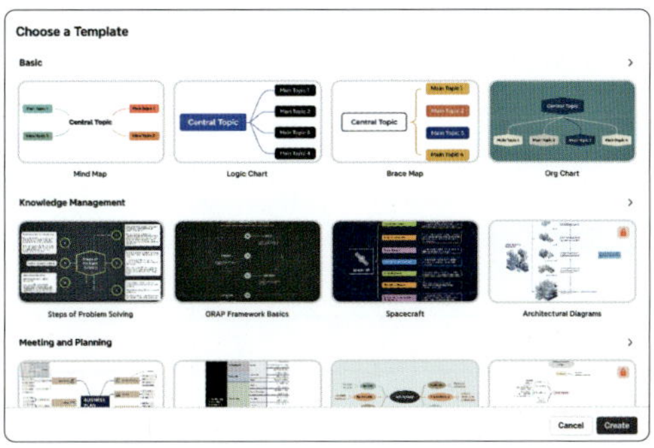

4 다음 화면에서 적절한 템플릿을 선택해 마인드맵 화면을 불러온다.

5 모둠장은 [공유(Share)] 버튼을 눌러 각 모둠원의 이메일 주소를 입력해 초대하고, 모둠원은 자신의 이메일에서 초대를 수락하여 마인드맵에 접속하도록 지도한다.

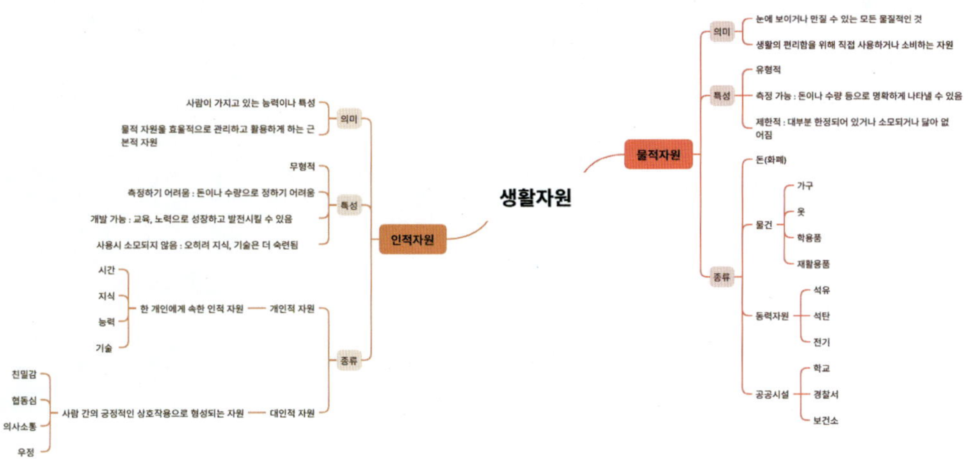

6 모둠원 간의 토의를 통해 마인드맵을 완성하도록 지도한다.

④ 6~7차시 수업 진행

6~7차시 수업은 실천적 문제 중심 수업 과정 중 선택한 최선의 대안을 행동으로 옮기기 위한 '행동하기' 과정으로 진행한다. 생활자원의 '생산→사용→폐기' 과정에서 나타나는 행동 결과를 고려하여, 옷의 순환 과정을 '파란 티셔츠'를 예로 들어 이야기를 구성하도록 한다. 파란 티셔츠의 수명을 연장할 수 있는 다양한 방법을 Allo를 활용해 협업하여 탐색한 후, 그 내용을 기반으로 대본을 작성하도록 지도한다.

동영상 제작 프로젝트는 모둠별로 프로젝트의 목적을 설정하고, 목적 달성을 위한 계획을 세워 실행할 수 있도록 지도한다. 영상은 생성형 AI 도구인 Vrew를 활용해 1분 30초 분량으로 완성한다.

제작된 동영상은 모둠원과 공유하여 자원의 순환 과정이 영상 속에 적절히 반영되었는지 확인하고, 필요한 부분은 수정·보완하도록 한다. 이러한 활동을 통해 생활자원의 순환 과정과 자신의 행동이 자신과 가족, 사회에 미치는 영향을 다시 한 번 생각해 볼 수 있도록 한다.

활동지·에듀테크	활동지 6쪽

행동 프로젝트

■ 다음 글을 읽고 물음에 답하여 보자.

인도의 햇볕이 강한 목화밭에서 자란 목화는 수확된 뒤 실 잣는 공장으로 간다. 공장으로 간 목화는 실로 짜여 하얀색 옷감으로 만들어지고, 그 하얀색 옷감은 예쁜 색으로 염색된 다음, 많은 사람들의 손을 거쳐 파란 티셔츠가 된다. 파란 티셔츠는 배를 타고 바다를 건너 어느 공정 무역 옷가게로 간다. 그리고 한 여자 아이가 이 파란 티셔츠를 사 간다.

1 목화가 티셔츠가 되는 순환 과정에 초점을 두어 파란 티셔츠의 일생을 추론해 보자.

2 여자 아이가 파란 티셔츠를 사 간 이후를 상상하며 이야기의 뒷부분을 완성해 보자.

3 파란 티셔츠의 수명을 연장하기 위한 다양한 방법을 탐색해 보자.

출처: 유난숙 외(2025). 중학교 기술·가정①, 교문사, p.89

1. 위 내용을 기반으로 브루(Vrew)를 활용하여 티셔츠의 일생을 추적 조사하는 1분 30초 분량의 동영상을 제작해 보자.

※ 행동 프로젝트 2, 3번 문항은 다음 차시에 계속됨

에듀테크 | Vrew를 활용한 영상 제작 과정

1 Vrew(vrew.ai)에 접속해 회원가입 후 무료 다운로드를 진행한다.

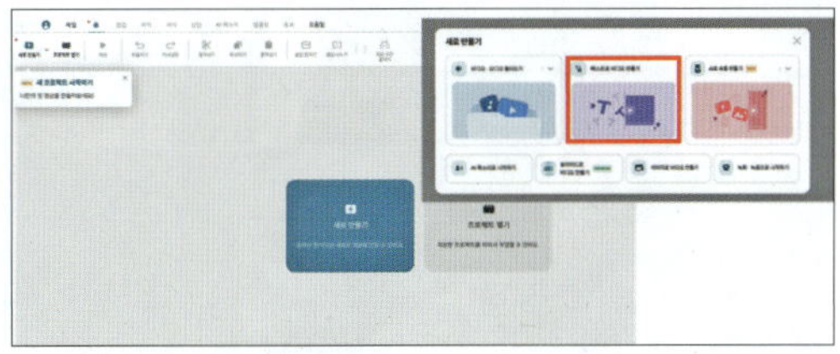

2 다운로드 후 [새로 만들기]를 누르면 세 가지 방법이 제시되는데, 그중 '텍스트로 비디오 만들기'를 선택한다.

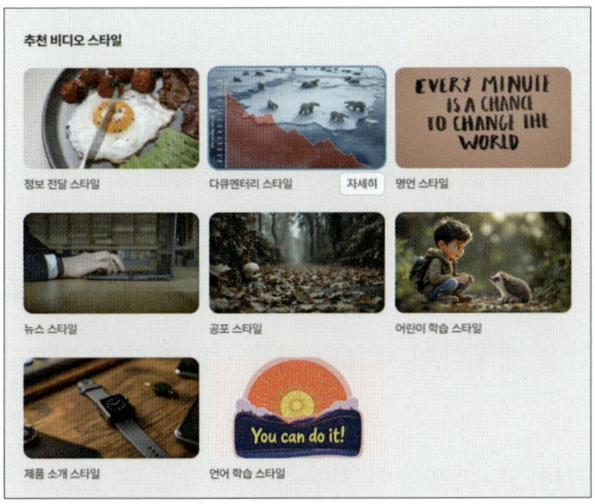

3 여러 스타일 중에서 원하는 스타일을 선택한다. 원하는 스타일이 없을 경우 스타일을 적용하지 않거나 '나만의 비디오 스타일'을 직접 만들 수도 있다.

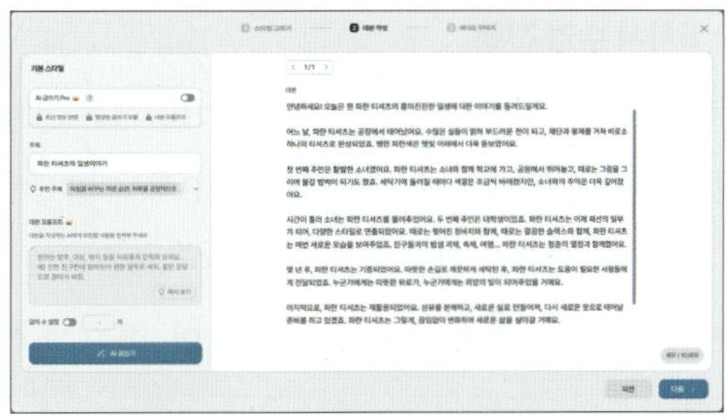

4 '주제'란에 '파란 티셔츠의 일생'이라고 입력하고, 모둠원과 협업하여 작성한 대본을 오른쪽 입력란에 넣는다. 학교 여건에 따라 유료 버전을 사용할 수 있으며, 교사의 수업 방식에 맞춰 대본 프롬프트 기능을 활용한 AI와의 질의응답으로 대본을 자동 생성할 수 있다.

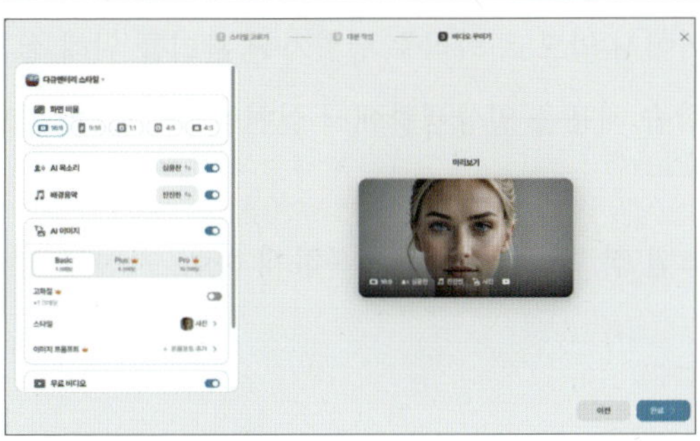

5 영상의 스타일을 다시 한 번 확인하고, 화면비율, AI 목소리, 배경음악 등을 선택한다.

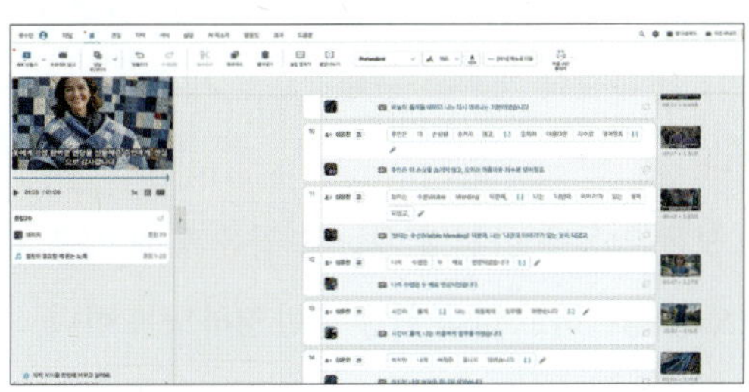

6 Vrew AI가 생성한 스크립트를 확인한 후, 필요에 따라 대본을 편집·수정한다.

(계속)

7 [생성하기]를 누르면 동영상이 생성된다.

⑤ 8차시 수업 진행

8차시 수업은 실천적 문제 중심 수업의 '행동 프로젝트' 과정을 이어서 진행한다. 모둠별로 제작한 동영상 시사회를 메타버스 공간인 ZEP에서 진행하며 의견을 공유하도록 한다. 메타버스를 학습에 활용할 때의 장점은 시공간을 초월하여 프로젝트 결과물을 공유할 수 있고, 교사와 학생 또는 학생과 학생 간 상호작용을 촉진할 수 있으며, 학습에 실재감을 제공하여 학습 동기를 강화할 수 있다는 점이다.

교사는 메타버스 공간에 동영상 시사회 공간을 마련하고, 학생들이 자유롭게 입장할 수 있도록 한다. ZEP에서 동영상을 업로드하기 위해서는 '미디어 임베드' 기능을 사용해야 하는데, 영상은 유튜브 링크로만 업로드 가능하도록 되어 있다. 파일을 직접 업로드할 경우 용량 제한이 있으므로, 유튜브에 모둠의 동영상을 업로드한 후 공유 링크를 복사하여 ZEP 공간에 전시하도록 지도한다.

동영상 시사회가 끝난 후에는 자기 모둠과 다른 모둠의 활동에 대해 자기·동료 평가가 이루어질 수 있도록 평가기준을 안내하고 평가를 진행한다. 이어서 앞으로 의식주 생활자원 관리를 위해 실천해야 할 목표와 계획을 구체적으로 세우도록 하여, 학습 내용을 일상생활에서 실천할 수 있도록 지도한다.

모든 활동을 마친 후에는 수업을 통해 배운 점, 느낀 점, 실천할 점을 기록하게 하여, 자신의 성장 정도를 성찰하고 다음 활동에 반영하도록 한다.

활동지 · 에듀테크	활동지 7쪽

2. 제작한 동영상 시사회를 ZEP에서 개최하고 공유해 보자.

3. 앞으로 의식주 생활자원 관리를 위해 내가 실천해야 할 목표와 계획을 세워 보자.

목표		
실행 일정	일정	내용
	~	
	~	
	~	

행동 평가

수업을 통해 배운 점, 느낀 점, 실천할 점을 작성해 보자.

배운 점	
느낀 점	
실천할 점	

에듀테크 | ZEP을 활용한 영상 시연회 과정

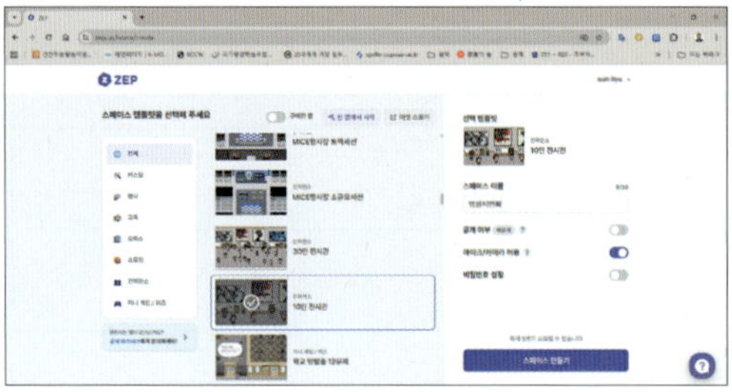

1 ZEP(zep.us)에 접속한 뒤 원하는 스페이스 템플릿을 선택하여 [스페이스 만들기]를 실행한다.

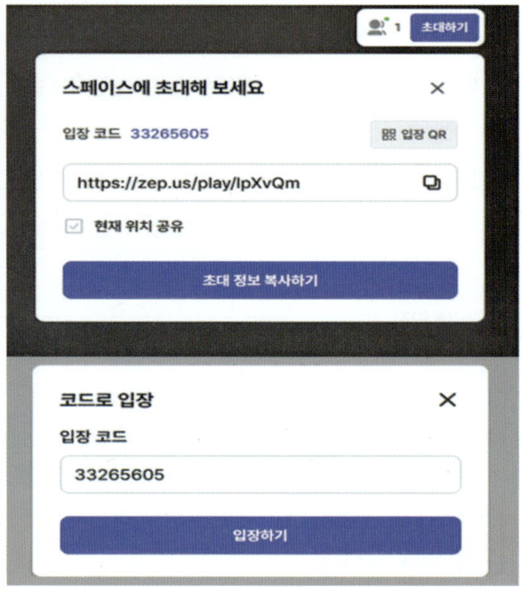

2 각 스페이스에서는 링크, QR코드, 입장코드를 활용해 모둠원을 초대하여 입장하도록 한다.

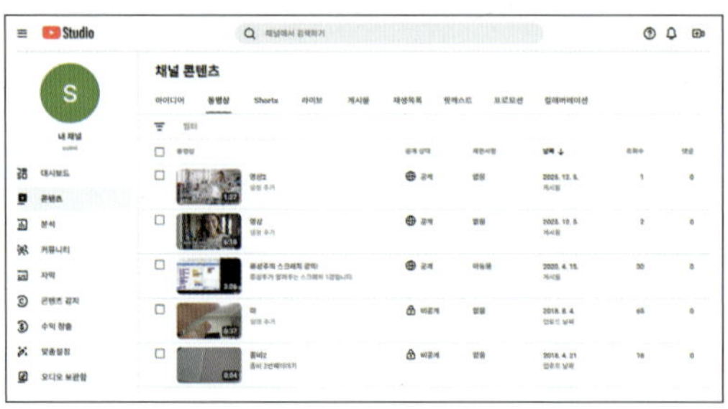

3 ZEP의 '미디어 임베드' 기능은 유튜브 영상만 업로드할 수 있으므로, 먼저 유튜브에 영상을 업로드한다.

4

- 각 모둠은 자신들이 만든 영상을 시연하기에 적절한 스페이스 템플릿을 선택한다.
- 동영상을 전시하고 싶은 위치로 아바타를 이동한 후, 화면 아래의 [미디어 임베드] 버튼을 눌러 '유튜브'를 선택한다.

(계속)

5 각 모둠이 전시한 공간에는 시공간의 제약 없이 자유롭게 입장하여 영상을 시청하고, 채팅 등을 통해 상호작용할 수 있도록 한다.

(4) 수업 효과

본 수업은 학생들이 자신이 선택한 의식주 생활자원이 환경에 미치는 영향을 이해하고, 실천적 추론을 통해 자신의 행동을 성찰하여 지속가능한 선택을 지향하도록 행동 변화를 이끌기 위해 구성되었다. 학생들은 실천적 문제를 해결해 가는 과정을 통해 지금까지 인식하지 못했던 일상생활을 성찰하고, 자기주도적으로 자신과 사회를 변화시킬 수 있는 힘을 기르게 된다.

실천적 문제해결 과정은 학생들의 실천을 유도하는 데 중점을 두고 있으므로, 학생들의 사고와 감성을 일깨우기 위한 다양한 노력이 수반되어야 한다. 이를 위해 교사는 학생들과의 계획된 상호작용을 통해 학습을 돕고, 학생들이 정보를 의미 있게 처리할 수 있도록 신뢰성 있는 정보를 수집하여 그 개념 간의 연계성을 유의미하게 선정·구조화해야 한다. 또한 주의 깊은 발문, 사례, 동영상 등 다양한 자료와 매체를 활용하는 능력도 필요하다.

본 수업은 Mentimeter, Allo, Gemini, Xmind, Vrew, ZEP 등 다양한 에듀테크 도구를 활용하여 실천적 문제해결 과정을 효과적으로 지원하며, 학생들의 실천을 유도하는 데 도움을 준다.

3) 평가

본 수업에서 평가는 과정 중심 평가 운영 절차에 따라 성취기준을 분석한 후 평가 요소와 평가 방법을 선정하고, 평가 과제와 루브릭을 개발하였다(표 3-17~18).

성취기준 [9기가02-01]은 생활자원의 순환 과정과 순환 가능성을 고려한 의식주 자원관리의 중요성을 바탕으로 자원의 순환 과정을 탐색하는 데 중점을 둔다. 또한 성취기준 [9기가02-10]은 의식주 생활자원의 순환 과정, 자원의 선택 과정과 결과에 대한 이해를 바탕으로 순환 과정을 탐색하고 성

표 3-17 2022 개정 가정과교육과정 성취기준 및 성취수준(생활자원 관련)

성취기준	성취기준별 성취수준	
[9기가02-01] 생활자원의 종류와 특성 및 순환 과정을 이해하고 의식주 자원관리의 중요성을 인식한다.	A	생활자원의 순환 과정과 순환 가능성을 고려한 의식주 자원관리의 중요성을 바탕으로 자원의 순환 과정을 탐색하여 지속가능성을 고려하는 태도를 갖는다.
	B	생활자원의 순환 과정과 의식주 자원관리의 중요성을 바탕으로 자원의 순환 과정을 탐색하여 지속가능성을 고려하는 태도를 갖는다.
	C	생활자원의 순환 과정과 의식주 자원관리의 중요성을 바탕으로 자신이 활용하는 자원의 순환 과정을 탐색하여 지속가능성을 고려하는 태도를 갖는다.
	D	생활자원의 순환 과정에 대한 이해를 바탕으로 자신이 활용하는 자원의 순환 과정을 탐색하여 지속가능성의 필요성을 느낀다.
	E	생활자원의 순환 과정을 이해하고 설명하여 지속가능성의 필요성을 느낀다.
[9기가02-10] 의식주 생활자원의 생산과 폐기 과정을 탐색하고, 일상생활에서 의식주 생활자원을 선택한 과정과 그 결과를 성찰한다.	A	의식주 생활자원의 순환 과정 및 자원의 선택 과정과 결과에 대한 이해를 바탕으로 순환 과정을 탐색 및 성찰하여 선택에 대한 책임을 느낀다.
	B	의식주 생활자원의 순환 과정 및 자원의 선택 과정과 결과에 대한 이해를 바탕으로 순환 과정을 탐색하여 선택에 대한 책임을 느낀다.
	C	의식주 생활자원의 순환 과정에 대한 이해를 바탕으로 순환 과정을 탐색하여 선택에 대한 책임을 느낀다.
	D	의식주 생활자원의 순환 과정에 대한 이해를 바탕으로 순환 과정을 설명하여 선택에 대한 책임의 필요성을 느낀다.
	E	의식주 생활자원의 개념을 이해하여 설명하고 선택에 대한 책임의 필요성을 느낀다.

찰하는 데 중점을 둔다. 두 성취기준 모두 실천적 문제해결 과정을 통해 달성할 수 있으므로, 수업의 전 과정을 평가하도록 평가 계획을 수립하였다.

성취기준 분석을 통해 필요한 능력을 평가 요소로 구체화한 결과, 평가 요소는 '문제 이해의 적절성', '해결 방안 탐색의 적절성', '프로젝트의 조직성', '프로젝트의 창의성'으로 선정하였다. 이를 다시 세부 평가 요소로 구체화하여 '생활자원 관리의 문제점과 배경 이해', '생활자원의 순환 과정 탐색', '티셔츠의 일생 추적 동영상 구성', '티셔츠의 일생 추적 동영상의 참신성 및 호응도'를 설정하였다.

평가 방법은 평가 요소를 가장 적합하게 평가할 수 있는 수행평가로 선정했으며, 실천적 문제해결 과정을 담고 있는 모든 학습활동 과제를 평가 과제로 삼았다. 따라서 평가를 위해 수집해야 할 증거 자료는 에듀테크 도구를 활용해 학생들이 산출한 모든 산출물로, 이 자료들은 Allo에 축적되어 있어 수집에 용이하다.

평가 요소 중 '문제 이해의 적절성'은 생활자원의 문제점 파악, 자원 선택이 환경에 미치는 영향 이해, 의식주 생활자원 관리 부실의 근본 원인 파악을 기준으로 한다. 이는 이후의 해결 방안 탐색 활동

표 3-18 수행평가 루브릭

평가 요소	세부 평가 요소	수준	기대 수행
① 문제 이해의 적절성	생활자원 관리의 문제점과 배경 이해	상	생활자원 관리의 문제점을 정확하게 파악하고, 생활자원의 선택이 환경에 미치는 영향과 의식주 생활자원관리가 잘 되지 않는 근본적 원인을 정확하게 파악함
		중	생활자원 관리의 문제점을 대략적으로 파악하고, 생활자원의 선택이 환경에 미치는 영향과 의식주 생활자원관리가 잘 되지 않는 원인을 대략적으로 파악함
		하	생활자원 관리의 문제점, 생활자원의 선택이 환경에 미치는 영향, 의식주 생활자원 관리가 잘 되지 않는 원인을 파악하는 능력이 부족함
② 해결 방안 탐색의 적절성	생활자원의 순환 과정 탐색	상	생활자원의 종류와 특성, 의식주 생활자원의 생산·사용·폐기 과정을 정확하게 파악하고, 추론을 통해 순환 가능성을 고려하여 최선의 대안을 탐색함
		중	생활자원의 종류와 특성, 의식주 생활자원의 생산·사용·폐기 과정을 대략적으로 파악하고, 의식주 생활자원 선택 방법을 탐색함
		하	생활자원의 종류와 특성, 의식주 생활자원의 생산·사용·폐기 과정을 파악하는데 어려움이 있으며, 의식주 생활자원 선택 방법의 탐색능력이 부족함
③ 프로젝트의 조직성	티셔츠의 일생 추적 동영상의 구성	상	동영상에 티셔츠의 생산, 유통, 보관, 소비, 폐기 과정과 수명을 연장하기 위한 방안이 모두 표현되어 있으며, 전체적인 구성이 잘 이루어짐
		중	동영상에 티셔츠의 생산, 유통, 보관, 소비, 폐기 과정과 수명을 연장하기 위한 방안이 부분적으로 표현되어 있으며, 전체적인 구성의 완성도가 미흡함
		하	동영상에 티셔츠의 일생이 표현되어 있지 않으며, 전체적 내용과 구성의 완성도가 미흡함
④ 프로젝트의 창의성	티셔츠의 일생 추적 동영상의 참신성 및 호응도	상	제작한 티셔츠의 일생 추적 동영상이 참신하고 동료평가에서 호응도가 매우 높음
		중	제작한 티셔츠의 일생 추적 동영상이 참신하나 동료평가에서 호응도가 비교적 낮음
		하	제작한 티셔츠의 일생 추적 동영상이 참신하지 않고 동료평가에서 호응도가 매우 낮음

의 기반이 되므로, 피드백을 통해 학생의 성장을 지원해야 한다. 분석적 루브릭은 구체적이고 명확한 피드백 제공에 중요한 역할을 하므로 그 기준으로 활용한다. '해결 방안 탐색의 적절성'은 생활자원의 종류와 특성, 의식주 생활자원의 생산·사용·폐기 과정에 대한 정확한 이해를 바탕으로, 추론을 통해 최선의 대안을 탐색하는 능력을 기준으로 한다. '프로젝트의 조직성'은 동영상에 티셔츠의 생산·유통·보관·소비·폐기 과정과 수명 연장 방안이 포함되어 있으며, 구성의 체계성이 평가 기준이 된다. 마지막으로 '프로젝트의 창의성'은 동료평가 방법을 적용하여 동영상의 참신성을 기준으로 한다.

본 수업에서 평가는 학생의 실천적문제해결역량을 평가하는 과정 중심 평가를 실현하기 위해 교사평가뿐만 아니라 자기평가, 동료평가 등 다면적 평가 방법을 활용하였다(표 3-19~20). 이는 실천적 문제해결역량을 평가할 때 교사평가만으로는 증거가 부족해 평가에 한계가 있기 때문이다.

자기평가의 요소에는 실천적 추론 과정과 프로젝트 과정이 포함되며, 각 과정에서 이루어지는 모든 활동을 수행기준으로 삼았다. 동료평가는 모둠 내 상호평가를 통해 개개인의 능동적인 참여를 유

표 3-19 자기평가지

평가 요소	기대 수행	평가		
		상	중	하
실천적 추론	생활자원 관리 문제를 인식하고 친구들과 공유하였다.			
	생활자원의 선택이 환경에 미치는 영향을 조사하였다.			
	생활자원 관리가 잘되지 않는 근본적 원인을 탐색하였다.			
	생활자원의 의미, 종류와 특성을 조사하여 친구들과 공유하였다.			
	의식주 생활자원의 생산·사용·폐기 과정을 탐색하여 마인드맵을 제작하였다.			
	순환 가능성을 고려하여 자신, 가족, 사회에 가장 좋은 영향을 줄 수 있는 의식주 생활자원의 선택 방법을 탐색하였다.			
프로젝트	티셔츠의 일생을 추적 조사하였다.			
	모둠에서 동영상 제작에 기여하였다.			
	의식주 생활자원 관리를 위한 실천 목표와 계획을 수립하였다.			

표 3-20 동료평가지

평가 요소	기대 수행						친구 이름
친구의 활동 모습	모둠에서 맡은 역할을 성실히 수행한 친구는?						
	협동심이 많고 모둠 내 갈등을 최소화하는 데 노력한 친구는?						
	맡은 역할 외에도 모둠에 보탬이 되기 위해 노력한 친구는?						
	의사소통에 능숙하며 다른 모둠원이 하는 말을 경청한 친구는?						
모둠별 동영상 평가	요소 / 모둠	동영상에 티셔츠의 일생이 잘 표현되었다.			동영상의 줄거리가 짜임새 있게 구성되었다.		
		상	중	하	상	중	하
	1						
	2						
	3						
	4						
	5						
	6						

도하고 과제 수행 동기를 고취하는 데 기여했으며, 동영상 시사회에서는 모둠별 상호평가를 실시하여 평가의 객관성과 신뢰성을 확보하였다.

4) 마치며

실천적 문제 중심 수업은 학생들의 만족도가 높고, 학생들의 행동 변화를 이끌 수 있는 수업으로서 가정교과에서 매우 중요한 의미를 지닌다. 그러나 그동안 학교현장에서는 여러 이유로 실천적 문제 중심 수업을 실행하는 데 어려움이 있었다. 실천적 문제 중심 수업은 협동학습, 토의·토론 학습, 프로젝트 학습을 기반으로 하며, 모둠별 협업 과정에서 공간·시간의 제약이 크고, 실천적 문제해결을 위해 정보를 수집하는 데 많은 시간이 필요하며, 프로젝트 초기 산출물 제작에도 도구와 시간, 노력이 많이 요구되었기 때문이다.

하지만 에듀테크의 도입을 통해 이러한 문제점들을 상당 부분 해소할 수 있음을 본 수업에서 확인할 수 있었다. 실천적 문제 중심 수업에서 중요한 모둠원 간 협업은 에듀테크가 제공하는 다양한 협업 도구 덕분에 활동 과정과 결과물 공유가 용이해졌으며, 이를 기반으로 동료 피드백과 교사 피드백도 효율적으로 제공할 수 있게 되었다.

또한 실천적문제해결에 필요한 정보 탐색, 분석, 관리 역시 에듀테크를 통해 쉽게 수행할 수 있게 되었으며, 실습이 어려운 환경에서는 메타버스 등 가상세계나 시뮬레이션을 활용하여 학습을 진행할 수 있게 되었다. 디지털 환경에서 그림 그리기, 동영상 제작 등의 활동도 용이해져 학습자의 다양한 활동을 적극적으로 지원할 수 있게 되었다. 더불어 에듀테크는 교사와 학생, 학생과 학생 간 상호작용을 촉진하는 다양한 기능을 제공하여 실천적 문제 중심 수업을 매우 효과적으로 지원한다.

이처럼 에듀테크는 실천적 문제 중심 수업을 여러 측면에서 효율적으로 지원할 수 있지만, 다음 사항을 고려할 필요가 있다. 본 수업에서 다양한 에듀테크 도구를 적용하였으나, 그 적절성은 학습환경과 학습자의 수준에 따라 달라질 수 있으므로, 실천적 문제 중심 수업의 흐름에 맞는 도구를 선정하여 적용해야 한다. 또한 에듀테크가 수업의 중심이 되어서는 안 되며, 기술 활용에만 초점을 둘 경우 학습자의 성취기준 도달과는 다른 방향으로 수업이 전개될 수 있음을 유의해야 한다.

따라서 에듀테크를 활용할 때는 세 행동 체계를 강화할 수 있는 활동인지, 해당 활동에 에듀테크를 사용하는 것이 적절한지, 사용 가능한 도구 중 최선의 선택인지를 면밀히 검토해야 한다. 이러한 고민이 담긴 수업이 학생들의 실천적문제해결역량을 강화하는 데 도움이 되기를 바란다.

에듀테크 기반 고등학교 가정과 수업 연구 및 지도법

CHAPTER

4

❶ 올바른 소비생활 방안 - 금융 포트폴리오(재무 설계 실천하기)

❷ 심화된 삶의 탐구와 실천 - 저출산 문제해결을 위한 가족복지정책 제안

❸ 발달을 디자인하다 - 그림책으로 말하는 생애 단계

1. 올바른 소비생활 방안 - 금융 포트폴리오(재무 설계 실천하기)

1) 수업 개요

과목	기술·가정	대상	고등학교 1~3학년
단원	II. 소비자와 생활복지 01. 생활 설계와 소비생활 1-2. 경제적 자립과 재무 설계		
학습 내용	▸ 가계 재무 설계 필요성 및 가계 재무 설계 과정 학습, 구글 사이트 도구 만드는 방법 안내 ▸ 금융상품 제대로 이해하고 실습하기 • 예금·적금 - 나에게 맞는 예금·적금 상품 선정하기 • 주식·펀드 - 모의 주식 투자 실습하기 • 기타 자산 찾아보기 - 원자재 등 조사하기 ▸ 금융 포트폴리오 컨설팅하기		
학습 목표	• 재무 목표에 따른 다양한 금융상품을 설명할 수 있다. • 목표 달성을 위해 필요한 자산을 마련할 수 있는 재무 설계를 할 수 있다. • 포트폴리오 컨설팅을 통해 가정 경제 관리 방안을 점검하여 올바른 경제생활을 실천할 수 있다.		
에듀테크	구글 사이트(Google Sites) 도구, 퀴즈앤 등		

본 수업은 OECD 평균보다 낮은 금융 문해력을 보이는 한국 사회의 현실을 문제의식으로 삼아, 청소년들이 미래에 합리적인 금융 의사 결정 능력과 안정적인 삶을 설계할 수 있는 자립역량을 기를 수 있도록 설계되었다. 단순한 금전적 이익 추구에 머무르지 않고, 안전하고 건전한 금융생활의 중요성을 이해하며 성인이 된 이후에도 지속가능한 금융 계획과 관리 습관을 갖추는 것을 핵심 목표로 한다.

또한 학생들의 소비 성향과 소비 행동을 분석하여 개인적 차원의 소비를 넘어, 책임 있는 소비자 시민성을 기를 수 있도록 하는 데 중점을 두었다. 학생들이 자신의 경제적 선택이 사회 및 공동체에 미치는 영향까지 고려할 수 있는 윤리적 관점을 갖도록 돕고자 한다.

수업은 경제 용어와 다양한 금융상품의 핵심 개념을 제한된 차시 안에서 체계적으로 학습하도록 구성되었으며, 이를 바탕으로 가계 재무 설계, 금융 포트폴리오 구성, 기사 분석을 통한 근거 찾기, 모의 실습, 모둠별 금융 컨설팅 등의 활동을 수행한다. 이러한 과정에서 학생들은 실천적문제해결역량과 생활자립역량을 자연스럽게 함양하게 되며, 나아가 시장 경제의 흐름을 이해하고 주체적으로 경제 활동에 참여하는 미래 시민으로 성장할 수 있는 기반을 마련하게 된다.

수업 운영에서는 디지털 기반 학습환경을 적극 도입하였다. 특히, 'Google Sites 도구'를 중심 플랫폼으로 활용하여 학생들이 금융 이해 활동, 자료 조사, 포트폴리오 설계 등의 과정을 실시간으로 기록·시각화하도록 지도한다. 학생들은 자신의 학습 과정을 개인 금융 포트폴리오 형태로 구성하여 제출하며, 교사는 과정 중심 평가와 결과물 평가를 동시에 수행한다.

또한 학생들이 서로의 포트폴리오를 온라인 갤러리 형태로 열람하며 비교하고, 댓글이나 피드백 도구를 활용해 의견을 나누는 디지털 갤러리워크를 진행한다. 이를 통해 자기 성찰 및 상호 성찰 기반의 협력 학습 효과가 강화된다.

2) 수업 설계

(1) 교육과정 분석

① 소비자와 생활복지 영역의 2022 개정 고등학교 가정과교육과정의 내용 체계·성취기준 분석 및 내용 추출

표 4-1 2022 개정 고등학교 가정과교육과정 내용 체계(소비 관련)

<table>
<tr><td>영역</td><td colspan="3">소비자와 생활복지</td></tr>
<tr><td>핵심
아이디어</td><td colspan="3">저출생 고령사회에서 전 생애에 걸쳐 삶을 계획할 때는 건전한 자산 형성의 중요성을 인식하고 가족과 일이라는 생활의 균형을 도모할 수 있어야 한다.</td></tr>
<tr><td rowspan="2">내용 요소</td><td>지식·이해</td><td>과정·기능</td><td>가치·태도</td></tr>
<tr><td>• 저출생 고령사회에서의 생애 설계
• 자산 형성과 가계 재무</td><td>• 기대하는 목표 설정하기
• 일과 생활의 불균형이 삶에 미치는 영향 분석하기
• 생애주기에 따른 생활 디자인하기
• 가계 재무 설계 및 평가하기</td><td>• 생활 설계를 위한 미래지향적 태도
• 경제적 자립과 건전한 자산 형성에 대한 적극적 태도
• 소비 행동에 대한 책임감</td></tr>
<tr><td>성취기준</td><td colspan="3">[12기가02-02] 경제적 자립의 태도를 갖추기 위해 개인과 가족의 상황에 맞는 가계 재무 설계의 필요성을 이해하고, 가정경제 관리 방안을 계획한다.</td></tr>
<tr><td>성취기준 해설</td><td colspan="3">[12기가02-02] 이 성취기준은 경제적 자립을 위한 목표를 설정하고 자산이 가지는 의미를 파악하여 이를 형성할 수 있는 다양한 방법을 비판적으로 분석하도록 한다. 개인과 가족의 전 생애에 걸친 수입과 지출의 균형을 고려하여 가계 재무를 설계하고 평가한다.</td></tr>
<tr><td>역량</td><td colspan="3">■ 실천적문제해결역량 ■ 생활자립역량 ■ 관계형성역량</td></tr>
</table>

본 수업은 표 4-1과 같이 소비 영역에서 학생들이 자신의 소비생활에서 발생한 문제를 스스로 분석하고 대안을 탐색하는 과정에서 문제해결역량을 기르는 데 중점을 둔다. 아울러 재무 계획의 수립 및 설계 과정을 통해 금융 리터러시와 경제적 자립역량을 함께 강화하도록 구성하였다.

또한 건전한 자산 형성을 위한 자기주도적 재무 설계 활동은 자신의 소비 행동에 책임감을 갖게 하며, 소비자 시민성을 함양할 수 있는 기회를 제공한다. 더불어 모둠별 포트폴리오 컨설팅 활동을 통해 관계형성역량도 함께 기를 수 있도록 설계하였다.

② 교수·학습 방향 및 방법

본 수업은 실천적 문제해결 학습의 구조화된 사고 과정과 프로젝트 기반 학습의 수행 중심 활동을 통합하여 설계되었다. 학생들은 실제 생활의 소비 문제를 인식하고, 올바른 재무 목표 달성을 위한 정보 수집, 대안 탐색, 실행 계획 수립, 성찰과 평가에 이르는 실천적 사고를 경험한다.

개인별 '나만의 금융 포트폴리오' 설계 프로젝트를 수행하고, 모둠별 포트폴리오 컨설팅 활동을 통해 피드백을 주고받으며 결과물을 완성한다. 상호 피드백과 수정·보완 과정을 거치도록 구성하여 학습의 깊이를 더하였다.

학습은 총 7차시로 운영되며, 다음과 같은 단계적 흐름에 따라 진행된다.

- **1~2차시:** 가계 재무 설계와 가정경제 관리 방안을 강의식 수업으로 이해한다.
- **3~5차시:** 예금·적금, 주식·펀드, 원자재 등 다양한 금융상품을 이론 학습과 실습을 병행하여 탐구하며 금융 문해력을 기른다.
- **6차시:** 학생이 스스로 자신의 삶에 맞는 개인 금융 포트폴리오를 설계한다.
- **7차시:** 모둠별 컨설팅 방식으로 서로의 포트폴리오를 진단·자문하는 협력학습을 실시한다.

이러한 수업 구성은 학생들이 지식 습득을 넘어, 실제 생활에 적용 가능한 금융역량, 실천적문제해결역량, 생활자립역량, 관계형성역량을 균형 있게 기를 수 있도록 하는 데 중점을 둔다.

③ 평가 방법

본 수업의 평가는 학생들이 실제 생활 맥락에서 가계 재무 설계와 소비 문제를 인식하고, 이를 해결하기 위한 금융적 대안 제시와 소비자 시민성 실천능력을 갖추었는지에 중점을 둔다. 학생들은 금융상품 이해, 지출 분석, 목표 설정을 기반으로 '나만의 금융 포트폴리오'를 설계하고, 모둠 내 컨설팅과 피드백을 통해 이를 수정·보완하는 프로젝트를 수행한다.

이러한 평가 방식은 단순한 이론 암기가 아닌 실제 생활과 유사한 경제 문제해결 경험을 제공한다는 점에서 교육적 의의가 있다. 또한 개인의 민감한 재정 정보를 직접 노출하지 않고 가상 시나리오 또는 합의된 설정을 활용함으로써 학습 부담을 줄이고 안전성을 확보한다.

평가에서는 결과물의 정확성뿐만 아니라 재무 설계 과정의 논리성과 현실성, 금융상품 선택 근거의 타당성, 활동 과정의 성실도와 컨설팅 참여도, 자기 소비 습관에 대한 성찰의 깊이 등이 함께 고려된다. 이를 위해 과정 중심 평가(관찰 및 포트폴리오 중간 평가)와 결과 중심 평가(활동지 및 포트폴리오 완성본 평가)를 병행하며, 신뢰도 높은 평가를 위해 자기평가와 동료평가도 함께 실시한다.

(2) 교수·학습 지도

수업 주제	올바른 소비생활 방안 – 금융 포트폴리오(재무 설계 실천하기)		
내용 요소	[지식·이해] 저출생 고령사회에서의 생애 설계, 자산 형성과 가계 재무 [과정·기능] 기대하는 목표 설정하기, 일과 생활의 불균형이 삶에 미치는 영향 분석하기, 생애주기에 따른 생활 디자인하기, 가계 재무 설계 및 평가하기 [가치·태도] 생활 설계를 위한 미래지향적 태도, 경제적 자립과 건전한 자산 형성에 대한 적극적 태도, 소비 행동에 대한 책임감		
성취기준	[12기가02-02] 경제적 자립의 태도를 갖추기 위해 개인과 가족의 상황에 맞는 가계 재무 설계의 필요성을 이해하고, 가정경제 관리 방안을 계획한다.		
교수·학습 과정	차시	교수·학습 활동	활동 자료 및 도구
	1~2	▸ 개념학습 1: 가계 재무 설계 필요성 및 가계 재무 설계 과정 학습, 구글 사이트(Google Sites) 도구 만드는 방법 안내 • '올바른 소비생활 방안 – 금융포트폴리오 작성' 프로젝트 과정 및 평가 방법 안내 • 개인활동: 구글 계정 확인 및 Google Sites 도구 개설, 미래 목표 필요 자금 기록하기, 보드에 해당 과제 링크 올리기 ▸ 개념학습 2: 재무 목표에 따른 금융상품 학습 • 금융상품에 대한 안내하기 • 동기 유발 영상 시청: '내 머릿속엔 ₩돈 불리기₩ 생각뿐이다(현금, 주식, 채권, 금, 부동산)' https://www.youtube.com/watch?v=PPdSos1pTpo • 개인활동: 교과서, 활동지에 금융상품 설명 메모하기	■ 교과서, 활동지, Google Sites 도구, 퀴즈앤, 동영상
	3	▸ 개념학습: 예금·적금 그리고 금리 개념학습 • 예금과 적금 이해하기 • 이자(단리, 복리) 이해하기 • 개인활동: 활동지 문제 풀기, 관련 용어 정리 – '같은 이자일 때, 예금이 유리할까, 적금이 유리할까?' – '단리, 복리 차이 알아보기' ▸ 디지털 실습: 나에게 맞는 예금·적금 선택하기 • 금융감독원 '금융상품 한눈에'에 들어가기 • 예금·적금을 두 가지씩 고른 뒤 Google Sites 도구 포트폴리오에 넣기	■ 교과서, 활동지, Google Sites 도구, 퀴즈앤
	4	▸ 개념학습: 주식과 펀드 개념학습 • 주식과 펀드, 배당금 이해하기 • 개인활동: 코스피, 코스닥 전망 예측하기, 배당금 높은 주식 찾아보기, 관련 용어 정리 ▸ 디지털 실습: 나에게 맞는 주식 선택하기 • 토스 '모의 주식 투자'로 가상 매수해 보기, 모의 주식 현황을 캡처해 Google Sites 도구에 넣기	■ 교과서, 활동지, Google Sites 도구, 토스 모의 주식, 퀴즈앤

(계속)

	차시	교수·학습 활동	활동 자료 및 도구
교수·학습 과정	5	▸ 개념학습: 채권, 원자재, 부동산 등 기타 자산 개념학습 • 채권, 원자재(금, 원유 등), 부동산, 외화 이해하기 • 개인활동: 새로운 금융상품 찾기, 관련 용어 정리, 주요 금융상품 비교하기 ▸ 디지털 실습: 관심 있는 기타 자산을 조사하여 Google Sites 도구 포트폴리오에 넣기	■ 교과서, 활동지, Google Sites 도구, 퀴즈앤
	6	▸ 개별학습: 개인 금융 포트폴리오 설계하기 • 목표 금액에 맞는 목표 기간 산정 • 기존 소비생활 분석 및 투자 성향에 맞는 금융상품 고르기 • 포트폴리오 설계하고 이유 서술하기 ▸ 디지털 실습: 소비생활 및 투자 성향 조사하고 Google Sites 도구 포트폴리오에 넣기, 포트폴리오 보드에 올리기	■ 교과서, 활동지, Google Sites 도구, 퀴즈앤
	7	▸ 개념학습: 포트폴리오 컨설팅 방법 안내 • 유명인 포트폴리오를 보여주고, 목표 달성을 위한 포트폴리오 중요성 안내하기 • 모둠활동: 각자 설계한 포트폴리오의 현실성, 수익성, 목표 달성 가능성 등 여부 확인하고 피드백하기 ▸ 디지털 실습: 포트폴리오 수정 후 최종 포트폴리오 보드에 올리기 • 댓글 및 피드백 도구를 활용한 갤러리워크	■ 교과서, 활동지, Google Sites 도구, 퀴즈앤

(3) 수업 진행

① 1~2차시 수업 진행(가계 재무 설계, 가정경제 관리 방안 및 Google Sites 도구 이용 방법 안내)

본 수업의 1차시와 2차시는 가계 재무 설계의 개념 이해와 금융 포트폴리오 프로젝트 준비 단계로 구성된다.

1차시에서는 가계 재무 설계의 필요성과 설계 과정(현재 재무 상태 평가→재무 목표 설정→행동계획 수립 및 실행)에 대해 학습한다. 이어서 '올바른 소비생활 방안 – 금융 포트폴리오 작성' 프로젝트의 전체 흐름과 평가 방법을 안내한다.

이후 학생들은 구글 계정 활성화를 확인한 뒤, Google Sites 도구 사용 방법(사이트 생성, 페이지 구성, 공유 링크 생성 등)을 익힌다. 각 학생은 자신만의 사이트를 개설하고, 첫 페이지에 미래의 진로, 생활 목표와 그에 필요한 예상 자금을 기록한다. 마지막으로 생성한 사이트 링크를 퀴즈앤 공유 게시판에 업로드하여 프로젝트 준비를 마친다.

2차시에서는 개인 재무 목표 달성에 필요한 금융상품의 기초 개념을 학습한다. 예금·적금, 주식·채권, 금, 부동산 등 다양한 금융수단의 목적·수익 구조·위험성을 비교하여 이해하도록 한다. 학습 흥미를 높이기 위해 '내 머릿속엔 ₩돈 불리기₩ 생각뿐이다' 영상을 시청해 실제 금융 선택이 이루어지는 맥락을 경험하게 한다.

이후 학생들은 교과서와 활동지를 활용하여 주요 금융상품의 특징을 정리하고, "나의 재무 목표에 가장 적합한 금융수단은 무엇인가?"라는 질문에 대한 개인 의견을 작성한다. 이는 이후 포트폴리오 설계를 위한 기초 자료로 활용된다.

에듀테크 | Google Sites 도구를 활용한 금융 포트폴리오 제작 과정

Google Sites 도구를 활용한 사이트 개설 방법 안내

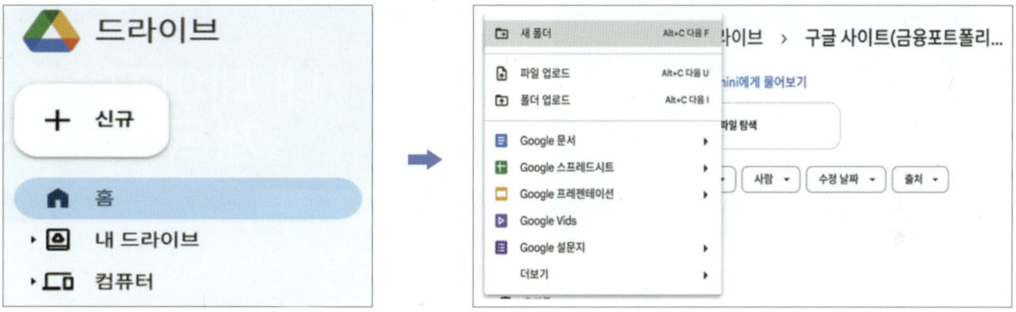

1. 구글 드라이브에서 사이트 생성하기
   구글 계정에 로그인한 후, [구글 드라이브] → [+ 신규] → [새 폴더]에서 폴더 이름을 지정한다.
   예 구글 사이트(금융 포트폴리오)

↓

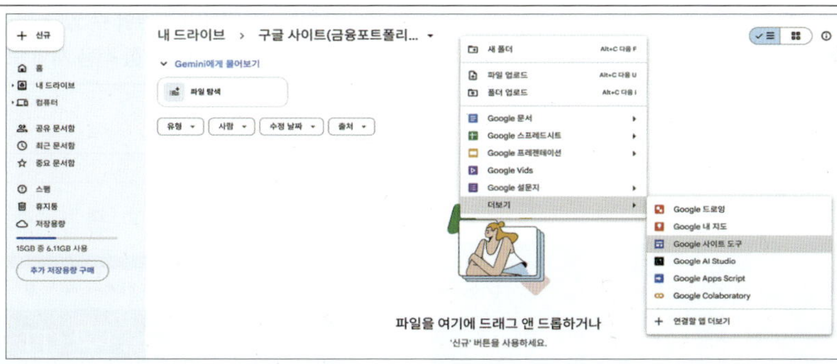

↓

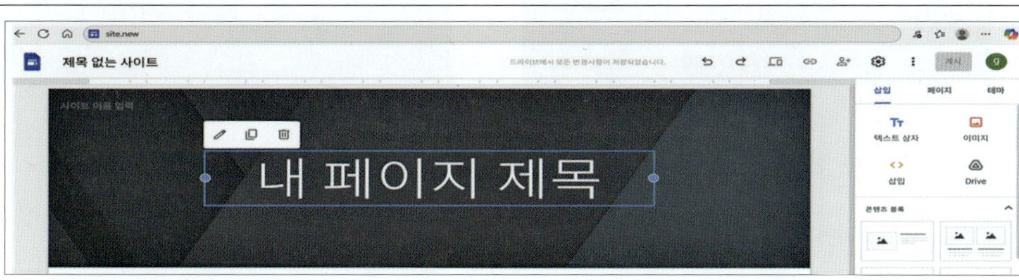

(계속)

2. 드라이브에 생성한 폴더에 들어가 마우스 오른쪽 버튼을 누르면 [Google 사이트 도구] 메뉴가 나타난다. 이를 클릭하면 사이트 생성창이 열린다.

[에듀테크 활용 팁]

- 구글 드라이브에서 작업하면 자동 저장이 되어 자료 관리가 용이하다.
- 상단 탭의 [게시] 버튼을 눌러야 공개 및 링크 생성이 가능하다.
- 구글 사이트 편집은 PC에서만 지원된다.

Google Sites 내 포트폴리오로 구성하는 방법 안내 - 머리글 만들기

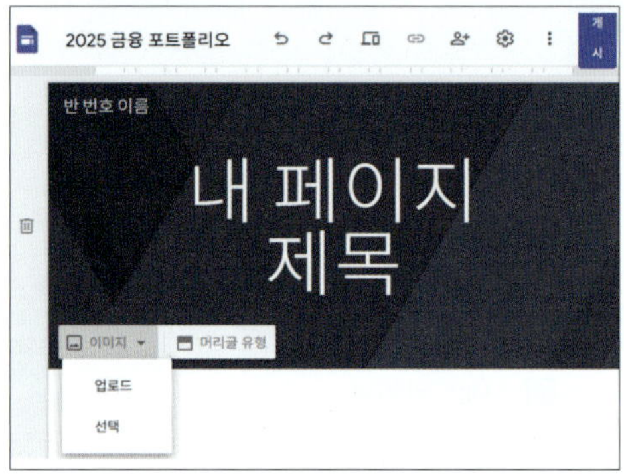

1. 사이트 이름 정하기
   학생이 사이트 이름을 정할 수 있도록 안내한다.
   예 2025 금융 포트폴리오

2. 머리글 만들기 ①
   - 배경을 변경하려면 [이미지]를 클릭한다.
     - 원하는 이미지를 사용할 경우: [업로드]
     - 기본 배경을 사용할 경우: [선택]
   - [머리글 유형]에서 '표지 형태/대형 배너/배너/제목만'을 선택하여 변경할 수 있다.
     (예시 화면은 '배너' 유형 적용 시의 모습이다)

3. 머리글 만들기 ②
   - 배너 왼쪽 상단에는 '반·번호·이름' 등 로고에 해당하는 글을 입력할 수 있다. [로고 추가]를 누르면 이미지 삽입도 가능하다.
   - 배너 중앙을 클릭하면 글상자가 나타나며, 글꼴 스타일·크기·굵기 등을 변경할 수 있다.

(계속)

[에듀테크 활용 팁]
모든 기능을 암기할 필요는 없다. 마우스를 가져가면 관련 설정 팝업창이 나타나므로, 해당 버튼을 눌러 바로 수정하면 된다.

Google Sites 내 포트폴리오로 구성하는 방법 안내-삽입으로 다양한 기능 추가하기

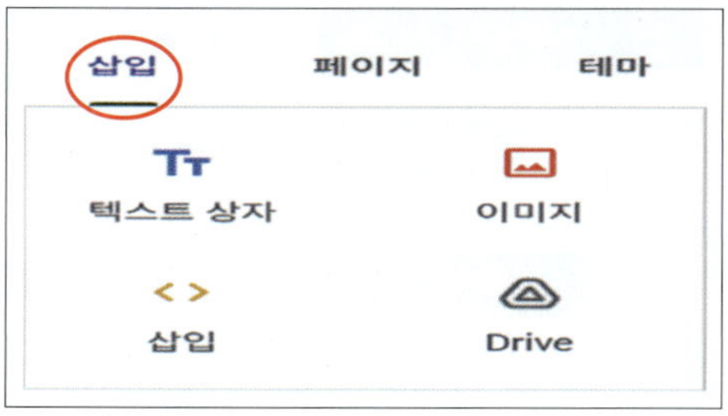

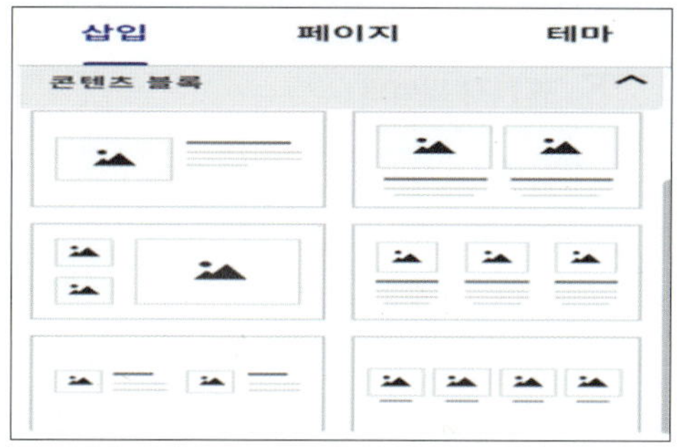

1. 삽입 메뉴로 추가할 수 있는 요소
   - 텍스트 상자: 글 입력 및 제목·부제목 등 스타일 지정 가능
   - 이미지: 로컬 파일 또는 구글 검색을 통해 이미지 삽입
   - 삽입: URL 또는 HTML 등 다른 웹사이트의 코드를 이용해 영상 등 외부 콘텐츠 포함
   - 드라이브: 구글 드라이브 문서·스프레드시트·프레젠테이션 등을 사이트에 추가

2. 콘텐츠 블록 활용
   - 구글 사이트에서 제공하는 완성형 레이아웃(틀)을 활용하는 기능이다.
   - 정리나 배열이 어려운 학생에게 추천하며, 웹페이지 구조를 빠르고 간편하게 만들 수 있다.

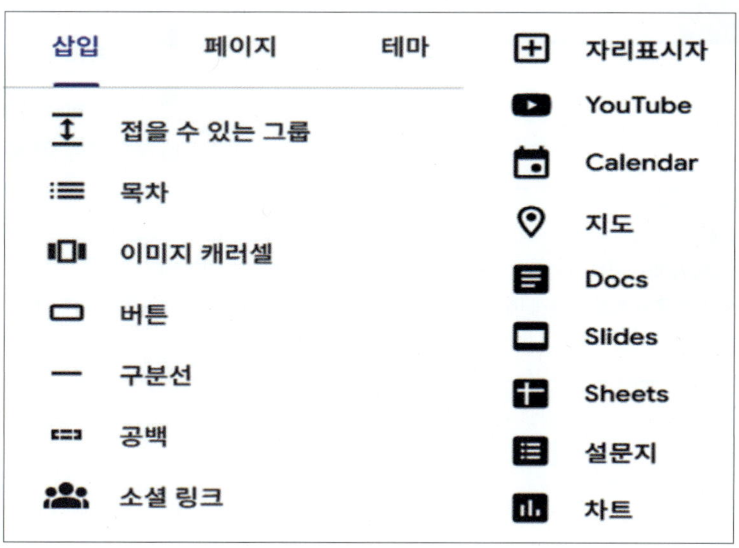

3. 그 외 기능

구글의 다양한 도구(지도, 일정, 설문 등)도 페이지에 삽입할 수 있다.

(계속)

Google Sites 내 포트폴리오로 구성하는 방법 안내-페이지 추가하기

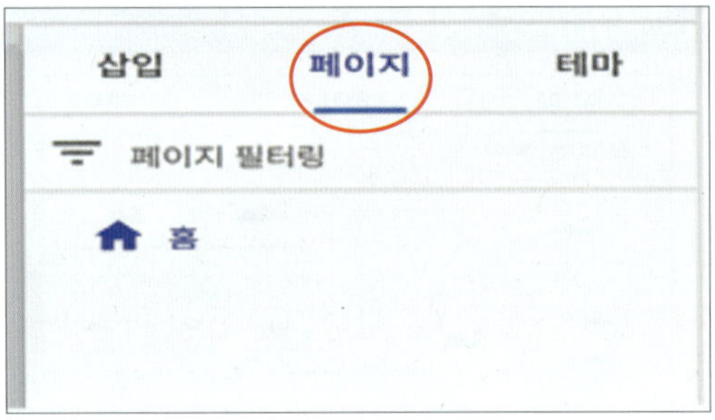

1. 페이지 추가 방법
   왼쪽 도구 창에서 [페이지] 탭을 선택한 뒤, 하단의 [+] 버튼에 마우스를 올리면 새로운 메뉴 섹션/전체 페이지 삽입/새 링크/새 페이지가 나타난다.

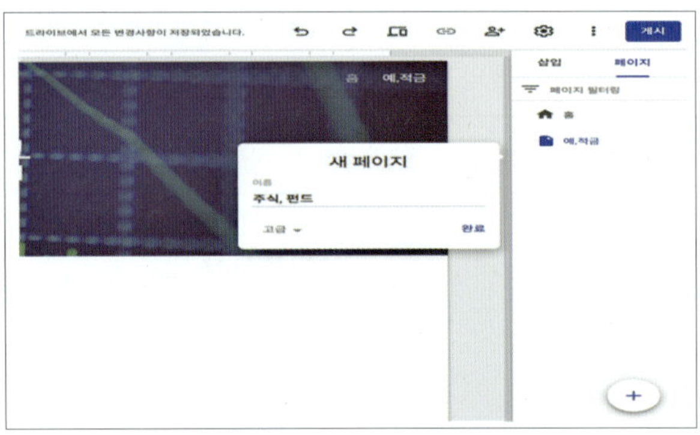

2. 페이지 구성 활용
   - 수업 주제에 맞춰 새 페이지를 추가하면 매 차시별 포트폴리오 과정평가가 가능하다.
   - 생성된 페이지 오른쪽의 세로 점 3개 메뉴에서 [하위 페이지 추가]를 선택하면 페이지 내부에 다시 세부 페이지를 만들 수 있다.

Google Sites 내 포트폴리오로 구성하는 방법 안내-테마 설정하기

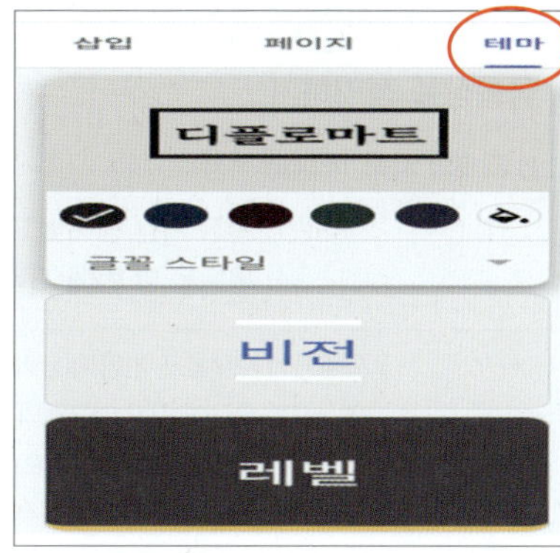

[테마]를 선택하여 글꼴 스타일과 색상 등을 일괄적으로 변경할 수 있다.

② 3차시 수업 진행(예금·적금과 금리 안내)

본 차시는 예금·적금과 금리 개념을 중심으로 한 개념 학습과 디지털 실습 활동으로 구성된다. 먼저 예금과 적금의 차이, 각각의 목적과 활용 방법을 이해하고, 이어서 이자의 구조(단리·복리)의 개념과 계산 방식을 학습한다.

학생들은 활동지를 통해 '같은 이자율일 때 예금과 적금 중 어느 방식이 더 유리한가?', '단리와 복리는 어떤 차이를 가지는가?'를 분석하며 금융의 기본 개념을 정리한다.

이후 디지털 실습에서는 금융감독원의 '금융상품 한눈에' 사이트(finlife.fss.or.kr)에 접속하여 실제 금융기관에서 제공하는 예금·적금 상품을 탐색한다. 각 학생은 자신의 재무 목표에 적합하다고 판단되는 예금과 적금 상품을 각각 두 개씩 선정하고, 그 이유와 금리, 기간 등의 정보를 Google Sites 도구 기반 개인 금융 포트폴리오에 기록한다. 이를 통해 학생들은 단순 이론 학습뿐만 아니라 실제 금융 정보를 활용한 합리적 선택과 적용 경험을 쌓을 수 있다.

활동지 예금·적금 활동지

1. 금융상품 정리하기

1) 저축의 시작, 예금과 적금

(1) (　　　)이란?: 일정 기간 정해놓고 자신의 돈을 은행에 맡기는 것
목돈을 한 번에 저축하는 것(목돈 굴리기)

- (　　　): 입출금이 자유롭고, 가입 대상이나 예치 금액, 예치 기간에 제약이 없다.
- (　　　): 예금자의 요구에 따라 예금액의 일부 또는 전부를 언제든지 지급받는 예금이다. 주로 개인이 아닌 기업을 대상으로 하며, 은행이 예금자를 대신해 수표나 어음으로 입출금을 대행해 줌으로써 예금자의 비용과 노력을 절약해 준다. 이자 수익이나 저축보다는 자금의 보관과 지급 위탁이 주목적인 예금이다.
- (　　　): 예금자가 일정 기간을 정하여 금액을 맡기고 기간 만료일까지 환급을 받지 않는 기한부 예금이다.

(2) (　　　)이란?: 은행에 일정 금액을 일정 기간 낸 다음에 찾는 방법
조금씩 저축해 목돈을 만들어 나가는 것(목돈 만들기)

- (　　　): 정해진 기간 동안 매월 일정 금액을 적립하고, 만기일에 약정된 금액을 지급받는 예금이다.
- (　　　): 정기 적금과 유사한 형태이나, 일정 회차 이상 납입할 경우 특정 금액을 융자받을 수 있는 권리가 부여된다.
- (　　　): 매월 의무 납입액 제한 없이 자유롭게 적립하는 방식이다.

Q. 이자가 같을 경우, 예금과 금리 중 어느 것이 유리할까?
1년에 1,200만 원씩 저축하는 두 사람이 있다. A는 매달 100만 원씩 적금하여 1년 동안 1,200만 원을 모았고, B는 1월 1일 신년을 맞아 1,200만 원을 한 번에 예금했다.
적금과 예금의 금리가 똑같이 연 3%라면, 이 둘이 받는 이자는 각각 얼마인가? (다만, 이자소득세는 제외한다)

A. 먼저 A는 원금 1,200만 원을 납입하고 이자로 19만 5,000원을 받는다. 반면, B는 원금 1,200만 원을 예치하고 이자로 36만 원을 받는다.
같은 금리일 경우 (　　　)이 (　　　)보다 유리하다.
그 이유는 다음과 같다. 정기적금은 1월에 100만 원을 내면 3% 금리 이율을 12월 내내 적용받지만, 2월에는 100만 원을 내면 3% 이율을 11개월만 적용받게 되고, 3월에 100만 원을 내면 3% 이율을 10개월만 적용받게 된다. 이런 식으로 마지막 달 내는 100만 원은 한 달 동안만 금리의 영향을 받게 된다. 금리는 3%이지만 정작 원금 대비 1.625%의 수익을 받게 되는 것이다. 정기예금은 같은 금액의 목돈을 한 번에 입금하면, 예금 기간 내내 목돈을 금리의 영향에 둘 수 있게 된다. B의 예시를 보면 3% 금리를 12개월 적용하는 셈이다.

출처: IBK기업은행. https://blog.ibk.co.kr/1377

(3) 이자 계산 방법 2가지

①	②
원금에 대해 약정된 이자율과 기간을 곱해 이자를 계산하는 방법 원금 × 약정된 이자율 × 기간	일정 기간 이자가 발생하면, 다음 회차의 (원금+이자)에 다시 이자가 붙는 방식 • 1회 차: 원금 × 약정된 이율 × 기간 • 2회 차: (원금 + 1회 차 이자) × 이자율 × 기간

(계속)

〈예시로 보는 단리와 복리의 차이〉

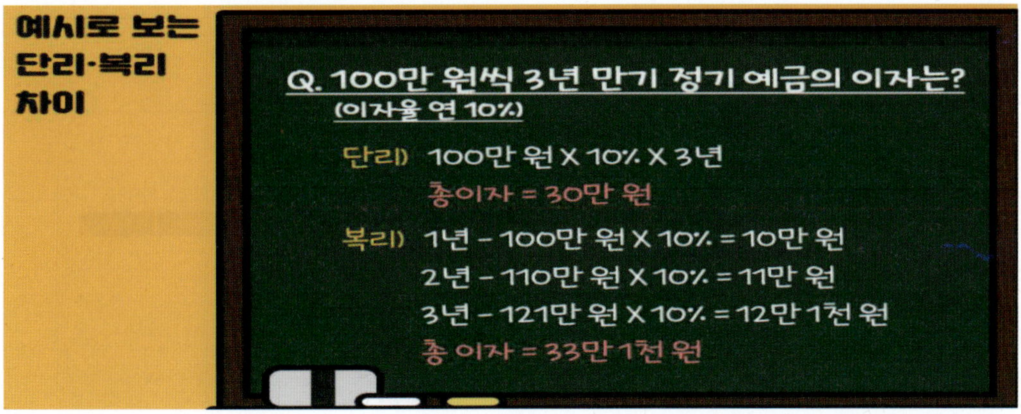

출처: KB국민은행

〈관련 용어 정리〉

① (　　　　): 「조세특례제한법」에 의해 금융기관이 취급하는 저축상품을 '비과세종합저축'으로 가입할 경우, 전 금융기관을 통해 5천만 원 범위 내의 저축에서 발생하는 이자와 배당소득에 대해 저축 상품의 만기일까지 비과세 혜택을 부여하는 제도이다.

> **〈가입대상〉**
>
> 「소득세법」 제1조의2 제1항 제1호의 규정에 의한 거주자로 다음 중 하나의 요건에 해당하는 자를 대상으로 한다. 다만, 직전 3개 과세기간 중 어느 하나 이상의 과세기간이 금융소득 종합과세 대상(금융소득의 연간 합계액이 2천만 원을 초과)에 해당될 경우 가입대상에서 제외되며, 이후 관련 법령에서 정하는 절차에 따라 비과세종합저축이 해지되는 등 불이익을 받을 수 있다.
>
> - 만 65세 이상 거주자
> - 「장애인복지법」 제32조 규정에 의하여 등록한 장애인
> - 「독립유공자예우에 관한 법률」 제6조의 규정에 의하여 등록한 독립유공자와 그 유족 또는 가족
> - 「국가유공자등 예우 및 지원에 관한 법률」 제6조의 규정에 의하여 등록한 상이자
> - 「국민기초생활 보장법」 제2조 제2호의 규정에 의한 수급자
> - 「고엽제후유의증 등 환자지원 및 단체설립에 관한 법률」 제2조 제3호의 규정에 의한 고엽제 후유의증 환자
> - 「5·18 민주유공자예우 및 단체설립에 관한 법률」 제4조 제2호의 규정에 의한 5·18 민주화운동 부상자

② (　　　　): 이 법은 금융회사가 파산 등의 사유로 예금 등을 지급할 수 없는 상황에 대처하기 위해 예금보험제도 등을 효율적으로 운영함으로써 예금자 등을 보호하고 금융제도의 안정성을 유지하는 데에 이바지함을 목적으로 한다.

- 2001년부터 지금까지 보호한도가 5천만 원에 머물러 있었으나, 24년 만에 1억 원으로 상향된다. 다만, 금융사별 예금과 이자를 포함하여 1억 원까지이며, 적용 대상은 예금보험공사가 보호해 오던 은행과 저축은행을 비롯해 신협, 농협, 수협, 산림조합, 새마을금고가 포함된다.

Q. 예금자 보호한도가 무한인 곳은 어디이며, 그 이유는 무엇인가?

<실습하기>

1. 금융감독원 – '금융상품 한눈에' 들어가기

2. 저축 – '정기예금' 선택

1) 저축 금액 설정:

2) 저축 예정 기간 설정:

3) 금융 권역 선택:

- 제1금융권: 은행업에 해당하는 시중은행, 특수은행 등
  - 시중은행, 지방은행, 외국계은행, 인터넷전문은행, 특수은행

  (국민, 하나, 신한, 우리은행 / 부산, 대구, 광주, 경남, 전북, 제주은행 / SC제일은행, 한국 씨티은행 / 케이뱅크, 카카오뱅크, 토스뱅크/농협은행, 수협은행 – 주주가 없고 조합원이 공동 소유 / 기타: IBK기업은행, KDB산업은행)
- 제2금융권: 은행을 제외한 제도권 금융기관
  - 증권사, 보험사, 카드사, 캐피탈, 저축은행, 협동조합 등

  [우체국을 포함한 농·축협(농협중앙회), 새마을금고, 수협중앙회, 저축은행(CK, BNK, 오투, 우리금융, HB, 삼정, 우리, 고려, 삼호, 웰컴, 오케이, 흥국, 키움예스, 동양, KB, 대한, 조흥, 남양, 스카이, 한국투자, 한성 등]
- 제3금융권: 제1, 2금융권에 속하지 않으면서 대출을 수행하는 기업
  - 대부업체, 사체업체
  - 법정 최고 금리는 연 20%이며, 이를 초과하여 요구하는 것은 불법

4) 가입 방법 정하기 : 방문 / 비대면

3. 금융 포트폴리오 설계: 예금 및 적금 각 2종 선정(캡처 2장 + 선택 이유 서술)

(Google Sites – 예금·적금 페이지에 업로드)

(계속)

[캡처 사례]

비교 선택	금융회사	상품명	세전 이자율	세후 이자율	세후 이자(예시)	최고 우대금리	가입 대상	이자계산방식	금융상품 문의	상세정보
☐	OO은행	더조은정기예금	2.05%	1.73%	173,000	2.55%	제한없음	단리	OO은행 (홈페이지) 16008585 (대표번호)	접기

ⓘ 비교공시일 : 2025-12-22

금융거래 계산기 · 소비자보호정보 · 경영정보

담당부서 및 연락처

- 비대면고객부(대출문의),055-290-8743 개인고객부(예·적금 상품),1600-8585

우대조건

- ①신규시 가입(재예치)금액 20백만원 이상인 경우 0.10% ②신규시 금리우대쿠폰을 등록한 경우 0.20% ③경남은행 오픈뱅킹 서비스를 가입한 경우 0.10% (만기시까지 해당 서비스 유지하는 경우) ④자동재예치를 통해 가입한 경우 0.05% (금리우대쿠폰과 중복적용 불가) ⑤신규(재예치)시 마케팅동의 및 모바일메시지 수신동의 0.10%

가입대상

- 거래대상자는 제한을 두지 아니한다. 다만, 국가 및 지방자치단체는 이 예금을 거래할 수 없다.

가입방법

- 인터넷,스마트폰

만기후 이자율

만기 후 1개월 이내: 일반정기예금 기본이율 X 50%
만기 후 1개월 초과: 일반정기예금 기본이율 X 20%

기타 유의사항

- 1. 이 예금의 계약기간은 3개월 이상 2년 이내 월단위로 한다.
  2. 가입금액은 1인당 최소 100만원 이상 5억원 이하이다.

사용자분석 이 상품에 가입하신 고객현황입니다.

가입고객현황(성별)

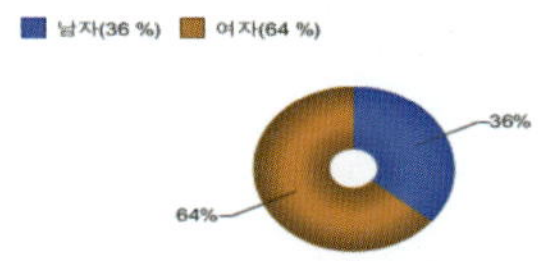

표로보기

가입고객현황(연령대별)

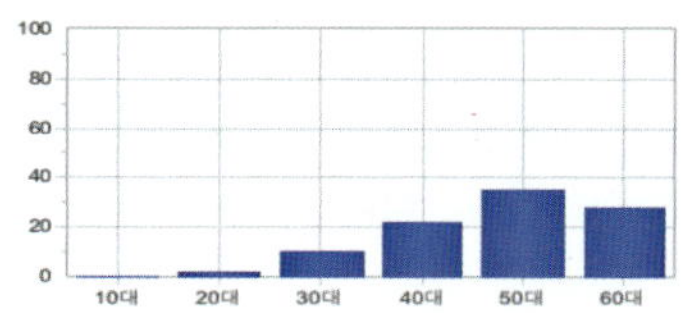

표로보기

상품안내 | **금리안내** | 유의사항

(세전, 연 %)

분류	구분	이율	비고
약정금리 [만기지급식]	3개월 이상 ~ 6개월 미만	2.00 %	
	6개월 이상 ~ 12개월 미만	2.05 %	
	12개월 이상 ~ 24개월 미만	2.05 %	
	24개월	2.05 %	
우대금리	■ 우대이율(연, 세전, 최대 0.50%) • 금리우대쿠폰 등록 (0.20%) - 금리우대쿠폰은 BNK모바일입출금통장 개설, 비대면 정기예·적금 만기 예정, 이벤트 진행시, 전자명함 등을 통해 제공됩니다. • 자동재예치를 통한 가입 (0.05%) - 금리우대쿠폰과 중복적용 불가 • 은행 마케팅동의 및 모바일메세지 수신동의 (0.10%) • 이 상품 가입금액이 2천만원 이상인 경우 (0.10%) • OO은행 오픈뱅킹 서비스 가입 (0.10%) - 만기해지까지 해당서비스 유지하는 경우		
이자계산방법	원금X연이율X예치일수 / 365(단리식)		
이자지급	예상 수취이자액 2,550,000원 -기준: 세전, 계약금액 1억원, 계약기간 12개월, 연이율 2.55% -세부 사항은 고객별 납입액, 납입시점, 계약기간 등에 따라 변동 가능		

선택한 이유

③ 4차시 수업 진행(주식과 펀드 안내)

본 차시는 주식과 펀드의 기본 개념 및 투자 구조를 이해하는 개념 학습과 디지털 기반의 모의 투자 실습 활동으로 구성된다. 먼저 주식과 펀드의 차이, 투자 원리, 배당금의 의미와 분배 방식을 학습하여, 금융상품이 단순한 저축수단이 아니라 수익 창출과 자본 성장의 수단임을 이해하도록 한다.

개인활동에서는 코스피·코스닥 시장의 흐름을 분석하고 향후 전망을 예측해 본다. 또한 실제 기업

활동지	주식·펀드 활동지

2) 투자의 시작, 주식과 펀드

(1) (　　　　)이란?: 주식회사가 이루고 있는 자본의 기본 단위이며, 주주들에게 자본금 명목으로 돈을 받고 발행하는 출자증권이다. 주식은 기업에 대한 지분증권이므로 주식 소유자는 주주로서 경영권을 행사할 수 있다. (소유권 개념)
- 주식 구매 시간: 우리나라 〈09:00~15:30〉, 미국 〈23:30~06:00〉

(2) (　　　　)이란?: 불특정 다수의 투자자로부터 자금을 모아서 자산운용회사가 분산투자 후 얻은 수익을 투자지분에 따라 배분하는 간접투자상품으로 주식, 채권, 실물자산 등 다양한 자산에 투자할 수 있다.

주식과 펀드 차이 한눈에 보기

(　　　　)	(　　　　)
- 지분증권 - 주식 보유 수에 따른 지분청구권 및 배당금 지급 - 주주로서 의결권 보유 - 개인이 정보를 수집·판단하여 한정된 자금으로 투자	- 수익증권 - 분산투자 후 얻은 수익을 투자지분에 따라 배분 - 여러 사람으로부터 모은 대규모 자금을 투자 전문가가 분산 투자

〈관련 용어 정리〉

① (　　　　): 주식회사에 순이익이 발생했을 때 자신의 몫을 받을 수 있는 청구권을 의미한다.
② (　　　　): 기업이 영업활동을 통해 벌어들인 이익을 주주에게 나눠주는 돈이다.
③ (　　　　): 투자자금을 모아 부동산 개발, 매매 등에 투자한 후 이익을 배당하는 간접투자기구이다.
④ (　　　　): 특정 경제지표나 자산의 변동을 수익률과 연동되도록 설계된 펀드이다.
⑤ (　　　　): 기초지수 변동과 수익률이 연동되도록 증권회사가 발행하는 파생결합증권이다.

출처: 대한민국 정책브리핑. https://www.korea.kr

⑥ (　　　　): 코스피 시장에 상장된 우리나라 대표 기업들의 주가 지수를 말한다.
예) 삼성전자, 현대자동차 등 국내의 글로벌 기업(코스피 시장 = '유가증권시장')

*** 코스피 지수 계산**
- 시장에 상장되어 있는 주식들의 시가총액을 바탕으로 계산한다.
  KOSPI = 비교시점의 시가총액/기준 시점의 시가총액 × 100 (기준 시점: 1980년 1월 4일)
- 코스피 시장 상장 조건: 상장이란 주식을 거래소에 등록하는 것을 의미한다. 코스피 시장에 주식을 상장하기 위해서는 기업이 충족해야 하는 여러 요건이 있는데, 그중 하나로 기업의 자기자본이 300억 원 이상, 상장하는 주식의 수가 100만 주 이상이어야 한다는 점 등이 있다. 이 외에도 다양한 요건을 충족해야 하므로 코스피 시장에 상장하는 것은 쉽지 않다. 현재 코스피 시장에는 841개의 기업이 상장되어 있다.

⑦ (　　　　): 코스닥 시장에 상장된 유망한 벤처 기업들의 주가 지수를 말한다.
예) IT, S/W, 바이오, 문화 등 유망한 중소 및 벤처 기업이 상장되어 있으며, 이들의 자금 조달을 목적으로 만들어졌다.

*** 코스닥 지수 계산**
KOSDAQ = 비교시점의 시가총액/기준 시점의 시가총액 × 1,000 (기준 시점: 1996년 7월 1일)
- 코스닥 시장 상장 조건: 코스닥 시장의 상장 조건은 코스피 시장에 비해 기준이 완화된 편이다. 기업의 특성을 고려하여 성장성 등을 기반으로 평가한다. 현재 코스닥 시장에는 1,726개의 기업이 상장되어 있다.

(계속)

중 배당금이 높은 종목을 조사하여 그 이유와 특징을 정리한다. 이 과정에서 학생들은 주가, 시가총액, 배당수익률 등 주요 금융 용어를 활동지 또는 개인 노트에 정리한다.

이어서 디지털 실습에서는 토스(Toss) '모의 주식 투자 기능'을 활용해 관심 있는 기업의 주식을 가상으로 매수해 본다. 학생들은 매수한 종목과 투자 이유, 수익·손실 상황을 확인하고, 모의 투자 현황 화면을 캡처하여 Google Sites 기반 금융 포트폴리오에 첨부한다. 이를 통해 단순 이론 중심 학습을 넘어, 실제 투자 과정과 시장 변동성을 경험하며 금융 판단력을 기를 수 있다.

〈실습하기〉

1. 코스피와 코스닥의 지수 그래프를 바탕으로 향후 시장 흐름을 전망해 본다. 최근 코스피 지수가 5,000포인트에 도달할 수 있다는 긍정적인 전망이 제기되고 있는바, 이에 대한 의견을 자유롭게 서술해 보자.

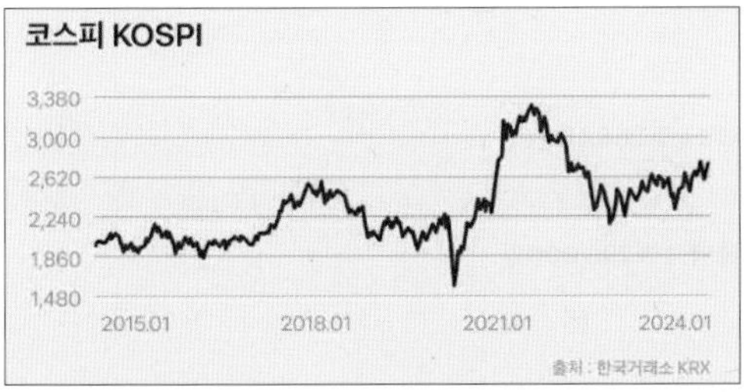

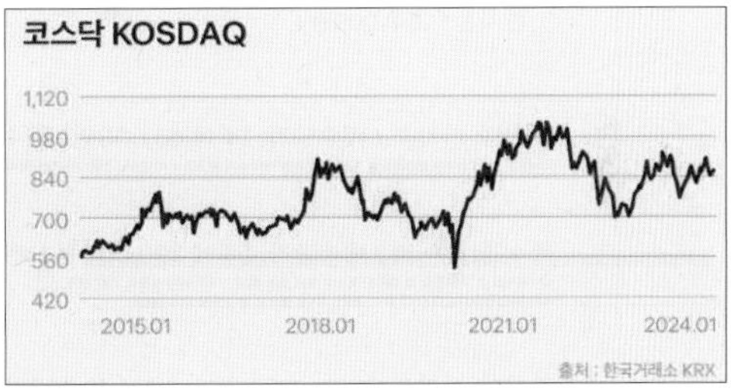

2. 배당 수익률이 높은 주식 5가지를 찾아보자.

주식명	배당 이익률	주식 배당금 지급일
①		
②		
③		
④		
⑤		

3. 금융 포트폴리오(토스 모의 주식 투자 활용)
   토스 모의 주식 투자(가상자산 2,000만 원)를 활용하여 직접 투자 포트폴리오를 구성하고, 선택한 종목에 대한 분석 내용을 서술한다.

1. 토스 주식 투자 계좌 현황: 토스 모의 주식 투자 총 계좌 화면을 캡처하여 이미지로 첨부한다.
2. 보유 주식 상세 설명: 구매한 종목의 세부 내용을 아래 양식에 따라 모바일 금융 포트폴리오에 서술한다.
   1) 주식명:
      (1) 매수 단가: 1주당 (　　　)원
      (2) 매수 총액: (　)주 / 총 (　　　)원
      (3) 매수 사유 및 근거 2가지
         ①
         ②
   2) 주식명:
      (1) 매수 단가: 1주당 (　　　)원
      (2) 매수 총액: (　)주 / 총 (　　　)원
      (3) 매수 사유 및 근거 2가지
         ①
         ②

디지털 실습 모의 주식 투자-디지털 활용 수업

'토스 모의 주식 투자'는 만 7~18세가 이용할 수 있는 서비스(성인 이용 불가)로, 가상의 1,000달러를 활용해 자유롭게 주식을 사고팔며 투자 이해도를 높일 수 있다. 이용 방법은 다음과 같다.
토스 앱을 설치한 뒤 [편의] → [토스 모의 주식 투자] 메뉴에 접속한다. 간단한 관심 분야 검사를 진행한 후 제시된 국내·외 주식(일부 한정된 종목) 가운데 선택하여 모의 투자를 실천할 수 있다.
학생 본인이 아닌 성인 계정의 휴대폰만 가지고 있는 경우, 한국거래소(KRX) 모의 증권 투자 게임 등 다른 대체 서비스를 활용할 수 있다. 또는 특정 사이트 가입에 대한 불안감이 있는 경우, 모의 주식 투자는 아니지만 구글의 [금융] 도구를 이용하여 희망 종목을 관심 목록에 정리해 한눈에 비교할 수도 있다.

④ 5차시 수업 진행(채권·원자재·부동산 등 기타 자산 안내)

본 차시는 기존의 예금·적금과 주식·펀드 학습을 확장하여, 채권, 금과 같은 원자재, 외환(환테크), 주택청약, ETF, 스테이블 코인 등 다양한 기타 금융자산의 개념을 폭넓게 이해하는 데 중점을 둔다. 학생들은 각 금융수단의 기본 구조와 특징, 수익 방식, 위험성과 안전성의 차이를 비교하며 단순 저축을 넘어 자산 분산과 미래 대비 전략을 학습한다.

먼저 채권의 원리(이자 수익, 만기), 금·원유 등 실물 자산의 가치 변동 요인, 주택청약제도의 목적과 청약통장 활용 방식, 외화 투자와 환율 변동에 따른 환테크 구조를 이해한다. 이어 최근 뉴스와 미디어에서 자주 등장하는 ETF, 스테이블 코인 등의 개념도 함께 다루어, 실생활과 밀접한 금융 환경을 이해할 수 있도록 구성하였다.

학생들은 다양한 금융자산을 단순히 암기하는 수준을 넘어, 자신의 목표와 연결하여 판단하고 설명할 수 있는 실천적금융역량을 기르게 된다.

활동지	기타 자산 활동지

2. 기타 자산

1) (   ): 돈을 빌려주고 나서 받는 차용증 개념이다. 국가, 지방 자치 단체, 은행, 회사 등이 사업에 필요한 자금을 차입하기 위하여 발행하며 회사채, 금융채, 국채 등이 있다.

- 주식의 배당금이나 예금의 이자처럼 채권도 정기적으로 이자를 받을 수 있다.
- 만기가 되기 전이라도 주식처럼 시장에서 매매함으로써 추가 차익을 얻을 수 있다.
- 수익성이 예금보다는 상대적으로 높고 유동성도 갖추고 있으며, 주식에 비해 안정적인 자산으로 평가받는다.

- 액면 금액: 채권 발행 주체가 언제까지 얼마를 갚겠다고 명시한 금액이다.
- 1억 원의 채권을 구매하고 표면 금리가 연 2%라면, 1년 기준 200만 원의 이자를 받게 된다. 만약 이 채권이 3개월에 한 번 이자를 지급한다면 분기마다 받는 금액은 200/4＝50만 원이 된다.
  다만, 모든 채권이 이처럼 쿠폰을 지급하는 것은 아니다.

출처: KDI 경제교육·정보센터

2) 원자재 (금, 은, 원유 등)

(1) 금: 금 1돈은 3.75g을 의미한다. 팔 때와 살 때의 가격이 다르며, 현재 금값은 10년 중 최고가를 경신하고 있다.

(2) 원유: 선물과 현물로 거래되며 유종이 다양하다. 국제 시세를 이끄는 원유는 WTI(서부 텍사스산 원유)이며, 그 뒤를 브랜트유와 두바이유가 잇는다. 나열된 순서대로 품질이 좋으며, WTI는 세계 원유 거래량의 약 25%를 차지한다.

(3) 선물: 원자재는 주로 선물로 거래된다. 선물 거래란 정해진 미래의 날짜에 미리 정한 가격으로 원자재를 사고파는 계약을 의미한다. 이는 미래의 원자재 가격 상승에 대비하여 미리 일정한 가격에 구매하려는 의도에서 행해진다.

3) 부동산

(   )

- 적금 형식 또는 일시 예치식으로 납부 가능하며, 민영주택 및 국민주택을 공급받기 위하여 가입하는 저축상품
- 가입 대상: 개인 또는 외국인 거주자

(계속)

- 약정 이율: 연 2.3% ~ 3.1%
- 적립 금액: 매월 2만 원 이상 50만 원 이내
- 계약 기간: 입주자로 선정될 때(당첨 시)까지
- 미성년 자녀의 경우 최대 5년간의 주택청약종합저축 납입 기간이 인정되므로, 성년이 되기 전인 만 14세부터 가입하는 것이 유리함

4) 외화

(1) 세계 3대 통화: 달러($), 엔화(¥), 유로(£)

세계 3개 통화 금액 적어 보기 (날짜 :   )

달러	엔화	유로

(2) 환테크: 환율과 재테크의 합성어로, 국가 간 환율 변동 차이를 이용하여 수익을 얻는 방식을 의미한다.

예 원/달러 환율이 1,000원일 때 달러를 매수한 뒤, 환율이 1,500원으로 상승했을 때 매도하여 시세 차익을 남길 수 있다.

(3) 활용 애플리케이션: 트래블월렛, 신한 모바일금고 등

5) 더 알아보기 – 새로운 금융상품을 찾아 내용을 정리해 보자.

6) 주요 금융상품 비교

상품	유동성	수익성	안정성

⑤ 6차시 수업 진행(개인 금융 포트폴리오 설계하기)

본 차시는 학생 개인의 생활과 재무 목표를 실제 금융 계획과 연결하는 단계로서, 개별 금융 포트폴리오 설계 활동을 중심으로 구성된다. 학생들은 먼저 자신의 장기·단기 목표를 설정하고, 이를 달성하는 데 필요한 목표 금액과 기간을 구체적으로 산정한다.

이후 기존 소비생활을 분석하고, 스스로의 투자 성향(안정형·적극형 등)에 맞는 금융상품을 선택

한다. 예금·적금, 주식, 채권, 청약, ETF 등 다양한 금융수단 중 어떤 방식으로 자산을 분배할지 설계하며, 각각의 선택 이유와 기대 효과를 서술하여 자신의 포트폴리오 구성 논리를 명확하게 설명한다.

디지털 실습에서는 소비생활 진단 결과와 투자 성향 분석 내용을 Google Sites 도구로 제작한 개인 사이트에 정리하고, 자신이 설계한 금융 포트폴리오를 시각적으로 구성한다. 완성된 포트폴리오는 퀴즈앤에 업로드하여 다른 학생들이 열람할 수 있도록 공유하며, 이후 진행될 모둠 컨설팅 활동의 기반 자료로 활용한다.

활동지 개인 금융 포트폴리오 설계 활동지

3. 금융 포트폴리오(재무 설계 실천하기)

퀴즈앤 사이트 업로드 (PIN:)

1) 나의 소비생활 분석하기

(1) 시드머니(모아둔 돈)의 유무를 적어 보자.

(2) 투자경험이 있다면, 해당 투자 상품과 함께 구체적인 내용을 서술해 보자.

(3) 평소 소비생활 분석하기

- 나의 소비 성향은?: (형)
- 한 줄 요약하기:

2) 나의 재무 목표 설정하기

단기 목표/중기 목표/장기 목표 중 해당하는 것에 표시하고, 목표를 구체적으로 서술해 보자.

3) 재무 목표 달성을 위한 나의 기존 소비생활 반성하기(재무 상태 분석 및 평가)

(1) 월평균 용돈이 얼마인지 적어 보자.

(2) 재무 상태 분석 및 평가

나의 현재 소비생활	미래 소비생활 계획
한 달 용돈을 기준으로 소비 내역을 5가지 큰 갈래로 나누어 서술한다. ① ② ③ ④ ⑤	저축과 투자를 위해 소비 지출을 어떻게 관리할 예정인지 구체적인 계획을 서술한다. ① ② ③ ④ ⑤

(계속)

4) 행동 계획의 수립과 실행

(1) 설정한 재무 목표를 달성하기 위해 필요한 자금을 어떻게 마련할 것인지 서술해 보자.

(2) 자금 마련 및 운용을 위해 어떠한 금융상품을 이용할 것인지 서술해 보자.

금융상품	이용 계획

5) 저축·투자 포트폴리오 계획안(투자 비율 설정)

	포트폴리오 설계 이유
	① ② ③

디지털 실습 개인 소비생활 진단 및 투자 성향 분석 사이트 안내

검색창에서 '소비 성향 테스트'를 입력하면 다양한 관련 사이트가 나타난다. 이미지 예시는 현대카드에서 진행하는 소비 성향 테스트이다.

https://spending.snackpot.kr

'투자 성향 테스트'를 검색하면 여러 검사 도구가 제시되는데, 학생 수준에 맞게 개발된 KDI의 '나의 투자 성향' 테스트를 추천한다.

https://smore.im/quiz/u7H83BgCCC

⑥ 7차시 수업 진행(포트폴리오 컨설팅 방법 안내)

본 차시는 학생이 설계한 금융 포트폴리오를 더 효과적으로 발전시키는 방법을 안내하고, 협력 기반의 피드백 활동을 수행하는 과정으로 구성된다. 먼저 교사는 유명 인물이나 실제 사례에서 발췌한 포트폴리오를 제시하며, 목표 달성을 위해서는 단순한 자산 분배가 아니라 개인의 삶, 소득, 위험 감내 수준을 고려한 포트폴리오 구성이 중요함을 설명한다. 이를 통해 학생들은 금융 포트폴리오가 단순한 투자 계획이 아니라 미래 생활 설계를 위한 전략적 도구임을 이해하게 된다.

이후 모둠활동에서는 학생들이 각자 만든 포트폴리오를 공유하고, 현실성(실제 가능 여부), 수익성, 목표 달성 가능성, 위험 관리의 적절성 등을 기준으로 동료 평가와 피드백을 진행한다. 각 모둠은 구성원 간 협의를 통해 구체적 조언을 제공하고, 보완이 필요한 부분을 함께 논의하는 방식으로 컨설팅을 수행한다.

활동지 금융 포트폴리오 컨설팅 활동지

4. 금융 포트폴리오 컨설팅(모둠별 재무 설계 공유 및 피드백)

<table>
<tr><th>모둠원 이름</th><th colspan="2">계획한 포트폴리오 및 선택 이유 서술
(본인을 포함하여 각자 차례대로 발표한 후 기록한다)</th><th>금융 분석 및 컨설팅
(개선점 제시)</th></tr>
<tr><td></td><td></td><td></td><td></td></tr>
<tr><td></td><td></td><td></td><td></td></tr>
<tr><td></td><td></td><td></td><td></td></tr>
<tr><td></td><td></td><td></td><td></td></tr>
<tr><td rowspan="2">본인</td><td>개선 전</td><td colspan="2">개선 후
친구들의 의견을 경청하고 구체적인 피드백을 기록한다.</td></tr>
<tr><td></td><td></td><td></td></tr>
</table>

디지털 실습에서는 학생들이 받은 피드백을 반영하여 자신의 포트폴리오를 수정·보완한 뒤, 최종 버전을 퀴즈앤에 게시한다. 이는 이후 평가, 갤러리워크, 소비자 시민성 논의 활동과도 연계된다.

3) 평가

본 수업의 평가는 2022 개정 가정과교육과정의 성취기준 [12기가02-02]에 근거하여 설계되었다(표 4-2). 평가는 학습자가 자신의 삶과 가정의 경제 상황을 고려하여 재무 목표를 설정하고, 이를 실천 가능한 재무 설계 및 소비 계획으로 구체화하는 능력을 기르는 데 중점을 둔다.

평가는 결과 중심이 아닌 과정 중심의 프로젝트 수행 평가와 포트폴리오 평가로 진행된다. 학생은 자신의 소비 습관을 분석하고, 예금·적금, 주식·펀드, 채권·외화·ETF 등 다양한 금융상품을 탐색한 뒤, 이를 활용하여 현실적인 금융 포트폴리오를 설계하고 수정·보완하는 전 과정을 수행하게 된다. 또한 모둠 컨설팅을 통해 동료의 포트폴리오를 평가하고 피드백을 제공하는 활동도 중요한 평가 요소로 포함된다.

해당 평가는 단순한 투자 비율 작성이나 산출물 제출의 수준을 넘어, 학습자의 계획능력, 정보탐색 역량, 의사 결정 과정의 타당성, 협력 및 성찰 태도, 디지털 도구 활용능력 등을 종합적으로 평가하려는 목적을 갖는다. 이에 따라 프로젝트 수행 평가, 포트폴리오 평가, 교사 관찰 평가, 자기평가를 병행하여 실시한다. 특히, 학생이 Google Sites 도구를 활용해 금융 포트폴리오를 설계·수정하는 과정 그리고 모둠 내 컨설팅 활동을 통해 상호 피드백을 주고받는 과정은 중요한 평가 근거가 된다.

표 4-2 2022 개정 가정과교육과정 성취기준 및 성취수준(소비 관련)

수행 과제		올바른 소비생활 방안 - 금융 포트폴리오(재무 설계 실천하기)
교육과정 성취기준		[12기가02-02] 경제적 자립의 태도를 갖추기 위해 개인과 가족의 상황에 맞는 가계 재무 설계의 필요성을 이해하고, 가정경제 관리 방안을 계획한다.
평가기준	상	개인과 가족의 상황을 반영하여 현실적인 가계 재무 설계안을 구체적으로 수립하고, 다양한 금융수단을 활용하여 가정경제 관리 방안을 체계적으로 제시할 수 있다.
	중	가계 재무 설계의 필요성을 이해하고 기본적인 수입·지출 계획과 가정경제 관리 방안을 제시할 수 있다.
	하	가계 재무 설계의 필요성을 부분적으로 이해하나, 개인 또는 가족의 상황을 반영한 구체적인 계획 수립에는 어려움이 있다.
평가 방법		□ 서술·논술 □ 구술·발표 ■ 토의·토론 ■ 프로젝트 □ 실험·실습 ■ 포트폴리오 □ 기타
		■ 교사 관찰 및 기록 ■ 자기평가 □ 동료평가

(계속)

<table>
<tr><th>평가 요소</th><th>수행수준(채점기준)</th><th>배점</th></tr>
<tr><td>올바른 소비생활 방안-금융 포트폴리오 (재무 설계 실천하기)</td><td>
〈평가 척도〉
1. 개인의 미래 계획에 기반하여 목표 금액과 기간을 현실적으로 설정하였는가?
2. 수입, 지출 구조 저축, 투자 비율 등 재무 설계 과정을 이해하고 자신의 상황에 맞게 적용하였는가?
3. 예금·적금, 주식·펀드, 기타 자산(채권 등)을 알아보고 실습하는 과정에서 활동지를 성실하게 작성하였는가?
4. 다양한 금융상품을 탐색하고 자신의 목표, 투자 성향에 맞게 합리적으로 금융상품을 선택하였는가?
5. 동료의 금융 포트폴리오를 현실성, 수익성 등 다양한 관점에서 피드백을 제시하였는가?
6. 본인의 소비 습관을 반성하고, 동료의 피드백을 수용하여 개선된 금융 포트폴리오를 작성하였는가?
7. 자산 포트폴리오가 완성되었으며, 관련 설명이 사이트에 충분히 반영되었는가?
8. 제한 시간을 잘 지켜 제출하였는가?
<table>
<tr><th>구분</th><th>평가기준</th><th>배점</th></tr>
<tr><td>A</td><td>8가지를 모두 충족함</td><td>100</td></tr>
<tr><td>B</td><td>8가지 중 6~7가지를 충족함</td><td>85</td></tr>
<tr><td>C</td><td>8가지 중 4~5가지를 충족함</td><td>70</td></tr>
<tr><td>D</td><td>8가지 중 2~3가지를 충족함</td><td>55</td></tr>
<tr><td>E</td><td>8가지 중 1가지를 충족함</td><td>40</td></tr>
<tr><td colspan="2">※ 포트폴리오 미제출 시 0점 처리</td><td>0</td></tr>
</table>
</td><td></td></tr>
</table>

4) 마치며

본 수업은 실제 한 고등학교에서 2025학년도 1학기 1학년 학생을 대상으로 운영된 5개 선택 활동 중 하나로, 학생과 교사 모두의 경제에 대한 호기심, 자산 형성에 대한 기대, 자립역량의 필요성을 바탕으로 개설되었다.

금융 교육은 내용의 폭이 넓고 전문 용어가 많아, 학습자의 수준에 맞춘 재구성과 지도 전략이 요구되었다. 이에 따라 수업 설계 단계에서 어떤 금융상품을 중심으로 제시할지, 학생의 이해 수준에 적합한 설명 방식은 무엇인지에 대한 충분한 사전 연구와 검토가 이루어졌다.

실제 수업 과정에서 학생들은 금융 용어와 개념 이해에 어려움을 겪었으나, 이를 해결하기 위해 이론 중심 수업을 실습활동(금융상품 비교, 모의 주식 투자 등)과 연계하였고, 포트폴리오 기반 과정 평가를 도입하여 학습 진행 상황을 지속적으로 점검하고 개별 맞춤형 피드백을 제공하였다.

이러한 수업 구성은 학생들에게 '실생활과 직접 연결되는 실제적 금융 교육'으로 인식되었으며, 소비 및 투자 성향 조사, 모의 주식 투자, 개인 금융 포트폴리오 설계 활동을 통해 학습 동기와 몰입도가 높게 유지되었다. 그 결과 일부 학생들은 수업 이후 경제·소비·투자 분야의 심화 학습에 대한 요구를 스스로 표현하기도 하였다.

학생들은 본 수업을 통해 '기초 경제 개념 이해 → 소비 습관 성찰 → 저축 및 투자 계획 수립 → 실천 가능한 금융 포트폴리오 설계'라는 일련의 과정을 경험하였다. 이는 삶의 역량을 강화하고 미래 자립의 기반을 다지는 교육적 효과로 이어졌다.

따라서 본 수업은 단순한 경제 지식 전달에 그치지 않고, 학습자의 실천적금융역량과 진로역량을 함께 성장시킨 가정과교육 사례로서 큰 교육적 의의를 지닌다고 판단된다.

2. 심화된 삶의 탐구와 실천 - 저출산 문제해결을 위한 가족복지정책 제안

1) 수업 개요

과목	기술·가정	대상	고등학교 1~3학년
단원	Ⅱ. 소비자와 생활복지 2. 소비자 시민성과 생활복지 3) 복지서비스와 복지 방안 제안		
학습 내용	▸ 문제 인식: 저출산의 현황과 원인 파악 ▸ 정책 탐색: 국내외 저출산 정책 조사 및 장단점 분석 ▸ 정책 제안 및 발표: 저출산 극복을 위한 제안서 작성 및 발표		
학습 목표	• 저출생 현상이 지속되는 원인과 결과를 분석할 수 있다. • 저출산에 대응하기 위한 국내외 정책을 비교·평가할 수 있다. • 청소년의 시각에서 현실적이고 창의적인 정책을 제안하고 발표할 수 있다.		
에듀테크	캔바(Canva), 미리캔버스(MiriCanvas), 패들릿(Padlet), 와우아이디어스(Wowideas)		

우리 사회는 오래도록 지속되어 온 저출생 현상으로 인해 인구 감소, 노동력 부족, 세대 간 불균형 등 다양한 사회적 문제가 대두되고 심화되고 있다. 이러한 문제는 단순히 경제나 정책의 영역에 머무르지 않고 개인의 삶의 방식과 가치관, 가족 형태의 변화와도 밀접하게 연결되어 있다.

가정과는 개인·가족·사회 간의 상호관계를 이해하고 바람직한 삶의 방식을 탐색하도록 돕는 교과이다. 따라서 미래 사회의 구성원이 될 청소년들이 저출산 문제를 단순한 사회 현상이 아니라 자신의 삶과 관련된 현실적 문제로 인식하도록 하는 것이 필요하다고 판단하여 '저출산 문제해결을 위한 가족복지정책 제안' 수업을 계획하였다.

본 수업을 통해 학생들은 저출산 문제의 복합적 원인을 이해하고, 사회 구성원으로서 책임감과 공동체 의식을 함양하여 개인과 가족의 삶의 질, 양성평등, 가족의 가치, 사회적 책임 등을 종합적으로 이해하고 실천할 수 있는 역량을 기를 수 있다. 이를 통해 개인의 행복과 사회의 지속가능성을 함께 고려하는 시민으로 성장할 수 있는 기초를 다지고자 하였다.

2) 수업 설계

(1) 교육과정 분석

① 소비자와 생활복지 영역의 2022 개정 고등학교 가정과교육과정의 내용 체계·성취기준 분석 및 내용 추출

교육과정은 수업 설계의 기준이자 출발점이다. 가정과 교사로서 교수·학습 지도 계획을 수립할 때는 2022 개정 고등학교 가정과교육과정을 분석하여 수업을 설계해야 한다. 이를 통해 해당 단원이나 성취기준이 요구하는 핵심 개념과 역량 그리고 학생들이 도달해야 할 구체적인 학습 목표를 명확히 파악할 수 있다.

또한 이를 바탕으로 적합한 교수·학습 방법, 학생 활동 방법, 평가 방법 등 수업에 필요한 다양한 계획을 세울 수 있다. 교육과정을 분석하여 수업을 설계하면 교사가 단순히 내용을 전달하는 수준을 넘어 수업의 목적과 의도를 명확히 할 수 있으며, 이를 통해 가정과 수업이 학생의 삶과 연계된 의미 있는 학습경험이 되도록 지도할 수 있다.

따라서 '저출산 문제해결을 위한 가족복지정책 제안' 수업을 실행하기 전에 그림 4-1 같이 교육과정 분석을 통해 학습 내용을 추출하였다.

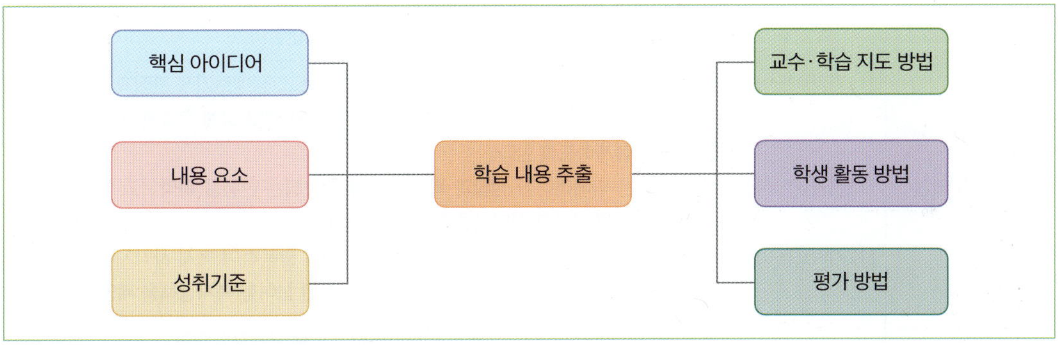

그림 4-1 교육과정 분석을 통한 학습 내용 추출

'소비자와 생활복지' 단원에 해당하는 교육과정의 내용 체계에서 핵심 아이디어와 내용 요소를 분석한 결과, '저출생', '복지', '정책 제안'을 주요 키워드로 설정하고 이를 수업의 방향 설정에 활용하였다. 동일한 키워드를 성취기준에도 적용하여 관련 내용을 추출했으며, 이를 바탕으로 학생이 도달해야 할 수준과 수업 방법을 종합적으로 고려하여 '저출산 문제해결을 위한 가족복지정책 제안' 수업을 설계하였다.

이와 같은 분석을 거쳐 정리한 소비자와 생활복지 영역의 내용 체계 및 성취기준 분석표는 표 4-3과 같다.

표 4-3 2022 개정 고등학교 가정과교육과정 내용 체계(소비자와 생활복지 관련)

영역	소비자와 생활복지			
핵심 아이디어	• 저출생 고령사회에서 전 생애에 걸쳐 삶을 계획할 때는 건전한 자산 형성의 중요성을 인식하고 가족과 일이라는 생활의 균형을 도모할 수 있어야 한다. • 소비자 안전과 삶의 질 향상을 위한 생활복지는 권리로서의 복지서비스를 활용하고 소비공동체로서의 소비자 시민성을 함양함으로써 실현될 수 있다.			
내용 요소	**지식·이해**	**과정·기능**	**가치·태도**	
	• 저출생 고령사회에서의 생애 설계 • 생활복지와 빅데이터 • 맞춤형 스마트복지	• 일과 생활의 불균형이 삶에 미치는 영향 분석하기 • 생애주기에 따른 생활 디자인하기 • 생활복지와 맞춤형 스마트 복지 현황 파악하기 • 새로운 아이디어 창출하기 • 시민 참여형 정책 제안하기	• 일과 생활의 균형과 조화를 존중하는 태도 • 일과 노동이 가지고 있는 의미와 가치 • 생활 설계를 위한 미래지향적 태도 • 복지서비스를 활용하는 적극성 • 복지서비스 공유 및 확산의 가치	
성취기준	[12기가02-01] **저출생·고령사회**에서 생활 설계의 필요성을 인식하고, 전 생애에 걸친 **안정적인 삶을 준비하기 위한 생활**을 설계한다. [12기가02-04] 생활복지서비스와 일상생활에서 생성되는 빅데이터 적용의 의미를 파악하고 이를 활용하여 **생활에 적용할 수 있는 새로운 복지 방안을 제안**한다. [12기가02-05] **개인 및 가족의 생애 주기**에 따른 맞춤형 스마트 복지 현황을 파악하고 자신이 설정한 삶의 목표 실현에 적용할 수 있는 **복지서비스 정책을 제안**한다.			
성취기준 해설	[12기가02-01] 이 성취기준은 **저출생·고령사회의 생활을 예측**해 보고, 생애주기적 관점과 가족생활주기 관점에 따라 **건강, 가족 관계, 자녀 교육, 경제 등의 생활 설계 요소를 고려하여 균형 있는 생활을 설계**하도록 한다. [12기가02-04] 이 성취기준은 빅데이터가 **생활과 복지 분야에 활용되는 현황을 파악하고 이를 활용하여 새로운 복지에 관한 아이디어를 창출**하도록 한다. [12기가02-05] 이 성취기준은 빅데이터(워드클라우드 등의 도구)를 활용하여 복지 사각지대를 파악하고 개인과 가족이 전 생애에 걸쳐 활용할 수 있는 **시민 참여형 복지정책을 제안**한다			
역량	■ 실천적문제해결역량 ■ 생활자립역량 ■ 관계형성역량			

② 교수·학습 방향 및 방법

'저출산 문제해결을 위한 가족복지정책 제안' 수업은 저출생 현상에 대한 단순한 지식 습득을 넘어, 학생들이 실제적인 사회문제에 대해 문제의식을 갖도록 함으로써 생활 속 문제를 사회적 관점으로 확장하는 데 중점을 두어 교수·학습을 설정하였다. 이와 같은 교수·학습 지도 방향을 바탕으로, '저출산 문제해결을 위한 가족복지정책 제안' 수업을 위한 교수·학습 지도 계획을 작성하였다.

먼저 교육과정에서 추출한 내용 요소를 정리하여, 학생들이 알아야 할 지식과 내용, 교수·학습 방법, 수업을 통해 습득해야 할 가치와 태도를 각각 한 문장으로 정리함으로써 수업활동을 구체화하였다.

저출산 원인을 생애 설계, 일과 가정생활의 균형, 노동시장과 관련한 사회 구조적 관점 등 다양한 시각에서 조사·분석하게 하고, 그 결과를 바탕으로 저출산 문제해결에 필요한 정책을 제안하는 수업을 구성하였다. 이를 통해 학생들은 단순한 지식 습득에서 나아가 사회문제해결에 참여하는 태도를 기를 수 있도록 교수·학습 지도 방향을 설정하였다.

- 학생의 삶 속에서 다양한 상황과 실질적 사례를 탐구하여, 실생활에 적용할 수 있는 배움이 되도록 지도한다.
- 전 생애에 걸쳐 복지서비스를 활용하는 적극적 태도를 기르고, 이를 타인과 공유하며 사회적으로 확산하려는 시민적 역량을 함양하도록 지도한다.

③ 평가 방법

본 수업은 저출산이라는 사회적 난제에 대해 데이터를 기반으로 실천적 대안을 도출하는 탐구 과정을 중시하며, 이에 따라 학습 단계별로 유기적인 과정 중심 평가를 실시하여 학생의 실천적문제해결역량을 종합적으로 진단한다. 우선 통계자료 및 정책 사례 분석을 통해 데이터 해석 능력과 비판적 사고력을 평가하며, 에듀테크 도구를 활용한 시각자료 구성 시 정보의 정확성과 분석의 깊이를 체크리스트로 확인한다.

아울러 성취기준에 따라 생활복지서비스 제안의 창의성과 실현 가능성을 점검하고, 발표 과정을 통해 논리적 의사소통 능력을 평가한다. 마지막으로 온라인 플랫폼을 활용한 자기평가 및 동료평가로 타인의 제안을 수용하는 가치·태도 요소를 반영함으로써, 인지적 역량과 정의적 영역을 아우르는 균형 잡힌 평가를 수행한다.

(2) 교수·학습 지도

수업 주제	저출산 문제 극복을 위한 가족복지정책 제안하기
내용 요소	[지식·이해] 저출생 고령화 현상의 지속으로 인한 생애 설계의 변화를 이해하고 이를 극복하기 위한 복지정책의 필요성 이해하기 [과정·기능] 일과 가정생활의 불균형이 저출산에 미치는 영향 및 국내외 관련 복지정책을 분석하여 저출생 문제 해소를 위한 새로운 아이디어를 제시하고 복지정책 제안하기 [가치·태도] 복지서비스를 활용하여 일과 가정생활의 균형과 조화를 존중하는 태도 함양 및 일과 노동이 가지고 있는 의미와 가치를 수용하고 미래지향적인 삶의 태도 갖기
성취기준	[12기가02-04] 이 성취기준은 생활복지서비스와 일상생활에서 생성되는 빅데이터 적용의 의미를 파악하고 이를 활용하여 생활에 적용할 수 있는 새로운 복지 방안을 제안한다. [12기가02-05] 이 성취기준은 개인 및 가족의 생애주기에 따른 맞춤형 스마트 복지 현황을 파악하고 자신이 설정한 삶의 목표 실현에 적용할 수 있는 복지서비스 정책을 제안한다.

(계속)

	차시	교수·학습 활동	활동 자료 및 도구
교수·학습 과정	1	▸ 문제 인식: 저출산의 현황과 원인 파악 • 한국 저출산 현황 통계(최근 출산율, 인포그래픽) 분석 • 개인(또는 모둠별) 원인 찾기(경제·사회·문화·가족 가치관) • Padlet에 개인(또는 모둠)이 정리한 원인 게시	■ 통계청, 보건복지부 자료 ■ 유튜브 동영상 ■ Padlet
	2	▸ 정책 탐색: 국내외 저출산 정책 조사 및 장단점 분석 • 개인(또는 모둠)별로 나라별 정책 조사(육아휴직, 출산장려금, 주거 지원 등) • 정책의 효과·한계 토론	■ OECD 국가의 저출산 정책 조사 ■ Canva, MiriCanvas
	3	▸ 정책 제안서 작성 • 디지털 도구(Canva, MiriCanvas)를 활용하여 저출산 극복을 위한 정책 제안서 작성하기 • Wowideas 과제방에 정책 제안서 제출하기	■ Canva, MiriCanvas ■ Wowideas
	4	▸ 정책 제안 및 발표: 저출산 극복을 위한 정책 발표 • 개인별 정책 제안서 작성(핵심 문제+해결 방안+기대 효과) • 정책 발표·피드백 • 수업 후 온라인 투표로 우수 정책 선정 ※ 동료평가로 활용 가능	■ Wowideas

(3) 수업 진행

① 1차시 수업 진행(문제 인식 자료 활용)

1차시에서는 지속적인 저출산으로 인해 발생하고 있는 문제와 향후 예상되는 어려움을 살펴보고, 이를 토대로 정책을 제안할 수 있도록 다양한 시청각 자료를 제시하여 학생들의 학습 동기를 유발하며 수업을 시작한다. 먼저 정책 제안 활동에 앞서 그림 4-2와 같은 도표 등 시각자료와 뉴스 영상 등을 활용하여, 저출생 현상이 장기적으로 지속될 경우 가족·사회·국가 차원에서 발생할 수 있는 다양한 문제를 학생들이 인식하도록 한다.

이후 관련 신문 기사와 논문 등을 조사하게 하여, 개인적·가족적·사회적·문화적 측면에서 학생 스스로 탐구한 내용을 분석하고 느낀 점을 정리하며, 정리한 저출산 원인을 Padlet을 활용해 개인(또는 모둠)별로 게시한다.

② 2차시 수업 진행(정책 탐색 자료 활용)

2차시에는 그림 4-3과 같이 우리나라를 비롯한 외국의 저출산 문제해결 정책을 다룬 영상자료를 시청한다. 이후 우리나라의 저출산 문제해결에 참고가 될 수 있다고 판단되는 국가 그리고 저출산 극복 정책을 성공적으로 운영하고 있다고 생각되는 국가를 선정하여 해당 국가의 저출산 정책을 조사·정리

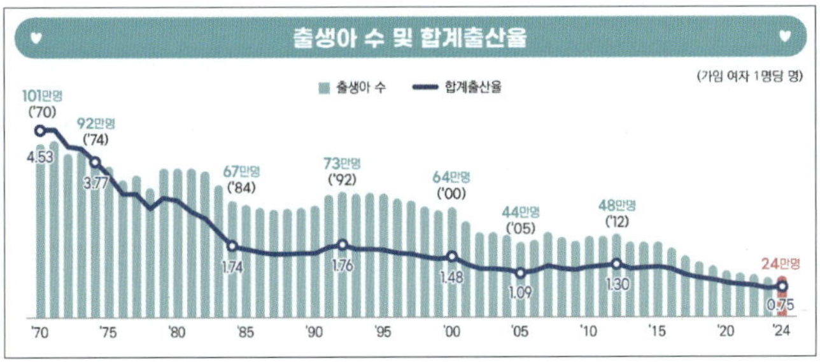

출생아 수 및 합계출산율 변화(1970~2024년)

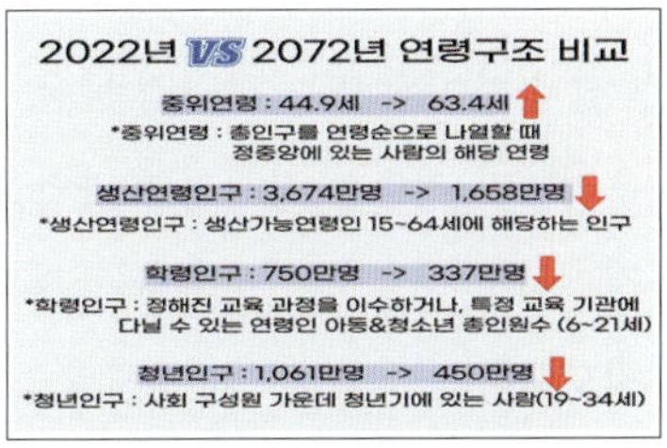

2022년과 2072년의 연령구조 비교

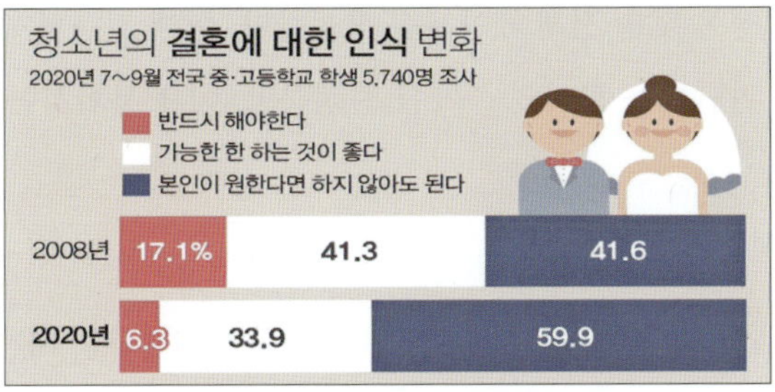

청소년의 결혼에 대한 인식 변화

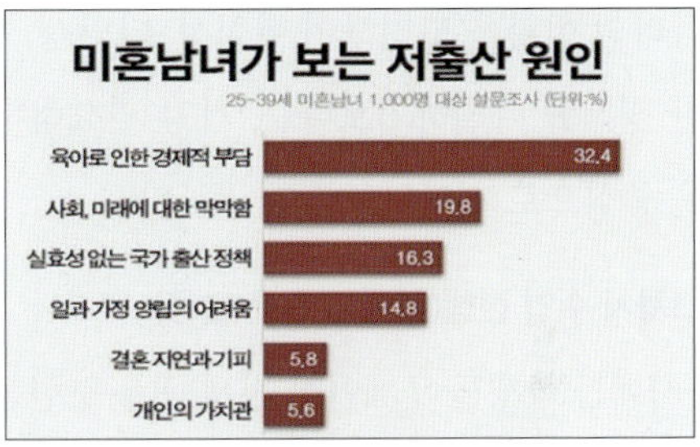

미혼남녀가 보는 저출산 원인

그림 4-2 저출생 현상 관련 시각자료

프랑스, 차별 없는 육아·교육 지원

독일, 일·육아 병립 가족친화문화

한국, 맞벌이 부부의 육아휴직제도

스웨덴, 아빠들의 육아를 보장하는 평등한 육아

그림 4-3 외국의 저출산 문제해결 정책 사례

하고 이를 토대로 토론활동을 진행한다.

먼저 우리나라의 저출산 정책과의 유사점과 차이점을 비교·분석하기 위해, 국내외 저출산 정책의 공통점과 차이점 또는 장단점 등을 학생 스스로 설정한 분류 기준에 따라 분석한다. 이를 통해 지금까지 우리나라 저출산 정책의 효과와 한계를 종합적으로 파악할 수 있도록 한다. 또한 수집한 정책 자료를 정리하고 동료들과 토론하는 과정을 통해, 실효성 있는 정책 제안의 중요성을 깊이 있게 인식하도록 지도한다.

이후 위에서 조사한 자료와 친구들과의 토론 내용을 바탕으로, 보편적이고 일반적인 시각에서 우리나라의 현황을 고려하여 현실성, 타당성, 적절성을 갖춘 정책 제안서를 작성한다. 이때 지나치게 다양한 정책을 나열하기보다는, 가장 필요하다고 판단되는 하나의 주제를 선정하고, 이에 부합하는 정책을 중심으로 제안하도록 안내한다.

③ 3차시 수업 진행(디지털 도구 활용)

3차시에는 학생들이 제안한 정책 내용을 한눈에 파악할 수 있도록 시각화된 결과물을 제작하는 시간을 갖는다. 이를 위해 먼저 정책 제안 포스터의 이미지 구상에 도움을 주고자 그림 4-4와 같이 인구정책과 관련된 포스터 사례를 제시하여, 정책 제안 포스터 제작의 기초 방향을 구상할 수 있도록 안내한다.

그림 4-4 인구정책 관련 포스터

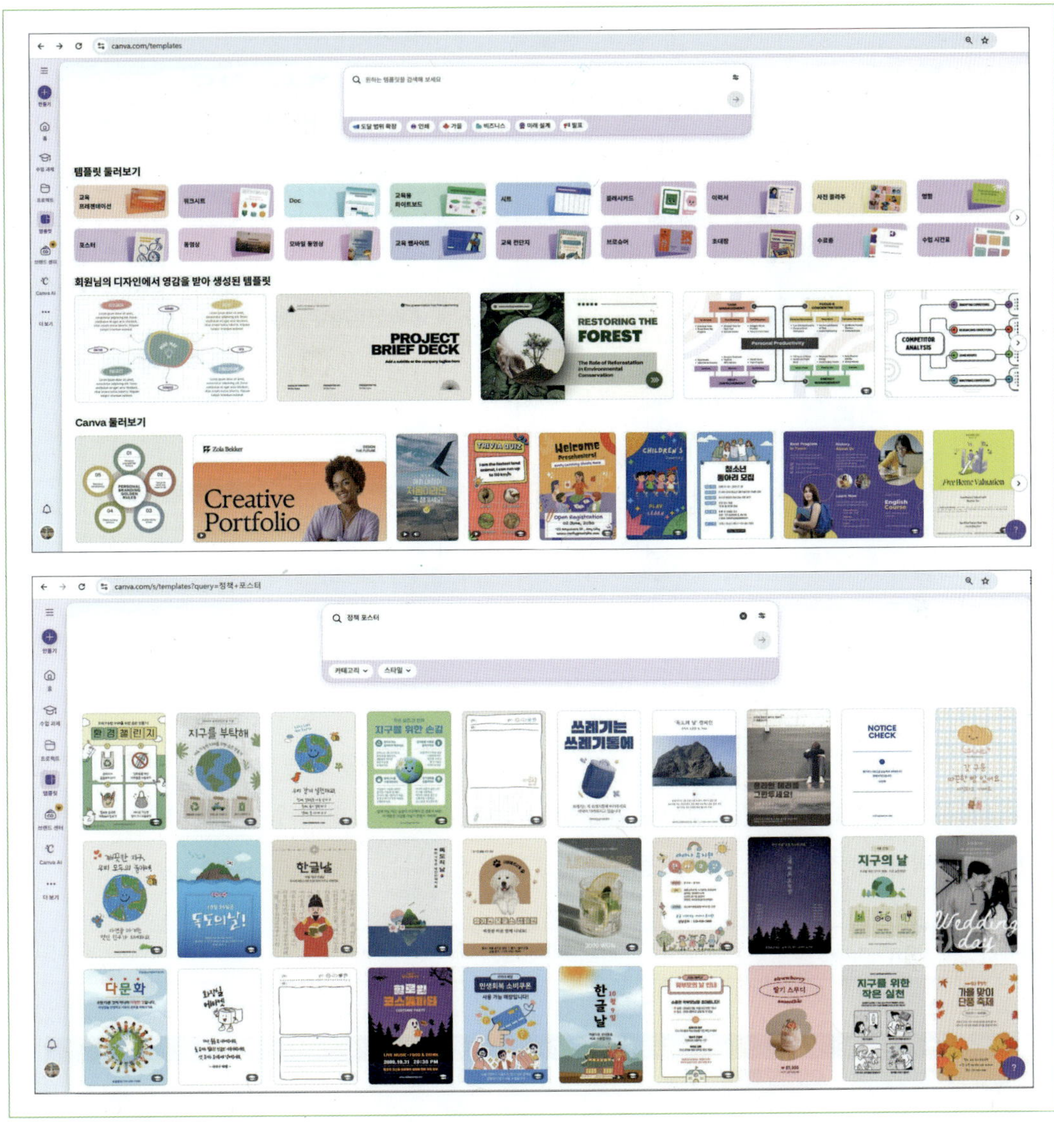

그림 4-5 웹 포스터 양식

이후 학생들의 아이디어를 1시간 이내에 디지털 포스터로 완성할 수 있도록, 그림 4-5와 같이 Canva와 MiriCanvas에 제공된 포스터 양식을 활용하여 정책 제안서를 작성하도록 안내한다.

④ 4차시 수업 진행(정책 제안 과제 제출 및 활용)

4차시는 그림 4-6과 같이 학생들이 작성한 정책을 발표하고 평가하는 단계로 구성하였다. 이 차시에서는 Wowideas를 활용하여 과제를 제출하도록 하고, 다른 학생이나 모둠의 정책 내용을 서로 공유하는 활동을 진행한다.

이동수당제도 지원 확대

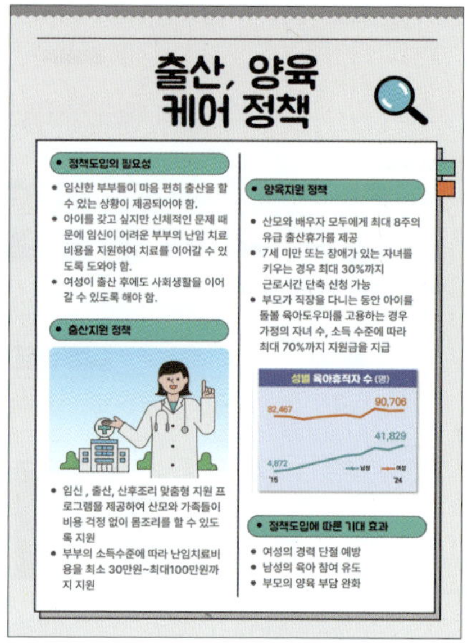

출산·양육 케어 정책

그림 4-6 저출산 문제해결 정책 제안 과제 발표 자료

이 과정에서 동료평가를 실시하고자 할 경우, 학생들이 다른 학생 또는 모둠의 정책에 '하트' 표시를 남기도록 하여 이를 동료평가 점수로 활용할 수 있다. 또한 학급별로 우수한 평가를 받은 정책을 선별하여 출력한 뒤, 정책 발표 전시회 등의 형태로 확장 운영하는 것도 가능하다.

에듀테크 | Wowideas를 활용한 정책 제안 과제 제출 과정

[수정]을 클릭하여
프로젝트 기초 설정
가족 복지 정책 제안
프로젝트 수정
라이선스 선택
프로젝트 이름
프로젝트 소개
프로젝트 로고
이미지 바꾸기
파일 선택
공개 여부
화상 여부
취소
프로젝트 수정

[추가]를 클릭하여
학생 초대
My Page
작업장 (3/10)
BASIC
가족 복지 정책 제안
프로젝트 소개
수정
저출생 현상을 극복하기 위해 관련 기사를 찾아 우리나라의 저출생 문제를 인지하고, 각 나라별 시행되고 있는 저출생 극복 정책을 조사하여 우리나라에 필요한 저출생 극복을 위한 가족 복지 정책을 제안하는 활동
프로젝트 정보
개 설 자 :
개설날짜 : 2025-04-21
공개여부 : 전체공개
화상여부 : -
최신 아이디어
3학년 7, 10반 가족생활정책 제안
멤버 122명
추가
리스트
수업 사례 작성하기

'GUEST 입장'을
표시하면 회원가입
없이 초대 가능

[설정] 클릭

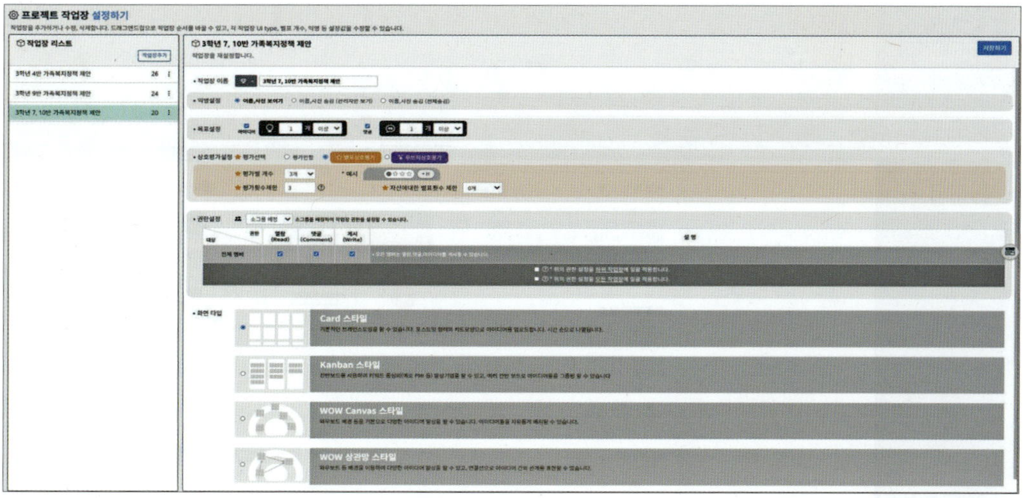

'작업장 리스트'에서 해당 항목을 선택한다.

학생들이 제출한 정책 제안 과제가 나타난다.

화면 하단의
학생 활동
현황 영역

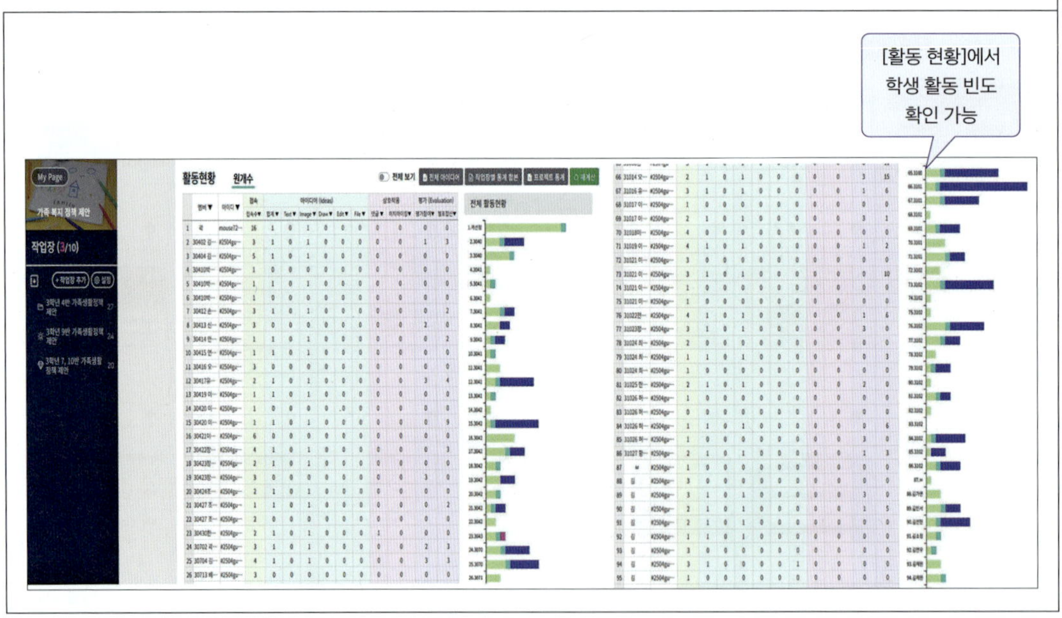
[활동 현황]에서
학생 활동 빈도
확인 가능

(4) 수업 효과

다양한 통계자료와 국내외 저출산 관련 정책을 바탕으로 한 정책 제안 수업은 학생들의 실질적 사고력과 사회이해능력을 심화시키는 데 큰 효과가 있다. 학생들은 통계자료를 분석하는 과정을 통해 저출생 현상의 심각성과 그 사회적 파급 효과를 구체적으로 인식하며, 단순한 지식 습득을 넘어 객관적 근거에 기반하여 문제를 탐구하고 해석하는 데이터 활용능력과 비판적 사고력을 기를 수 있다.

또한 국내외 다양한 저출산 대응 정책을 비교·분석하면서 각 나라의 사회적·문화적 배경과 정책 효과를 탐색함으로써 세계적 관점에서 저출산 문제를 바라볼 수 있어, 학생들의 시야를 넓히는 데 도움이 된다. 이를 바탕으로 학생들은 우리 사회의 현실에 적합한 대안을 스스로 모색하고, 정책을 제안하는 과정을 통해 창의적 문제해결력과 합리적 의사 결정 능력을 함양하게 된다.

나아가 이러한 수업은 개별 및 협동 학습에도 적용할 수 있으며, 주제에 대한 토론을 통해 다양한 의견을 조율하고 사회 구성원으로서 책임감과 공동체 의식을 기르는 데에도 도움을 준다. 따라서 통계자료와 국내외 정책을 활용한 저출산 정책 제안 수업은 학생들이 실제 사회문제를 탐구하고 해결책을 도출하는 경험을 통해 미래 사회를 주도할 실천적 시민역량을 함양하는 교육과정이 된다. 본 수업이 지니는 실제적 의의는 다음과 같이 데이터 분석부터 정책 제안에 이르는 체계적인 활동 구성을 통해 실현된다.

- **실제 데이터 활용**: 통계청·보건복지부 자료를 통한 현장감 있는 문제 인식
- **국제 비교**: OECD 국가 사례 활용으로 글로벌 시각 확장
- **정책 제안서 형식**: 학생들이 '실제 정책 담당자'가 된 듯한 체험
- **참여형 활동**: 토론·발표·온라인 투표 등을 통한 몰입감 강화

3) 평가

본 수업의 평가 방법은 교육과정 성취기준인 [12기가02-01], [12기가02-04], [12기가02-05]를 토대로 설계되었다. 학생들은 저출생·고령사회의 변화상을 예측하고, 일·가정 양립이 가능한 가족생활의 필수 요소를 고찰함으로써 가족생활복지에 관한 창의적 아이디어를 도출할 수 있다. 나아가 이를 구체적인 정책으로 발전시켜 제안할 수 있는 역량을 함양하는 데 목적을 둔다.

본 수업의 평가는 저출생·고령사회라는 사회적 문제를 탐구하고 실천적 해결 방안을 도출하는 전 과정을 진단하는 데 중점을 둔다. 우선 저출생·고령사회에 따른 사회 구조의 변화와 가족 형태, 돌봄 방식, 노동환경의 변화 등 관련 자료 분석의 정확성을 확인한다. 이와 더불어 미래 사회 예측의 타당성과 문제 인식의 깊이를 주요 평가 요소로 구성한다.

다음으로 일·가정 양립을 위해 필요한 제도적·환경적·문화적 요소를 가족 구성원의 생애주기 관점에서 균형 있게 고려하였는지 평가한다. 특히, 성별 역할 분담, 돌봄 부담, 고령자와 아동 돌봄의 연계 등 실제 가족생활에서 발생할 수 있는 쟁점들을 현실적으로 반영하였는지에 주목한다. 또한 학생이 제시한 가족생활복지 아이디어의 창의성, 실현 가능성, 사회적 필요성을 종합적으로 평가한다. 이때 제시된 아이디어가 단순한 개인적 소망에 그치지 않고 사회적 문제해결로 확장되었는지 그리고 기존 정책과의 차별성 및 보완성을 갖추었는지를 핵심 지표로 삼는다.

마지막으로 제안된 아이디어를 정책 형태로 구체화하는 과정에서 복지 수혜 대상, 실행 방안, 기대효과를 논리적으로 제시하였는지 확인하여 정책 제안 능력을 검증한다. 결론적으로 본 평가는 단순한 지식의 암기를 지양하며, 분석력과 문제해결력, 창의적 사고 그리고 가족생활복지에 대한 사회적 책임 의식을 종합적으로 함양하는 데 중점을 둔다.

(1) 수행평가 기준

<table>
<tr><th>수행 과제</th><td colspan="3">저출생 현상으로 인한 가족과 사회에 대두되는 문제점을 조사하고, 이 문제를 극복하기 위한 국내외 정책 사례를 탐색한다. 이를 바탕으로 저출생 현상을 극복하기 위한 가족복지정책을 제안하고, 웹 포스터로 작성하여 정책을 발표한다.</td></tr>
<tr><th>성취 기준</th><td colspan="3">[12기가02-01] 저출생·고령사회에서 생활 설계의 필요성을 인식하고, 전 생애에 걸친 안정적인 삶을 준비하기 위한 생활을 설계한다.
[12기가02-04] 생활복지서비스와 일상생활에서 생성되는 빅데이터 적용의 의미를 파악하고 이를 활용하여 생활에 적용할 수 있는 새로운 복지 방안을 제안한다.
[12기가02-05] 개인 및 가족의 생애 주기에 따른 맞춤형 스마트 복지 현황을 파악하고 자신이 설정한 삶의 목표 실현에 적용할 수 있는 복지서비스 정책을 제안한다.</td></tr>
<tr><th rowspan="3">평가 기준</th><td>상</td><td colspan="2">저출생·고령사회의 사회적 문제와 영향을 심층적으로 분석하여, 전 생애에 걸친 안정적인 삶을 설계하기 위한 구체적이고 실현 가능한 생활복지서비스 정책을 제안할 수 있다.</td></tr>
<tr><td>중</td><td colspan="2">저출생·고령사회에서 발생할 수 있는 사회적 문제점을 이해하고, 일상생활에 적용 가능한 복지서비스 정책을 제안할 수 있다.</td></tr>
<tr><td>하</td><td colspan="2">저출생·고령사회에 대비하기 위한 복지서비스 정책의 필요성을 설명할 수 있다.</td></tr>
<tr><th>평가 방법</th><td colspan="3">☑ 서술·논술 ☑ 구술·발표 ☑ 교사 관찰 및 기록</td></tr>
<tr><th>채점 요소</th><th colspan="2">채점기준</th><th>배점</th></tr>
<tr><th rowspan="4">① 자료 조사</th><td colspan="2">저출생 현상으로 인한 가족과 사회의 어려움에 대한 신문기사, 통계자료, 논문 등 출처를 제시할 수 있는 자료를 3개 이상 조사하여 제시함</td><td>5</td></tr>
<tr><td colspan="2">저출생 현상으로 인한 가족과 사회의 어려움에 대한 신문기사, 통계자료, 논문 등 출처를 제시할 수 있는 자료를 2개 조사하여 제시함</td><td>4</td></tr>
<tr><td colspan="2">저출생 현상으로 인한 가족과 사회의 어려움에 대한 신문기사, 통계자료, 논문 등 출처를 제시할 수 있는 자료를 1개 조사하여 제시함</td><td>3</td></tr>
<tr><td colspan="2">저출생 현상으로 인한 가족과 사회의 어려움에 대한 자료를 조사하기 위해 노력함</td><td>1</td></tr>
</table>

(계속)

채점 요소	채점기준	배점
② 정책 조사	저출생 현상 해결에 도움이 되거나 효과가 있다고 생각한 국내외 정책을 3개 이상 조사하여 제시함	5
	저출생 현상 해결에 도움이 되거나 효과가 있다고 생각하는 국내외 정책을 2개 조사하여 제시함	4
	저출생 현상 해결에 도움이 되거나 효과가 있다고 생각하는 국내외 정책을 1개 조사하여 제시함	3
	저출생 현상 해결에 도움이 되거나 효과가 있다고 생각하는 국내외 정책을 조사하기 위해 노력함	1
③ 정책 제안	저출생 현상을 극복하기 위한 가족과 사회적 측면에서 가족복지정책 도입의 필요성, 기대 효과를 객관적 자료에 기반하여 정책을 제안함	5
	저출생 현상을 극복하기 위한 가족과 사회적 측면에서 가족복지정책 도입의 필요성, 기대 효과를 제시하였으나 타당성이 다소 부족한 정책을 제안함	4
	저출생 현상을 극복하기 위한 가족과 사회적 측면에서 가족복지정책 도입의 필요성을 제시하였으나 제안한 정책의 기대 효과 제시가 부족함	3
	저출생 현상을 극복하기 위한 정책의 기대 효과를 제시하였으나 가족과 사회적 측면에서 가족복지정책 도입의 필요성을 미흡하게 제안함	2
	저출생 현상을 극복하기 위한 가족과 사회적 측면에서 가족복지정책 도입의 필요성, 기대 효과를 제안하기 위해 노력함	1
④ 정책 발표	웹 포스터로 제작한 가족복지정책 제안 내용을 바른 태도와 자세로 적절한 언어를 사용하여 유창하게 자신의 제안 정책을 발표함	5
	웹 포스터로 제작한 가족복지정책 제안 내용을 바른 태도와 자세로 발표하였으나 발표 기술의 부족으로 정책 내용 전달력이 다소 떨어짐	4
	가족복지정책 제안 내용을 바른 태도와 자세로 발표하였으나 웹 포스터의 완성도가 낮고, 발표 기술의 부족으로 정책 내용 전달력이 다소 떨어짐	3
	발표 태도와 자세에서 미흡한 부분이 보이며 정책 내용 전달이 거의 되지 않음	1

더불어 정책을 구상하는 과정에서는 가족생활복지와 관련된 다양한 관점을 제시하고, 토의·협의 과정에서 제시된 타인의 의견을 수용하거나 자신의 생각을 수정·발전시키는 경험이 포함되어야 한다. 또한 교사는 전 과정에 걸쳐 수시로 피드백을 제공함으로써, 학생이 사회 변화에 능동적으로 대응하며 가족생활복지정책을 탐구하고 창출해 나가는 사고 과정 자체가 평가의 핵심이 되도록 지도하는 것이 중요하다.

(2) 수행평가 활동 양식

	[주제: 저출생 극복을 위한 가족복지정책 제안하기]
수행 평가	1. 저출생 현상의 장기화로 인해 가족이나 사회가 겪는 어려움에 대한 자료 조사(3개) 2. 저출생 현상 극복에 도움이 되거나 효과가 있다고 생각한 국내외 정책 조사(3개) 3. 저출생 현상을 극복하기 위한 새로운 가족복지정책 제안서 작성 4. 가족생활정책 제안서를 웹 포스터로 제작·발표

1. 저출생 현상의 장기화로 인해 가족이나 사회가 겪는 어려움에 대한 자료 조사(3개) [5점]

※ 2020년 이후의 신문기사·방송·논문·통계 등 자료를 요약 설명하고, 반드시 출처를 제시할 것

자료 1	■ 제목 :	■ 출처 :
	■ 요약 설명 :	
자료 2	■ 제목 :	■ 출처 :
	■ 요약 설명 :	
자료 3	■ 제목 :	■ 출처 :
	■ 요약 설명 :	

2. 저출생 현상 극복에 도움이 되거나 효과가 있다고 생각한 국내외 정책 조사(3개) [5점]

※ 우리나라와 외국(각기 다른 국가)에서 시행하고 있는 저출생 극복에 도움이 된다고 생각한 정책 조사

※ 정책 명칭과 핵심 내용, 정책 도입에 따른 효과(또는 정책의 장단점) 등에 대해 최대한 상세하게 요약·설명하여 작성할 것

정책 1	▪ 정책명 :	▪ 시행 국가 :
	▪ 핵심 내용 :	
	▪ 정책 효과(또는 장단점) :	
정책 2	▪ 정책명 :	▪ 시행 국가 :
	▪ 핵심 내용 :	
	▪ 정책 효과(또는 장단점) :	
정책 3	▪ 정책명 :	▪ 시행 국가 :
	▪ 핵심 내용 :	
	▪ 정책 효과(또는 장단점) :	

3. 저출생 현상을 극복하기 위한 새로운 가족복지정책 제안서 작성 [5점]

※ 일반적인 시각에서 현실을 반영하여 현실성, 타당성, 적절성을 고려한 정책 제안서 작성

제안 정책명	
정책 도입의 필요성	1) 개인·가족 측면 : 2) 사회·국가 측면 :
정책의 세부 내용	
정책 도입에 따른 기대 효과	

4. 가족복지정책 제안서 웹 포스터 제작 및 발표 [5점]

※ 가족복지정책 제안서의 내용을 바탕으로 웹 포스터(Canva, MiriCanvas 활용)로 제작할 것

※ 가족복지정책 제안서와 관련된 이미지(사진, 통계자료 등)를 1개 이상 포함하여 제작할 것

4) 마치며

고등학교 가정과 수업에서 저출산 정책 제안 활동을 중심으로 한 수업은 학생들에게 사회문제를 능동적으로 이해하고 해결 방안을 모색하는 경험을 제공한다. 학생들은 저출산 문제의 원인과 사회적 영향을 분석하는 과정에서 비판적 사고력과 문제해결능력을 기르고, 합리적인 근거를 바탕으로 자신의 의견을 구성하고 설득력 있게 표현하는 역량을 함양하게 된다.

또한 가정, 경제, 복지, 고용 등 다양한 사회 영역을 통합적으로 탐구하며 사회현상을 연계적으로 바라보는 사고력과 통합적 사고능력이 강화된다. 아울러 정책 제안 과정에서 이루어지는 협동학습과 토의·협의 활동은 타인의 의견을 존중하고 공동의 해결책을 도출하는 협업능력과 의사소통능력을 신장시키는 데 기여한다.

이러한 학습경험을 통해 학생들은 사회 구성원으로서의 책임감과 공동체 의식을 형성하고, 실제 사회문제해결에 참여할 수 있는 시민역량을 갖추게 된다. 따라서 저출산 정책 제안 수업은 학생들이 개인의 삶과 사회의 관계를 성찰하고, 지속가능한 사회를 위한 실천적 대안을 탐색하도록 돕는 의미 있는 교육적 활동이라고 할 수 있다.

지역자치단체의 청소년 정책 제안 대회

경기도 ○○시는 시의 미래 50년을 위해, 매년 데이터를 기반으로 지역의 문제를 찾아내고 그 문제를 해결하는 다양한 개선 방안을 제안하는 대회를 열고 있다.

이 대회는 '○○시 청소년 정책 제안 대회'로, 이 대회를 통해 청소년들의 사회에 참여하는 문화를 확산시키기도 한다. ○○시에 살고 있는 청소년(만 9세~24세 이하) 개인 또는 팀(5명 이하)으로 대회에 참가할 수 있으며, 주제는 자유 주제로 교통, 복지, 문화, 진로, 안전, 교육 등 지역 및 생활에 관해 필요한 부분을 제안할 수 있다.

청소년들이 정책 제안서를 작성할 수 있도록 멘토 및 안내도 함께 이루어지고 있으며, 대회에 관심이 있는 청소년을 대상으로 대회 설명, 디지털 시민 교육, 정책 제안서 작성 방법을 오프라인 특강으로 사전에 진행한다. 또한 활용 가능한 빅데이터가 있는 플랫폼을 제시하여 청소년들의 데이터 접근에 도움을 주고 있다.

청소년들이 제출한 정책 제안서는 전문가들이 온라인 투표를 진행하고, 점수 산출 시 이를 반영한다. 이를 통해 청소년들은 지역 사회 속에서 개선이 필요하다고 생각되는 부분을 정책으로 제안하고 지방자치단체에 이들이 만든 정책에 반영할 수 있도록 운영하고 있다.

출처: 유난숙 외(2025), 고등학교 기술·가정, 교문사, p.73

3. 발달을 디자인하다 - 그림책으로 말하는 생애 단계

1) 수업 개요

과목	기술·가정	대상	고등학교 1~3학년
단원	Ⅲ. 인간과 성장하는 관계 2. 치유와 회복 1) 중년기 부모와 자녀 관계		
학습 내용	▸ 장면 분석 및 추론: 『100 인생 그림책』(하이케 팔러, 사계절, 2019)의 장면을 분석하여 발달 단계의 특성을 추론하며, 자신의 경험과 연결하기 ▸ 개념 정리 및 적용: 발달 단계의 핵심 개념을 정리하고, 이를 자신과 가족의 삶에 적용하기 ▸ 상징적 표현: 발달 단계의 특징을 삽화와 문장으로 상징화하여 그림책 장면 제작하기 ▸ 성찰: 제작한 장면의 의도와 상징을 해석하고, 그 의미를 바탕으로 도슨트 시나리오 작성하기		
학습 목표	• 발달 단계의 특징을 설명할 수 있다. • 발달 단계의 특징을 자신의 삶과 가족의 사례에 적용할 수 있다. • 발달적 요구를 반영한 상호돌봄의 태도를 이해하고, 이를 상징적으로 표현할 수 있다.		
에듀테크	패들릿(Padlet) 샌드박스, 캔바(Canva)		

본 수업은 학생이 그림책 작가가 되어 인간 발달의 한 단계를 시각적으로 표현하고, 도슨트 시나리오를 통해 그 의미를 해석·공유하는 프로젝트 기반 학습(PBL)이다. 수업은 협동학습의 원리를 바탕으로 함께 사고하고 표현하는 과정을 중심으로 운영된다.

학생은 『100 인생 그림책』을 참고하여 발달 개념을 발견하고 상징적으로 표현하는 방법을 탐색하며, Padlet과 Canva를 활용해 자신만의 이야기를 창작한다. 이러한 과정은 '탐구 → 표현 → 성찰'의 흐름으로 이어지며, 학생은 학습 내용을 스스로 구성하고 재해석한다. 또한 과제의 맥락은 GRASPS 모형에 따라 제시되어, 학생이 활동의 목적과 자신의 역할을 명확히 이해할 수 있도록 돕는다.

교사는 전 과정에서 피드백을 제공하며, 발달 특성의 표현, 장면 구성의 완성도, 창의성, 협력 과정을 중심으로 학생의 성장을 평가한다. 학생은 협력과 문제해결을 통해 관계형성역량과 디지털 소양을 함께 기르며, 자신의 삶 속에서 배움의 의미를 확장한다. 나아가 자신의 경험을 바탕으로 발달 개념을 이야기로 엮고, 타인의 시선을 통해 새로운 의미를 발견하며, 함께 만든 그림책 속에서 공감과 상호돌봄의 가치를 깊이 이해하게 된다.

2) 수업 설계

(1) 교육과정 분석

① 인간과 성장하는 관계 영역의 2022 개정 고등학교 가정과교육과정의 내용 체계·성취기준 분석 및 내용 추출

표 4-4 2022 개정 고등학교 가정과교육과정 내용 체계(인간과 성장하는 관계 관련)

<table>
<tr><th>영역</th><td colspan="3">인간과 성장하는 관계</td></tr>
<tr><th>핵심 아이디어</th><td colspan="3">성인기 이후 인간 발달에 대한 이해는 개인적 발달을 넘어서 자신과 타인을 존중하고 발달적 요구를 반영한 상호돌봄을 실천하는 데 기여할 수 있다.</td></tr>
<tr><th rowspan="2">내용 요소</th><th>지식·이해</th><th>과정·기능</th><th>가치·태도</th></tr>
<tr><td>• 중년기 부모와 청소년기 자녀</td><td>• 인간의 발달 특징을 자신과 가족에게 적용하기
• 가족 상호돌봄의 방안 탐색하기</td><td>• 가족 내 소통과 협력적 태도
• 노년기 삶에 대한 존중과 나이듦에 대한 긍정적 태도</td></tr>
<tr><th>성취기준</th><td colspan="3">[12기가03-03] 가족 내 소통과 협력의 태도를 기르기 위하여 중년기와 청소년기의 발달 특성을 인식하고 차이와 공통점을 탐구하여 자신과 가족의 생활에 적용한다.</td></tr>
<tr><th>성취기준 해설</th><td colspan="3">[12기가03-03] 이 성취기준은 중년기의 신체적, 인지적, 사회·정서적 발달 특성을 인식하여 중년기가 생의 절정이기도 하지만 위기의 시기일 수도 있음을 이해하도록 하며, 질풍노도와도 같은 청소년기에 반영된 자신의 발달상의 특성과 비교하며 자신과 부모에 대한 이해를 높여 가족 관계의 향상을 도모한다.</td></tr>
<tr><th>역량</th><td colspan="3">■ 실천적문제해결역량 □ 생활자립역량 ■ 관계형성역량</td></tr>
</table>

본 수업은 '성인기 이후 인간 발달에 대한 이해는 개인적 발달을 넘어 자신과 타인을 존중하고, 발달적 요구를 반영한 상호돌봄을 실천하는 데 기여할 수 있다.'는 핵심 아이디어를 중심으로 구성되었다. 이는 학생이 인간 발달을 단순한 생애 단계 변화로 이해하는 것을 넘어서, 세대 간 관계 속에서 자신을 성찰하고 타인을 이해하며, 함께 성장하는 삶의 방식을 탐색하도록 돕는 데 목적이 있다. 이러한 교육과정의 구조는 표 4-4를 통해 살펴볼 수 있다.

'지식·이해' 요소에서는 인간 발달의 연속성과 상호관련성을 중심으로, 성년기의 독립과 결혼에서 부모됨의 선택과 역할을 거쳐 중년기 발달로 이어지는 흐름을 탐색한다. 이를 통해 학생은 각 단계가 서로에게 미치는 영향을 이해하고, 이후 노년기 생활로의 확장을 통해 전 생애적 관점을 형성한다.

'과정·기능' 요소에서는 학습한 개념을 자신의 삶과 가족의 관계 속에서 구체적으로 적용하고, 세대 간 상호이해와 돌봄의 실천 방안을 탐색한다. 이 과정은 단순한 개념학습을 넘어, 지식이 실제 삶으로 전이되는 깊이 있는 학습의 기반이 된다.

'가치·태도' 요소에서는 가족 내 소통과 협력적 태도를 기초로, 다양한 세대의 삶을 이해하고 공감하는 태도를 기른다. 학생은 세대 간 차이를 존중하며, 관계 속에서 상호돌봄을 실천하는 시민적 감수성을 함양한다. 또한 디지털 환경에서도 타인의 생각을 존중하고 협력적으로 관계를 유지하려는 윤리적 책임감과 관계형성역량을 함께 기른다.

이처럼 세 영역은 서로 긴밀히 맞물려 학생이 인간 발달을 다각도로 이해하고 삶의 맥락에서 성찰하며 전인적으로 성장하도록 이끈다. 그 과정을 통해 학생은 자신과 타인을 존중하고, 관계 속에서 책임과 성장을 실천하는 성숙한 세계 시민으로 나아간다.

② 교수학습 방향 및 방법

본 수업은 프로젝트 기반 학습(PBL)을 중심으로 설계하고, 단계별로 협동학습의 원리를 적용하였다. 학생은 '그림책 제작과 도슨트 시나리오 작성' 프로젝트를 수행함으로써, 핵심 아이디어를 실제적 맥락 속에서 탐구하고 실천적문제해결역량을 기른다.

수업의 흐름은 '도입 → 전개 → 정리'의 구조로 구성되며, 구체적인 단계는 그림 4-7과 같다.

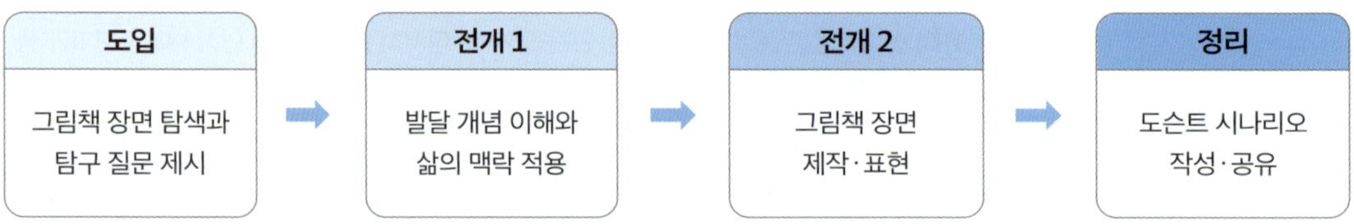

그림 4-7 인간과 성장하는 관계 프로젝트 기반 학습(PBL)의 교수·학습 단계

'도입 단계'에서는『100 인생 그림책』의 장면을 함께 살펴보며 발달 개념을 추론하고 탐색한다. '전개 1 단계'에서는 교과서의 발달 이론을 자신의 삶과 가족의 맥락에 적용하며 개념을 구체화한다. 이후 '전개 2 단계'에서는 생성형 인공지능과 온라인 디자인 협업 도구를 활용해 그림책 장면을 제작하고, '정리 단계'에서 도슨트 시나리오를 작성하며 학습 내용을 성찰한다. 이러한 구조는 학생이 '탐구 → 표현 → 성찰'이 순환되는 깊이 있는 학습경험을 하도록 돕는다.

과제의 맥락은 GRASPS(Goal, Role, Audience, Situation, Product, Standards) 모형을 기반으로 제시하여 학생이 자신의 역할과 산출물의 의미를 명확히 인식하도록 하였다. 과제가 개인적 의미와 연결될 때 학습의 몰입과 지속성이 높아지기 때문이다(브라이언 굿윈 외, 2024).

협동학습은 도입의 탐색과 전개 2의 제작 단계에서 주요 전략으로 활용된다. 학생들은 공동 목표를 달성하기 위해 의견을 공유하고 역할을 분담하며, 긍정적 상호의존성과 개별 책무성을 함께 경험한다(김은정 외, 2024). 반면, 전개 1과 정리 단계는 개별 성찰 중심으로 운영하여, 협동적 탐구에서 얻은 내용을 자신의 언어로 재구성하고 내면화할 수 있도록 한다.

에듀테크 활용에서는 Padlet의 '샌드박스'를 이용해 브레인스토밍을 진행하며 발달 개념과 그림책 장면을 연결하고, 이후 Canva의 생성형 인공지능과 디자인 도구를 활용해 삽화를 제작한다. Canva의 협업 기능을 통해 학생들은 하나의 디지털 공간에서 아이디어를 조율하며, 공동의 결과물을 완성한다. 이러한 디지털 협동 환경은 창의적 사고력, 소통역량, 디지털 리터러시를 함께 기르는 기반이 된다.

결국 수업의 흐름은 그림책을 활용한 '개념 추론 → 교과서 기반 이해 → 창의적 재구성 → 도슨트 시나리오를 통한 성찰'로 이어지는 순환적 학습 구조를 형성한다. 이 과정을 통해 학생은 지식을 삶의 언어로 재해석하며, 학습의 전이와 전인적 성장을 경험하게 된다.

③ 평가 방법

본 수업의 평가는 과정 중심 평가를 원칙으로 하며, '이해 → 적용 → 표현 → 성찰'의 전 과정을 반영한다. 평가는 단계에 따라 형성평가(도입·전개 1: 개념 이해와 적용)와 수행평가(전개 2·정리: 그림책 제작·도슨트 시나리오)를 병행하여 운영한다.

평가의 목적은 결과물의 완성도뿐만 아니라, 학생이 탐구하고 표현하는 과정에서 나타나는 사고의 확장과 학습의 성장을 확인하는 데 있다. 특히, 발달 단계의 특징을 그림책의 삽화와 문장으로 상징적으로 표현했는지 그리고 그 표현이 학생의 삶과 연결되어 의미 있는 해석과 성찰로 이어졌는지를 중점적으로 본다.

수업의 흐름에 따라 형성평가와 수행평가를 통합 운영하며, 협동학습 과정에서의 참여도와 역할 수행, 산출물의 창의성 및 완성도, 도슨트 시나리오의 정확성·논리성·표현력을 함께 고려한다. 또한 GRASPS 모형에 따라 '목표 인식 → 역할 수행 → 산출물 완성 → 의미 해석'의 전 과정을 평가에 포함하여, 학습의 시작부터 성찰에 이르는 여정을 입체적으로 살핀다.

평가는 루브릭 기반의 피드백 중심 평가로 이루어진다. 그림책 제작물, 도슨트 시나리오 원고, Padlet과 Canva의 활동 기록을 근거자료로 활용하여 학생의 탐구·표현·성찰 과정을 종합적으로 평가한다. 구체적인 준거와 루브릭은 '3) 평가' 항목에서 제시한다.

(2) 교수·학습 지도

수업 주제	발달을 디자인하다 – 그림책으로 말하는 생애 단계
내용 요소	[지식·이해] 중년기 부모와 청소년기 자녀 [과정·기능] 인간의 발달 특징을 자신과 가족에게 적용하기 [가치·태도] 가족 내 소통과 협력적 태도
성취기준	[12기가03-03] 가족 내 소통과 협력의 태도를 기르기 위하여 중년기와 청소년기의 발달 특성을 인식하고 차이와 공통점을 탐구하여 자신과 가족의 생활에 적용한다.

(계속)

<table>
<tr><td>유의사항</td><td colspan="3">본 활동은 대단원 말미에 수행되는 종합 프로젝트로, 앞선 차시에 학습한 인간 발달 개념을 그림책의 상징적 표현으로 전이·통합하는 데 목적이 있다.
수업은 4차시 표준안을 기본으로 구성하되, 학교 상황이나 학습자의 수준에 따라 차시를 조정하거나 활동 범위를 확장하여 운영할 수 있다.
특히, 전 생애 발달 단계를 중심으로 장면 분석과 개념 정리를 반복한 뒤, 이를 종합하여 그림책 장면 제작과 도슨트 시나리오 작성으로 이어지는 형태로 확장하면, 대단원 종합 프로젝트로서의 의미가 한층 강화된다.</td></tr>
<tr><td rowspan="5">교수·학습 과정</td><th>차시</th><th>교수·학습 활동</th><th>활동 자료 및 도구</th></tr>
<tr><td>1</td><td>▸ 장면 분석 및 추론 – 협동학습
• 『100 인생 그림책』 중 중년기 장면을 보고, 발달 특징 추론하기
• 작가의 의도(상징, 문장, 색감, 구도 등)와 인물의 감정 탐색하기
• “이 장면 속 사람들은 어떤 감정을 느끼고 있을까?”, “함께 시간을 보내는 이유는 무엇일까?”, “떠나보내는 경험이 중년기의 관계에 어떤 의미를 남길까?” 등 탐구 질문을 중심으로 토의하기
• Padlet 샌드박스를 활용해 자유롭게 브레인스토밍하고, 비슷한 생각을 자연스럽게 묶어 핵심 개념으로 확장하기
▸ 개념 정리: 중년기의 발달 특성 – 개별학습
• Padlet의 생각을 토대로 교과서 속 개념(중년기의 인지·정서·신체·사회 발달) 비교·정리하기
• 자신의 경험과 연결해 개념의 의미 구체화하기</td><td>■ 『100 인생 그림책』 중년기 장면 이미지
■ Padlet 샌드박스 (장면 단서 탐색 및 브레인스토밍)</td></tr>
<tr><td>2</td><td>▸ 개념 적용: 중년기 부모와 청소년기 자녀 관계 – 개별학습
• 중년기 부모와 청소년기 자녀의 발달 특성 비교·분석하기
• 서로의 입장에서 관계가 달라지는 이유를 탐색하고, 자신의 가족 사례에 적용하기
▸ 그림책 장면 제작 준비: Canva 활용 안내
• Canva의 생성형 인공지능 활용법 및 프롬프트 작성 요령 익히기
• 저작권·표현 윤리·출처 표기 등 디지털 리터러시 점검하기
• 온라인 협업 예절과 디자인 편집 기법 안내하기</td><td>■ 교과서</td></tr>
<tr><td>3</td><td>▸ 과제 맥락 안내: GRASPS 모형 제시
• 그림책 제작 활동의 목적(Goal), 역할(Role), 대상(Audience), 상황(Situation), 산출물(Product), 기준(Standards) 안내하기
• 프로젝트의 실제 맥락을 제시하여 몰입과 주체적 참여 유도하기
▸ 상징적 표현: 그림책 장면 제작 – 협동학습
• Canva의 협업 기능을 활용해 중년기 장면 제작하기
• 발달 특징이 삽화와 문장에 상징적으로 드러나도록 표현하기
• 생성형 인공지능 결과물을 재편집하여 자신의 해석 시각화하기</td><td>■ Canva</td></tr>
<tr><td>4</td><td>▸ 성찰: 도슨트 시나리오 작성 – 개별학습
• 제작한 그림책 장면의 발달 단계와 특성 설명하기
• 삽화와 문장에 담긴 상징과 의도를 구체적으로 서술하기
• 작가로서 독자에게 전달하려는 메시지를 명확히 표현하기
• 발표 및 상호 피드백을 통해 작품의 완성도와 의미 점검하기</td><td>■ Canva</td></tr>
</table>

(3) 수업 진행

① 1차시 수업 진행

1차시는 새로운 발달 단계 학습에 앞서, 『100 인생 그림책』의 한 장면을 통해 해당 단계의 발달 특징을 추론하며 학습의 방향을 설정하는 시간이다. 본 수업은 중년기 부모와 자녀 관계 단원을 중심으로 진행되며, 에릭슨(Erikson)의 심리사회적 발달 이론 중 '생산성 대 침체감' 개념이 드러나는 장면을 제시한다.

교사는 Padlet의 샌드박스 기능을 활용해 그림책 장면을 제시하고, 학생들은 '참고' 또는 '텍스트' 기능을 이용하여 자신의 생각을 자유롭게 기록한다. 이때 학생들은 장면 속 상징, 문장, 색감, 구도, 인물의 표정과 관계 등을 근거로 작가의 의도를 추론하며, 다음과 같은 탐구 질문을 중심으로 토의한다.

- 이 장면 속 인물들은 어떤 감정을 느끼고 있을까?
- 이들이 함께 시간을 보내는 이유는 무엇일까?
- 떠나보내는 경험이 중년기의 관계에 어떤 의미를 남길까?

이러한 활동은 학생이 개인적 경험과 감정을 바탕으로 중년기 발달 과업을 정서적으로 이해하도록 돕는다.

Padlet의 익명성과 실시간 공유 기능은 학생들의 의견 표현을 촉진하고, 집단지성의 형태로 사고를 확장시킨다. 서로의 생각을 읽고 반응하며 유사한 아이디어를 자연스럽게 묶는 과정에서, 학생들은 중년기 발달의 공통된 맥락과 핵심 개념의 단서를 스스로 발견한다.

이후 교사는 학생들이 제시한 개념적 단서를 교과서의 중년기 발달 개념(신체적·인지적·정서적·사회적 측면)과 비교하며 확장하도록 안내한다. 이를 통해 학생은 장면 속 상징적 표현과 교과 개념을 연결하여 의미를 구체화하고, 교사는 피드백을 통해 오개념을 교정하며 학습 내용을 정교화한다.

이 차시는 학생이 '이 주제가 내 삶과 연결된 이야기'임을 직접 체감하도록 설계되었다. 이러한 개인적 의미의 인식은 학습 몰입도와 개념 이해의 깊이를 높이는 핵심 요인으로 작용하며, 학습 주제에 대해 스스로 질문하고 사고를 확장하는 과정은 이해력과 기억력 향상에도 기여한다(브라이언 굿윈 외, 2024).

템플릿 | Padlet 샌드박스를 활용한 장면 분석 활동 예시

에듀테크 | Padlet 샌드박스를 활용한 브레인스토밍 과정

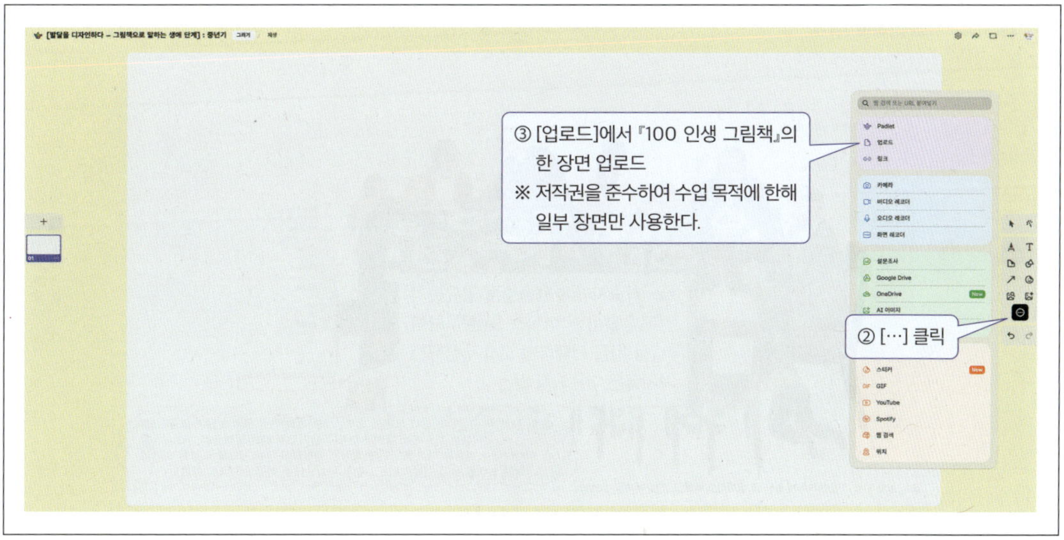
③ [업로드]에서 『100 인생 그림책』의
한 장면 업로드
※ 저작권을 준수하여 수업 목적에 한해
일부 장면만 사용한다.
② […] 클릭

48
그런 뒤에 행복을 느끼기도 하고.
④ '텍스트', '도형', '참고'
기능을 활용해 탐구
질문과 출처 입력

48
그런 뒤에 행복을 느끼기도 하고.
tip. 학습자에게 템플릿을 공유하기 전에 [개체] → 마우스 오른쪽 클릭 → [동결]을 선택하면 교사가 설정한 게시글은 이동되지 않는다.
Q. 이 장면 속 사람들이 함께 모여서 보내는 시간에는 어떤 의미가 담겨 있을까요? 이들은 서로에게 무엇을 나누고 남기고자 하는 걸까요?
Q. 떠나보내는 경험을 하며 중년기에 접어든 사람들이 다음 세대와의 관계 속에서 어떤 의미를 찾고 있을까요? 그 과정이 그들에게 어떤 영향을 미칠까요?
출처. 100 인생 그림책(하이케 팔러 글, 발레리오 비달리 그림, 사계절, 2019)

↓

⑤ 완성된 템플릿을 학습자에게 공유
48
그런 뒤에 행복을 느끼기도 하고.
Q. 이 장면 속 사람들이 함께 모여서 보내는 시간에는 어떤 의미가 담겨 있을까요? 이들은 서로에게 무엇을 나누고 남기고자 하는 걸까요?
Q. 떠나보내는 경험을 하며 중년기에 접어든 사람들이 다음 세대와의 관계 속에서 어떤 의미를 찾고 있을까요? 그 과정이 그들에게 어떤 영향을 미칠까요?
출처. 100 인생 그림책(하이케 팔러 글, 발레리오 비달리 그림, 사계절, 2019)

↓

에듀테크 도구의 전략적 활용 tip

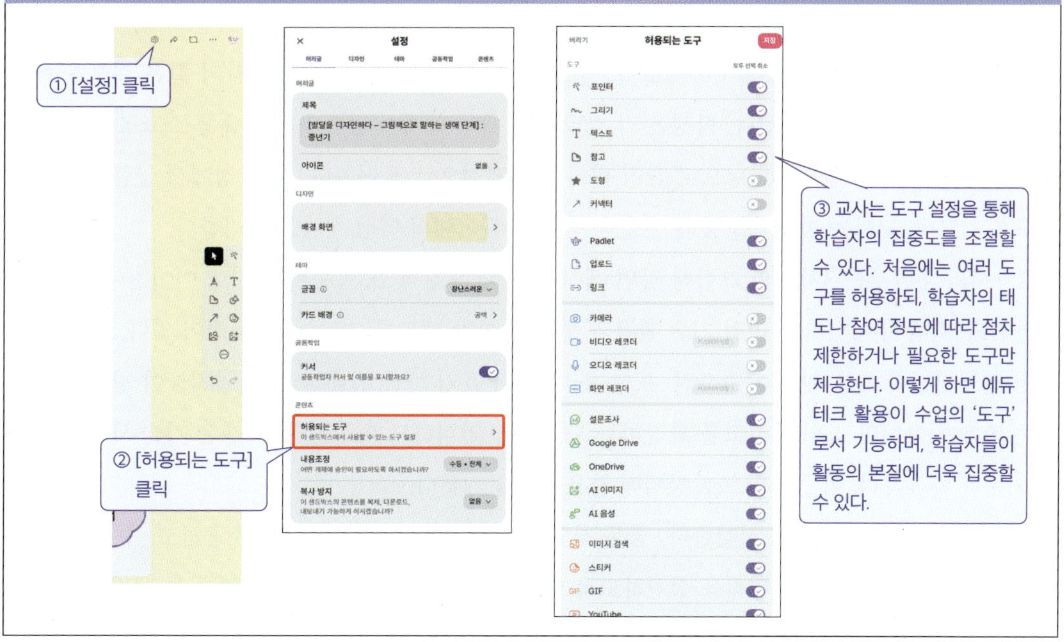

② 2차시 수업 진행

2차시는 1차시에서 탐색한 발달 개념을 세대 간 관계의 맥락으로 확장하는 단계이다. 학생은 학습한 개념을 실제 삶의 장면에 적용하며 공감과 이해를 심화한다. 교과서와 시각자료를 바탕으로 중년기 부모와 청소년기 자녀의 특성을 비교·분석하고, 인지적·정서적·사회적 변화가 관계형성과 소통방식에 어떤 영향을 미치는지 탐구한다.

교사는 '다른 세대의 입장에서 바라보기', '서로의 역할과 감정을 교차해 보기'와 같은 질문을 제시하여 학생의 사고를 확장시킨다. 학생은 각 발달 단계에서 관계가 달라지는 이유를 스스로 성찰하고, 자신의 경험과 주변 사례를 바탕으로 감정 변화를 구체적으로 표현한다. 이 과정에서 공감과 존중의 태도를 기르며, 교사는 피드백을 통해 발달 특성과 관계 이해의 핵심 개념을 정리한다.

2차시의 후반부는 3차시의 그림책 장면 제작을 위한 상징적 표현 준비 단계로 이어진다. 이는 단순한 도구 학습이 아니라 윤리적 기술 활용과 협력적 창작 태도를 기르는 데 목적이 있다. 교사는 생성형 인공지능의 기본 원칙과 저작권, 표현 윤리, 출처 표기 등을 안내하며, 인공지능이 창작을 대체하는 존재가 아니라 창의적 사고를 확장하는 도구임을 인식하도록 돕는다. 학생은 기술 사용의 책임과 기준을 자각하며, 이를 바탕으로 창의적 활용능력을 기른다.

이어 온라인 협업 예절을 점검한다. 공동 작업 공간에서 타인의 창작물을 존중하고, 수정 전 사전 동의를 구하는 디지털 관계 원칙을 실천하도록 한다. 이러한 경험은 이후 그림책 공동 제작에서 협력적 의사소통의 토대가 된다.

마지막으로 Canva의 생성형 인공지능 기능과 디자인 도구를 활용해 삽화 제작의 기초를 학습한다. 학생은 색감, 구도, 텍스트를 스스로 조정하며 자신만의 시각 언어로 장면을 구성할 수 있도록 지도받으며, 3차시 그림책 제작으로 자연스럽게 이어질 기반을 마련한다.

③ 3차시 수업 진행

3차시는 앞선 차시에서 탐색하고 정리한 발달 개념을 상징적 시각 언어로 표현하는 단계이다. 학생은 학습 내용을 창의적으로 재구성하며, 공감과 해석의 깊이를 확장한다. 결과물의 완성도보다는 서로의 생각을 엮어 한 권의 그림책을 완성하는 협동적 창작 과정에 의미를 둔다.

교사는 수업 도입 단계에서 GRASPS 모형을 안내한다. 모형을 통해 과제의 전체 맥락을 안내하면 학생은 활동의 목적과 역할, 산출물의 의미를 명확히 이해하며, "여러분은 인간의 성장과 관계의 의미를 알리는 전시회에 참여하는 그림책의 작가이자 도슨트입니다."라는 서사적 설정을 통해 몰입한다. 설정된 과제의 구체적 맥락은 표 4-5와 같다.

본 활동에서는 Canva의 협업 기능을 활용해 발달 단계를 주제로 한 그림책 장면을 공동 제작한다. 모둠은 초반에 그림책의 정서적 흐름과 메시지를 함께 구상하고, 각 장면이 전달할 의미가 전체적으로 조화를 이루도록 설계한다. 색감, 그림체, 구성 등 세부 표현은 각자의 개성을 반영하되, 전체 작품은 하나의 주제와 감정의 흐름으로 이어지도록 조율한다.

표 4-5 GRASPS 모형

항목	내용
G(Goal)	선택한 발달 단계를 그림책 장면(삽화+문장)으로 상징화하고, 그 의미를 도슨트 시나리오로 설명한다.
R(Role)	인간의 성장 과정을 탐구하는 그림책 작가 겸 도슨트
A(Audience)	급우, 교사, 가족 등 전시 관람객
S(Situation)	'인간의 성장과 관계의 의미'를 주제로 한 교내 전시회에 참여하여, 제작한 그림책 장면과 해설을 통해 관람객의 이해를 돕는다.
P(Product)	① 장면 분석 및 삶과의 연결 설명 ② 그림책 장면(삽화+문장) 창작 ③ 도슨트 시나리오 작성
S(Standards)	• 발달 특성의 상징화: 선택한 단계의 핵심이 삽화와 문장에 잘 드러나는가? • 구성과 완성도: 장면의 시각적 구성과 문장이 조화롭게 어우러져 완성도가 높은가? • 창의성과 표현력: 문장과 이미지가 독창적으로 연결되어 있는가? • 독자 배려: 내용이 이해하기 쉽고 감정적 공감을 유도하는가? • 협동학습 과정: 역할을 충실히 수행하며, 작품 전체의 흐름과 메시지 일관성을 유지하기 위해 서로 협의하고 조정했는가?

학생은 발달 단계의 특징이 삽화와 문장에 상징적으로 드러나도록 표현하며, 내용 중복을 피하기 위해 역할을 분담하고 공통 규칙(상징 요소, 감정의 흐름, 문체의 어조 등)을 협의한다. 이 과정은 협동학습의 핵심 원리에 따라 운영된다. 학생은 맡은 장면을 책임감 있게 완성하며 개별 책무성을 실천하고, 모둠 전체는 메시지의 일관성을 유지하며 긍정적 상호의존성을 경험한다. 또한 피드백과 조율, 타협의 과정을 통해 협력적 창작 태도와 사회적 기능을 함께 기른다.

교사는 제작 전 과정에서 피드백 중심의 평가를 진행한다. 발달 개념의 상징화 수준, 장면 간 메시지의 일관성, 협업의 균형을 지속적으로 점검하며 필요시 즉각적인 조언을 제공한다. 이를 통해 학생은 자신의 작업을 단계별로 성찰하고 수정하며, 결과물뿐만 아니라 과정 속에서의 성장과 협력의 의미를 체감한다.

학생은 생성형 인공지능의 결과물을 그대로 사용하는 대신, 색감, 구도, 텍스트 배치 등을 창의적으로 수정·보완하여 자신의 해석을 시각화한다. 교사는 인공지능이 창작을 대신하는 도구가 아니라 비판적 재구성과 창의적 해석을 돕는 보조 도구임을 인식하도록 지도한다.

이처럼 3차시는 학생 각자의 시선이 모여 다양성과 일관성이 공존하는 공동 창작의 장을 완성하는 단계이다. 학생은 개별 표현 속에서 자신의 관점을 드러내면서도, 하나의 그림책이 전하는 공동의 메시지와 감정의 흐름을 통해 인간 발달의 의미를 성찰하고 관계 속 성장의 가치를 되새기는 학습경험으로 마무리한다.

GRASPS 모형 기반 수행과제 설계 도구

GRASPS 모형은 다양한 인공지능 기반 생성기를 활용해 손쉽게 생성할 수 있으며, 다음과 같은 도구를 활용해 수행 과제의 초안을 자동으로 작성할 수 있다.

- GRASPS 수행과제 자동 생성기(https://grasps-genie.lovable.app)
- 경상북도교육청 GRASPS 시나리오 생성기(https://sites.google.com/sc.gyo6.net/onffice/7-g-ai-lab/수행과제-시나리오-생성기)

이러한 도구를 참고해 과제 설계의 초기 틀을 마련하고, 이를 수업의 실제 맥락에 맞게 조정·활용할 수 있다.

에듀테크 Canva 생성형 이미지를 활용한 그림책 장면 제작 과정

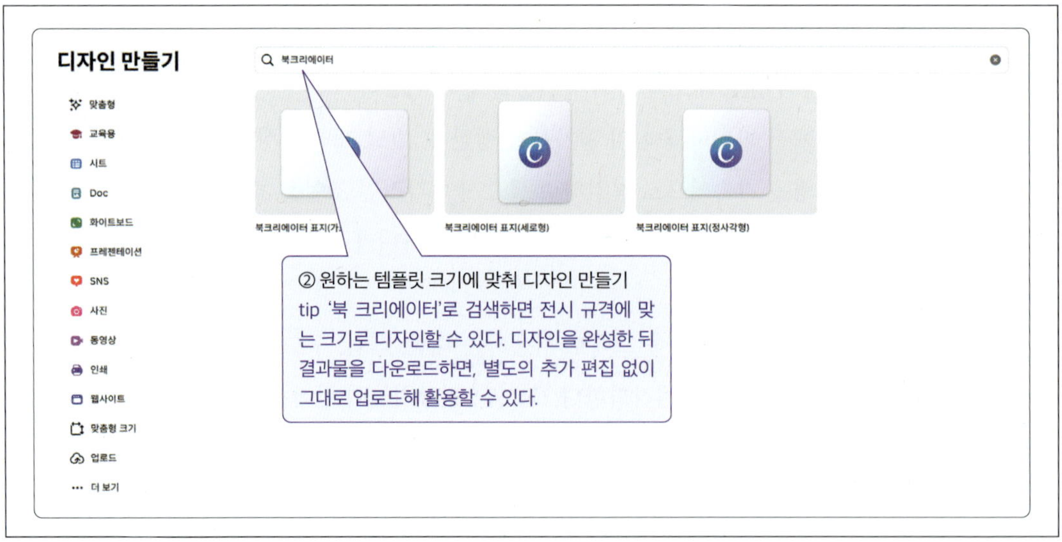

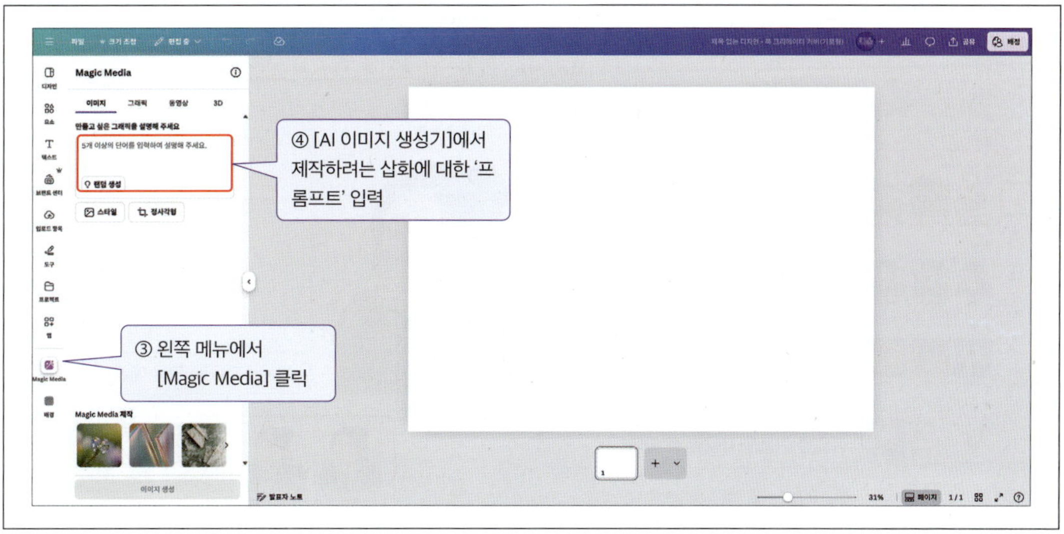
Magic Media
④ [AI 이미지 생성기]에서 제작하려는 삽화에 대한 '프롬프트' 입력
③ 왼쪽 메뉴에서 [Magic Media] 클릭
Magic Media 제작

Magic Media
⑤ 프롬프트 결과물 중 가장 적합한 이미지 선택
④에서 입력한 프롬프트

학생 결과물

청소년기 발달

(계속)

중년기 발달 ①

중년기 발달 ②

④ 4차시 수업 진행

4차시는 앞선 차시에서 제작한 그림책 장면을 바탕으로, 학생이 자신의 작품을 언어적으로 해석하고 의미를 재구성하는 단계이다. 이 단계의 핵심은 시각적 산출물에 담긴 생각을 자신의 언어로 설명함으로써 개념을 내면화하는 데 있다.

학생이 새로운 개념을 깊이 이해하고 오래 기억하기 위해서는 시각적 정보와 언어적 표현이 함께 작동하는 학습경험이 필요하다. 뇌는 이미지를 보고 그것을 자신의 언어로 설명할 때 학습 내용을 더 강하게 내면화한다(브라이언 굿윈 외, 2024). 따라서 교사는 학생이 자신이 제작한 그림책 장면의 상징과 의도를 직접 해석하고 설명하도록 이끈다. 이를 통해 학생은 학습한 개념을 자신의 언어로 정리하며, 삶의 경험과 연결하여 스스로 의미를 구성한다.

이 차시에서 학생은 '작가이자 도슨트'의 역할을 수행한다. 자신이 표현한 발달 단계의 특징을 설명하고, 삽화와 문장 속 상징에 담긴 의미를 구체적으로 해석한다. 또한 작가로서 독자에게 전하고자 한 메시지와 감정을 명확히 언어화한다. 이 과정에서 학생은 작품을 단순히 소개하는 것을 넘어, 탐구한 발달 개념이 실제 삶과 어떻게 연결되는지를 성찰하며 개념적 이해에서 실천적 성찰로 확장되는 통합적 사고를 경험한다.

교사는 Canva의 발표자 노트 기능을 활용하여 학생이 도슨트 시나리오를 작성하도록 안내한다. 학생은 작성 과정에서 생각을 체계적으로 정리하고, 발표 전후로 내용을 다듬으며 표현의 완성도를 높인다. 교사는 Canva 내에서 시나리오 작성 과정을 실시간으로 확인하며 피드백을 제공하고, 학생은 이를 반영해 사고를 정교화하고 언어적 표현을 구체화한다.

발표 단계에서는 학생이 도슨트로서 자신이 제작한 장면을 설명하고, 상징 해석의 정확성, 논리적 전개, 표현의 명료성을 중심으로 동료 간 상호 피드백이 이루어진다. 교사는 이 전 과정을 과정 중심 평가의 관점에서 관찰하며, 학생의 사고 확장과 표현능력 향상을 중점적으로 지원한다. 또한 피드백 이후 학생이 내용을 수정·보완할 수 있도록 구체적인 언어 피드백을 제공하여, 자신의 사고를 구조화하고 타인과의 소통을 통해 검증하는 메타인지적 학습 과정으로 이끈다.

결국 4차시는 학생이 창작자에서 해석자로, 나아가 성찰자로 성장하는 단계이다. 자신의 시각적 상징을 언어로 풀어내는 경험을 통해 학생은 개념적 이해를 넘어, 학습 내용을 자신의 삶과 연결하여 새로운 의미를 재구성하게 된다.

에듀테크 | Canva 발표자 노트 기능을 활용한 도슨트 시나리오 작성 과정

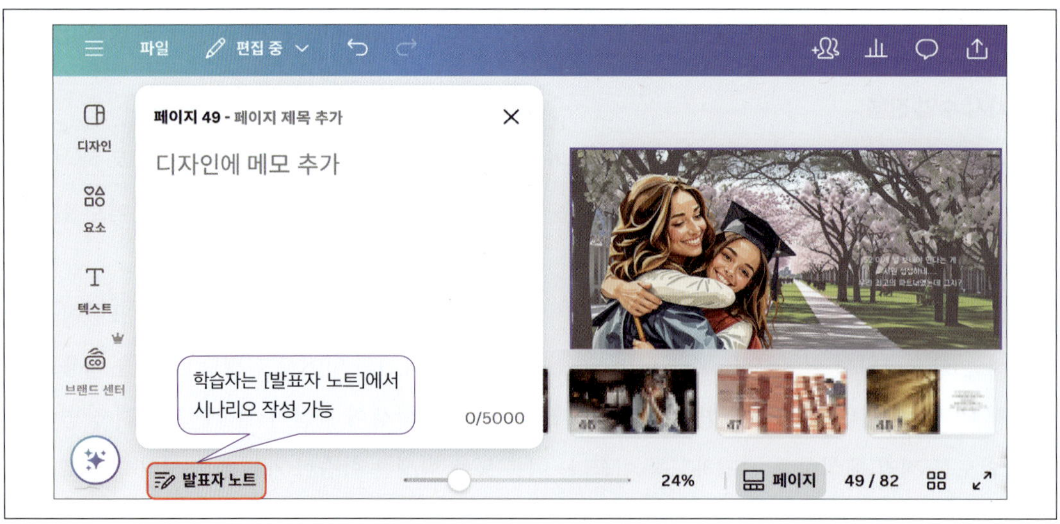

도슨트 시나리오 작성 화면

활동지 | Google 문서를 활용한 도슨트 시나리오 작성 활동지

학습 목표

1. 자신이 제작한 그림책 장면에 담긴 발달 단계의 특징을 구체적으로 설명할 수 있다.
2. 삽화와 문장에 담긴 상징과 표현 의도를 해석할 수 있다.
3. 작가로서 전달하고자 하는 메시지를 명확하게 표현할 수 있다.

(　　　)고등학교
(　)학년 (　)반 (　)번
이름 (　　　　　)

1. 내가 제작한 그림책 장면 ①

1) 선정한 생애 주기와 그 장면에서 드러난 발달 단계의 특징을 구체적으로 설명하기:

2) 삽화에 담긴 상징이나 표현 의도를 중심으로 설명하기:

3) 문장에 담긴 메시지나 감정을 중심으로 설명하기:

〈작성 시 유의사항〉

- 자신의 생각을 논리적 근거와 구체적 예시를 들어 설득력 있게 전달할 것
- 각 장면의 의미를 분명히 밝히고, 자신의 생각을 논리적으로 전달할 것
- 그림책의 내용과 조화를 이루는 설명으로 작성할 것

(4) 수업 효과

이 수업은 발달 개념을 개인의 삶과 관계의 맥락 속에서 탐구하고 이를 시각적으로 재구성하며 의미화하는 과정을 통해, 학생의 자기 이해와 관계적 사고를 확장하는 데 중점을 둔다. Padlet과 Canva 등 에듀테크 도구를 활용한 협력적 창작 활동을 통해 학생은 개념을 단순히 이해하는 수준에서 그치지 않고, 생각을 글과 이미지 등 다양한 매체로 표현하는 역량을 기르게 된다.

특히, 생성형 인공지능을 활용한 창작경험은 책임 있는 기술 사용 태도를 함양하며, 2022 개정 교육과정이 강조하는 디지털 기초 소양과 디지털 리터러시를 신장하는 데 기여한다.

GRASPS 모형 기반의 프로젝트 학습과 협동학습 구조 속에서 학생은 개별 책무성을 유지하면서도 공동의 메시지를 완성하는 협력 과정을 경험한다. 이 과정에서 의사소통능력과 공감역량을 바탕으로 관계형성역량을 기르게 된다.

또한 도슨트 시나리오 작성과 상호 피드백을 통해 자신의 생각을 논리적으로 구성하고 언어화하는 능력을 기르며, 학습한 개념이 삶의 맥락 속에서 '의미 있는 배움'으로 확장되는 경험을 한다. 더 나아가 발달 개념을 자신의 삶과 관계 문제에 적용하고, 새로운 표현 방식을 통해 해결책을 탐색하는 과정에서 실천적문제해결역량을 함께 함양한다.

3) 평가

본 수업의 평가는 GRASPS 모형의 평가 준거를 바탕으로 설계되었으며, 과제 수행의 전 과정(목표 설정→역할 수행→결과 산출→의미 해석)을 종합적으로 반영한다. 루브릭의 다섯 가지 요소는 각각 GRASPS의 핵심 요소에 대응하며, 학생이 발달 개념을 상징적으로 표현하고 협력적으로 완성하는 전 과정을 균형 있게 평가한다(표 4-6).

'① 발달 특성의 상징화' 요소에서는 학생이 선택한 발달 단계의 핵심 개념을 얼마나 구체적이고 상징적으로 시각화했는지를 평가한다. 이는 GRASPS 모형의 Goal과 Product 요소에 해당하며, 학생이 학습 목표를 이해하고 산출물로 구현하는 능력을 평가한다.

'② 구성과 완성도' 요소에서는 시각적 요소와 문장이 조화롭게 구성되어 있는지를 평가한다. 이는 Situation과 Product 요소의 결합으로, 학생이 실제적 맥락 속에서 의미 있는 결과물을 완성하는 능력을 평가한다.

'③ 창의성과 표현력' 요소에서는 발달 개념을 독창적으로 해석하고 시각적·언어적으로 재구성한 정도를 평가한다. 이는 GRASPS의 Role 요소와 연결되며, 학습자의 주체적 참여와 표현 역량을 반영한다.

'④ 독자 배려' 요소에서는 작품이 관람객(Audience)의 이해와 공감을 고려하여 메시지를 전달하

표 4-6 GRASPS 기준에 따른 4단계 루브릭 - 그림책 제작

평가 요소	A	B	C	D
① 발달 특성의 상징화	선택한 발달 단계의 핵심 특징을 구체적으로 설명하고, 그 의미를 삽화와 문장에 상징적으로 표현하였다.	발달 단계의 주요 특징을 문장과 삽화에 명확히 드러냈다.	발달 단계의 일부 특징만 반영되었거나, 문장·삽화 중 한쪽에서만 표현되었다.	발달 단계의 특징이 모호하거나, 삽화와 문장이 관련 없이 구성되었다.
② 구성과 완성도	장면의 구성 요소(인물, 배경, 문장 등)가 연결되어 자연스럽게 배치되고, 표현이 명확하다.	장면의 구성 요소가 대체로 적절히 배치되어 있으며, 문장과 시각 요소가 일관되게 제시되었다.	일부 구성 요소의 배치가 어색하거나, 문장과 시각 요소의 연결이 불분명하다.	장면의 구성 요소가 산만하거나, 문장과 시각 요소가 따로 제시되어 있다.
③ 창의성과 표현력	새로운 발상이나 상징적 요소를 활용하여 자신의 생각을 독창적으로 시각화하였다.	자신의 생각을 상징적 요소로 표현하려는 시도가 있으며, 일부 창의적 접근이 보인다.	표현 방법이 단조롭거나, 상징적 요소 활용이 제한적이다.	상징 요소나 표현 방식에 재구성이 나타나지 않으며, 창의적 시도가 드러나지 않는다.
④ 독자 배려	문장과 시각 요소가 명확하고 구체적으로 제시되어, 독자가 내용을 쉽게 이해하고 감정을 파악할 수 있다.	문장과 시각 요소가 전반적으로 이해하기 쉽게 구성되어 있다.	문장이나 시각 요소의 일부가 모호해 독자가 내용을 이해하기 어렵다.	문장과 시각 요소가 불분명하여 독자가 내용을 파악하기 어렵다.
⑤ 협동학습 과정	맡은 역할을 계획에 따라 성실히 수행하고, 모둠원과 의견을 교환하며 장면의 내용과 표현을 조정하였다.	맡은 역할을 수행하고, 모둠 내 의견 조율 과정에 참여하였다.	역할 수행은 이루어졌으나, 의견 교환이나 조정 과정의 참여가 제한적이었다.	역할 수행이 부족하거나, 모둠활동에 거의 참여하지 않았다.

는지 본다. 이는 Audience 요소에 직접 대응하며, 학생이 자신의 표현이 타인에게 미치는 영향을 인식하도록 돕는다.

마지막으로 '⑤ 협동학습 과정' 요소에서는 모둠 내 상호작용, 역할 분담, 조율 과정을 평가한다. 이는 GRASPS의 전 과정에 걸쳐 작동하는 과정 중심 평가의 핵심 영역이다.

이러한 평가 구조는 결과물의 완성도에만 머물지 않고, 학생이 '탐구 → 표현 → 성찰'의 전 과정을 통해 성장하도록 돕는 과정 중심 평가의 원칙을 구현한다. 교사는 수업 초기에 평가기준을 명확히 제시하여 학생이 자신의 목표와 역할을 인식하고, 프로젝트의 흐름 속에서 자기주도적이고 책임감 있는 학습자로 참여하도록 안내한다. 또한 Padlet과 Canva의 협업 기록, 시나리오 초안, 피드백 수정 과정을 근거자료로 활용하여 학생의 탐구와 표현, 성찰 과정을 종합적으로 관찰한다.

이처럼 GRASPS 기반 평가는 학생이 발달 개념을 이해하고 상징화하며 표현하고 공유하는 전 과정을 '하나의 배움의 서사'로 바라보는 통합적 성장 평가 체제로 기능한다.

4) 마치며

본 수업은 인간 발달을 교과서 속의 추상적인 개념으로 이해하는 데 그치지 않고, 학생들이 자기 자신을 깊이 이해하며 타인의 삶을 바라보는 시선을 넓혀 가는 경험으로 이어지기를 바라는 마음에서 시작되었다. 자신의 삶을 성찰하고 그 결과물을 말과 글, 그림으로 표현하는 과정은 학생들에게 다소 낯설 수 있으나, 성장을 위해 반드시 필요한 배움이다. 가정과는 이러한 자기 이해와 표현의 과정을 폭넓게 다룰 수 있는 교과이며, 본 수업에서는 그 매개체로 '그림책'을 적극 활용하였다.

"내가 쓴 문장을 발달 단계별 특징에 맞춰 다시 고민해 보게 되었다", "각자의 글과 그림이 모여 한 권의 책으로 완성되는 과정이 인상 깊었다", "아이디어를 공유하며 협력한 경험 자체가 성장의 시간이었다"는 학생들의 소감은, 이 수업이 단순한 지식 습득을 넘어 관계적 학습으로 확장되었음을 보여준다.

사회 구조가 급변함에 따라 청소년이 마주하는 인간관계 또한 이전보다 다양한 발달 단계를 포함하게 되었다. 이러한 환경에서 자신과 다른 생애 주기에 있는 사람들을 이해하고 존중하는 태도는 점차 중요한 역량으로 자리 잡고 있다. 그러나 개인의 선택과 효율성을 중시하는 사회적 분위기 속에서, 다른 세대의 삶을 깊이 이해하고 유대감을 쌓는 일은 이제 의식적인 노력이 요구되는 방향으로 변화하고 있다. 이러한 맥락에서 본 수업은 발달 개념을 학생의 삶과 관계 속에서 다시 바라보게 하고, 공감과 배려가 형성되는 과정을 스스로 체득하도록 돕고자 하였다.

Padlet과 Canva 그리고 생성형 인공지능을 활용한 창작 과정은 학생들이 자신의 생각을 다양한 매체로 구현하고 디지털 기술을 비판적으로 수용해 보는 연습의 장이 되었다. 이는 기술을 맹목적으로 받아들이는 것이 아니라, 사고를 정립하고 표현의 범위를 확장하는 '도구'로 활용해 본 경험으로서, 2022 개정 교육과정이 강조하는 디지털 기초 소양의 방향성과도 맞닿아 있다.

결국 본 수업이 지향하는 바는 학생들이 자신을 온전히 이해하고, 자신의 고유한 언어로 생각을 표현하며, 타인의 삶을 존중하는 연습을 해보는 데 있다. 이러한 작은 경험들이 쌓여 삶으로 이어지는 진정한 배움이 되기를 소망한다. 그림책이라는 매개를 통해 시작된 이 수업이 학생 각자의 삶 속에서 관계를 새롭게 정의하고, 소통 방식에 의미 있는 변화를 만들어내는 계기가 되기를 기대한다.

역량 키우기 프로젝트

12 인생 그림책 만들기 천천히 읽기

■ 『100 인생 그림책』 의 일부를 읽어 보자.

(출처: 하이케 팔러 글, 발레리오 비달리 그림, 100 인생 그림책, 사계절, 2019)

■ 앞으로 나의 삶에서 경험하게 될 다양한 나의 모습을 상상해 다음과 같은 형식으로 12 인생 그림책을 완성해 보자.

1 계획서 작성하기

(1) 나는 어떤 삶을 살았던 사람으로 기억되고 싶은지 한 문장으로 써 보자.

예 소박하지만 꿈을 이루며 유쾌하게 살았던 ○○○

(2) 자신이 이루고 싶은 꿈과 일(직업), 결혼, 경제, 관계, 여가 등 전 생애적 관점을 고려하여 현재부터 미래까지 12개 장면의 내 모습을 상상하고 적절한 그림을 선택한다.

(3) 그때의 나이와 그 시기를 적고, 나에게 들려주고 싶은 문장 또는 질문을 작성한다.

(4) 다음을 참고하여 12쪽의 그림책 장면을 완성한다.

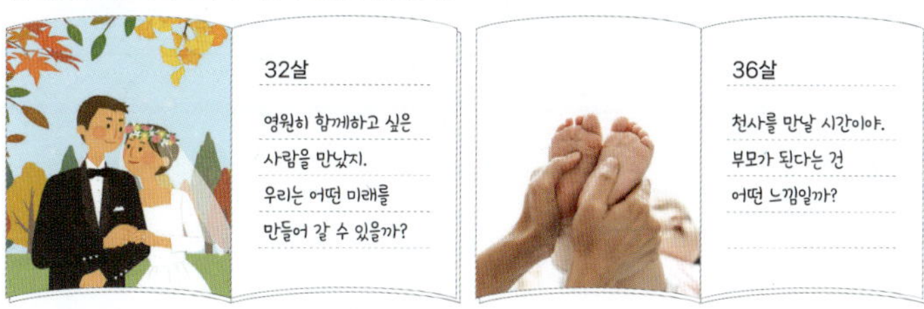

(계속)

실천적 문제해결 역량 / 생활자립 역량 / 관계형성 역량

2 12 인생 그림책 제작하기

(1) 자신이 작성한 계획서를 참고하여 12 인생 그림책을 제작한다.

(2) 그림책에 들어가는 그림은 사진을 찾아 붙이거나 직접 그려서 완성한다.

(3) 현재 나이를 1쪽으로 시작하여 시간 순서로 하되 마지막 쪽은 노년기로 마무리한다.

3 그림책 출판 기념회: 활동 소감 나누기

(1) 12 인생 그림책 전시회를 하고 칭찬과 공감 스티커로 친구들의 인생을 응원해 주자.

(2) 12 인생 그림책을 만들면서 경험하게 된 사실이나 느낌을 친구들과 이야기해 보자.

4 평가하기

활동을 평가해 보고, 느낀 점을 써 보자.

항목	평가 내용	평가 결과		
		잘함	보통	미흡
과정	자료를 시간 내에 모두 준비하였는가?			
	자료 수집에 적극적으로 참여하였는가?			
	그림책 내용에 잘 맞는 그림을 선택하였는가?			
결과	책 표지에 적절한 문장을 작성하였는가?			
	실현 가능성이 있는 내용을 담고 있는가?			
	성인기, 중년기, 노년기가 모두 포함되었는가?			
활동 후 느낀 점				

출처: 유난숙 외(2025). 고등학교 기술·가정, 교문사, pp.116-117

참고문헌

국내문헌

강인애, 임병노, 박정영 (2012). 스마트러닝의 개념화와 교수학습전략 탐색: 대학에서의 활용을 중심으로. 교육방법연구, 24(2), 238-303.

계보경 외 (2020). 미래교육을 위한 에듀테크 활성화 방안. 한국교육학술정보원. (연구보고서 CR 2020-4).

고은미, 허영선, 채정현 (2021). 과정중심 평가를 위한 중학교 가정과 교수·학습과정안 개발: 생애설계 단원을 중심으로. 한국가정과교육학회지, 33(1), 101-127.

공영일, 이호, 최재원 (2022). 텍스트 데이터 기반 에듀테크 산업 이슈 도출 방안. 한국정보기술학회논문지, 20(9), 31-42.

곽덕훈 (2011). 스마트러닝과 스마트러닝 포럼의 의미, 2011 스마트러닝포럼 창립세미나 발표집.

곽병선 (1987). 교과에 대한 한 설명적 모형의 탐색. 한국교육, 14(2), 159-176.

교육과학기술부 (2011). 인재대국으로 가는 길, 스마트교육 추진전략. 교육부 보도자료(2011. 6. 27.).

교육부 (2021). 2022 개정 교육과정 총론 주요사항 발표.

교육부 (2022a). 2022 개정 교육과정에 따른 중학교 기술·가정 성취수준.

교육부 (2022b). 교육부 고시 제2022-33호 [별책 1] 초·중등학교 교육과정 총론.

교육부 (2022c). 교육부 고시 제2022-33호 [별책 10] 실과(기술·가정)/정보과 교육과정.

교육부 (2025). 교육부와 교육청이 함께 '수행평가 시, 인공지능(AI) 활용 관리 방안'을 마련하였습니다. 교육부 보도자료(2025. 12. 23.).

구영덕 (2022). 에듀테크(Edutech) 산업 동향 및 전망. ASTI MARKET INSIGHT 2022-087, 1-5.

권미분 (2023). 대학 교육에서의 에듀테크. 교육과 문화, 5(2), 303-320.

권순정 (2022). 학교에서 바라보는 미래교육은 무엇인가?. 서울교육 이슈페이퍼, 6(41), 1-21.

권유진, 임윤진 (2020). 고등학교 기술·가정과 선택과목 운영 실태 및 요구. 한국가정과교육학회지, 32(2), 179-192.

김경리 (2023). 에듀테크 콘텐츠 효과성 검증을 위한 자기주도학습 능력 척도 개발 및 분석. 교육과학연구, 54(1), 1-22.

김경리, 정영식 (2022). 에듀테크 활용 교육의 효과성 분석. 교육문제연구, 85, 169-186.

김규현, 한인섭 (2022). 4차 산업혁명 기술의 환경분야 적용 및 전망-환경 정책 기반 공공 기술 개발 사업 과제를 중심으로-. 대한환경공학회, 44(11), 515-524.

김미용, 배영권 (2012). 스마트교육 현장 적용을 위한 스마트교육 모형 개발. 인터넷정보학회논문지, 13(5), 77-92.

김수향, 안지영, 최원영, 이선영 (2024). 예비교사를 위한 디지털과 인공지능 교육. 공동체.

김용, 손진곤 (2011). 스마트폰 활용을 위한 초·중등 교육용 이러닝 시스템 설계에 관한 연구, 인터넷정보학회논문지, 12(4), 135-143.

김은정, 곽선정, 김윤정, 김지슬, 김지우, 고재윤, 최고은 (2024). 미래 사회를 대비한 가정과 교육과정과 수업의 이해, 교문사.

김이영, 김미진, 문은주 (2023). 교육평가. 양성원.

김종욱, 최영림, 정상현, 이예은 (2023). 챗봇과 안면인식 AI를 통해 본 윤리적 쟁점과 대응. 한국교육학술정보원.

김현미, 변희현, 이수정, 정은주, 주형미, 이상일, 조대헌, 최항섭 (2022). 인구감소 대비 지역별 인구추계 기반 미래학교 시나리오 구축(연구보고 RRC 2022-8). 한국교육과정평가원.

김홍겸, 박창수, 정시훈, 고호경 (2018). 미래교육에서의 인간 교사와 인공지능 교사의 상호보완적 관계에 대한 소고. 교육문화연구, 24(6) 189-207.

노규성, 주성환, 정진택 (2011). 스마트러닝의 개념 및 구현 조건에 관한 탐색적 연구, 디지털정책연구, 9(2), 79-88.

메가트렌드 랩 (2019). 인공지능 에듀테크 트렌드. 율곡출판사.

박길자 (2024). 생성형 AI 기반 CBL 수업의 이해와 실제. 학지사.

박아람, 이찬 (2023). 디지털 정보기술의 발전에 따른 에듀테크의 진화와 미래교육을 위한 역할 고찰. 정보교육학회논문지, 27(1), 71-82.

박용준 (2024). 챗GPT 역사수업. 에듀니티.

박윤주 (2024). 국제기구의 건강과 웰빙 패러다임 최근 변화의 학교건강 함의: WHO, OECD, UNESCO를 중심으로. 대한보건연구, 50(1), 61-73.

박윤현, 김대웅 (2023). 에듀테크: 뉴스 기사 토픽모델 분석. 열린유아교육연구, 28(4), 139-158.

박재환, 안지영 (2018). 4차 산업혁명을 준비하는 교육. 예술인문사회 융합 멀티미디어 논문지, 8(5), 885-892.

박지수, 길준민 (2020). 4차 산업혁명 시대의 에듀테크. 소프트웨어 및 데이터 공학, 9(11), 329-331.

방담이, 윤회정 (2022). 인공지능 기반 에듀테크에 대한 초중등학교 교사의 신뢰 탐색. 성신여자대학교 교육문제연구소, 85, 227-247.

방준성, 이상민 (2024). 인공지능 기반 학습자 맞춤형 교육을 위한 형평성과 편향성 연구. 한국멀티미디어언어교육학회, 27(4), 70-86.

배현주, 진미석 (2024). 역량기반 교육과 과정 중심 평가의 실천과 함의. 핵심역량교육연구, 9(2), 1-25.

백민경, 박찬홍 (2025). 교사-AI 협업에 기반한 평가 문항 설계 탐색: 가정 교과 교사의 ChatGPT 활용 사례를 중심으로. 교육문제연구소, 93, 259-281.

백희정 (2023). 질문에 관한 질문들. 노르웨이숲.

변태진, 박정우 (2023). AR 및 VR 관련 과학교육 문헌 연구. 초등과학교육, 42(2), 227-244.

브라이언 굿윈, 토니아 깁슨, 크리스틴 룰로 (2024). 수업에 바로 쓸 수 있는 학습과학 6단계 학습 모형, 교육을바꾸는사람들.

서경원, 진성희, 유미나, 이현진, 이한솔, 박재원, 임동관 (2022). 인공지능 기반 맞춤형 교육서비스 지원 방안 연구. 서울특별시교육청교육연구정보원 서울교육정책연구소 SEPI 2022-31.

서순식, 윤한기 (2011). 캐즘이론과 정보기술수용모형을 적용한 디지털 교과서 수용 연구. 한국컴퓨터교육학회논문지, 14(4), 33-41.

성태재 (2017). 제4차 산업혁명 시대의 인간상과 교육의 방향 및 제언. 교육학연구, 55(2), 1-21.

성태제, 시기자, 최윤정 (2024). 생성형 AI 시대, 교육의 변화와 교육평가의 향방. 교육평가연구, 37(1), 1-28.

손지선, 양현, 박석경, 박한나 (2024). (영어 교사가 만든 영어 교사를 위한) 찐 실전 ChatGPT: 생성형 AI 영어수업 활용하기!. 광문각출판미디어.

송민호, 김동영, 박준홍, 신중휘, 이정훈, 정수진, 임윤진 (2025). 교과 서·논술형 평가 자동채점을 위한 인공지능 모델 적용 방안 연구(Ⅱ). 한국교육과정평가원. (연구보고서 RRE 2025-5).

왕석순 (2023). 2022 개정 중등 가정과 교육과정의 개발 방향과 전략, 미완의 과제: 교육과정 개발 경험을 통한 성찰적 관찰을 중심으로. 한국가정과교육학회지, 35(4), 61-79.

유난숙 외 (2025). 고등학교 기술·가정. 교문사.

유난숙 외 (2025). 중학교 기술·가정①. 교문사.

유난숙 외 (2025). 중학교 기술·가정②. 교문사.

유병철 (2024). AI로 디자인씽킹. 한언.

유은정, 정수임 (2025). 에듀테크 활용 과학 수업에 대한 과학 교사의 실행과 인식, 한국지구과학회지, 46(2), 173-188.

유진은 (2025). 교육평가. 학지사.

윤혜원 (2023). 학교혁신의 확산 현상 분석: 서울시 A교육지원청 혁신초등학교를 중심으로. 고려대학교 박사학위논문.

이재규, 김의창 (2020). 교육용 스마트 콘텐츠의 교육효과를 높이기 위한 몰입도 평가 시스템 연구. e-비즈니스연구, 21(6), 85-98.

이주현, 이철현 (2024). 인공지능을 활용한 실과 생활자원 관리 교육 프로그램이 초등학생의 자기 조절력에 미치는 영향. 인공지능연구논문지, 5(1), 10-26.

이형빈 (2023). 성장중심평가의 취지에 따른 평가 루브릭 개발 가능성 탐구. 교육과정평가연구, 26(2), 259-278.

이효림, 김은정 (2022). 가정과교사의 에듀테크 활용에 대한 교육요구도 분석. 한국생활과학회지, 31(2), 289-300.

임걸 (2011). 스마트러닝 교수학습 설계모형 탐구, 한국컴퓨터교육학회논문지, 14(2), 33-45.

임윤진, 권유진 (2019). 고등학교 기술·가정과 선택과목 운영 실태 및 재구조화 방안. 한국교육과정평가원 연구보고 RRI 2019-1.

임윤진, 권유진 (2020). 고등학교 기술·가정과 선택과목 운영 실태 및 요구. 한국가정과교육학회, 32(2), 179-192.

임철일, 강신천, 박전규, 성민창, 송석리, 조규락, 최숙영, 황요한 (2024). 미래교육의 방향과 실제 1. 교육과학사.

임철일, 한옥결, 채지윤, 이진연, 이다연 (2023). 교원 양성기관의 에듀테크 활용 실태 분석 및 에듀테크 분류 체계. 컴퓨터교육학회논문지, 26(4), 77-87.

장유정, 현은령 (2023). 에듀테크를 통한 고등학교 미술교과의 '교육과정-수업-평가-기록' 일체화 적용 사례연구. 학습자중심교과교육연구, 23(20), 269-289.

전성균, 홍선주, 박선화, 유은정, 김미지 (2025). 고등학교에서의 에듀테크 활용 실태 및 요구 분석. 학습자중심교과교육연구, 25(8), 293-309.

정지우 (2025). AI, 글쓰기, 저작권. 마름모.

정지훈, 이영선 (2022). 일반 및 특수 교육과정에서의 가상현실(VR) 적용 연구 고찰. 한국디지털콘텐츠학회 논문지, 23(6), 1041-1049.

정훈 (2024). 증거기반의 에듀테크 생태계. 에듀테크학회·한국통상정보학회 춘계 공동학술대회, 107-120.

제레미 리프킨 저, 이희재 역 (2020). 소유의 종말. 민음사.

조성민, 이미경 (2019). OECD 교육 2030 사업에 따른 한국의 교육과정 내용 매핑 연구: 수학을 중심으로. 수학교육, 58(4), 507-518.

조한국 (2017). 4차 산업혁명에 따른 대학교육의 변화와 교양교육의 과제, 교양교육연구, 11(2), 53-89.
지현경, 홍현미 (2023). 예비교사의 인공지능 활용 교육에 대한 인식 분석. 디지털콘텐츠학회논문지, 24(8), 1729-1739.
최성연 (2023). 과정중심 평가를 위한 가정교과 코하우징 수업의 포트폴리오 평가 사례연구. Human Ecology Research, 61(2), 195-218.
최성연 (2024). 예비 가정과교사의 메타버스를 활용한 교수설계 역량 증진을 위한 수업 사례 연구. Human Ecology Research, 62(1), 81-100.
최유현 외 (2025). 중학교 기술·가정②. 지학사.
클리포 2025 선생님 매뉴얼 v2.10, 55.
하유라, 손원숙 (2021). 대학생의 피드백 추구 행동과 학업성취와의 관계: 피드백 추구 동기 및 자기성찰의 역할. 교육과정평가연구, 24(2), 127-145.
한국과학창의재단 (2021). 초중등 교사의 피드백 역량 강화 프로그램.
한국교육개발원 (2025). 맞춤형 학생 피드백 제공을 위한 학습분석 활용방안. (연구보고서 RR 2025-04).
한국교육과정평가원 (2024). 에듀테크 활용 교육의 현황조사 및 활성화 방안 연구: 고등학교를 중심으로. (연구 보고서 RRI 2024-5).
한국교육과정평가원 (2025). 2022 개정교육과정에 따른 고등학교 학생평가 톺아보기.
한민철 (2023). 챗GPT 교사 마스터 플랜. 책바세.
한송이 (2024). 생성형 AI를 활용한 미래교육. 교육과학사.
한찬희, 변호석 (2024). 에듀테크 활성화를 위한 윤리적 고려 사항 탐색. 윤리교육연구, 72, 227-252.
허신혜 (2023). 에듀테크 담론의 쟁점과 교육현장의 과제. 한국인터넷방송통신학회논문지, 23(2), 209-214.
홍선주, 김미지, 유은정, 이영미 (2024). 디지털 시대 수업 혁신 요소 도출: 수업혁신사례 연구대회 우수사례 분석. 한국교육과정평가원. (연구자료 ORM 2024-65-5).
홍선주, 조보경, 최인선, 박경진, 김현진, 박연정, 박정호, 이영신 (2020). 학교 교육에서의 인공지능(AI) 활용 방안 탐색. 한국교육과정평가원. (연구보고서 RRI 2020-2).
홍정민 (2017). 에듀테크. 책밥.
홍정민 (2021). 에듀테크의 미래. 책밥.
황영식, 김희규, 신형석, 주영효 (2023). 초·중등학교 교사의 AI·디지털 공통역량에 관한 조작적 정의 및 하위역량 개발. 교육행정학연구, 41(2), 227-253.

국외문헌

Berners-Lee, T. (2019). Weaving the web: The original design and ultimate destiny of the World Wide Web by its inventor. Harper Collins.

Chakraborty, S. (2024). Generative AI in modern education society, arXiv:2412.08666, 1-10.

Fabunmi, M., Bosu, R. S., Adebayo, A. Erwat, E. A.(2025). Management information Systems In Education. EDUDIA-IEPA. ISBN: 978-978-60153-2-3.

George, A. S., Baskar, T., Siranchuk, N. (2025). The Evolution of Education 5.0 in the Innovation Era: A Review of the Progression from Teacher-Centered Learning to Student-Driven Models, Partners Universal International Innovation Journal (PUIIJ), 3(1), 19-28.

Holmes, W., Bialik, M., Fadel, C. (2019). Artificial Intelligence in Education.

OECD (2015). Education 2030 project proposal. 제1차 비공식 작업반 회의 자료: EDU/EDPC(2015)7/REV2.

OECD (2019). OECD future of education and skills 2030: Conceptual learning framework-Concept note: OECDLearning Compass 2030. https://www.oecd.org/en/data/tools/oecd-learning-compass-2030.html

Promises and Implications for Teaching and Learning. The Center for Curriculum Redesign, Boston, MA.

Riley, C., Al-Refai, O., Reyes, Y. C., & Hammad, E. (2025). Human-AI interactions: Cognitive, behavioral, and emotional impacts. arXiv. https://arxiv.org/abs/2510.17753

Zarifhonarvar, A. (2024). Economics of ChatGPT: A labor market view on the occupational impact of artificial intelligence. Journal of Electronic Business & Digital Economics, 3(2), 100-116. https://doi.org/10.1108/JEBDE-10-2023-0021

인터넷 사이트

Gartner (2018. 8. 20.). Understanding Gartner's Hype Cycles. Retrieved 2023. 10. 3. from https://www.gartner.com/en/documents/3887767/understanding-gartner-s-hype-cycles

testRigor (2026. 1. 8.). Gartner Hype Cycle for AI 2025: The 2025 Landscape of AI Maturity. Retrieved 2026. 1. 27. from https://testrigor.com/blog/gartner-hype-cycle-for-ai-2025

Allo. https://allo.io

Canva. https://www.canva.com/ko_kr

ChatGPT. https://chatgpt.com

Clipchamp. https://clipchamp.com/en

Coggle. https://coggle.it

Gemini. https://gemini.google.com/app

Google Classroom. https://classroom.google.com

Google Docs. https://docs.google.com

Goole Sites. https://sites.google.com

Home Planner. https://www.homeplannerapp.com

Kahoot. https://kahoot.com/ko

Mentimeter. https://www.mentimeter.com

MiriCanvas. https://www.miricanvas.com/ko

Nano Banana. https://www.nano-banana.ai

Padlet. https://padlet.com

QuizN. https://quizn.show

Vrew. https://vrew.ai/ko

Wowideas. https://www.wowideas.co.kr

Xmind. https://xmind.com/ko

ZEP. https://zep.us

찾아보기

ㅌ

ㅍ

ㅎ

기타